KB162568

예제 문항 중심의 문법 교수법을 반영한

한국어 문법의 정석

김홍범

역락

그동안 대학에서 문법을 가르치면서 학생들의 학습 성취도에 늘 아쉬움을 느껴왔다. 적극적인 태도로 많은 노력을 기울이는데도 만족할 만한 성과를 나타내는 학습자는 소수에 불과하고, 다수의 학습자에게 문법은 현실적인 필요에 의한 과목일 뿐 그리 매력적인 과목으로 인정받지는 못한 것 같다. 이런 교육 환경에서 글쓴이는 더 쉽고 흥미있는 책을 만들고 싶다는 생각을 지속적으로 해오던 중 문법책의 새로운 구성과 교수법을 구안하였다. 이런 과정과 동기를 바탕으로 '예제' 문항 중심의 문법 교수법을 반영한 '한국어 문법의 정석'을 집필하였다.

'예제'를 구성하기 위해 우선 학교문법의 '단어'와 '문장' 단원 중에서 형태론과 통사론 부분을 선별하고, 그 부분에 해당하는 학문 문법의 내용 중 학계의 정설로 되어 있는 부분을 추가로 포함하였다. 따라서 이 책은 예비교사에 해당하는 사범대학 국어교육과 학생들에게 가장 유용하다. 교과 내용에 대한 기술을 바탕으로 하지만 '예제'를 해결해나가는 절차는 교과 교육적인 요소도 반영하였기 때문이다. 또한 중·고등학교에서 학교문법을 가르치는 교사들은 '예제'를 풍부한 학습자료로 활용할 수 있으며, 이 과정에서 학습자들은 단순히 '암기하는 문법'에서 벗어나 '생각하는 문법'을 추구하고자 하는 인식이 확산될 수 있다. 문법은 암기와 단순한 이해를 넘어서 문제를 해결하려는 '고등 사고력'과 밀접하게 연관되어야 한다는 글쓴이의 기본적인 생각을 바탕으로 '예제'의 해결 과정을 구성하고자 하였기 때문이다. 주지하다시피 '고등 사고력'은 다양한 사고력을 통합하는 것으로 비판적 사고력, 창의적 사고력, 메타인지를 구성 요소로 하기 때문에 문법 내용 기술과 문법 교육의 바탕이 되는 중요한 요소이다.

'예제'를 구성하는 데 학교문법에 배치되는 내용은 가능하면 배제하려고 하였으나 경우에 따라 학교문법의 한계점에 대해 논리적으로 우위에 있는 부분은 책의 내용에 포함하여 문법 기술의 논리성을 살리고자 하였으며, 문법 과목을 꺼리는 학습자들도 접근이 가능하도록 포용적인 태도를 취하였다. 따라서 줄글로 된 기존의 문법책을 읽으면서 문법에 대해 흥미를 느끼지 못하고 어렵게만 생각하던 학습자들이 각자의 요구에 맞추어 수준별 학습이 가능할 것이다. 예를 들어 문법을 처음 공부하는 학습자는 '예제'에 대한 '개념'과 '적용' 단계까지 학습하고, 어느 정도의 문법 지식을 갖추고 있는 학습자는 '확장'과 '주의' 단계까지 학습하는 것이다. '예제'에 대한 모든 단계를 학습하면 교수 학습자료를 제작할 수 있는 역량이 형성되고, 문제 해결 능력도 향상될 수 있다는 것이 글쓴이의 기대감이다.

이 글에서 제시한 '예제'들은 범용 문법이라 할 만하기 때문에 학습자의 목적과 용도에 따라 다양하게 활용할 수 있을 것이다. '예제' 문항을 통한 문제 중심의 교수 학습 방법은 문법 지식을 효율적으로 습득할 수 있다는 장점이 있을 뿐만 아니라, 교수 학습자료를 제작하는 방법을 습득하는 데에도 매우 유용하다. 이 책에서 제시한 '예제' 문항은 형태론과 통사론 분야 각각 90여 개씩의 모두 180여 개의 분량이다. 이는 학교문법이든 학문 문법이든 문법 분야의 전 과정을 포함하는 내용이다. '예제' 문항을 학습하면서, '예제' 문항을 보기로 삼아 문항에서 제시하고 있는 예들을 바꾸어 볼 것을 학습자들에게 제안한다. 글쓴이의 경험에 의하면 어느 정도 문법 지식을 갖추고 있는 학습자들도 이해하고 있는 지식을 적용·활용하는 단계로 진입하는 것에 많은 어려움을 느끼는데, 이러한 한계를 극복하기 위해서는 '예제' 문항을 제작해 보는 것이 효과적인 방법이다. 이 책을 통해 문제 중심의 학습에 익숙해진다면 문제의 해결 과정도 자연스럽게 습득하게 될 것이다. 그동안 좋은 교수학습 방법임에도 불구하고 탐구 학습이 성과를 거두지 못한 가장 큰 이유는 탐구학습을 실현할 자료가 풍부하게 뒷받침되지 못했기 때문인데, 그 대안으로 이 책을 탐구학습의 자료로 활용하는 것도 가능하다. 아울러 외국인에게 한국어를 가르치는 한국어 교사들이 이 책을 통하여 문법 지식을 체계적으로 습득하여 자신감 있는 수업을 하는 데에도 기여할 것이다.

이 책이 완성되기까지 많은 분들의 도움이 있었다. 연세대 한송화 교수님과 권경일 박사님이 검토 작업을 맡아 주셨고, 제자인 한수진 선생님은 현장의 경험을 살려 독자의 입장에서 처음부터 끝까지 함께 고민하고 비판적 의견을 내어주는 노력을 아끼지 않았다. 이 분들의 도움으로 글쓴이의 부족함이 채워져 책이 좀더 좋은 모습을 갖추게 되었다. 깊이 감사 드린다. '한국어 문법의 정석'의 집필 환경을 위해 지원을 아끼지 않은 역락 출판사 이대현 대표님과 행정적, 기술적 지원으로 원고를 다듬어 주신 역락의 가족들에게도 고마운 마음을 전한다.

2023. 9

김홍범 씀

차례

I. 형태론

01. 품사 ······················· 19

❶ 품사의 개념 ··················· 20
  1. 품사 분류의 기준 ··········· 20
  2. 한국어의 품사 체계 ········· 20

❷ 품사의 종류와 특성 ·········· 21
  1. 체언 ······················· 21
    1.1. 명사 ··················· 22
    1.2. 대명사 ················· 32
    1.3. 수사 ··················· 40
    〈연습 문제〉 ··············· 46
  2. 용언 ······················· 49
    2.1. 동사와 형용사 ··········· 50
    2.2. 보조용언 ··············· 54
    2.3. 용언의 활용 ············· 58
    2.4. 어미 ··················· 62
    〈연습 문제〉 ··············· 68
  3. 수식언 ····················· 71
    3.1. 관형사 ················· 72
    3.2. 부사 ··················· 82
    〈연습 문제〉 ··············· 92
  4. 관계언 ····················· 95
    4.1. 조사 ··················· 96
    〈연습 문제〉 ·············· 110
  5. 독립언 ···················· 113
    5.1. 감탄사 ················ 114
  6. 품사 통용 ················· 120
    〈연습 문제〉 ·············· 132

02. 형태소와 단어 ··········· 137

❶ 형태소 ······················ 139
  1. 형태소의 개념 ············· 140
  2. 형태소의 분석 기준 ········ 142
  3. 형태소의 종류 ············· 144
  4. 형태소의 교체 ············· 150
  〈연습 문제〉 ················· 160

❷ 단어 ························· 163
  1. 단어의 개념 ··············· 164
  2. 단어의 식별 원리 ·········· 166
  3. 단어와 형태소의 차이 ······ 168
  〈연습 문제〉 ················· 170

03. 단어의 형성 ············· 173

❶ 단어의 구성 요소 ············ 175
❷ 단어의 유형 ················· 182
❸ 단어 형성법 ················· 185
  1. 파생법 ···················· 185
    1.1. 접두 파생법 ··········· 186
    1.2. 접미 파생법 ··········· 194
    1.3. 접두사와 접미사의 차이 ·· 210
    〈연습 문제〉 ·············· 212
  2. 합성법 ···················· 215
    2.1. 합성어의 유형 ·········· 216
    2.2. 합성어와 구의 차이 ····· 228
    〈연습 문제〉 ·············· 230
  3. 직접구성성분 ············· 232
  4. 다양한 단어 형성 방법 ····· 234

Ⅱ. 통사론

01. 문장의 구성 ……………………… 237
❶ 문장의 개념 …………………… 238
❷ 문장의 구성 단위 …………… 239

02. 문장의 성분 …………………… 241
❶ 주성분 ………………………… 243
   1. 주어 ……………………… 244
   2. 목적어 …………………… 252
   3. 서술어 …………………… 258
   4. 보어 ……………………… 266
❷ 부속 성분 …………………… 279
   1. 관형어 …………………… 280
   2. 부사어 …………………… 286
❸ 독립 성분 …………………… 293
   1. 독립어 …………………… 294
❹ 기본 문형 …………………… 298
   〈연습 문제〉 ………………… 300

03. 문장의 짜임새 ………………… 305
❶ 안은문장 …………………… 307
   1. 명사절 …………………… 308
   2. 관형사절 ………………… 320
   3. 부사절 …………………… 334
   4. 인용절 …………………… 341
   5. 서술절 …………………… 348
   〈연습 문제〉 ………………… 356

❷ 이어진문장 ………………… 359
   1. 연결어미의 의미 범주 ……… 360
   2. 대등 접속과 종속 접속의
      문법적 차이 ……………… 368
   3. 연결어미 쓰임의 제약 …… 371
   〈연습 문제〉 ………………… 385

04. 문법 범주 …………………… 387
❶ 문법 범주의 개념 …………… 389
❷ 문법 범주의 종류 …………… 389
   1. 종결 표현 ………………… 390
      1.1. 평서문 ……………… 392
      1.2. 감탄문 ……………… 396
      1.3. 의문문 ……………… 398
      1.4. 명령문 ……………… 404
      1.5. 청유문 ……………… 408
   2. 부정 표현 ………………… 410
   3. 사동 표현 ………………… 424
   4. 피동 표현 ………………… 434
   5. 높임 표현 ………………… 442
   6. 시간 표현 ………………… 450
   〈연습 문제〉 ………………… 461

〈확인 문제〉 정답과 해설 ……… 464
〈연습 문제〉 정답과 해답 ……… 490
참고 문헌 ………………………… 522
찾아보기 ………………………… 523

예제 목록

I. 형태론

01. 품사
❶ 품사의 개념
❷ 품사의 종류와 특성

1. 체언
1.1. **명사:** 예제1 명사의 문법적 특성과 의미상 분류 ································· 22

예제2 고유 명사와 보통 명사 ································· 24

예제3 자립 명사와 의존 명사 ································· 26

예제4 가산성 명사와 불가산 명사 ································· 28

예제5 유정 명사와 무정 명사 ································· 30

1.2. **대명사:** 예제1 대명사의 특성 ································· 32

예제2 대명사의 종류 ································· 34

예제3 미지칭 대명사와 부정칭 대명사 ································· 36

예제4 재귀 대명사 ································· 38

1.3. **수사:** 예제1 수사의 특성 ································· 40

예제2 수사와 관형사의 차이 ································· 42

예제3 수사의 종류 ································· 44

2. 용언
2.1. **동사와 형용사:** 예제1 동사와 형용사의 구분 ································· 50

예제2 자동사와 타동사 ································· 52

2.2. **보조용언:** 예제1 본용언과 보조용언 ································· 54

예제2 어간, 어근, 어미 ································· 56

2.3. 용언의 활용: 예제1 규칙 활용과 불규칙 활용 ·················· 58

　　　　　　　　예제2 활용이 불완전한 동사 ···················· 60

2.4. 어미: 예제1 어미의 기능 ···························· 62

　　　　　예제2 동사와 형용사 분류《1》 ···················· 64

　　　　　예제3 동사와 형용사 분류《2》 ···················· 66

3. 수식언

3.1. 관형사: 예제1 관형사의 기능 ························ 72

　　　　　　예제2 관형사와 용언의 관형사형 ·················· 74

　　　　　　예제3 관형사의 종류 ······················· 76

　　　　　　예제4 관형사의 겹침 ······················· 78

　　　　　　예제5 관형사처럼 보이는 명사들 ················· 80

3.2. 부사: 예제1 부사의 기능 ························· 82

　　　　　예제2 부사와 용언의 부사형 ···················· 84

　　　　　예제3 부사의 종류 ························· 86

　　　　　예제4 부사의 문법적 특성 ···················· 88

　　　　　예제5 부사의 쓰임의 제약 ···················· 90

4. 관계언

4.1. 조사: 예제1 조사의 기능과 종류 ··················· 96

　　　　　예제2 구조격 조사와 의미격 조사 ················· 98

　　　　　예제3 격조사와 보조사의 차이 ················· 100

　　　　　예제4 접속 조사와 격조사의 변별 ··············· 102

　　　　　예제5 주격 조사의 종류와 분포 조건 ············· 104

　　　　　예제6 주격 조사와 목적격 조사의 보조사적 용법 ······ 106

　　　　　예제7 조사의 겹침 ····················· 108

5. 독립언

5.1. 감탄사: 예제1 감탄사의 기능과 종류 ································· 114

　　　　　예제2 문장부사와 감탄사의 구별 ······················· 116

　　　　　예제3 감탄사의 특성 ···································· 118

6. 품사 통용: 예제1 품사 통용어《1》 ···························· 120

　　　　　예제2 품사 통용어《2》 ···························· 122

　　　　　예제3 품사 통용어《3》 ···························· 124

　　　　　예제4 품사 통용어《4》 ···························· 126

　　　　　예제5 품사 통용어《5》 ···························· 128

　　　　　예제6 품사 통용어《6》 ···························· 130

02. 형태소와 단어

❶ 형태소

1. 형태소의 개념: 예제1 형태소의 개념 ··························· 140

2. 형태소의 분석 기준: 예제1 형태소 분석 원리 ··················· 142

3. 형태소의 종류: 예제1 자립 형태소와 의존 형태소 ··············· 144

　　　　　예제2 실질 형태소와 형식 형태소 ················· 146

　　　　　예제3 형태소 분석 ······························ 148

4. 형태소의 교체: 예제1 자동적 교체와 비자동적 교체 ············· 150

　　　　　예제2 규칙적 교체와 비규칙적 교체 ··············· 152

　　　　　예제3 형태소의 교체 ···························· 154

　　　　　예제4 이형태의 종류 ···························· 156

　　　　　예제5 기본 형태 선택의 원칙 ··················· 158

❷ 단어

1. 단어의 개념: 예제1 단어의 정의 ····························· 164

2. 단어의 식별 원리: 예제1 단어 식별 원리의 적용 ················ 166

3. 단어와 형태소의 차이: 예제1 형태소 분석의 실제 ··············· 168

03. 단어의 형성

❶ 단어의 구성 요소: 예제1 어근과 접사 ································· 176

　　　　　　　　　　예제2 어근과 어간의 차이 ··························· 178

　　　　　　　　　　예제3 파생 접사와 굴절 접사의 차이 ············· 180

❷ 단어의 유형: 예제1 단일어, 복합어, 파생어, 합성어의 개념 ············· 182

❸ 단어 형성법

1. 파생법

　　1.1. 접두 파생법: 예제1 접두사와 관형사의 차이점 ··············· 186

　　　　　　　　　　예제2 접두사의 종류 ······························ 188

　　　　　　　　　　예제3 접두사의 의미 ······························ 190

　　　　　　　　　　예제4 이형태 접두사들의 분포 조건 ··············· 192

　　1.2. 접미 파생법: 예제1 파생 명사 ····························· 194

　　　　　　　　　　예제2 형태소 '-(으)ㅁ'의 다양한 기능 ··········· 198

　　　　　　　　　　예제3 파생 동사 ·································· 200

　　　　　　　　　　예제4 파생 형용사 ······························ 202

　　　　　　　　　　예제5 파생 부사 ·································· 204

　　　　　　　　　　예제6 접미사와 의존 명사의 차이 ·················· 206

　　　　　　　　　　예제7 명사에 붙는 접미사의 특성 ················· 208

　　1.3. 접두사와 접미사의 차이: 예제1 접두사와 접미사의 차이점 ············ 210

2. 합성법

　　2.1. 합성어의 유형: 예제1 의미 관계에 따른 합성어 분류 ················ 216

　　　　　　　　　　예제2 어근의 결합 방식에 따른 합성어 분류 ········ 218

　　　　　　　　　　예제3 합성어의 품사 유형 ······················ 220

　　　　　　　　　　예제4 합성 명사 ·································· 222

　　　　　　　　　　예제5 합성 용언 ·································· 224

　　　　　　　　　　예제6 합성 부사 ·································· 226

　　2.2. 합성어와 구의 차이: 예제1 합성어와 구의 구별 ················ 228

3. 직접구성성분: 예제1 파생 후 합성과 합성 후 파생 ··············· 232

4. 다양한 단어 형성 방법: 예제1 단어 형성법 ···················· 234

Ⅱ. 통사론

01. 문장의 구성
02. 문장의 성분

❶ 주성분

1. 주어: 예제1 주어의 재료··· 244
     예제2 주격 조사의 종류·· 246
     예제3 주어의 통사적 특징·· 248
     예제4 주격 조사의 생략 조건·· 250

2. 목적어: 예제1 목적어의 재료··· 252
     예제2 자동사 앞의 목적격 조사··· 254
     예제3 목적어의 겹침·· 256

3. 서술어: 예제1 서술어의 재료··· 258
     예제2 서술어의 자릿수··· 260
     예제3 서술어의 선택 제한··· 262
     예제4 본용언과 보조용언의 차이·· 264

4. 보어: 예제1 학교문법에서의 보어··· 266
     예제2 보어 문법적 특성·· 268
     예제3 보어의 범위《1》··· 270
     예제4 보어의 범위《2》··· 273
     예제5 보어의 범위《3》··· 275

❷ 부속 성분

1. 관형어: 예제1 관형어의 재료··· 280
     예제2 관형어의 필수성··· 282
     예제3 관형어와 부사어의 차이점·· 284

2. 부사어: 예제1 부사어의 재료··· 286
     예제2 필수적 부사어·· 288
     예제3 부사어의 종류·· 290

❸ 독립 성분

1. 독립어: 예제1 독립어의 재료 ····································· 294

　　　　　 예제2 독립어의 특성 ····································· 296

❹ 기본 문형: 예제1 한국어의 기본 문형 ························· 298

03. 문장의 짜임새

❶ 안은문장

1. 명사절: 예제1 명사절의 재료《1》···························· 308

　　　　　 예제2 명사절의 재료《2》···························· 311

　　　　　 예제3 명사형 어미 '-(으)ㅁ'과 '-기'의 용법 ········· 313

　　　　　 예제4 긴 것 명사절과 짧은 것 명사절 ··············· 316

　　　　　 예제5 문장의 짜임새 ····························· 318

2. 관형사절: 예제1 관형사절의 재료 ······························ 320

　　　　　　 예제2 관형사절의 시제 ······················· 322

　　　　　　 예제3 관형사절의 종류 ······················· 325

　　　　　　 예제4 긴 관형사절과 짧은 관형사절 ············· 327

　　　　　　 예제5 관형사절의 특징 ······················· 329

　　　　　　 예제6 관형사절의 성립 조건 ··················· 332

3. 부사절: 예제1 부사절의 재료 ································· 334

　　　　　 예제2 부사절의 성립 조건 ····················· 336

　　　　　 예제3 부사절과 종속절 ······················· 338

4. 인용절: 예제1 인용절의 재료 ································· 341

　　　　　 예제2 간접 인용절의 특성 ····················· 344

　　　　　 예제3 인용절과 부사절 ······················· 346

5. 서술절: 예제1 서술절의 개념 ································· 348

　　　　　 예제2 서술절의 유형 ························· 350

　　　　　 예제3 서술절과 다른 안긴절의 차이 ············· 352

　　　　　 예제4 서술절의 성립 ························· 354

② 이어진문장

1. 연결어미의 의미 범주: [예제1] 이어진 문장 만들기 《1》 ················· 360

　　　　　　　　　　　[예제2] 이어진 문장 만들기 《2》 ················· 362

　　　　　　　　　　　[예제3] 연결어미 '–고'의 용법 ·················· 364

　　　　　　　　　　　[예제4] 연결어미 '–는데'의 용법 ················ 366

2. 대등 접속과 종속 접속의 문법적 차이: [예제1] 대등 접속과 종속 접속의 통사적 차이 ······· 368

3. 연결어미 쓰임의 제약: [예제1] 연결어미 쓰임의 제약 《1》 ············· 371

　　　　　　　　　　　[예제2] 연결어미 쓰임의 제약 《2》 ············· 374

　　　　　　　　　　　[예제3] 연결어미 쓰임의 제약 《3》 ············· 377

　　　　　　　　　　　[예제4] 연결어미 쓰임의 제약 《4》 ············· 380

　　　　　　　　　　　[예제5] 연결어미 쓰임의 제약 《5》 ············· 383

04. 문법 범주

① 문법 범주의 개념

② 문법 범주의 종류

1. 종결 표현: [예제1] 종결어미에 따른 문장의 종류 ····················· 390

　1.1. 평서문: [예제1] 평서형 종결어미의 쓰임 ······················ 392

　　　　　　　[예제2] 평서형 종결어미의 제약 ···················· 394

　1.2. 감탄문: [예제1] 감탄문의 용법 ···························· 396

　1.3. 의문문: [예제1] 판정 의문문의 용법 ························· 398

　　　　　　　[예제2] 설명 의문문의 용법 ························· 400

　　　　　　　[예제3] 기타 의문문의 용법 ························· 402

　1.4. 명령문: [예제1] 명령형 어미의 쓰임 ························· 404

　　　　　　　[예제2] 명령문의 제약 현상 ························· 406

　1.5. 청유문: [예제1] 청유문의 쓰임 ···························· 408

2. 부정 표현: 예제1 '안' 부정문의 두 가지 유형···················410

예제2 짧은 '안' 부정문의 제약 ··················412

예제3 '못' 부정문의 두 가지 유형··················414

예제4 '못' 부정문의 제약 ·······················416

예제5 '말다' 부정문의 제약 ·····················418

예제6 부정문의 중의성 ·························420

예제7 부정 의문문과 확인 의문문의 차이 ··········422

3. 사동 표현: 예제1 사동의 개념과 유형··················424

예제2 형태론적 사동문 ························426

예제3 통사론적 사동문 ························428

예제4 두 가지 사동문의 문법적 차이·············430

예제5 사동문과 주동문의 대응 ·················432

4. 피동 표현: 예제1 피동의 개념과 유형··················434

예제2 형태론적 피동문 ························436

예제3 통사론적 피동문 ························438

예제4 피동문과 능동문의 대응 ·················440

5. 높임 표현: 예제1 주체 높임 ·························442

예제2 삼자 간의 높임 ·························444

예제3 상대 높임 ····························446

예제4 객체 높임 ····························448

6. 시간 표현: 예제1 절대 시제·························450

예제2 현재 시제 ····························452

예제3 과거 시제 ····························454

예제4 미래 시제 ····························457

예제5 동작상································459

이 책의 구성과 특징

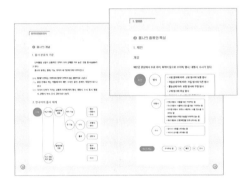

1. 개요

장, 절의 전체적인 학습 정보를 제공하되, 학습자에게 부담을 주지 않고 학습자가 학습 내용을 한눈에 파악할 수 있도록 개조식이나 간략한 문장으로 기술하였다.

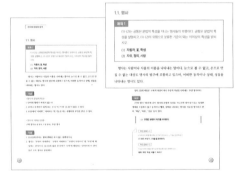

2. 예제

〈예제〉를 구성하기 위해 우선 학교문법의 '단어'와 '문장' 단원 중에서 형태론과 통사론 부분을 선별하고, 그 부분에 해당하는 학문 문법의 내용 중 학계의 정설로 되어 있는 부분을 추가하였다. 형태론 분야와 통사론 분야 각각 90여 개씩 모두 180여 개이다. 〈예제〉의 해결 과정은 문법 내용을 문제 형식으로 학습하여 암기하는 문법 학습 방식에서 벗어나게 한다. 〈예제〉에 대한 학습은 '개념 → 적용 → 확장 → 주의 → 확인 문제 → 연습 문제'의 절차로 구성한다. 각 단계에 대한 내용을 간략히 소개하면 다음과 같다.

3. 개념

〈예제〉를 해결하기 위한 핵심 개념을 간략히 소개하는 〈예제〉의 길잡이에 해당한다. 기본적인 개념을 개조식 또는 간결한 문장으로 핵심적인 정보만을 제시함으로써 단순한 암기식 학습 습관에서 벗어나도록 유도한다.

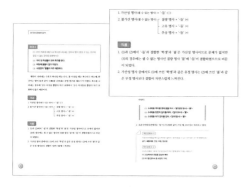

4. 적용

〈예제〉의 해결 과정을 상세히 기술하는 모범 답안에 해당한다. 기본 개념에 대한 철저한 이해를 목표로 하는 지식 생성의 단계이다.

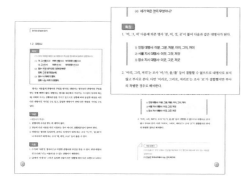

5. 확장

〈예제〉의 답안 내용과 직접 관련된 난이도가 있는 심화 지식을 소개한다. 이 단계는 학습자의 확산적 사고력을 향상시킬 수 있도록 구안하며, 학습자의 지적 호기심을 자극하여 학습자가 흥미를 가질 수 있는 학습 내용을 포함한다. 이 단계를 통해 학습자는 비판적 사고력과 창의적 사고력이 향상될 수 있을 것이다.

6. 주의

〈예제〉의 답안을 더 세밀히 기술하고자 할 때 요구되는 보충적인 내용이다. 이 단계에서는 의심스런 눈초리로 바라보고 사고하는 습관을 기르도록 유도한다. 의심은 믿음의 전제 조건이라는 견해를 중시하여 '의심'을 탐구하는 학습 태도의 밑바탕이 되도록 한다. 필요에 따라 언어 현상에 대해 서로 대립하는 두 가지 해석을 모두 담기도 한다.

7. 확인 문제

〈예제〉를 반복해서 학습하는 내용이거나, 〈예제〉와 유사한 유형의 문제에 대한 적응력을 높이기 위한 문제이다. 문제에 대한 결론 도출을 교수자가 덧붙이는 것은 반드시 필요하다. 따라서 이 책의 〈붙임〉 부분에 정답과 해설을 상세하게 제공하였다.

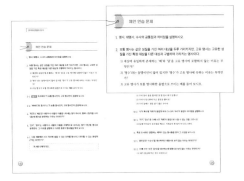

8. 연습 문제

〈예제〉와 〈확인 문제〉를 통해 학습한 내용을 다양한 문제에 적용해 보는 단계인데, 문제의 답안에 대한 상세한 정보가 제공된다면 자기 주도 학습을 할 수 있는 장점이 있다. 이 과정을 통해 〈예제〉에서 습득한 개념을 '활용'하는 단계에 도달하도록 한다.

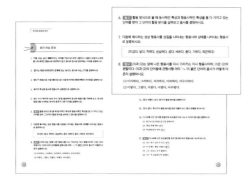

9. 탐구

〈연습 문제〉 중에서 깊이 있는 사고를 요구하는 문제이다. 단편적인 문법 지식을 평가하는 문제가 아닌 탐구학습형 문제를 통해 학습자의 문제 해결력을 향상시킬 수 있다.

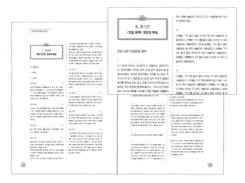

10. 〈확인 문제〉와 〈연습 문제〉 정답과 해설

〈확인 문제〉와 〈연습 문제〉에 대한 정답을 상세하게 기술하였다. 문제의 정답과 해설을 학습자 입장에서 쉽게 이해할 수 있도록 풀이함으로써 자기주도적 학습도 가능하게 배려하였다.

'예제' 선정의 원칙과 '예제'의 목록 제시

앞에서 살펴본 '예제'의 범위와 대상을 바탕으로 선별한 '예제'의 구체적인 목록은 형태론 분야와 통사론 분야 각각 90여 개씩 모두 180여 개이다. '예제'를 선정한 원칙은 다음과 같다.

첫째, 문법 체계와 내용을 주입식으로 교육하고 학습하는 방법에서 벗어나도록 하는 데 주안점을 두었다.

둘째, 언어 현상을 관찰하고 거기에 내재되어 있는 규칙을 찾아 나가는 능력을 기르도록 구안하였다.

셋째, 세부 항목에 대한 소개나 지엽적인 지식의 나열보다는 '제약'과 '변별'을 학습함으로써, 학습자들의 문제 해결 능력이 신장되도록 하였다.

넷째, 학습자들이 교수자의 설명을 무조건 수용하는 태도보다는 학습 내용에 대해 의구심을 갖고 끊임없이 질문할 수 있는 역량을 지니도록 한다.

I. 형태론

01. 품사
02. 형태소와 단어
03. 단어의 형성

01. 품사

❶ 품사의 개념
❷ 품사의 종류와 특성

❶ 품사의 개념

1. 품사 분류의 기준

　단어들을 성질이 공통적인 것끼리 모아 갈래를 지어 놓은 것을 품사(品詞)라고 한다.
　품사의 분류는 형태, 기능, 의미의 세 기준에 의해 이루어진다.

형태: 형태가 변하는 가변어와 형태가 변하지 않는 불변어로 나뉜다.
기능: 문장 안에서 하는 역할에 따라 체언, 수식언, 용언, 관계언, 독립언으로 나뉜다.
의미: 각각의 단어가 가지는 공통적 의미에 따라 명사, 대명사, 수사, 동사, 형용사, 관형사, 부사, 조사, 감탄사로 나뉜다.

2. 한국어의 품사 체계

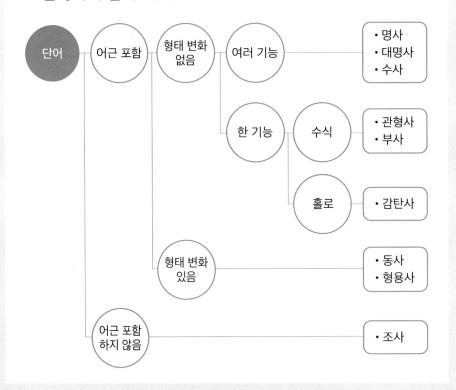

❷ 품사의 종류와 특성

1. 체언

개요

체언은 문장에서 주로 주어, 목적어 등으로 쓰이며, 명사, 대명사, 수사가 있다.

체언	명사	• 사용 범위에 따라: 고유 명사와 보통 명사 • 자립성 유무에 따라: 자립 명사와 의존 명사 • 활동성에 따라: 유정 명사와 무정 명사 • 구체 명사와 추상 명사 • 가산성(셀 수 있는) 명사와 질량 명사
	대명사	• 인칭 대명사: 사람을 대신 가리키는 말 • 지시 대명사: 사물이나 장소를 대신 가리키는 말 • 미지칭 대명사: 모르는 사람이나 사물, 장소를 가리키는 말 • 부정칭 대명사: 특정 대상을 가리키지 않는 말 • 재귀 대명사: 선행 체언을 도로 나타내는 말
	수사	• 양수사: 수량을 나타내는 말 • 서수사: 순서를 나타내는 말

체언의 특성   수식하는 말 ＋ 체언 ＋ 조사

1.1. 명사

> **예제 1**
>
> (1)-(2)는 공통된 문법적 특성을 지니는 명사들의 부류이다. 공통된 문법적 특성을 설명하고, (1)-(2)의 유형으로 분류한 기준이 되는 의미상의 특성을 밝히시오.
>
> (1) 자동차, 꽃, 학생
> (2) 자유, 정의, 사랑

명사는 사람이나 사물의 이름을 나타내는 말이다. 눈으로 볼 수 없고, 손으로 만질 수 없는 대상도 명사의 범주에 포함하고 있으며, 어떠한 동작이나 상태, 성질을 나타내는 명사도 있다.

개념

<명사의 문법적 특성>

1. 단어의 형태가 바뀌지 않는다.
2. 주어나 목적어가 되게 하는 조사 '이/가'와 '을/를'이 붙을 수 있다.
3. 문장에서 '어떠한', '어찌하는'의 기능을 하는 관형어의 꾸밈을 받을 수 있다.

<명사의 의미상 분류>

구체 명사(유정 명사, 무정 명사), 추상 명사

적용

1. (1)-(2)의 단어는 형태 변화를 하지 않는 불변어이다.
2. 명사는 '무엇이 어찌한다.' '무엇이 어떠하다.' '무엇이 무엇이다.'의 '무엇'에 해당하는 단어이다. (3)-(5)의 밑줄 친 단어가 '무엇'에 해당하는 단어이며 이 단어들은 모두 명사로 분류된다.

(3) 자동차가 달린다.

(4) 꽃이 예쁘다.

(5) 나는 학생이다.

(6)의 밑줄 친 단어인 명사의 앞에는 '예쁜', '많은', '멋진'과 같은 꾸미는 말이 올 수 있고, 명사의 뒤에는 '이/가', '을/를'과 같은 조사가 결합할 수 있다. (2)의 '자유', '정의', '사랑'도 이와 같은 문법적 특성을 지닌다.

(6) 예쁜 꽃이 핀 거리에 많은 사람이 모여서 멋진 자동차를 구경하였다.

3. (1)의 예들은 사람이나, 사물의 이름을 나타내는 구체 명사이다. 구체 명사는 사람과 동물을 포함하는 유정 명사와, 식물과 무생물을 포함한 무정 명사로 나눌 수 있다. (2)의 예들은 구체적 대상이 아닌 추상적 개념을 나타내는 추상 명사이다.

확장

(7)의 명사 '파괴'와 같이 명사의 문법적 특성을 지니지만 의미상으로는 특정한 개체를 지칭하지 않고 동작이나 행위, 상태를 나타내는 명사를 서술성 명사라고 한다. '제공', '싸움', '성실' 등이 있다.

(7) 전쟁은 문명의 파괴를 의미한다.

확인 문제 1-1

(1)의 A와 B에 해당하는 단어가 명사라는 근거를 설명하시오.

(1) 모든 A이/가 그 B을/를 좋아한다.

확인 문제 1-2

다음의 명사들을 의미상의 특성에 따라 분류하시오.

평화, 희망, 학생, 비둘기, 태극기

예제 2

(1)-(2)의 밑줄 친 단어가 보통 명사인지 고유 명사인지 구별해 보시오.

(1) 가. 한국 <u>선수</u>들이 멋진 경기를 하였다.
　　나. *<u>손흥민</u>들이 멋진 경기를 하였다.
(2) 가. 모든 <u>강</u>이 홍수가 나서 범람했다.
　　나. *모든 <u>한강</u>이 홍수가 나서 범람했다.

　일반 명사들은 사람이나 사물에 두루 쓰이므로 보통 명사라고 하고, 특정한 사람이나 사물에 붙여진 이름을 고유 명사라고 한다.

개념

<고유 명사>
1. 복수를 나타내는 접미사 '-들'이 결합할 수 없다.
2. 수(數)와 관련된 말과 함께 쓰일 수 없다.

적용

1. (1)의 보통 명사 '선수'는 복수를 나타내는 접미사 '-들'이 붙을 수 있으나, 고유 명사 '손흥민'은 접미사 '-들'이 붙을 수 없다.
2. (2)의 보통 명사 '강'은 수(數)와 관련된 말 '모든'과 함께 쓰일 수 있으나, 고유 명사 '한강'은 수(數)와 관련된 말과 함께 쓰일 수 없다.

확장

1. (3)-(4)와 같이 수(數)와 관련된 말 '마다'나 '한, 두, 세' 등을 통해서도 '산'과 '섬'은 보통 명사이고 '설악산'과 '제주도'는 고유 명사인 것을 검증할 수 있다.

(3) 가. 산마다 단풍이 곱게 들었다.

나. *설악산마다 단풍이 곱게 들었다.

(4) 가. 두 섬을 연결하는 다리가 개통되었다.

나. *두 제주도를 연결하는 다리가 개통되었다.

2. (5)와 같이 보통 명사 '학생'은 지시를 나타내는 '이, 그, 저' 등의 꾸밈을 받을 수 있지만, 고유 명사 '영수'는 '이, 그, 저' 등의 꾸밈을 받을 수 없다.

(5) 가. 그 학생은 우리 학교의 자랑이다.

나. *그 영수는 우리 학교의 자랑이다.

주의

고유 명사가 특정한 사물이나 사람에 쓰인다는 것은 '하나뿐인 사람이나 사물'을 뜻하는 것은 아니다. '해'와 '달'은 하나밖에 없지만 고유 명사가 아니기 때문이다. 반면에 '김영수'라는 이름의 동명이인은 세상에 많이 있지만 고유 명사이다.

확인 문제 2-1

다음의 단어들을 보통 명사와 고유 명사로 분류하시오.

학교, 한국대학교, 바다, 해운대, 신사임당, 위인(偉人)

확인 문제 2-2

'문자'와 '한글'이 보통 명사인지, 고유 명사인지 '여러, 어느, 어떤'을 활용하여 검증해 보시오.

예제 3

(1)과 (2)에 쓰인 단어 '줄'을 자립 명사와 의존 명사로 구분하시오.

(1) 가. 사람들이 긴 줄을 서서 기다린다.
　　 나. 줄을 서서 기다린다.
(2) 가. 나는 운전을 할 줄을 모른다.
　　 나. *줄을 모른다.

　명사는 일반적으로 꾸미는 말이 없어도 사용할 수 있지만 특정한 명사들은 반드시 꾸미는 말을 요구한다. 이와 같은 명사들을 의존 명사라고 한다.

개념

1. 자립 명사: 문장 내에서 홀로 자립적으로 쓰일 수 있는 명사

2. 의존 명사: 반드시 그 앞에 꾸며주는 말, 즉 관형어가 있어야만 문장에 쓰일 수 있는 명사. 이러한 명사들은 자립 명사와는 달리 홀로 쓰이기에 불완전하다는 특성이 있기 때문에 불완전 명사라고도 한다.

적용

1. (1)에서 자립 명사 '줄'은 관형어 '긴'이 없어도 문장을 이루는 데 관계없기 때문에 자립성이 있다고 한다. (자립 명사)

2. (2)에서 의존 명사 '줄'은 앞에 관형어 '운전을 할'이 반드시 있어야 하기 때문에 자립성이 없다고 하고 의존적이라고 한다. (의존 명사)

확장

1. 자립 명사는 (3)에서 보듯이 관형어를 이루는 어미에 '-(으)ㄴ, -는, -(으)ㄹ'이 자유롭게 쓰일 수 있는 데 비해, 의존 명사는 관형어를 이루는 어미가 (4)와 같이 자유로운 경우도 있지만, (5)-(7)과 같이 특정한 어미로 제한되는 경우도 있다.

> (3) 내가 {만난/ 만나는/ 만날} 친구가 영수야.
> (4) 네가 {먹은/ 먹는/ 먹을} 것이 뭐니?
> (5) 그가 고향을 {떠난/ *떠나는/ *떠날} 지 10년이 되었다.
> (6) 내가 집에 가는 대로 전화할게.
> (7) 차를 탈 수 없어 걸어서 갔다.

2. 자립 명사는 (8)에서 보듯이 여러 종류의 격조사가 자유롭게 붙을 수 있다. 의존 명사 중에는 (9)와 같이 여러 종류의 격조사가 자유롭게 붙을 수 있는 보편성 의존 명사도 있지만, (10)-(13)과 같이 특정한 격조사와 함께 쓰이는 경우가 많다는 점에서 자립 명사와 의존 명사는 구별된다. 주로 주어로만 쓰이는 의존 명사를 주어성 의존 명사라 하며 '수, 지, 리, 따위' 등이 있다. 목적어성 의존 명사에는 '줄'이 있고, 부사성 의존 명사에는 '채, 만큼, 듯(이), 대로' 등이 있으며, 서술성 의존 명사에는 '따름, 뿐, 때문, 터' 등이 있다.

> (8) 학교{가/ 를/ 에/ (으)로…} ('학교' 등의 자립 명사 + 격조사)
> (9) 먹을 것{이/ 을/ 에/ (으)로…} ('것' + 격조사)
> (10) 우리 회사만 그 제품을 만들 수가 있지요. ('수' + 주격 조사)
> (11) 나는 당황해서 어떻게 해야 할 줄을 몰랐다. ('줄' + 목적격 조사)
> (12) 그는 옷을 입은 채로 잠이 들었다. ('채' + 부사격 조사)
> (13) 네가 행복하다니 기쁠 따름이다. ('따름' + 서술격 조사)

확인 문제 3-1

(1)과 (2)의 밑줄 친 '병'의 쓰임이 어떻게 다른지 설명하시오.

(1) 물 한 병만 주세요.
(2) 누나는 보리차를 목이 기다란 병에 옮겨 담았다.

확인 문제 3-2

다음 문장이 왜 문법에 어긋나는지 설명하시오.

(1) *나름대로 열심히 했지만 결과는 좋지 않았다.

예제 4

(1)-(3)의 자료를 바탕으로 복수를 나타내는 접미사 '들'이 붙을 수 있는 경우와 붙을 수 없는 경우를 설명하시오.

(1) 우리 반 학생들이 모여 축구를 한다.
(2) 마당에 풀들이 많이 자랐다.
(3) 수영장의 *물들이 아주 깨끗하다.

체언이 나타내는 수효가 하나일 때는 단수, 둘 이상일 때는 복수라고 하는데, 한국어는 영어 등과 같이 수(數)를 나타내는 문법 범주를 세우기가 어렵다. 복수를 나타내는 경우에 '선수 다섯을 뽑았다.'라고 표현하지 '선수 다섯들을 뽑았다.'라고 표현하지 않기 때문이다.

개념

1. 가산성 명사(셀 수 있는 명사) + '-들' (○)
2. 불가산 명사(셀 수 없는 명사) ┌ 질량 명사 + '-들' (×)
   ├ 고유 명사 + '-들' (×)
   └ 추상 명사 + '-들' (×)

적용

1. (1)과 (2)에서 '-들'과 결합한 '학생'과 '풀'은 가산성 명사이므로 문제가 없지만 (3)의 경우에는 셀 수 없는 명사인 질량 명사 '물'에 '-들'이 결합하였으므로 비문이 되었다.
2. 가산성 명사 중에서도 (1)에 쓰인 '학생'과 같은 유정 명사는 (2)에 쓰인 '풀'과 같은 무정 명사보다 결합이 자연스럽게 느껴진다.

주의

접미사 '-들'은 명사뿐 아니라 (4)처럼 대명사에는 붙을 수 있지만, (5)-(6)처럼 수사와 단위성 의존 명사에는 붙을 수 없다.

> (4) 우리들은 주말에 등산을 가기로 했다.
> (5) *친구 셋들이 모였다.
> (6) *친구 세 명들이 모였다.

확장

1. '-들'이 붙을 수 없는 경우임에도 불구하고 자연스럽게 '-들'이 붙어 쓰이는 경우 가 있는데, '-들'이 붙은 성분이 주어 자리에 쓰이지 않을 때이다. 이때 '-들'은 생 략된 주어에 붙어 있던 것이 자리를 옮긴 것으로 해석되며, 주어가 복수임을 나 타낸다.

> (7) (너희들) 목마를 텐데 물들 마셔. <'물'(질량 명사) + '들'>
> (8) (너희들) 천천히 많이들 먹어. <'많이'(부사) + '들'>
> (9) (너희들) 여기 앉아들 있어. <'앉아'(동사) + '들'>

2. 표준국어대사전에서는 '들'이 (7)-(9)와 같이 쓰일 때, 보조사로 처리하고 있다.

확인 문제 4-1

다음의 단어들을 복수를 나타내는 접미사 '-들'이 붙을 수 있는 것과 없는 것으로 분류하시오
공기, 세종대왕, 건강, 아침, 장난감

확인 문제 4-2

(1)과 (2)에서 '-들'이 가산성 명사가 아닌 말에 붙어 쓰이는 이유는?

(1) 건강하려면 운동들 열심히 해라.

(2) 여기들 앉아서 좀 쉬었다 가라.

예제 5

(1)–(2)의 밑줄 친 부분에 쓰인 명사를 유정 명사와 무정 명사로 나누어 보시오.

(1) 나는 <u>친구</u>에게 합격 사실을 알렸다.
(2) 우리 정부는 <u>일본 정부</u>에 항의하였다.
(3) 나는 <u>화분</u>에 물을 주었다.

명사는 사람이나 동물 등 감정이 있는 대상을 가리키는 유정 명사와 식물이나 무생물 등 감정이 없는 대상을 가리키는 무정 명사로 나눌 수 있다. 유정 명사를 활동성 명사라고도 하며 무정 명사를 비활동성 명사라고도 한다.

개념

명사에 '어떤 행동이 미치는 대상'을 나타내는 조사가 붙을 때 유정 명사에는 '에게'가 붙고 무정 명사에는 '에'가 붙는다. 이때 '에게'와 '에'는 의미와 기능이 같은 동일한 조사이지만, 결합하는 명사의 성질에 따라 선택적으로 쓰인다.

1. 유정 명사 + '에게' / '한테'
2. 무정 명사 + '에'

적용

1. (1)에 쓰인 '친구'는 유정 명사이므로 조사 '에게'가 결합하였다.
2. (2)에 쓰인 '일본 정부'는 무정 명사이므로 조사 '에'가 결합하였다.
3. (3)에 쓰인 '화분'은 무정 명사이므로 조사 '에'가 결합하였다.

주의

(4)와 (5)에서 '경찰'이 유정 명사 '경찰관'으로 해석될 때는 조사 '에게'를 쓰고 무정 명사 '경찰 조직'으로 해석될 때는 조사 '에'를 쓴다.

> (4) 학교 앞 도로에서 과속한 차를 <u>경찰에게</u> 신고하였다.
> (5) 학교 앞 도로에서 과속한 차를 <u>경찰에</u> 신고하였다.

확장

'컴퓨터'는 무정 명사로 분류하여, (6)과 같이 조사 '에'를 선택하여야 하지만, 학습을 한다는 유정 명사의 속성을 지니고 있기도 하기 때문에 (7)에서는 '에게'를 선택하여 쓰는 것이 더 자연스럽다. 이는 (8)도 마찬가지이다.

> (6) 리포트를 쓰기 위해 <u>컴퓨터에</u> 자료를 입력하였다.
> (7) 코로나 환자의 발생률을 예측하는 일은 이 <u>컴퓨터에게는</u> 무리이다.
> (8) 집까지 안전하게 가는 일이 이 <u>자율 자동차에게는</u> 쉬운 일이다.

확인 문제 5-1

다음 밑줄 친 부분에 적합한 조사를 고르시오.

(1) 그는 우리 <u>민족{에게/ 에}</u> 큰 영향을 미쳤다.
(2) 그녀는 우리 <u>사회{에게/ 에}</u> 큰 영향을 미쳤다.
(3) 아까 <u>강아지{에게/ 에}</u> 물린 데는 좀 어떠니?
(4) 아까 <u>해파리{에게/ 에}</u> 쏘인 데는 좀 어떠니?

확인 문제 5-2

(1)의 밑줄 친 부분에 적합한 조사를 고르고, 그 이유를 설명하시오.

(1) 코로나 <u>바이러스{에게/ 에}</u> 걸리지 않도록 방역 수칙을 잘 지킵시다.

1.2. 대명사

예제 1

(1)-(3)의 자료를 바탕으로 대명사의 특성을 명사와 비교하여 설명하시오.

(1) 가. 그 사람 (○)   어떤 사람 (○)   부지런한 사람 (○)

　　나. 그 너 (×)   어떤 너 (×)   부지런한 너 (○)

(2) 영수: 이것 내가 만든 것인데 어때?

　　영희: 그것 참 멋있는데.

(3) 영수: 나 과제 다 했어.

　　영희: 나는 아직 다 못했어.

　　명사는 자유롭게 관형어의 꾸밈을 받지만, 대명사는 명사보다 관형어의 꾸밈을 받는 것에 제약이 많다. 대명사는 명사를 대신해서 가리키는 지시성이 있어야 하는데, 이때의 지시는 상황 의존성을 가지고 있으므로 상황에 따라 동일한 대상을 서로 다른 대명사로 가리킬 수도 있고, 동일한 대명사가 전혀 다른 대상을 가리킬 수도 있다.

개념

<대명사의 특성>

1. 관형어의 수식을 받는 데 제약이 많다.

2. 단순히 다른 사물을 대신 지칭하는 것이 아니라, 상황 의존성이 있어야 한다.

3. 대명사는 명사와 동일하게, 주어나 목적어가 되게 하는 조사 '이/가', '을/를'이나 부사어가 되게 하는 조사 '에, 에게, (으)로' 등이 붙을 수 있다.

적용

1. (1가)의 '사람'은 명사이므로 다양한 관형어의 꾸밈을 받을 수 있다. 반면 대명사인 (1나)의 '너'는 어울려 쓸 수 있는 관형어가 제한된다.

2. (2)에서 '이것'과 '그것'은 동일한 사물이지만 상황에 따라 다른 표현으로 나타나

기 때문에 대명사로 볼 수 있다.

3. (3)에서는 동일한 대명사 '나'가 전혀 다른 대상을 가리키고 있다.

주의

(4)에 쓰인 의존 명사 '것'은 먹은 음식을 대신해서 쓰인 지시성이 있는 단어이지만, 상황 맥락에 따라 지시 대상이 달라지지는 않기 때문에 대명사로 보지 않고, 의존 명사로 처리한다.

> (4) 네가 먹은 것이 무엇이니?

확장

1. '이, 그, 저' 다음에 의존 명사 '분, 이, 것, 곳'이 붙어 다음과 같은 대명사가 된다.

> 1) 인칭 대명사: 이분, 그분, 저분, 이이, 그이, 저이
> 2) 사물 지시 대명사: 이것, 그것, 저것
> 3) 장소 지시 대명사: 이곳, 그곳, 저곳

2. '이리, 그리, 저리'는 조사 '이/가, 을/를' 등이 결합할 수 없으므로 대명사로 보지 않고 부사로 본다. 다만 '이리로, 그리로, 저리로'는 조사 '로'가 결합했지만 부사의 특별한 경우로 해석한다.

확인 문제 1

(1)의 밑줄 친 '것'은 선행사 '인삼'을 대신해서 쓰인 말인데 대명사로 보지 않는 이유를 설명하시오.

(1) 인삼은 우리나라에서 나는 것이 최고야.

예제 2

다음의 대명사를 사람을 나타내는 것, 사물을 나타내는 것, 장소를 나타내는 것과 그 밖의 것으로 하위 분류하시오.

(1) 나, 우리, 너, 그대, 그
(2) 저, 자기, 당신
(3) 이것, 그것, 저것
(4) 여기, 거기, 저기
(5) 누구, 무엇, 어디, 아무

대명사는 형태와 기능보다는 의미를 기준으로 명사와 구별한 갈래이다.

개념

대명사는 명사를 대신하여 쓰는 단어이다. 즉 사람, 사물, 장소의 이름을 대신하여 가리키는 말이다. 대명사는 사람을 가리키는 인칭 대명사와 사물이나 장소를 가리키는 지시 대명사가 있다.

적용

(1)-(2)는 사람을, (3)은 사물을, (4)는 장소를, (5)는 그 밖의 것을 나타내는 대명사이다. 일반적으로 대명사는 다음과 같이 하위 분류할 수 있다.

인칭 대명사 - 1인칭: 나, 저, 우리, 저희, 소인
　　　　　　　2인칭: 너, 자네, 당신, 그대, 너희, 여러분
　　　　　　　3인칭: 그, 이이, 그이, 저이, 이분, 그분, 저분
　　　　　　　재귀칭: 저, 자기, 당신, 저희
지시 대명사 - 사물 지시: 이것, 그것, 저것
　　　　　　　장소 지시: 여기, 거기, 저기

미지칭 대명사 - 인칭: 누구

　　　　　　　　지시: 무엇, 어디, 언제

부정칭 대명사 - 인칭: 아무

확장

　대명사 '나, 너'에 조사 '가'가 붙으면 '내가, 네가'와 같이 형태가 변하는 현상은 명사에는 없는 대명사의 특징이다.

주의

1. '이 사람, 그 사람, 저 사람'은 대명사가 아니고 두 단어로 이루어진 말이다.
2. '이, 그, 저'에 의존 명사가 결합되어 대명사가 되기도 한다. (이분, 그분, 저분)
3. 대명사는 명사와 마찬가지로 복수를 나타내는 접미사 '들'이 붙을 수 있다는 특징이 있기 때문에 '이들, 그들, 저들'도 실제로는 대명사처럼 쓰이기도 한다.

확인 문제 2-1

'이' + '의존 명사' 구성으로 이루어진 '이쪽, 이놈, 이만큼, 이대로'를 대명사와 대명사가 아닌 품사로 나누어 보시오.

확인 문제 2-2

밑줄 친 단어 '선생님'을 일인칭과 이인칭 대명사로 볼 수 있을 것인지 설명하시오.

(1) 이 문제는 <u>선생님</u>이 설명해 줄게.

(2) 저는 <u>선생님</u>이 존경스럽습니다.

예제 3

(1)-(4)의 밑줄 친 대명사를 미지칭 대명사와 부정칭 대명사로 나누어 보시오.

(1) 점심에 <u>무엇</u>을 먹었니? ↘

(2) 점심에 <u>무엇</u>을 먹었니? ↗

(3) 너 <u>어디</u> 가니? ↘

(4) 너 <u>어디</u> 가니? ↗

모르는 사람이나 사물, 장소를 나타내는 대명사를 미지칭 대명사라고 하고, 특정 대상을 가리키지 않는 대명사를 부정칭 대명사라고 한다.

개념

1. 미지칭 대명사: 가리킴을 받는 사람, 사물, 장소가 무엇인지 모를 때 사용

   부정칭 대명사: 특정 지시 대상이 없을 때 사용

2. '무엇, 어디, 누구'는 문장의 억양과 강세에 따라 미지칭 대명사와 부정칭 대명사의 용법으로 나누어진다. 대명사에 강세를 주고 문말 억양을 내리면 미지칭 대명사이고, 대명사에 강세를 주지 않고 문말 억양을 올리면 부정칭 대명사이다.

적용

(1)-(4)에 대한 대답은 다음 (1)′-(4)′와 같다. (1), (3)에 쓰인 대명사는 미지칭 대명사이고, (2), (4)에 쓰인 대명사는 부정칭 대명사이다.

(1)′ 냉면 먹었어.

(2)′ 아니, 아무것도 안 먹었어.

(3)′ 영화 보러 가.

(4)′ 아니, 아무 데도 안 가.

확장

　대명사 '아무'는 미지칭 대명사가 없고, (5)에서처럼 조사 '나' 등이 붙어 부정칭 대명사로 쓰인다.

> (5)　아무나 국가대표가 되는 게 아니야.

주의

　(6)에 쓰인 '아무'는 어떤 사람을 구체적인 이름 대신 이르는 인칭 대명사의 용법이고, (7)에 쓰인 '어디'는 미지칭 대명사나 부정칭 대명사의 용법으로 쓰인 것이 아니다. (7)의 '어디'는 반어적 의문문에 쓰여 수량, 범위, 장소 따위가 아주 대단함을 가리키는 것이다.

> (6)　김 아무는 박 아무와 만났다.
> (7)　이 정도 사는 것이 어디냐?

확인 문제 3

(1)-(2)의 '언제'를 미지칭 대명사와 부정칭 대명사의 용법으로 구분하시오.

(1) 가. 언제 밥 한번 먹을래?↗

　　나. 그래 좋아.

(2) 가. 언제 저녁 먹을까? ↘

　　나. 7시쯤 먹으면 어때?

예제 4

(1)-(5)의 밑줄 친 단어를 재귀 대명사와 재귀 대명사가 아닌 것으로 나누어 보고, 그 이유를 설명하시오.

(1) 언제라도 <u>저희</u> 집에 들러 주세요.
(2) 고슴도치도 <u>제</u> 새끼는 귀여워한다.
(3) <u>자기</u>가 할 일은 자기가 하자.
(4) 영수는 <u>자기</u>도 모르게 자리에서 벌떡 일어섰다.
(5) 할아버지께서는 생전에 <u>당신</u>의 장서를 소중히 다루셨다.

문장 안에서 주어로 쓰인 명사가 반복해서 나타날 때, 뒤에 오는 명사를 대신해서 재귀 대명사가 쓰인다. 이와 같은 용법은 주어의 문법적 특성이다.

개념

재귀 대명사: 문장에서 앞에 나온 사람을 다시 가리키는 말
　　　　　 '저, 저희, 자기, 당신'이 있다.

적용

(1) 저희: 1인칭 대명사 '우리'의 낮춤말이다.
(2) 제: '저 + 의'가 축약된 것으로 여기에서의 '저'는 문장의 주어 '고슴도치'를 대신 가리키는 재귀 대명사이다.
(3) 자기: '그 사람 자신'의 뜻으로 쓰인 명사이다.
(4) 자기: 앞에 나온 문장의 주어 '영수'를 대신 가리키는 재귀 대명사이다.
(5) 당신: 앞에 나온 주어 '할아버지'를 대신 가리키는 재귀 대명사이다.

확장

    (6)에 쓰인 '본인'은 '어떤 일에 직접 관계가 있는 사람'의 뜻으로 쓰인 명사이고, (7)에 쓰인 '본인'은 '나'를 뜻하는 대명사이다.

> (6) 투표는 투표권자인 <u>본인</u>이 직접 해야 한다.
> (7) <u>본인</u>이 이 사태에 책임을 지겠습니다.

주의

1. 재귀 대명사 '자기'는 (8)-(9)에서처럼 주어가 1인칭이나 2인칭일 때는 쓰이지 않고, 주어가 3인칭일 때에만 쓰인다.

> (8) *나는 <u>자기</u> 가족을 소중히 여긴다.
> (9) *네가 <u>자기</u> 친구들과 친하게 지내기 바란다.

2. (10)-(11)의 '자신'은 의미가 다르다. (10)에서는 '자기 스스로'의 뜻으로 쓰였으며, (11)에서는 '앞에 가리킨 바로 그 사람임을 강조하여 이르는 말'의 뜻으로 쓰였다. (11)의 '자신'은 대명사와 구별하기가 쉽지 않은데 <표준국어대사전>에는 명사로 처리하고 있다.

> (10) <u>자신</u>을 돌보다.
> (11) 나 <u>자신</u>도 그 사실을 믿을 수 없었다.

확인 문제 4

(1)-(2)의 밑줄 친 대명사의 용법을 설명하시오.

(1) 동생들은 <u>저희들</u>이 한 행동을 뉘우쳤다.

(2) 중이 <u>제</u> 머리 못 깎는다.

1.3. 수사

예제 1

(1)-(3)의 자료를 바탕으로 수사의 특성을 명사, 대명사와 비교하여 설명하시오

(1) 가. <u>어느</u> 나라 (○)   <u>어느</u> 그것 (×)   <u>어느</u> 다섯 (×)

  나. <u>웃는</u> 사람 (○)   <u>웃는</u> 너 (○)   <u>웃는</u> 다섯 (×)

(2) 가. 둘<u>째</u>, 셋<u>째</u>, 둘<u>이</u>, 셋<u>이</u>, 넷<u>이</u>…

  나. <u>제(第)</u>일, <u>제(第)</u>이, <u>제(第)</u>삼, <u>수(數)</u>십, <u>수(數)</u>백, <u>수(數)</u>천…

(3) 사람<u>들</u>, 우리<u>들</u>/ 둘<u>들</u> (×) 셋<u>들</u> (×)

명사, 대명사, 수사는 체언의 한 종류라는 점에서 문법적 특성은 거의 같다. 다만, 이들 체언을 꾸며주는 말이 제약되는 정도성에 차이가 있으며, 명사나 대명사와는 달리 수사에는 복수를 나타내는 접미사 '-들'이 결합할 수 없다.

개념

1. 수사는 명사, 대명사와는 달리 관형어의 수식을 받는 경우가 거의 없다.
2. 수사에는 접미사 '-째', '-이' 와 접두사 '제(第)-', '수(數)-'가 결합할 수 있다.
3. 수사에는 접미사 '-들'이 결합할 수 없다.

적용

(1가)에서 명사인 '나라'는 관형어 '어느'의 수식을 받을 수 있으나, 대명사 '그 것'과 수사 '다섯'은 수식을 받지 못하는 제약이 있다. 하지만 (1나)에서 알 수 있듯 이 대명사는 관형어의 수식을 받는 경우가 수사보다는 많다. 결론적으로 수사는 관 형어의 수식을 받을 때 제약이 가장 크다.

관형어의 수식을 받을 수 있는 정도: 명사 > 대명사 > 수사

(2가)는 수사에 '-째'나 '-이' 같은 접미사와, '제-'나 '수-' 같은 접두사가 결합할

수 있음을 보여주는 예이다.

(3)에서 볼 수 있듯이 일반적으로 접미사 '-들'이 결합할 수 있다는 것은 체언의 특성인데, 체언의 한 종류인 수사는 '-들'과 결합할 수 없다는 점을 유의해야 한다.

주의

수사는 관형사의 꾸밈을 받는 경우가 거의 없으나, (4)의 경우처럼 관형사의 꾸밈을 받는 경우도 있다. 하지만 양이 적은 수 '둘, 셋, 넷' 정도에서만 나타나는 현상이기 때문에 이를 일반화하기는 어렵다. '저 <u>열</u>이 한편이야'와 같은 표현은 사용하지 않기 때문이다.

(4) 친구를 만나기로 하고 그 <u>둘</u>은 헤어졌다.

확장

(5)와 같이 수사에 조사가 붙지 않고 용언 앞에 쓰이면, 용언을 꾸며주는 부사의 성격을 띠게 된다.

(5) 저도 펜 <u>하나</u> 주세요.

확인 문제 1

(1)의 자료를 바탕으로 수사의 특성을 명사, 대명사와 비교하여 설명하시오.

(1) 가. 무슨 음식 (○)   무슨 저것 (×)   무슨 셋 (×)

나. 성실한 아이 (○)   성실한 그녀 (○)   성실한 이백 (×)

예제 2

(1)과 (2)의 밑줄 친 단어의 품사를 구별해 보시오.

(1) <u>하나, 둘, 셋, 넷, 다섯, 여섯</u>…
(2) <u>한</u> 개, <u>두</u> 개, <u>세</u> 개, <u>네</u> 개, <u>다섯</u> 개, <u>여섯</u> 개…

'하나, 둘, 셋'과 '한, 두, 세'는 모두 '수량을 나타내는 말'이라는 공통점이 있지만, '하나, 둘, 셋'에는 조사가 붙을 수 있고 '한, 두, 세'에는 조사가 붙을 수 없기 때문에 이를 두 종류의 품사로 나누고 있다.

개념

<수사와 관형사의 차이>

1. 수사는 주어나 목적어를 나타내는 조사 '이/가'와 '을/를'이 붙어 주어, 목적어의 기능을 한다.
2. 관형사는 뒤에 오는 말을 꾸며주는 수식언의 기능을 하며, 조사가 붙을 수 없다.

적용

1. '한, 두, 세, 네'는 조사가 붙지 않고 체언을 꾸며 주기 때문에 관형사이다.
2. '하나, 둘, 셋, 넷'은 조사가 붙고, 체언을 꾸며 주는 기능은 없기 때문에 수사이다.
3. '다섯, 여섯…'은 (3)과 (4)와 같이 쓰이는 환경에 따라 다르게 처리한다.

(3) 학생 <u>다섯</u>이 모였다. (수사)
(4) <u>다섯</u> 학생이 모였다. (관형사)

확장

수를 나타내는 단어 '몇'이 (5)에서는 수사로 쓰인 경우이고, (6)에서는 관형사로 쓰인 경우이다.

(5) 사람이 <u>몇</u>이 모였다. (수사)

(6) <u>몇</u> 사람이 모였다. (관형사)

주의

    명사 '가을'도 '다섯'이나 '몇'과 마찬가지로 (7)에서처럼 조사가 붙어 주어나 목적어 등으로 쓰이기도 하고, (8)에서처럼 조사가 붙지 않고 체언을 꾸며 주는 관형사적 용법으로 쓰이기도 한다. 하지만 '가을'은 두 가지 경우 모두 동일하게 명사로 처리하고 있다. (4), (6)에 쓰인 '다섯', '몇'과 (8)에 쓰인 '가을'의 차이점은 '가을(의) 하늘'과 같이 명사 '가을'은 조사 '의'가 붙을 수 있고, '다섯'과 '몇'은 조사의 결합이 불가능하다는 것이다.

(7) <u>가을</u>이 왔다. (명사)

(8) <u>가을</u> 하늘이 매우 높다. (명사)

확인 문제 2

다음 (1)-(2)의 밑줄 친 단어의 품사를 설명하시오.

(1) <u>여러</u> 사람이 힘을 합하니 일이 쉽다.

(2) <u>여럿</u>이 힘을 합하니 일이 쉽다.

예제 3

다음과 같은 수사를 종류별로 하위 분류하시오.

하나, 둘, 일, 이, 한둘, 서넛, 첫째, 둘째, 제일, 제이…

수사는 사물의 수량이나 순서를 나타내는 단어이다. 수사에는 수량을 나타내는 양수사(量數詞)와 순서를 나타내는 서수사(序數詞)가 있다.

개념

<수사의 종류>

1. 양수사: 하나, 둘, 셋, 일, 이, 삼…
2. 서수사: 첫째, 둘째, 셋째, 제일, 제이, 제삼…

적용

수사를 하위 분류하면 다음과 같다.

수사는 먼저 양수사와 서수사로 나누고, 이를 각각 정수와 부정수를 나타내는 것으로 다시 나눈다. 이들은 고유어 계열과 한자어 계열로 다시 구분할 수 있다.

정수는 정확한 수량이나 차례를 나타내고, 부정수는 개략적으로 어림잡은 수량이나 수를 나타낸다.

종류	특징	구분	계열	예
양수사	수량	정수	고유어	하나, 둘, 셋…
			한자어	일, 이, 삼…
		부정수	고유어	한둘, 서넛, 예닐곱…몇, (여럿)
			한자어	일이, 삼사, 육칠…수십(數十), 수백(數百)…
서수사	순서	정수	고유어	첫째, 둘째, 셋째…
			한자어	제일, 제이, 제삼…
		부정수	고유어	한두째, 서너째, 너댓째…(몇째)
			한자어	없음

주의

(1)에 쓰인 '여럿'도 수를 나타내는 말이지만 국어사전에는 명사로 올라 있다. 수를 나타내는 말 '몇'은 국어사전에서 수사로 처리하고 있는 것과 비교하면 일관성이 없다는 문제가 있다. 앞의 수사를 분류한 표를 보면 '여럿'을 양수사로 처리한 학자도 있음을 알 수 있다.

(1) 그 얘기를 여럿에게서 들었다.

확장

양수사는 사람이나 사물의 수량을 나타내는데, 양수사에 접미사 '이'가 결합되면 사람의 수량만을 나타내는 특징이 있기 때문에 이런 종류의 수를 표현하는 말을 인수(人數)라고 한다. (2)에서 '하나'의 자리에는 '혼자'가 나타난다.

(2) 혼자, 둘이, 셋이, 여럿이, 몇이…

확인 문제 3-1

수와 관련된 (1)의 예들을 수사로 볼 수 있는지 설명하시오.

(1) 모두, 다, 얼마, 다수(多數), 소수(小數)

확인 문제 3-2

'첫째, 둘째, 셋째'는 순서를 나타내는 서수사이다. (2)의 밑줄 친 '몇째'도 수사로 볼 수 있는지 설명하시오.

(2) 너는 몇째 아들이니?

체언 연습 문제

1. 명사, 대명사, 수사의 공통점과 차이점을 설명하시오.

2. 보통 명사는 같은 성질을 가진 여러 대상을 두루 가리키지만, 고유 명사는 고유한 성질을 가진 특정 대상을 다른 대상과 구별하여 가리키는 명사이다.

  1) 세상에 유일하게 존재하는 '해'와 '달'을 고유 명사에 포함하지 않는 이유는 무엇인가?
  2) '영수'라는 동명이인이 많이 있지만 '영수'가 고유 명사에 속하는 이유는 무엇인가?
  3) 고유 명사가 보통 명사화한 용법으로 쓰이는 예를 들어 보시오.

3-1. 탐구 '초코파이'가 보통 명사인지, 고유 명사인지 검증해 보시오.

3-2. '바바리'와 '호치키스'가 보통 명사인지, 고유 명사인지 검증해 보시오.

4. '파괴'나 '제공'은 사람이나 사물의 이름을 나타내는 말이 아니라, 행위나 동작을 나타내는데 명사로 분류하는 이유는 무엇인가?

5. '진리', '정의'는 사람이나 사물의 이름을 구체적으로 나타내는 말이 아닌데, 명사로 분류한다. 그 이유를 설명하고 이러한 종류의 명사들을 적어 보시오.

6-1. 다음 예문에서 A의 자리에 넣을 수 있는 단어를 명사라고 판단할 수 있는 문법적 근거는 무엇인가?

> 저 A를 나에게 다오.

6-2. 탐구 다음 예문에서 A의 자리에 올 수 있는 명사가 가산성과 유정성을 가지고 있을 것이라고 추측할 수 있는 문법적 근거는 무엇인가?

> 위 내용은 모든 A들에게 해당된다.

7. 특정한 관형사형 어미의 수식만을 받는 의존 명사의 예를 보이시오.

8. 특정한 격조사와만 결합하는 의존 명사의 예를 보이시오.

9. '원시, 최신, 간이, 순수' 등의 명사가 일반 명사와 문법적 특성이 다름을 설명하시오.

10-1. (1)-(3)에 쓰인 인칭 대명사 '우리'의 용법을 청자와 화자의 관계를 고려하여 구분해 보시오.

(1) 우리 둘이 힘을 합치면 못 할 일이 뭐가 있겠니?

(2) 우리가 당신한테 무슨 잘못을 했어요?

(3) 우리 동네는 정말 살기 좋은 곳이야.

10-2. '나'의 복수형 '저희'의 용법과 위의 (1)-(3)의 '우리'의 용법의 차이점을 설명하시오.

10-3. '자기', '당신' 중 (1)에 쓰인 '저희'의 용법으로 쓰일 수 있는 것을 고르시오.

(1) 동네 아이들이 유리창을 깨고는 저희들이 한 일이 아니라고 한다.

11. 특정 조사와만 결합하는 제약이 있는 명사들을 찾아 그 쓰임을 보이시오.

12-1. '충무공'은 '이순신'을 대신하지만 대명사로 보지 않는 이유는 무엇인가?

12-2. (1)에 쓰인 '것'은 '음식'을 대신하는데 대명사로 보지 않는 이유는 무엇인가?

(1) 네가 점심에 먹은 것이 무엇이니?

13. 탐구 다음 밑줄 친 단어의 품사를 밝히시오.

(1) 이 문제는 너희들 몇의 문제가 아니다.

(2) 나이가 몇이냐?

(3) 혼자서 하기 힘든 일도 여럿이 하면 쉽다.

14-1. 탐구 (1)-(2)에 쓰인 '하나'는 수량을 나타낸다기보다는 서술어 '없다', '안 겁나다'를 강조하여 꾸며주는 역할을 한다. '하나'를 부사로도 볼 수 있는 근거를 제시하시오.

(1) 그는 하는 일 하나 없이 놀고 지낸다.

(2) 그런 건 겁 하나 안 난다.

14-2. (3)에 쓰인 '하나'의 품사는 무엇인가?

(3) 나에게는 하나뿐인 그대.

15. 단위를 나타내는 의존 명사 앞에 쓰이는 수사에 고유어 수사가 쓰이는지, 한자어 수사가 쓰이는지 관찰해 보시오.

(1) 오징어 {한, 두, 세, 네, 다섯…} 마리를 샀다.

(2) 저 건물 {일, 이, 삼, 사, 오…} 층에서 만나자.

16. 탐구 (1)의 '자기'는 재귀 대명사 용법으로 사용되었다. (2)-(5) 밑줄 친 '자신'과 '스스로'를 재귀 대명사로 볼 수 있는지 설명하시오.

(1) 그는 뭐든지 자기 고집대로 한다.

(2) 나 자신도 그 사실을 믿을 수 없었다.

(3) 그는 항상 자신의 처지만을 생각하는 이기적인 사람이다.

(4) 그는 스스로를 속이고 있다.

(5) 우리의 문제는 우리 스스로가 해결해야 한다.

2. 용언

개요

용언은 문장에서 주어를 서술하는 역할을 하며, 동사와 형용사가 있다.

용언	동사	• 자동사와 타동사 • 본용언과 보조용언 • 규칙 활용과 불규칙 활용 • 불완전 동사
	형용사	• 성상 형용사와 지시 형용사
어미		• 어말어미와 선어말어미 • 종결어미, 연결어미, 전성어미
용언의 특성		• 가변어: 활용을 함
동사와 형용사의 구분 기준		• '-ㄴ/ 는다'의 결합 여부 • '-자'와 '-어라/-아라'의 결합 여부 • '-는'과 '-(으)ㄴ'의 결합 여부

2.1. 동사와 형용사

> **예제 1**
>
> (1)-(4)의 밑줄 친 단어를 동사와 형용사로 구분하시오.
>
> (1) 나는 주말에는 그림을 <u>그린다</u>.
> (2) 밤이 지나가고, 날이 <u>밝았다</u>.
> (3) 몸에 좋은 약은 입에 <u>쓰다</u>.
> (4) 나는 요즘 동아리 활동 때문에 <u>바쁘다</u>.

　　문장에서 주어를 서술하는 기능을 하는 말을 용언이라고 한다. 용언은 크게 동사와 형용사로 나뉘는데, 형태 변화를 한다는 점과 주어를 서술한다는 점은 같지만, 의미나 활용 면에서 차이가 있다.

개념

<용언의 종류>
동사: 문장 주체의 움직임이나 과정을 나타낸다.
형용사: 사람 또는 사물의 성질이나 상태를 나타낸다.

적용

1. (1)의 '그린다'는 문장의 주체인 '나'의 움직임을 나타내는 동사이다.
2. (2)의 '밝았다'는 문장의 주체인 '날'의 과정을 나타내는 동사이다.
3. (3)의 '쓰다'는 '몸에 좋은 약'의 속성을 나타내는 형용사이다.
4. (4)의 '바쁘다'는 문장의 주체인 '나'의 상태를 나타내는 형용사이다.

확장

　　동사나 형용사는 서술어의 기능을 하지만, 문장 안에서 어떤 문법적인 절차를 거쳐 다른 기능을 하기도 한다. (5)-(6)을 보면 동사 '그린'과 '그리게'가 뒤에 오는 말

'그림'과 '도와주셨다'를 꾸며주는 기능을 하고 있으며. (7)-(8)을 보면 동사 '그리기'는 문장 안에서 각각 목적어와 주어의 기능을 한다. 이때 이러한 역할은 밑줄 친 문장 전체가 하는 것이다.

> (5) 내가 그린 그림이 미술전에서 상을 받았다.
> (6) 어머니는 내가 그림을 그리게 도와주셨다.
> (7) 나는 꽃을 그리기를 좋아한다.
> (8) 인물을 그리기가 사물을 그리기보다 어렵다.

주의

(9)-(11)의 밑줄 친 단어들은 동사와 형용사의 구분이 쉽지 않다. 의미를 기준으로 하면 움직임이나 과정을 나타내는 것은 아니기 때문에 형용사로 오인할 수 있으나, 이러한 단어들은 문법적인 특성을 고려하여 동사로 분류된다. 움직임을 나타내지 않는 동사들은 의미를 기준으로 삼아 분류할 때, '작용'을 나타내는 단어들의 집합으로 설명하기도 한다.

> (9) 시험 준비를 하는데 시간이 모자란다.
> (10) 잇몸이 붓고 쑤신다.
> (11) 출근 시간에 지하철은 사람들로 붐빈다.

확인 문제 1

다음의 용언을 동사와 형용사로 분류하시오. (국어사전에서 품사 정보를 확인해 보시오.)
젊다, 늙다, 쪼들리다, 닮다

예제 2

밑줄 친 말을 목적어를 가지지 않는 동사와 목적어를 가지는 동사로 분류해 보시오.

(1) 영수가 의자에 <u>앉았다</u>.

(2) 영수가 길가에 <u>서 있다</u>.

(3) 영수가 과일을 <u>먹었다</u>.

(4) 영수가 머리를 <u>깎았다</u>.

동사가 나타내는 움직임이나 과정이 주어에만 미치는 동사를 자동사라고 하고, 주어 이외에 목적어에도 미치는 동사를 타동사라고 한다.

개념

<동사의 종류>

자동사: 주어는 요구하지만 목적어는 가질 수 없는 동사

타동사: 주어 이외에 목적어를 반드시 요구하는 동사

적용

1. (1)과 (2)에 쓰인 동사 '앉다'와 '서다'는 움직임이 주어 '영수'에 미치고 있지만, (3)과 (4)에 쓰인 동사 '먹다'와 '깎다'는 움직임이 주어 '영수' 이외에 목적어 '과일'과 '머리'에도 미치고 있다.

2. (1)과 (2)에 쓰인 동사 '앉다'와 '서다'는 주어만 있으면 완전한 문장이 되지만, (3)과 (4)에 쓰인 동사 '먹다'와 '깎다'는 주어 이외에 목적어를 반드시 필요로 한다. 따라서 '앉다'와 '서다'는 자동사, '먹다'와 '깎다'는 타동사로 분류한다.

확장

'돌다'와 '멈추다'는 (5)와 (7)과 같이 자동사 용법으로도 쓰이고, (6)과 (8)과 같이 타동사 용법으로도 쓰이는 데 이러한 동사는 그 수가 많지 않다.

(5) 새로 산 선풍기가 잘 <u>돈다</u>.

(6) 지구는 태양 주위를 <u>돈다</u>.

(7) 오래된 차가 갑자기 <u>멈추었다</u>.

(8) 아이가 울음을 <u>멈추었다</u>.

주의

'가다'나 '다니다'는 (9)에서처럼 일반적으로 목적어를 요구하지 않는 자동사로 쓰이지만, (10)에서는 '을/를' 명사구가 나타나 타동사처럼 쓰이기도 한다. 이러한 동사를 양용 동사라고 부르기도 한다.

(9) 영수가 <u>학교에</u> 간다./ 영수가 <u>학원에</u> 다닌다.

(10) 영수가 <u>학교를</u> 간다./ 영수가 <u>학원을</u> 다닌다.

확인 문제 2-1

다음의 동사를 자동사와 타동사로 분류하시오.

싸우다, 배우다, 바꾸다

확인 문제 2-2

'그치다'의 자동사 용법과 타동사 용법을 설명하시오. 또 이와 같이 두 가지 용법을 가지고 있는 동사를 더 보이시오.

2.2. 보조용언

예제 1

문장 안에서 독자적으로 서술어의 역할을 하는 용언과 홀로는 서술어의 기능을 하지 못하는 용언으로 분류하시오.

(1) 동생이 사과를 혼자 <u>먹어 버렸다</u>.
(2) 가을이 깊어지면서 감이 잘 <u>익어 간다</u>.

　용언이 어미를 사이에 두고 두 개 이상 이어져 나타날 때, 앞의 용언만으로 서술어의 역할이 성립되고, 뒤의 용언만으로는 서술어가 성립되지 않을 경우 앞의 용언을 본용언, 뒤의 용언을 보조용언이라고 한다.

개념

본용언: 주어와 호응 관계를 가지며 홀로 서술어가 될 수 있다.
보조용언: 주어와 호응 관계를 가지지 않으며 홀로 서술어가 되지 못한다.

적용

1. (1)에서 주어 '동생이'와 어울려 쓰이는 용언은 '먹어'이고, (2)에서 주어 '감이'와 어울려 쓰이는 용언은 '익어'이다. 따라서 '먹어'와 '익어'는 본용언이다.

2. (1)과 (2)에 쓰인 용언 '버렸다'와 '간다'는 그 자체만으로 각각의 주어와 어울려 쓰이지 못하고, 앞에 쓰인 용언과 함께 묶여서 주어와 호응한다. 따라서 여기에서 '버렸다'와 '간다'는 보조용언이다.

(3) 동생이 사과를 혼자 <u>먹었다</u>.(○)/ *동생이 사과를 혼자 <u>버렸다</u>.(×)
(4) 감이 잘 <u>익는다</u>.(○)/ *감이 잘 <u>간다</u>.(×)

3. 보조용언은 본용언에 문법적인 의미를 더해 주는 기능을 한다.

확장

(5)에 쓰인 보조용언 '버렸다'는 (6)과 같이 본용언으로 쓰인 것으로도 해석할 수 있다. 이때는 두 용언 사이에 다른 말 '서'를 끼워 넣을 수 있어야 하고, (7)과 같이 '찢는 행위'와 '버리는 행위'가 이루어진 장소가 다를 수도 있다.

> (5) 영수는 화가 나서 성적표를 찢어 <u>버렸다</u>.
>
> (6) 영수는 화가 나서 성적표를 찢어(서) 버렸다.
>
> (7) 영수는 화가 나서 <u>집에서</u> 성적표를 찢어 <u>학교에서</u> 버렸다.

주의

본용언과 보조용언은 띄어 쓰는 것을 원칙으로 하되 붙여 쓰는 것도 허용하지만, (8)과 같이 본용언과 보조용언 사이에 조사가 나타날 때는 띄어 써야 한다.

> (8) 나는 방탄소년단을 만나{만/도/는} 보았다.

확인 문제 1

(1)-(3)의 밑줄 친 단어를 본용언과 보조용언으로 분류하시오.

(1) 세아가 라면을 끓여 <u>먹었다</u>.

(2) 형이 내 얘기를 들어 <u>주었다</u>.

(3) 오늘 날씨가 추운가 <u>보다</u>.

> ### 예제 2
>
> (1)의 밑줄 친 단어에서 어간, 어근, 어미를 구별해 보시오.
>
> (1) 어머니가 아이에게 우유를 <u>먹인다</u>.

고유어로 어간은 줄기(stem), 어근은 뿌리(root), 어미는 씨끝(ending)이라고 한다. 한국어에는 다양한 어미가 있는데, 이들은 어간과 결합하여 문장 안에서 여러 가지 문법적인 의미를 더해 주는 역할을 한다. 어미는 두 개 이상이 겹쳐 나타날 수도 있다.

개념

1. 어간: 용언이 활용할 때 변하지 않는 고정된 부분이다.
2. 어근: 한 단어의 구성 요소 중에서 핵심적인 부분이다.
3. 어미: 용언이 활용할 때 어간에 붙는 부분이다.

적용

1. 동사 '먹인다'는 '먹-' + '-이-' + '-ㄴ다'로 분석된다.
2. '먹인다'의 단어 구성에서 핵심적인 부분은 '먹-'이며, 활용할 때 변하지 않는 부분은 '먹이-'이고, 활용할 때 어간에 붙는 부분은 '-ㄴ다'이다.
3. 따라서 어간, 어근, 어미의 개념을 적용하면 어간은 '먹이-', 어근은 '먹-', 어미는 '-ㄴ다'이다.

확장

1. 어미는 어간과 결합하여 한 단어를 이루지만, 어미의 문법적 기능은 그 단어에만 한정되지 않고, 문장 전체에 적용된다. 예문 (2)에서 과거 시제나 완료의 상을 나타내는 어미 '-었-'의 문법적 기능은 '어머니가 아이에게 우유를 먹인 행위'가 과거임을 나타낸다.

(2) 어머니가 아이에게 우유를 먹이었다.

2. (3)의 '짓밟혔다'는 '짓/밟/히/었/다'로 분석되는데 가장 핵심적인 부분인 어근은 '밟-'이고 활용할 때 고정되는 부분인 어간은 '짓밟히-'이다. 그리고 '-었-'과 '-다'는 어미이다.

(3) 조선은 왜구의 침입에 짓밟혔다.

주의

1. '먹다'의 경우에는 어간과 어근이 '먹-'으로 동일하다. 어간은 어미와 대립되는 개념이고 어근은 접사와 대립되는 개념이다.
2. '오가다'의 경우 어간은 '오가-'이며, 어근은 '오-'와 '가-'이고 어미는 '-다'이다. '검붉다'의 경우에도 어간은 '검붉-', 어근은 '검-'과 '붉-', 어미는 '-다'로 나눌 수 있다.
3. '슬기롭다'의 경우 어간은 '슬기롭-', 어근은 '슬기', 어미는 '-다'이다. '슬기롭다'에서 핵심적인 부분은 '슬기'이기 때문이다.

어간과 어근을 등호 관계로 보이면 다음과 같이 표시할 수 있다.
어간 ≧ 어근

확인 문제 2-1
형용사 '정답다'의 어간, 어근, 어미를 밝히시오.
확인 문제 2-2
동사 '깨뜨리다'의 어간, 어근, 어미를 밝히시오.

2.3. 용언의 활용

예제 1

어간에 어미가 붙어 활용할 때는 다음의 (1)-(4)와 같이 어간의 모습이 변하지 않는 것과 변하는 것으로 분류할 수 있다. 두 유형에 해당하는 용언을 더 찾아 보시오.

(1) 손을 <u>씻고</u> 음식을 먹어야 한다.

(2) 식사 전에는 손을 <u>씻어야</u> 한다.

(3) 집을 새로 <u>짓고</u> 이사를 했다.

(4) 집을 새로 <u>지어서</u> 이사하고 싶다.

'씻다'는 어간에 자음으로 시작되는 어미 '-고, -지만' 등이 붙을 때나 모음으로 시작하는 어미 '-어서, -어야' 등이 붙을 때 어간의 모습이 '씻-'으로 같지만, '짓다'는 어간에 자음으로 시작되는 어미 '-고, -지만' 등이 붙을 때와 모음으로 시작하는 어미 '-어서, -어야' 등이 붙을 때 어간의 모습이 '짓-'과 '지-'로 달라진다.

개념

규칙 활용: 활용할 때 어간과 어미의 형태가 일정한 것

불규칙 활용: 활용할 때 어간과 어미의 형태가 불규칙하게 변하는 것

적용

1. (1)과 (2)에 쓰인 '씻다'는 활용할 때 항상 어간의 모습이 '씻-'으로 고정되어 있으므로 규칙 동사이다. 이러한 유형에 해당하는 규칙 동사에는 (5)-(6)의 '받다'와 '잡다' 등이 있다.

(5) 장학금을 <u>받고</u> 기분이 좋았다./ 장학금을 <u>받아서</u> 기분이 좋았다.

(6) 밧줄을 <u>잡고</u> 올라간다./ 밧줄을 꼭 <u>잡았다</u>.

2. (3)과 (4)에 쓰인 '짓다'는 자음으로 시작하는 어미가 붙으면 어간이 '짓-'으로 나타나고, 모음으로 시작하는 어미가 붙으면 어간이 '지-'로 나타나므로 불규칙 동사이다. 이러한 유형에 해당하는 불규칙 동사에는 (7)-(8)의 '듣다'와 '돕다' 등이 있다.

> (7) 그 소식을 <u>듣고</u> 충격에 빠졌다./ 칭찬을 <u>들어서</u> 기분이 좋다.
> (8) 서로 <u>돕고</u> 살아야 한다./ 어려운 사람을 <u>도우면</u> 복을 받는다.

규칙 활용을 하는 동사에는 '받다, 얻다, 잡다, 뽑다, 놓다, 감다' 등이 있고, 불규칙 활용을 하는 동사에는 '듣다, 붇다, 돕다, 줍다, 다르다, <u>흐르다</u>, 푸르다' 등이 있다.

주의

'묻다'는 (9)와 같이 '매장하다'의 뜻으로 쓰일 때는 규칙 동사이고, (10)과 같이 '질문하다'의 뜻으로 쓰일 때는 불규칙 동사이다.

> (9) 쓰레기를 땅에 <u>묻었다</u>.
> (10) 지나가는 사람에게 길을 <u>물었다</u>.

확인 문제 1

'이르다'가 '도착하다', '알려주다', '기준보다 빠르다'의 뜻으로 쓰일 때 활용하는 방식이 어떻게 다른지 비교하시오.

> **예제 2**
>
> 일반 동사는 (1)과 같이 다양한 어미들이 붙을 수 있지만, (2)에 쓰인 '데리다'는
> 어간 '데리-'에 붙을 수 있는 어미가 매우 제한된다. (2)와 같이 활용이 불완전
> 한 동사들을 더 찾아보시오.
>
> (1) 먹다: 먹고, 먹으러, 먹으니, 먹으면, 먹어서, 먹지만, 먹는다…
> (2) 데리다: 데리고, 데리러, *데리니, *데리면, *데리어서, *데리지만, *데린
>   다…

일반적으로 동사에는 다양한 어미들이 제한 없이 붙을 수 있지만, 특정 동사에는
매우 한정된 어미만 붙는 경우가 있다. 이러한 현상을 용언 활용의 불완전성이라고
하고 이에 해당하는 동사들을 불완전 동사라고 한다.

개념

<용언 활용의 불완전성>
특정한 어미에만 붙어 활용하고 다른 어미는 붙지 않는 것

적용

1. (1)을 보면 '먹다'는 결합하는 어미에 특별한 제약이 없다. 하지만 (2)를 보면 '데
   리다'는 어미 '-고'와 '-(으)러' 이외의 다른 어미들과 결합하는 데 제약이 있다.
2. '데리다'와 같은 활용상의 특성을 가지는 동사를 불완전 동사라고 하는데, (3)-
   (5)의 밑줄 친 동사들이 이에 해당한다.

   (3) 북극의 빙하에 대한 연구가 시급하다.
   (4) 외솔을 비롯한 독립 운동가의 정신을 배우자.
   (5) 더불어 살기 위해서는 사회 규범을 지켜야 한다.

주의

'데리다'의 높임말 '모시다'에는 (6)과 같이 다양한 어미들이 붙는다.

> (6) 모시다: 모시고, 모시러, 모시니, 모시면, 모시어서, 모시지만, 모신다…

확장

1. 동사와 형용사는 형태적 특성을 기준으로 차이점보다는 공통점이 많은 품사이 지만 어미 결합의 제약에서 큰 차이를 보인다.

2. 동사는 위에서 제시한 불완전 동사들의 경우를 제외하고는 문장을 끝맺는 형식 으로 쓰이는 데 제한이 별로 없다. 하지만 형용사는 실제로는 문장을 끝맺는 역 할보다는 어간에 '-은'이나 '-게'가 붙어 쓰이는 빈도가 매우 높다.

3. 형용사에 붙는 어미에 제약이 많은 이유는 형용사의 의미 특성 때문이다. 예를 들어 '행위의 완료'를 나타내는 '-어 있다'와 '진행'을 나타내는 '-고 있다'가 형용 사에 붙을 수 없는 이유는 형용사가 상태를 나타내는 품사이기 때문이다.

> (7) 예뻐 있다(×)/ 예쁘고 있다(×)
>
> (8) 바빠 있다(×)/ 바쁘고 있다(×)

확인 문제 2-1

'말미암다'와 '즈음하다'에 결합할 수 있는 어미에는 어떤 것들이 있는지 설명하시오.

확인 문제 2-2

'통틀다'의 활용 형태를 살펴보고 불완전 동사로 볼 수 있는지 설명하시오.

2.4. 어미

예제 1

(1)-(6)의 밑줄 친 부분에 쓰인 어미의 기능을 밝히시오.

(1) 영수가 학교에 <u>갔느냐</u>.

(2) 부모님이 여행을 <u>가시었다</u>.

(3) 인생은 <u>짧고</u> 예술은 길다.

(4) 우리가 목표를 포기하지 <u>않으면</u> 결국은 이룰 수 있다.

(5) 나는 바다가 <u>보이는</u> 집에서 살고 싶다.

(6) 우리들은 우리가 <u>공부한</u> 문법이 쉽게 <u>출제되기를</u> 기대한다.

어미를 하위 분류하면 다음과 같이 구분할 수 있다.

개념

1. 어말어미: 단어의 끝에 오는 어미

2. 선어말어미: 어말어미 앞에 오는 어미

3. 종결어미: 문장을 끝맺는 어미

4. 연결어미: 문장과 문장을 이어주거나 본용언과 보조용언을 이어주는 어미

5. 전성어미: 용언으로 하여금 명사, 관형사, 부사의 역할을 하도록 하여 안긴문장
　　　　　을 만드는 어미

적용

    (1)　'-느냐': 종결어미(의문형 어미)

    (2)　'-(으)시-', '-었-': 선어말어미

    (3)　'-고': 대등 연결어미

    (4)　'-(으)면': 종속 연결어미

    (5)　'-고': 보조적 연결어미

    (6)　'-(으)ㄴ': 관형사형 어미/ '-게': 부사형 어미/ '-기': 명사형 어미

확장

    (5)의 '-고'는 본용언과 보조용언을 연결해 주는 보조적 연결어미이다. (7)-(9)의
'-어, -게, -지'도 마찬가지로 모두 보조적 연결어미이다.

    (7)　동생이 과자를 다 먹어 버렸다.

    (8)　나는 동생이 과자를 먹게 하였다.

    (9)　동생은 거짓말을 하지 않는다.

확인 문제 1

밑줄 친 어미의 기능을 밝히시오.

(1) 산길을 오래 달리기는 무척 어렵다.

(2) 그가 오늘도 학교에 오지 않았다.

예제 2

형태 변화를 기준으로 다음 단어를 동사와 형용사로 분류해 보시오. 《1》

먹다, 보다, 쉽다, 바쁘다

용언에 해당하는 동사나 형용사는 문장에서 그 쓰임에 따라 형태가 변하는데, 어간에 어미가 붙어 다양하게 활용하기 때문이다.

개념

동사: 어간 + '-는/ㄴ다'/ 어간 + '-아/어라'(○)/ 어간 + '-자'(○)

형용사: 어간 + '-다'/ 어간 + '-아/어라'(×)/ 어간 + '-자'(×)

적용

1. 동사 어간에는 현재 시제 평서형을 나타내는 어미 '-는/ㄴ다'가 붙고, 형용사 어간에는 어미 '-다'가 붙는다.

> 먹다: '먹-' + '-는다' → 먹는다
>
> 보다: '보-' + '-ㄴ다' → 본다
>
> 쉽다: '쉽-' + '-다' → 쉽다
>
> 바쁘다: '바쁘-' + '-다' → 바쁘다

2. 동사 어간에는 명령형 어미 '-어라'와 청유형 어미 '-자'가 붙을 수 있고, 형용사 어간에는 붙지 않는다. 청유형이나 명령형은 행동을 표현하기 때문이다.

> 먹다: '먹-' + '-어라' → 먹어라/ '먹-' + '-자' → 먹자
>
> 보다: '보-' + '-아라' → 보아라/ '보-' + '-자' → 보자
>
> 쉽다: '쉽-' + '-어라' → 쉬워라(×)/ '쉽-' + '-자' → 쉽자(×)
>
> 바쁘다: '바쁘-' + '-아라' → 바빠라(×)/ '바쁘-' + '-자' → 바쁘자(×)

위에서 용언이 활용하는 방식을 보면 '먹다'와 '보다'는 동사, '쉽다'와 '바쁘다'는 형용사의 특성을 보인다.

확장

용언 중에는 동사와 형용사의 구분이 쉽지 않은 것들이 있다.

> 모자라다: '모자라-' + '-ㄴ다' → 모자란다(○)
> '모자라-' + '-어라' → 모자라라(×)
> '모자라-' + '-자' → 모자라자(×)

위와 같은 경우 '-는/ㄴ다'가 붙는 것을 주요 기준으로 적용하여 '모자라다'를 동사로 판별한다. 이러한 예는 자동사에서 찾을 수 있다.

예) 쪼들리다, 붐비다, 늙다, 곁리다

주의

'아이고, 바빠라!'와 같이 형용사 어간이 '-아/어라'와 결합하는 경우는 명령형이 아니라, 감탄형이다.

확인 문제 2

(1)의 단어를 <조건>을 기준으로 동사와 형용사로 분류해 보시오.

(1) 읽다, 뛰다, 맵다, 예쁘다

<조건>
1. 현재 시제 평서형 어미 '-는/ㄴ다'와 결합 여부
2. 청유형·명령형 어미와 결합 여부

예제 3

형태 변화를 기준으로 다음 단어를 동사와 형용사로 분류해 보시오. 《2》

먹다, 보다, 쉽다, 바쁘다

동사와 형용사를 구분하기 위해서는 현재 시제를 나타내는 관형사형 어미와 의도나 목적을 나타내는 어미를 붙여보면 판단할 수 있다.

개념

동사: 어간 + '-는'/ 어간 + '-(으)려고'(○)/ 어간 + '-(으)러'(○)
형용사: 어간 + '-(으)ㄴ'/ 어간 + '-(으)려고'(×)/ 어간 + '-(으)러'(×)

적용

1. 동사에는 (1)과 같이 현재 시제를 나타내는 관형사형 어미 '-는'이 붙고, 형용사에는 (2)와 같이 관형사형 어미 '-(으)ㄴ'이 붙는다.

> (1) 밥을 먹는 동생/ 영화를 보는 동생
> (2) 아주 쉬운 문제/ 날마다 바쁜 사람

2. 동사에는 (3)-(4)와 같이 의도나 목적을 나타내는 어미 '-(으)려고', '-(으)러'가 붙을 수 있고, 형용사에는 (5)-(6)과 같이 붙지 않는다.

> (3) 밥을 먹으려고 한다./ 밥을 먹으러 간다.
> (4) 영화를 보려고 한다./ 영화를 보러 간다.
> (5) 쉬우려고 한다(×)/ 쉬우러 간다(×)
> (6) 바쁘려고 한다(×)/ 바쁘러 간다(×)

위에서 용언이 활용하는 방식을 보면 '먹다'와 '보다'는 동사의 특성을 보이고 있고 '쉽다'와 '바쁘다'는 형용사의 특성을 보이고 있다.

확장

'크다'가 동사로 쓰일 때는 현재 시제를 나타내는 경우 관형사형 어미 '-는'이 붙고, 형용사로 쓰일 때는 '-(으)ㄴ'이 붙는다.

> (7) 무럭무럭 잘 <u>크는</u> 아이가 있다.
> (8) 눈이 아주 <u>큰</u> 아이가 있다.

(7)에 쓰인 '크다'는 '과정'을 나타내는 동사이기 때문에 어미 '-는'이 붙고, (8)에 쓰인 '크다'는 '상태'를 나타내는 형용사이기 때문에 어미 '-(으)ㄴ'이 붙는다. 형용사는 상태를 나타내기 때문에 정도를 나타내는 부사 '아주'의 수식을 받을 수 있으나 '크다'가 동사로 쓰일 때는 정도 부사의 수식을 받기 어렵다. (9)에서도 '늦은'은 형용사이기 때문에 정도 부사 '아주'의 수식을 받지만, (10)의 '늦는'은 동사이기 때문에 '아주'의 수식을 받지 못한다.

> (9)   그는 아주 <u>늦은</u> 시간에 운동을 한다.
> (10) *그는 약속 시간에 아주 <u>늦는</u> 버릇이 있다.

확인 문제 3

(1)의 단어를 <조건>을 기준으로 동사와 형용사로 분류해 보시오.

(1) 읽다, 뛰다, 맵다, 예쁘다

<조건>
1. 현재 시제 관형사형 어미 '-는'과 결합 여부
2. 의도나 목적의 의미를 가진 어미 '-(으)려고', '-(으)러'와 결합 여부

용언 연습 문제

1. '기쁨, 성실, 낡다, 예뻐지다'는 의미를 기준으로 보면 사람이나 사물의 성질이나 상태를 나타내지만 형용사로 분류하지 않고 명사와 동사로 분류하는 이유를 설명하시오.

2. '젊다'는 형용사인데 반의 관계에 있는 '늙다'는 동사로 보는 근거를 설명하시오.

3. '밝다'가 형용사로 쓰일 때와 동사로 쓰일 때 의미와 형태 변화의 차이점을 설명하시오.

4. 용언의 특성을 동사와 형용사의 공통점으로 설명하시오.

5. 정도 부사 '매우'와 성상 부사 '잘'을 활용하여 동사와 형용사를 구분해 보고, 동사와 형용사를 수식하는 부사의 종류가 다른 이유를 설명하시오.

6. 탐구 활용 방식으로 볼 때 동사적인 특성과 형용사적인 특성을 둘 다 가지고 있는 단어를 찾아 그 단어의 활용 방식을 살펴보고 품사를 결정하시오.

7. 다음에 제시하는 성상 형용사를 성질을 나타내는 형용사와 상태를 나타내는 형용사로 분류하시오.

> 〈뜨겁다, 달다, 착하다, 성실하다, 곱다, 바쁘다, 좋다, 기쁘다, 피곤하다〉

8. 탐구 (1)과 (2)는 앞에 나온 형용사를 다시 가리키는 지시 형용사이며, (1)은 (2)의 본말이다. (1)과 (2)의 단어들에 관형사형 어미 '-ㄴ'이 붙은 단어의 품사가 어떻게 다른지 설명하시오.

(1) 이러하다, 그러하다, 저러하다, 어떠하다, 아무러하다

(2) 이렇다, 그렇다, 저렇다, 어떻다, 아무렇다

9. 탐구 (1)은 (2)의 본말이다. 품사 소속에 대해 설명하시오.

(1) 이리하다, 그리하다, 저리하다

(2) 이러다, 그러다, 저러다

10. 활용할 때 어간의 형태가 바뀌는 불규칙 용언을 유형별로 나누어 설명하시오.

11. 활용할 때 어미의 형태가 바뀌는 불규칙 용언을 유형별로 나누어 설명하시오.

12. 활용할 때 어간과 어미의 형태가 모두 바뀌는 불규칙 용언을 유형별로 설명하시오.

13. '크다'와 '따르다'의 활용 방식을 설명하시오.

14. '돌다, 만들다, 살다, 알다'의 활용 방식을 설명하시오.

15. '있다, 없다, 계시다'의 활용 방식을 표로 만들어 보고 품사 판별을 해 보시오.

16. (1)-(3)에 쓰인 '있다'를 본용언과 보조용언으로 나누고 각각의 품사를 설명하시오.

(1) 앞으로 일주일만 <u>있으면</u> 방학이다.

(2) 책상 위에 책이 <u>있다</u>.

(3) 마당에 꽃이 피어 <u>있다</u>.

17. 탐구 (1)-(4)에 쓰인 보조용언을 보조 동사와 보조 형용사로 나누어 보시오.

(1) 나는 축구 선수가 되고 <u>싶다</u>.

(2) 이 문제는 별로 어렵지 <u>않다</u>.

(3) 그는 오늘도 오지 <u>않았다</u>.

(4) 나는 꼭 성공하고야 <u>말겠다</u>.

18. (1)과 (2)에 쓰인 동사 '주었다'를 본동사와 보조 동사로 구별하시오.

(1) 나는 아이에게 책을 읽어 <u>주었다</u>.

(2) 나는 친구에게 빌린 책을 읽고 <u>주었다</u>.

3. 수식언

개요

수식언은 다른 말을 꾸며주는 단어로 관형사와 부사가 있다.

관형사
- 성상 관형사: 체언의 성질이나 상태를 나타냄
- 수 관형사: 수량이나 순서를 나타냄
- 지시 관형사: 어떤 대상을 가리킴

부사
- 성상 부사: 사람이나 사물의 모양, 상태, 성질을 나타냄
- 지시 부사: 장소나 시간을 가리킴
- 부정 부사: 용언의 앞에 놓여 그 내용을 부정함
- 상징 부사: 의성어와 의태어
- 양태 부사: 말하는 이의 태도를 나타냄
- 접속 부사: 체언과 체언, 문장과 문장을 이어 줌

관형사를 판별하는 조건
활용하지 않고 고정된 형태임

문장부사와 성분부사
문장 전체를 꾸며주는 것과 특정 성분을 꾸며주는 것

부사의 쓰임의 제약
부정 표현, 긍정 표현, 의문형, 청유형, 명령형 등과 어울림의 제약

3.1. 관형사

> **예제 1**
>
> 밑줄 친 단어가 꾸며 주는 말을 찾아보시오.
>
> (1) 영수는 <u>새</u> 옷을 사고, <u>헌</u> 옷을 버렸다.
> (2) <u>저</u> 새 옷을 사고 싶다.
> (3) <u>저</u> 둘이 함께 걸어간다.

관형사는 체언에 해당하는 명사, 대명사, 수사를 꾸며 준다. 그러나 주로 명사만을 꾸며 주고 대명사나 수사는 실제로는 꾸며주는 경우가 거의 없다.

개념

관형사는 체언을 수식할 뿐만 아니라 명사구를 수식하기도 한다.

적용

다음 문장의 밑줄 친 단어들의 수식 관계를 그림으로 보이면 다음과 같다.

> (1) 영수는 새 옷을 사고, 헌 옷을 버렸다.
>
> (2) 저 새 옷을 사고 싶다.

'저 새 옷'에서 관형사 '저'는 관형사 '새'를 직접 꾸며 주는 것이 아니라 명사구 '새 옷'을 꾸며준다.

> (3) 저 둘이 함께 걸어간다.

확장

관형사는 명사절을 수식하지 못한다. (4)의 관형사 '저'는 명사절 '두 사람이 피아노를 들기'를 수식하는 것이 아니라 명사구 '두 사람'을 수식한다.

(4) 저 두 사람이 피아노를 들기는 어렵다. (×)

주의

관형사가 대명사나 수사를 수식하는 경우는 거의 없다.

어떤 {음식, 친구, 동네, 생각…} (관형사 + 명사)
*어떤 {우리, 너희, 그이, 그분…} (관형사 + 대명사)
*어떤 {다섯, 스물, 삼백, 사천…} (관형사 + 수사)

하지만 위의 (3)에서 관형사 '저'는 수사 '둘'을 꾸며 주는 경우이며, (5)의 경우도 마찬가지이다.

(5) 저 셋이 단짝이야.

확인 문제 1

밑줄 친 단어가 꾸며 주는 말을 찾아보시오.

(1) 저 두 사람이 피아노를 들기는 어렵다.

(2) 모든 사람이 방역 수칙을 잘 지키는 것은 아니다.

예제 2

밑줄 친 단어를 관형사인 것과 용언의 관형사형인 것으로 나누어 보시오.

(1) <u>갖은</u> 고생 끝에 목표를 이루었다.
(2) <u>숱한</u> 고난 끝에 목표를 이루었다.
(3) <u>예쁜</u> 꽃이 활짝 피었다.

동사나 형용사의 관형사형은 동사, 형용사이지 관형사가 아니다. 품사라는 것은 그 단어의 본래의 속성을 따지는 것이기 때문이다.

개념

<관형사를 판단하는 기준>

1. 체언을 수식한다.
2. 형태가 고정되어 쓰인다.

적용

예문 (1)-(3)의 밑줄 친 단어들은 모두 뒤에 오는 명사들을 꾸며 주는 기능을 하지만 '숱한'과 '예쁜'은 형용사의 관형사형이고 '갖은'만 형태가 고정되어 쓰이는 관형사이다. '숱하다'는 '숱한' 뿐만 아니라 '숱하게'로도 쓰이고 '예쁘다' 역시 '예쁘게, 예쁘고' 등으로 활용할 수 있기 때문이다.

확장

다음의 (4)-(5)의 밑줄 친 단어는 형태가 고정되어 오로지 '허튼, 몹쓸'의 꼴로만 쓰이므로 관형사이고, (6)-(7)의 밑줄 친 단어들은 활용이 고정되지 않고, 다른 형태의 활용형으로도 쓰이므로 관형사가 아니고 동사나 형용사이다.

<관형사의 예>

> (4) 허튼 생각 하지 말고 정신 차려./ 허튼 {말, 일, 행동, 놈…}
> (5) 몹쓸 병에 걸렸었지만 이제 다 나았다./ 몹쓸 {사람, 짓, 말…}

<관형사가 아닌 예>

> (6) 괜한 트집을 잡지 마./ 괜하게 걱정을 했군.
> (7) 이러한 경우는 어떻게 할까?/ 지금 내 사정이 이러하니 어떻게 했
> 으면 좋겠소?

주의

　　관형사는 뒷말과 띄어 쓰는 것이 원칙이지만 (8)-(12)와 같이 합성어를 형성한 경우에는 뒷말과 붙여 쓴다.

> (8) 도망가는 따위의 허튼짓은 꿈에도 생각하지 마라.
> (9) 허튼소리를 퍼뜨리면 책임져야해.
> (10) 허튼수작을 하면 혼날 줄 알아.
> (11) 봄이 되니, 새싹이 돋았네.
> (12) 휴대폰을 새것으로 바꿨다.

확인 문제 2

밑줄 친 단어를 관형사인 것과 용언의 관형사형인 것으로 나누어 보시오.

(1) 그는 외딴 마을에서 홀로 지냈다.

(2) 이른 아침부터 부지런히 일했다.

다음의 관형사를 같은 종류별로 분류해 보시오.

고얀 (녀석), 오랜 (친구), 옛 (친구), 다섯 (사람), 새 (옷),
한 (시간), 외딴 (섬), 그런 (일) 온 (세상), 무슨 (생각),
여러 (나라), 이 (집), 어떤 (사람), 어느 (학교), 첫 (시합), 웬 (걱정)

관형사는 성상 관형사와 수 관형사 그리고 지시 관형사로 나눌 수 있다.

개념

<관형사의 분류>

1. 성상 관형사: 체언의 성질이나 상태를 나타낸다.

2. 수 관형사: 체언의 수와 양을 나타낸다.

3. 지시 관형사: 체언 앞에서 어떤 대상을 가리킨다.

적용

위 <예제 3>의 자료를 유형별로 분류하고 각각 그에 해당하는 예를 보이면 다음과 같다.

1. 성상 관형사: 고얀, 오랜, 옛, 새, 외딴

2. 수 관형사: 다섯, 한, 온, 여러, 첫

3. 지시 관형사: 그런, 무슨, 이, 어떤, 어느, 웬

확장

조사가 붙은 말은 관형사가 아니다. 한 단어가 두 가지 이상의 품사로 쓰인 것을 품사 통용이라고 하는데, 이에 대해서는 뒤에서 자세히 다룬다.

(1) 네가 나이가 몇인데 이따위 짓이나 하고 다니니? (이따위 → 관형사)

(2) 뭐, 이따위가 다 있어. (이따위 → 대명사)

(3) 그는 아무 말도 없이 떠났다. (아무 → 관형사)

(4) 아직 아무도 오지 않았다. (아무 → 대명사)

주의

관형사로 쓰이는 단어라도 수식 기능이 없을 때는 관형사가 아니다. 관형사의 자격은 문장에서 체언을 수식하는 기능을 가질 때이므로 다음 (5)-(6)의 밑줄 친 단어는 관형사로 보지 않고, 말하는 사람의 느낌이나 놀람을 나타내는 감탄사로 처리한다.

(5) 이런, 큰일 났어. (이런 → 감탄사)

(6) 빌어먹을, 왜 이렇게 운이 없지? (빌어먹을 → 감탄사)

확인 문제 3

다음의 관형사를 같은 종류별로 분류해 보시오.

모든 (학생), 맨 (처음), 저런 (책), 갖은 (양념), 단돈 (백 원), 이 (사람),
온갖 (고생), 몹쓸 (병), 별별 (생각), 서너 (명), 아무 (생각), 이딴 (선물),
다른[他] (친구), 그런 (모습), 긴긴 (시간), 그따위 (짓), 별의별 (고생)

예제 4

관형사가 겹쳐 쓰인 다음 (2)-(3) 문장이 비문이 되는 이유를 설명하시오.

(1) 저 모든 새 상품들이 국산 제품이라니.

(2) *모든 새 저 상품들이 국산 제품이라니.

(3) *새 저 모든 상품들이 국산 제품이라니.

관형사는 여러 개가 겹쳐 쓰일 수 있으며, 일정한 결합의 순서가 적용된다.

개념

<관형사의 겹침>

관형사는 겹쳐 쓰일 수 있으나 다음과 같은 순서를 지켜야 한다.

지시 관형사	→	수 관형사	→	성상 관형사
저		한		새
어떤		두		헌
어느		세		몹쓸
무슨		⋮		오랜
딴		다섯		⋮
⋮		⋮		

적용

예문 (1)-(3)의 관형사 결합 순서는 다음과 같다.

(1) 지시 관형사 + 수 관형사 + 성상 관형사 (○)

(2) 수 관형사 + 성상 관형사 + 지시 관형사 (×)

(3) 성상 관형사 + 지시 관형사 + 수 관형사 (×)

따라서 '지시 관형사 + 수 관형사 + 성상 관형사'의 결합 순서를 따르는 (1)은 올바른 문장이지만 (2)와 (3)은 결합 순서가 어긋났으므로 잘못된 문장이다.

확장

관형사의 결합 순서가 결정되는 요인은 수식을 받는 체언과의 긴밀성이다. 즉 체언의 성질이나 상태를 나타내는 성상 관형사가 수식을 받는 체언과 가장 가까운 자리를 차지하고, 지시 관형사보다는 수 관형사가 체언과 긴밀한 관계라고 보기 때문에 지시 관형사보다 체언에 가깝게 위치한다.

주의

관형사의 결합 순서는 대체적으로 문장에 반영되지만, (4)와 같이 관형사의 결합 순서가 절대적으로 적용되지 않는 경우도 있다. (4)의 경우는 '지시 관형사 + 성상 관형사 + 수 관형사'의 결합 순서를 보인다.

  (4) 저 몹쓸 두 녀석을 잡아라.

확인 문제 4

(1)의 대괄호 안의 관형사를 결합 순서에 따라 배열하여 적격문으로 만들고, 그 결합 순서를 설명하시오.

(1) 신발장에 있는 [온갖, 헌, 이] 구두를 내다버려라.

예제 5

(1)의 밑줄 친 단어를 관형사로 볼 수 있는지 설명하시오.

(1) **국제** 박람회, **알뜰** 살림, **간이** 화장실

국어사전에 '국제, 알뜰, 간이'는 모두 명사로 되어 있다. 하지만 명사는 다양한 조사와 결합할 수 있는 특성을 지니고 있는데 이들 단어는 조사와의 결합이 극히 제한된다는 점에서 일반적인 명사들과 차이가 있다.

개념

<관형사 판별 기준>

1. 형태가 고정되어 있다.
2. 조사와 결합할 수 없다.
3. 체언을 수식한다.

적용

1. (1)의 '국제, 알뜰, 간이'는 문장에서 쓰일 때 항상 '국제, 알뜰, 간이'의 꼴로 형태 변화 없이 쓰인다.
2. (1)의 '국제, 알뜰, 간이'는 '*국제가, *국제를, *국제로…', '*알뜰을, *알뜰로…', '*간이가, *간이를, *간이로…'와 같이 조사와 결합하여 쓰일 수 없다.
3. (1)의 '국제, 알뜰, 간이'가 뒤에 오는 체언 '박람회, 살림, 화장실'을 각각 꾸며 준다.

위와 같은 점에서 '국제, 알뜰, 간이'는 관형사의 성격을 가지고 있다.

확장

하지만 다음과 같은 이유로 '국제, 알뜰, 간이'를 관형사로 보기 어렵다.

1. (2)의 '새'와 같은 관형사는 뒤에 오는 말에 제한이 별로 없지만, (3)의 '국제, 알뜰, 간이'와 같은 단어들은 뒤에 오는 말이 매우 제한된다.

> (2) 새 {책, 옷, 집, 구두, 친구…}
> (3) 가. 국제 {정세, 단체, *음식, *식당, *작품}
>   나. 알뜰 {주부, 살림, *주인, *손님, *직원}
>   다. 간이 {주방, 운동장, *책, *옷, *구두}

2. 관형사와 뒤에 오는 체언은 분리성이 있지만 '국제, 알뜰, 간이'와 같은 단어들은 뒤에 오는 체언과 분리성이 없다. 즉, (4)와 같이 관형사는 관형사와 수식을 받는 체언 사이에 다른 말이 끼어들어 갈 수 있는데, (5)의 '국제, 알뜰, 간이'와 뒤의 체언 사이에는 다른 말이 오기가 어렵다.

> (4) 새 {국어, 문법, 요리, 그림, 만화}책
> (5) 가. 국제 {*좋은, *비싼, *큰…} 정세
>   나. 알뜰 {*착한, *젊은, *현명한…} 주부
>   다. 간이 {*넓은, *깨끗한, *조용한…} 휴게소

확인 문제 5

'강력, 순수, 여류'를 명사로 보았을 때의 문제점과 관형사로 보았을 때의 문제점을 비교하여 설명하시오.

3.2. 부사

> **예제 1**
>
> 밑줄 친 단어가 꾸며 주는 말을 찾아보시오.
>
> (1) 그는 화를 <u>겨우</u> 참고 말을 이어 갔다.
> (2) 그는 <u>아주</u> 부지런하게 지낸다.

부사는 용언이나 문장을 꾸며 주는 단어이다. 부사는 용언인 동사나 형용사를 주로 꾸며 주지만 명사, 부사, 관형사 등을 꾸며 주기도 한다.

개념

<부사의 주기능>

1. 부사 + 동사

2. 부사 + 형용사

적용

(1)의 부사 '겨우'는 동사 '참고'를 꾸며 주고, (2)의 부사 '아주'는 형용사 '부지런하게'를 꾸며 준다.

(1) 그는 화를 겨우 참고 말을 이어갔다. (부사 + 동사)

(2) 그는 아주 부지런하게 지낸다. (부사 + 형용사)

확장

　모든 부사는 용언을 꾸며 줄 수 있다. 하지만 다음과 같은 특정한 부사는 용언뿐 아니라 다른 품사도 꾸며 줄 수 있다.

　　(3)　우리 집 바로 옆에 공원이 생겼다. (부사 + 명사)

　　(4)　바로 너 때문에 일을 망쳤어. (부사 + 대명사)

　　(5)　회원들이 겨우 둘밖에 모이지 않았다. (부사 + 수사)

　　(6)　그는 노래를 아주 잘 부른다. (부사 + 부사)

　　(7)　아주 새 각오로 신학기를 맞이하였다. (부사 + 관형사)

확인 문제 1

밑줄 친 부사가 꾸며 주는 말을 찾고, 그 말의 품사가 무엇인지 써 보시오.

(1) 고양이가 살금살금 나에게 다가와서 안겼다.

(2) 우리는 오직 합격만을 꿈꾸며 공부한다.

(3) 너무 빨리 먹어서 소화가 되지 않는다.

(4) 우리나라는 굉장히 오랜 역사를 지니고 있다.

예제 2

밑줄 친 단어의 품사가 무엇인지 밝히고, 그렇게 판단한 근거를 서술하시오.

(1) 군인들은 <u>충분히</u> 쉬고, 다시 행군을 시작하였다.
(2) 군인들은 식량이 <u>충분하게</u> 남은 것을 보고 안도하였다.

동사나 형용사의 부사형은 동사, 형용사이지 부사가 아니다. 동사나 형용사의 명사형이 명사가 아닌 것과 마찬가지이다.

개념

<부사와 용언의 부사형>

1. 부사: 동사, 형용사 + 접미사 '-이/-히'
2. 용언의 부사형: 동사, 형용사 + 전성어미 '-게'

적용

(1)의 '충분히'와 (2)의 '충분하게'는 모두 뒤에 오는 용언 '쉬고'와 '남은'을 꾸며 주는 기능을 한다는 공통점이 있다. 기능으로 보면 둘 다 용언을 수식하는 부사라고 할 수 있지만 두 단어의 본질을 따져보면 차이가 있다. (1)에 쓰인 '충분히'는 형용사 '충분하다'에 부사를 만드는 접미사 '-히'가 붙어 새로운 단어인 '충분히'가 만들어진 것이기 때문에 국어사전에 표제어로 올라 있다. 반면에 (2)에 쓰인 '충분하게'는 '충분하다'에 전성어미 '-게'가 붙어 일시적으로 문장 내에서 부사의 역할로 성질을 바꾸었을 뿐이지, 새로운 단어가 아니며, 본연의 성질은 서술어의 역할을 하는 형용사이다. 따라서 국어사전에도 '충분하게'는 표제어로 올라 있지 않고 기본형인 '충분하다'만 표제어로 올라 있다. 이 경우 '충분하게'를 형용사의 부사형이라고 한다.

주의

(3)과 같은 동사나 형용사의 부사형은 동사, 형용사이지 부사가 아니나, (4)는 부

사로 국어사전에 올라 있다.

> (3) 마지못해, 말하자면, 잘돼야, 죽도록
>
> (4) 나아가서, 보아하니, 잘해야, 되도록

확장

부사는 형태적 특성에 따라 다음과 같이 분류할 수 있다.

1. 단순 부사: 하나의 어근만으로 구성

   예) 꼭, 매우, 조금, 대개, 아무리, 졸졸, 술술, 무럭무럭, 아장아장…

2. 합성 부사: 두 개의 어근으로 구성

   예) 잘못, 똑바로, 밤낮, 뚝뚝, 푹푹, 반짝반짝, 덜컹덜컹…

3. 파생 부사: 어근과 접미사로 구성

   예) 많이(많 + 이), 같이(같 + 이), 가까이(가깝 + 이), 영원히(영원 + 히), 간단히(간단 + 히), 빨리(빠르 + 이), 몰래(모르 + 애), 정성껏(정성 + 껏), 마음껏(마음 + 껏), 저녁내(저녁 + 내)…

4. 기타: 어근과 조사, 어미로 구성

   예) 진실로(진실 + 로), 정말로(정말 + 로), 하지만(하 + 지만)…

확인 문제 2

밑줄 친 단어의 품사가 무엇인지 밝히고, 그렇게 판단한 근거를 서술하시오.

(1) 서두르지 말고 <u>꼼꼼히</u> 짐을 챙기세요.

(2) 서두르지 말고 <u>꼼꼼하게</u> 짐을 챙기세요.

예제 3

다음의 부사를 같은 종류로 분류해 보시오.

매우, 잘, 자주, 빨리, 이리, 내일, 언제,
안, 못, 다행히, 아마, 비록, 설마, 그리고,
따라서, 오히려, 또는, 혹은, 및, 둥실둥실

부사는 문장의 특정 성분을 꾸며 주는 성분부사와 문장 전체를 꾸며 주는 문장부사로 크게 나눌 수 있다.

개념

1. 성분부사는 의미적인 특성에 따라 성상 부사, 지시 부사, 부정 부사, 상징 부사로 나눈다.
2. 문장부사는 다시 양태 부사와 접속 부사로 나눈다.

적용

1. 성상 부사: 상태나 정도를 나타내면서 뒤의 용언을 '어떻게' 방식으로 수식한다.
   예) 매우, 잘, 자주, 빨리
2. 지시 부사: 장소나 시간 및 앞의 이야기에서 나온 내용을 지시한다.
   예) 이리, 내일, 언제
3. 부정 부사: 용언을 부정하는 방식으로 수식한다.
   예) 안, 못
4. 상징 부사: 사람이나 사물의 소리나 모양, 행동 등을 흉내낸다.
   예) 둥실둥실, 반짝반짝, 살금살금, 덜컥덜컥
5. 양태 부사: 말하는 이의 다양한 심리적 태도를 나타낸다.
   예) 다행히, 아마, 비록, 설마
6. 접속 부사: 단어나 문장을 이어 준다.
   예) 그리고, 따라서, 오히려, 또는, 혹은, 및

확장

　문장부사는 (1)과 같이 문장 안에서 자리옮김이 자유로우나, 성분부사는 (2)와 같이 자리를 옮길 수 없다.

> (1)　가. <u>다행히</u> 그가 크게 다치지 않았다.
>
> 　　　나. 그가 <u>다행히</u> 크게 다치지 않았다.
>
> (2)　가. 그는 그림을 <u>잘</u> 그린다.
>
> 　　　나. *그는 <u>잘</u> 그림을 그린다.

주의

1. 접속 부사는 단어나 문장을 이어주는 기능을 하지만, 수식하는 기능은 없다는 점에서 부사의 특성을 지니지 못한다는 문제가 있다. 하지만 규범문법에서는 이들을 부사의 범주에 포함시키고 있다.

2. 접속 부사로 분류한 단어 중에서 '또는, 혹은, 및' 등은 단어를 이어준다는 점에서 문장부사로 보기 어려운 면이 있지만, 이 역시 규범 문법에서는 접속 부사로 보는 입장을 취하고 있다.

확인 문제 3

다음의 부사를 같은 종류로 분류해 보시오.

가장, 많이, 새로, 오래, 오늘, 벌써, 멀리, 방금, 아니,
분명히, 과연, 제발, 그래서, 도리어, 즉, 한편, 울긋불긋

예제 4

다음 자료를 바탕으로 부사의 문법적 특성을 관형사와 비교하여 설명하시오.

(1) 영수가 일을 빨리 {가/ 를/ 에/ 로…} 하는구나. (×)

(2) 영수가 일을 빨리 {도/ 만/ 는…} 하는구나. (○)

(3) 영수가 새 {가/ 를/ 에/ 로…} 차를 샀다. (×)

(4) 영수가 새 {도/ 만/ 는…} 차를 샀다 (×)

부사와 관형사는 형태가 변하지 않고 고정되어 쓰인다는 공통점이 있으나, 조사와 결합하는 양상에서 차이가 있다.

개념

<부사와 관형사의 조사 결합 양상>

1. 부사 + 격조사 (×)

2. 부사 + 보조사 (○)

3. 관형사 + 격조사 (×)

4. 관형사 + 보조사 (×)

부사에 보조사는 붙을 수 있지만, 격조사는 붙을 수 없다. 하지만 관형사는 격조사뿐만 아니라 보조사도 붙을 수 없다.

적용

부사 '빨리'에는 (1)과 같이 격조사(가, 를, 에, 로)는 붙을 수 없지만 (2)와 같이 보조사(도, 만, 는)는 붙을 수 있다. 하지만 관형사 '새'에는 (3)과 같이 격조사도 붙을 수 없고, (4)와 같이 보조사도 붙을 수 없다.

주의

1. 위의 예문 (1)을 보면 부사에는 격조사가 붙을 수 없는데, 다음 예문 (5)에서는 부

사에도 격조사가 붙을 수 있는 것처럼 보인다. 하지만 이 경우에 쓰인 조사 '가'는 주격 조사로 쓰인 것이 아니라 보조사적 용법으로 해석해야 한다. (6)에서 부사 '거의'에 붙은 조사 역시 격조사가 아니고 격조사의 보조사적 용법으로 보아야 한다.

> (5) 네가 맡은 일을 <u>빨리가</u> 아니라 제대로를 해라.
> (6) 동네에 남은 사람은 <u>거의가</u> 노인이다.

2. (7), (8)에서 보듯이 부사에 보조사가 항상 붙을 수 있는 것은 아니다.

> (7) 오늘이 가장{*은, *도, *만} 더운 날씨이다.
> (8) 올 여름은 매우{*는, *도, *만} 덥다.

확장

예문 (9)에 쓰인 '-들'은 체언에 붙어 복수를 나타내는 접미사로 쓰인 것이 아니라, 부사 '많이'에 붙어 보조사로 쓰였다고 보아야 한다.

> (9) 천천히 맛있게 <u>많이들</u> 먹어.

확인 문제 4

조사 결합 양상을 바탕으로 밑줄 친 단어의 품사를 판별하시오.
(1) 정원에 <u>온갖</u> 종류의 꽃들이 피었다.
(2) 그는 시간을 <u>조금</u> 내서 봉사 활동을 하였다.

예제 5

다음의 부사들이 문장에서 쓰일 때 어떠한 제약을 보이는지 설명하시오.

매우, 제발, 전혀, 벌써

부사는 다른 문장 성분과 어울려 쓰일 때 여러 문법적 제약이 있는데 이러한 현상은 부사의 통사론적 특성이다.

개념

<부사의 쓰임의 제약>

부사가 다른 문장 성분과 어울려 쓰일 때 생기는 문법적 제약

적용

1. 문장의 종류 제약

　　(1) 저 말이 매우 잘 {뛴다/ 뛰니/ *뛰자/ *뛰어라.} → 청유문, 명령문 제약
　　(2) 제발 조용히 좀 {*한다/ *하니/ 하자/ 해라.} → 평서문, 의문문 제약

2. 부정 표현과 긍정 표현 제약

　　(3) 오늘 날씨가 전혀 춥지 않다. → 부정 표현과 어울림
　　(4) 그는 벌써 학교에 도착했다. → 긍정 표현과 어울림

3. 시간 표현 제약

　　(5) 우리는 벌써 그 일을 다 처리했다. → 과거 표현과 어울림
　　(6) *우리는 벌써 그 일을 처리한다. → 현재 표현 제약
　　(7) *우리는 벌써 그 일을 처리할 것이다. → 미래 표현 제약

확장

1. 일부 부사는 특정한 연결어미나 전성어미와만 어울려 쓰이는 제약이 있다.

> (8)　만일 조금이라도 반성하는 마음 있다면 솔직하게 사과해라.
> 　　　(만일 ~ '-(으)면')
> (9)　아무리 급해도 순서를 지켜야 한다. (아무리 ~ '-아/ 어도')
> (10)　아무쪼록 네가 성공하기를 바란다. (아무쪼록 ~ '-기')

2. 부사는 통사론적 특성에 따라 크게 자유 부사와 제약 부사로 나눌 수 있고, 제약 부사는 개별 단어에 따라 여러 제약 현상이 적용된다. 대표적인 제약 부사는 상징 부사이다. (11)과 (12)에서 보듯이 상징 부사 중에는 특정한 명사나 용언과만 어울려 쓰이는 경우가 많다.

> (11)　방안이 텅 비었다. (텅 ~ 비다)
> (12)　혀를 끌끌 차다. (혀 ~ 끌끌)

확인 문제 5

다음의 부사들이 어떠한 쓰임의 제약을 보이는지 설명하시오.
(1) *설마 전쟁이 일어났다.
(2) *영수가 아직 집에 왔다.
(3) *그는 아까 오겠다.

수식언 연습 문제

1. '헌 가방'과 '낡은 가방'에서 '헌'과 '낡은'의 품사가 다른 이유를 설명하시오.

2. 관형사를 판별하는 기준을 제시하시오.

3. 다음 자료를 바탕으로 관형사와 명사가 모두 뒤에 오는 체언을 꾸며주는데 품사가 다른 이유를 설명하시오.

〈관형사〉새: 새 책을 샀다. 〈관형어: 체언을 꾸며주는 기능〉
〈명사〉가을: 가을 하늘은 높다. 〈관형어: 체언을 꾸며주는 기능〉
　　　　　가을이 금세 지나갔다. 〈주어 기능〉
　　　　　나는 가을을 좋아한다. 〈목적어 기능〉
　　　　　지금은 가을이다. 〈서술어 기능〉
　　　　　우리 내년 가을에 꼭 만나자. 〈부사어 기능〉
　　　　　가을, 이는 듣기만 하여도 가슴이 설레는 말이다. 〈독립어 기능〉
　　　　　지금은 가을이 아니다. 〈보어 기능〉
---

4. 탐구 관형사의 수식을 받기 어려운 명사의 종류를 설명하시오.

5. 관형사가 겹쳐 쓰일 때 배열 순서를 설명하시오.

6. 한자어 관형사의 예를 들어보시오.

7. 부사를 판별하는 기준을 제시하시오.

8. '간단히 말해'와 '간단하게 말해'에서 '간단히'와 '간단하게'의 품사가 다른 이유를 설명하시오.

9. **탐구** '잘해야 본전이다.'와 '일이 잘돼야 할 텐데.'에서 '잘해야'와 '잘돼야'의 품사는 무엇인지 설명하시오.

10. 부사가 여러 품사를 꾸미는 경우를 예를 들어 보시오.

11. **탐구** 부사가 겹쳐 쓰일 때 배열 순서를 설명하시오.

12. 부사 '하물며', '어찌'의 쓰임의 제약을 설명하시오.

13. 문장부사는 그 문장의 서술어로 쓰일 수 있다는 것을 예를 들어 설명하시오.

14. 관형사와 부사의 공통점과 차이점을 설명하시오.

memo

4. 관계언

개요

관계언은 홀로 쓰일 수 있는 단어(주로 체언)에 붙어 그 말과 다른 말과의 문법적 관계를 나타내거나 보다 정밀한 뜻을 보태주는 역할을 하는 단어로 조사가 있다.

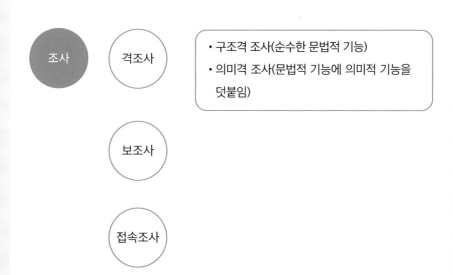

주격 조사의 종류: '이/가', '께서', '에서', '서'

'에서'의 주격 조사 자격에 대한 두 가지 견해

주격 조사 '이/가'와 목적격 조사 '을/를'의 보조사적 기능

조사가 겹쳐 쓰일 때 결합의 순서 제약:

의미격 조사 + 보조사 + 구조격 조사

4.1. 조사

예제 1

> (1)-(3)의 밑줄 친 조사를 기능에 따라 나누어 보시오.
>
> (1) 가. 꽃이 피었다.
>
> 　　나. 나는 꽃을 좋아한다.
>
> (2) 가. 나만 집에 있다.
>
> 　　나. 나는 운동만 열심히 한다.
>
> (3) 가. 한국은 강과 산이 많다.
>
> 　　나. 나는 배하고 사과를 샀다.

　조사에는 자립성이 있는 말에 붙어 그 말과 다른 말과의 문법적 관계를 나타내는 격조사와 보다 정밀한 뜻을 보태 주는 보조사, 그리고 두 단어를 같은 자격으로 이어 주는 접속조사가 있다.

개념

1. 격조사: 격조사가 붙은 성분이 문장 내에서 차지하는 자리(지위)를 나타낸다.

　　예) 이/가, 을/를, 에, 로, 에서, 보다…

2. 보조사: 일정한 자리를 정해 주지 않고 특별한 뜻을 더해 주기만 한다.

　　예) 만, 도, 은/는, 마저, 부터, 까지, 마다…

3. 접속조사: 체언과 체언을 이어서 문장의 한 성분이 되게 한다.

　　예) 와/과, 하고, 랑, 이나, 이며…

적용

1. (1)의 조사 '이'는 체언 '꽃'에 붙어, 그 문장 성분 '꽃이'가 문장의 주어임을 나타내고, 조사 '을'은 '꽃'에 붙어, 그 문장 성분 '꽃을'이 문장의 목적어임을 나타낸다. 즉, 조사 '이'와 '을'은 그것이 붙은 성분이 주어와 목적어의 자리를 차지하게 하는 역할을 한다. 이때 '이'와 '을'에 특정한 의미는 없다.

2. (2)의 조사 '만'은 체언 '나'와 '운동'에 '오직'이라는 특정한 의미를 더해 주는 역할만 할 뿐, 그것이 붙은 성분의 자리와는 아무런 관계가 없다. '나만'은 주어로 '운동만'은 목적어로 각각 서로 다른 문장 성분으로 쓰였다.

3. (3)의 조사 '과'는 체언 '강'과 '산'을 단순히 이어 주는 역할을 하며, '하고'는 '배'와 '사과'를 이어서 하나의 문장 성분이 되게 하는 역할을 한다. 접속조사 '과'와 '하고'도 보조사와 마찬가지로 그것이 붙은 말이 문장 내에서 차지하는 자리에는 영향을 미치지 않는다.

확장

일반적으로 격조사는 체언에 붙고, 보조사는 체언뿐만 아니라 부사나 용언에도 붙는데, 조사 중에는 (4)와 (5)에서처럼 문장에 붙는 것들도 있다.

> (4) 미안합니다마는 문 좀 닫아주시겠어요?
> (5) 오늘 날씨가 참 좋지요?

주의

서술격 조사 '이다'는 활용을 한다는 점에서 다른 격조사와 차이가 있다.

확인 문제 1

다음 (1)-(3)의 밑줄 친 조사를 격조사, 보조사, 접속조사로 분류해 보시오.

(1) 나는 친구에게 책을 선물하였다.

(2) 너조차 그런 말을 하다니

(3) 커피나 녹차 주세요.

예제 2

격조사 중에는 (1)과 같이 순수하게 자리만 나타내는 문법적 기능을 하는 것도 있지만, (2)와 같이 보조사처럼 일정한 의미를 지니고 있는 것도 있다. (1)과 (2)의 차이점을 각각 보조사와 비교하시오.

(1) 이/가, 을/를, 의

(2) 에게, 한테, 에, 에서, -(으)로, 보다, 만큼

격조사 가운데 일부는 문법적 기능을 나타내지만 일부는 문법적 기능과 더불어 의미적 기능도 가지고 있다. 격조사가 의미적 기능을 가지면 구체적 의미를 더해 주는 기능을 갖는 보조사와 유사해진다. 따라서 격조사를 크게 두 가지로 다시 분류하는 것이 필요하다.

개념

1. 격조사 ┬ 구조격 조사(순수한 문법적 기능)

　　　　　　예) 주격 조사, 목적격 조사, 관형격 조사, 보격 조사

　　　　　└ 의미격 조사(문법적 기능에 의미적 기능을 덧붙임)

　　　　　　예) 부사격 조사

2. 보조사 - 의미적 기능만 가짐

적용

1. (1)에 해당하는 주격 조사, 목적격 조사, 관형격 조사, 보격 조사는 문법적인 관계만을 나타낸다. 하지만 (2)에 해당하는 부사격 조사는 문법적 관계를 나타낼 뿐만 아니라 보조사와 같이 일정한 의미도 덧붙인다.

2. (1)의 조사들은 문장의 구조에 의해 자리(격의 형태)를 판단할 수 있으면 생략할 수 있다. 반면에 (2)의 조사들은 특정한 의미도 지니고 있기 때문에 문장에서 생략하기가 어려운데, 이 점이 보조사와 같다. (3)에서는 주격 조사 '가'를 생략할 수 있으나, (4)에서는 부사격 조사 '에'를 생략할 수 없다.

(3) 영수∅ 왔다.

(4) *나는 우체통∅ 편지를 넣었다.

3. (1)과 (2)의 조사들은 격조사의 공통 범주에 속하기 때문에 일반적으로 체언에 붙지만, 보조사는 체언뿐 아니라, (5)-(6)과 같이 부사와 용언의 활용형 등에도 결합이 가능하다.

(5) 빨리도 먹는구나.

(6) 제발 어렵지만 말아라.

확장

　의미격 조사로 분류하는 일부 부사격 조사들은 (7)-(8)과 같이 부사에도 결합할 수 있는 것처럼 보이나, 이때 부사격 조사 '에서'와 '(으)로'가 붙은 '멀리'와 '가까이'는 명사로 쓰인 것이다.

(7) 저 멀리에서 그 사람이 보였다.

(8) 나는 학교 가까이로 이사를 했다.

확인 문제 2-1

의미격 조사 '에서'가 생략이 되면 비문이 되는 예를 제시하시오.

확인 문제 2-2

보조사 '은/는'이 용언의 활용형과 부사에 결합하는 예를 제시하시오.

예제 3

(1)-(4)의 자료를 바탕으로 격조사 '이/가'와 보조사 '은/는'의 차이점을 설명하시오.

(1) 저기 자동차가 있습니다. 그 차는 소나타입니다.

(2) 가: 누가 왔어요?

　　 나: 영수가 왔어요.(○)/ 영수는 왔어요.(×)

(3) 가. 영수가 도착했어요.

　　 나. 영수는 도착했어요.

(4) 처음 뵙겠습니다. 저는 김영수입니다.

　　격조사 '이/가'는 그것과 결합한 성분이 주어임을 나타내고, 보조사 '은/는'은 '대조'나 '강조'와 같은 특정한 의미를 더해 준다는 점에서 뚜렷하게 구분되지만, 보조사 '은/는'이 나타날 때 '이/가'가 생략되어 표면에 나타나지 않기 때문에 '은/는'도 주어 자리를 나타낼 수 있다는 오해를 할 수 있다. 하지만 '은/는'은 단순히 뜻을 더해 주는 기능만 가지고 있을 뿐이다.

개념

1. 신정보와 구정보

　　이야기에서 처음 등장하는 내용은 신정보이며, 앞에서 언급되었던 것을 다시 언급하면 구정보이다.

2. 의문사가 주어로 쓰일 때와 그 대답의 주어에는 '이/가'를 쓴다.

적용

1. (1)과 같이 신정보일 때는 '이/가'를 쓰고, 구정보일 때는 '은/는'을 쓴다.

2. (2)와 같이 미지칭 대명사 '누가'로 물어 볼 경우에는 반드시 '이/가'로 대답한다.

3. (3)과 같이 '이/가'는 일반적 진술에 쓰이고, '은/는'은 대조적 진술에 쓰인다. (3가)는 다른 사람과 관계없는 영수에 대한 진술이고, (3나)는 다른 사람은 오지 않

았다는 대조적 진술이다.

4. (4)와 같이 무엇에 대한 소개를 하는 경우 그 대상에는 반드시 '은/는'을 사용한다.

확장

'이/가'는 정보의 초점이 앞에 오는 명사에 있고, '은/는'은 뒤에 오는 내용에 초점이 있다.

(5) 가: **누가** 여행을 갔어요?
　　 나: **영수가** 여행을 갔어요.
(6) 가: **영수는** 뭐 해요?
　　 나: 영수는 여행을 갔어요.

주의

(7)과 같이 '누가 무엇이 좋다/싫다'와 같이 사람의 심리를 나타내는 경우 대체로 앞에 나오는 주어는 '은/는'을 쓰고 뒤에 나오는 명사구는 '이/가'를 쓴다.

(8) '그리워서'도 심리 용언으로 사람의 느낌을 나타낸다.

(7) 나는 문법이 정말 싫어요.
(8) 나는 고향이 그리워서 예전 사진을 보았다.

확인 문제 3

(1)이 (2)보다 자연스러운 문장으로 여겨지는 이유를 설명하시오.

(1) 냉장고는 한국산이 최고야.
(2) 냉장고가 한국산이 최고야.

예제 4

(1)과 (2)에 쓰인 조사 '와/과'는 조사의 종류가 다르다. 두 종류의 조사를 판별하는 기준을 제시하시오.

(1) 나는 등산과 낚시를 좋아한다.
(2) 나는 동생과 다투었다.

조사 '와/과'는 '공동'을 나타내는 격조사로 쓰일 때도 있고, 접속조사로 쓰일 때도 있다.

개념

<형태가 동일한 접속조사와 격조사 변별 방법>

1. '와/과'가 붙은 성분이 주어와 자리바꿈이 가능하면 격조사, 가능하지 않으면 접속조사이다.
2. '와/과'에 '는, 도, 만' 등의 보조사가 결합할 수 있으면 격조사, 가능하지 않으면 접속조사이다.

적용

1. (1)은 (1)′와 같이 주어와 '와/과'가 붙은 성분의 자리바꿈이 불가능하지만, (2)는 (2)′와 같이 자리바꿈이 가능하다.

  (1)′ *등산과 나는 낚시를 좋아한다.
  (2)′ 동생과 나는 다투었다.

2. (1)은 (1)″와 같이 조사 '와/과' 다음에 보조사 '는, 도, 만'이 붙을 수 없지만, (2)는 (2)″와 같이 조사 '와/과' 다음에 보조사 '는, 도, 만'이 붙을 수 있다.

> (1)″ 나는 등산과{*는, *도, *만} 낚시를 좋아한다.
> (2)″ 나는 동생과{는, 도, 만} 다투었다.

따라서 (1)은 접속조사, (2)는 격조사이다.

확장

(3)은 (4)와 같이 홑문장으로 해석할 수도 있고 (5)와 같이 겹문장으로 해석할 수도 있는 중의성을 가진다. (4)로 해석하면 이때의 조사 '와'는 격조사이고, (5)로 해석하면 조사 '와'는 접속조사이다.

> (3) 영수와 철수는 영화관에 갔다.
> (4) 철수는 영수와 (함께) 영화관에 갔다.
> (5) 영수는 영화관에 갔다. + 철수는 영화관에 갔다.

주의

(6)과 같이 서술어가 '대칭성'이 있는 경우에는 '와/과'는 격조사로 해석되며 홑문장의 필수 성분이 된다. 이와 같은 대칭 서술어에는 '닮다, 싸우다, 다투다, 결혼하다' 등이 있다.

> (6) 동생이 형과 닮았다.

확인 문제 4

다음 (1)의 중의성을 설명하시오.

(1) 나는 영수와 철수를 만났다.

예제 5

(1)-(4)의 자료를 바탕으로 주격 조사의 종류와 분포 조건을 설명하시오.

(1) 영수가 학교에 간다.

(2) 부모님께서 여행을 가셨다.

(3) 가. 우리 회사에서 신제품을 개발하였다.

　　나. *우리 학교에서 더 유명하다.

　　다. *환경단체 회원들에서 공원을 청소한다.

(4) 동생과 둘이서 집안 청소를 하였다.

　문장에서 동작 또는 상태나 성질의 주체를 나타내는 주어는 체언이나 체언 구실을 하는 말에 주격 조사가 붙어서 성립된다.

개념

1. 체언의 끝소리가 자음이냐, 모음이냐에 따라 조사 '이'와 '가'가 선택되어 쓰인다.

2. 체언이 높여야 할 대상이면 조사 '께서'가 나타난다.

3. 조사 '에서'가 붙어 선택적으로 주어의 역할을 하는 경우가 있다.

4. 수(數)를 나타내는 말에 주격 조사 '서'가 붙어 주어의 역할을 하는 경우가 있다.

적용

1. (1)에서 주격 조사 '이/가'가 결합할 수 있는 말은 체언뿐 아니라 명사구나 명사절도 포함된다.

(5) 영수 동생이 학교에 간다. (명사구)

(6) 영수가 거짓말했음이 드러났다. (명사절)

2. (2)에서 체언 '부모님'은 높여야 될 대상이므로 조사 '께서'가 나타났으며, 서술어 '가다'에 선어말어미 '-시-'가 결합된다.

3. (3가)에 쓰인 '에서'는 부사격 조사이지만 여기에서는 주격 조사와 같은 역할을 하여 '우리 회사'를 주어인 것처럼 나타내고 있다. 하지만 조사 '에서'가 붙어 주어가 되는 경우는 매우 제한된다. (3가)처럼 단체를 나타내는 무정 명사에 '에서'가 결합될 경우이면서, 서술어도 동사일 경우이다. (3나)는 서술어가 형용사이기 때문에, (3다)는 유정명사에 '에서'가 붙었기 때문에 주어를 성립시키지 못하고 비문이 된다.

4. (4)의 경우는 특별한 경우로 수를 나타내는 말에 조사 '서'가 결합하여 주어를 만든 것인데 이때 '둘'에 붙은 '-이'는 주격 조사가 아니라 '그 수량의 사람'을 뜻하는 접미사이다.

확장

<'에서'에 대한 두 가지 견해>

1. 서술어가 동사이면서 단체를 나타내는 무정 명사에 '에서'가 붙은 경우를 주격 조사의 용법으로 인정하는 견해. → 학교문법의 입장

2. 체언에 붙은 '에서'는 항상 부사격 조사의 역할을 하며, (3가)의 '우리 회사'에서 다음에 실질적인 주어 '누군가'가 숨어 있는 것으로 보는 견해. → 학문문법의 입장

확인 문제 5

(1)이 비문이 되는 이유를 설명하시오.

(1) *우리 회사에서 시내에 있다.

예제 6

(1)~(5)에 쓰인 '이/가'와 '을/를'은 주격 조사와 목적격 조사로 쓰인 것이라고 보기 어렵다. 이들 조사의 용법을 설명하시오.

(1) 날마다 운동을 하기가 쉽지가 않네.

(2) 나는 배낭여행이 하고 싶다.

(3) 동네에 남은 사람은 거의가 노인이야.

(4) 그는 쉬지를 않고 하루 종일 그림을 그렸다.

(5) 그렇게 서있지 말고 좀 깊이를 들여다 봐라.

조사 '이/가'와 '을/를'은 그것이 붙은 문장 성분의 자리를 결정하는 기능이 있는 격조사이다. 즉 '이/가'가 붙어 주어를 성립시키고, '을/를'이 붙어 목적어를 만든다. 특정한 의미를 가지지 않는다는 점에서 보조사와 구별된다.

개념

<격조사의 보조사적 용법>

주격 조사나 목적격 조사가 주어나 목적어가 될 수 없는 말에 붙어 주어나 목적어와는 관계없이 앞말을 지정하여 강조하는 기능을 할 때는 격조사의 보조사적 용법으로 처리한다.

적용

1. (1)에서는 '않다' 앞에 나타나는 어미 '-지'에 조사 '가'가 붙어 이를 지정하여 강조하는 기능을 한다.

2. (2)에서는 '-고 싶다' 구성에서 본용언의 목적어에 조사 '이'가 붙어 앞말을 강조한다.

3. (3)에서는 받침 없는 부사어 뒤에 조사 '가'가 붙어 앞말을 지정하여 강조하는 기능을 한다.

4. (4)에서는 '않다' 앞에 나타나는 어미 '-지'에 조사 '를'이 붙어 강조하는 뜻을 나타낸다.

5. (5)에서는 받침 없는 부사어 뒤에 조사 '를'이 붙어 앞말을 지정하여 강조하는 기능을 지닌다.

주의

1. '이/가'와 '을/를'이 문장의 자리를 나타내지 않고 특정한 의미를 더하지도 않으면서, 앞말을 지정하여 강조하는 기능을 나타낼 때 일부 국어사전에서는 보조사로 규정하고 있지만 동일한 형태를 격조사와 보조사로 분류하는 설명 방법은 신중하게 결정해야 한다.

2. (6)에서 '아이가'의 주격 조사 '이/가'와 '어른이'의 보격 조사 '이/가'도 형태가 같고, (7가)에서 격조사 '와/과'와 (7나)에서 접속조사 '와/과'도 형태가 같지만 이런 경우는 그 문법적 특성이 뚜렷이 구분되기 때문에 별개의 단어인 동음이의어로 볼 수 있다.

> (6) 아이가 어른이 되었구나.
> (7) 가. 요즘 날씨는 예전과 다르다.
> 　　 나. 나는 축구와 야구를 좋아한다.

확인 문제 6

(1)-(3)에서 조사 '가'와 '를'의 용법을 설명하시오.

(1) 그가 산 것은 대개가 중고품이다.

(2) 왜 약속 장소에 나오지를 않았지?

(3) 이 더위에도 도서관에를 가니?

예제 7

자료 (1)-(5)를 바탕으로 조사가 겹쳐 쓰이는 양상이 조사의 종류에 따라 어떻게 나타나는지 설명하시오.

(1) 나만을 위한 시간을 보내고 싶다.

(2) 나에게만 책임을 묻지 마.

(3) 전원에서의 생활을 즐기고 싶다.

(4) 나조차도 그 사실을 몰랐어.

(5) 모두 나에게로 오라.

조사는 일반적으로 격조사와 보조사로 나눈다. 그리고 격조사는 다시 구조격 조사와 의미격 조사로 나눌 수 있다. 이와 같이 분류하는 까닭은 격조사 가운데 일부는 분명히 의미를 더해 주는 기능이 있기 때문에, 격조사 전체를 문법적 기능만을 가진 것으로 보기에는 한계가 있기 때문이다.

개념

<조사의 중첩 유형>

학교문법 차원의 조사 분류를 바탕으로 조사가 겹쳐 쓰이는 양상은 다음과 같은 네 가지 유형이 성립될 것이다. 그러나 격조사 가운데 '이/가, 을/를, 의'와 같은 구조격 조사들은 겹쳐 쓰이지 않는다. 한 문장 성분이 두 자리를 나타낼 수 없기 때문이다. 따라서 조사의 중첩 양상을 파악하기 위해서는 격조사를 구조격 조사와 의미격 조사로 나누어 살펴보는 것이 유용하다.

1. 격조사 + 격조사

2. 격조사 + 보조사

3. 보조사 + 격조사

4. 보조사 + 보조사

적용

1. (1)에 쓰인 조사의 중첩은 '보조사 + 격조사(구조격)'이다.

2. (2)에 쓰인 조사의 중첩은 '격조사(의미격) + 보조사'이다.

3. (3)에 쓰인 조사의 중첩은 '격조사(의미격) + 격조사(구조격)'이다.

4. (4)에 쓰인 조사의 중첩은 '보조사 + 보조사'이다.

5. (5)에 쓰인 조사의 중첩은 '격조사(의미격) + 격조사(의미격)'이다.

확장

(1)-(5)를 통해 조사가 겹쳐 쓰일 때 결합의 순서에는 제약이 있다는 사실을 확인하였다. 확인한 결합 순서를 종합하면 (6)과 같다. 의미격 조사가 보조사보다 앞에 위치한다는 사실을 고려한다면 격조사와 보조사의 결합 순서는 일정하지 않다고 보아야 한다.

(6) 의미격 조사 + 보조사 + 구조격 조사

주의

(7)-(8)의 밑줄 친 조사 '만'은 '한정'의 의미를 나타내지 않는다. 이런 경우는 '견줌'을 나타내는 격조사로 보기도 한다. 그러한 입장에서 볼 때 (8)의 조사 중첩 유형은 '격조사 + 보조사'이다.

(7) 집채만 한 파도가 몰려온다.
(8) 선배가 후배만도 못하다.

확인 문제 7

예제 (7)을 통해 개별 조사에 따라 조사 결합 양상이 다르게 나타난다는 것을 알 수 있다. 각 유형에 해당하는 예를 더 들어보시오.

관계언 연습 문제

1. 조사는 다른 품사와 달리 자립성이 없으나 단어의 자격을 주고 있다. 그 이유를 '분리 · 성' 차원에서 설명하시오.

2. 격조사, 보조사, 접속조사의 차이점을 '기능'(문장 내에서 하는 역할)과 '분포'(단어가 나타나는 위치) 차원에서 설명하시오.

3. 격조사를 구조격 조사와 의미격 조사로 나누었을 때 기능과 분포의 차이를 설명하시오.

4. 탐구 구조격 조사, 의미격 조사, 보조사의 생략 현상의 일반적인 차이점을 설명하시오.

5. 구조격 조사 '이/가'와 '을/를'이 주격이나 목적격 조사로 쓰이지 않은 예를 제시하고, 그 기능을 설명하시오.

6. 조사 '와'의 두 가지 용법을 구분하여 다음 문장의 중의성을 설명하시오.

   영수와 영희가 결혼하였다.

7. 탐구 (1)-(4)의 밑줄 친 조사를 국어사전에 표제어로 올라 있는 것과 그렇지 않은 것으로 나누고, 그 차이를 설명하시오.

   (1) 남쪽<u>으로부터</u> 꽃소식이 전해온다.
   (2) 부산은 서울<u>에서부터</u> 400 킬로미터가 넘는다.
   (3) 이 책임이 누구<u>에게로</u> 돌아갈까?
   (4) 그<u>에게만</u> 특혜가 주어졌다.

8. 격조사가 또 다른 격조사와 겹쳐 쓰이지 않는 이유를 설명하고, 예외 현상을 찾아 그 러한 예들의 특성을 설명하시오.

9. 보조사와 보조사가 겹쳐 쓰이는 예를 제시하시오.

10. 격조사와 보조사가 겹쳐 쓰일 때 그 순서에 대해 설명하시오.

11. 탐구 (1)-(4)를 바탕으로 '요'에 대한 문법 정보를 국어사전에서 어떻게 처리하여 야 할지 설명하시오.

(1) 그렇게 해 주시기만 하면요 정말 감사하겠어요.

(2) 오늘 날씨가 좋지요?

(3) 우리는 적이 아니요, 동지입니다.

(4) 빨리요, 빨리.

12. 다음 문장들이 비문이 되는 이유를 설명하시오.

*옛날 옛적에 흥부라는 사람은 있었습니다. 흥부가 마음씨가 아주 착했습니다.

13. (1)-(4)에 쓰인 조사의 용법을 설명하시오.

(1) 어떻게 사느냐가 중요하다.

(2) 도대체가 틀려먹었어.

(3) 그 사람 말은 믿어도 되는 것이 헛소리 하는 일이 없거든.

(4) 그 아이가 울면서 하는 말이 친구들이 자기하고 안 놀아준다나.

memo

5. 독립언

개요

독립언은 문장 안에서 다른 말과 아무런 관계없이 독립적으로 쓰이는 말로 감탄사가 있다.

감탄사	• 감정 감탄사: 말하는 사람의 본능적인 감정을 표현하는 말 • 의지 감탄사: 상대방을 의식하면서 자기의 생각을 드러내는 말 • 입버릇 감탄사: 특별한 의미 없이 입버릇으로 하는 말과 말을 하다가 막혀서 생각이 나지 않을 때 하는 말
감탄사의 특성	• 형태 변화가 없음 • 조사가 붙을 수 없음 • 주로 문장 앞에 놓이지만, 문장 중간이나 끝에 올 수도 있음

감탄사와 문장부사의 구별: 다른 성분을 수식하느냐 여부에 따라 독립성을 판단

감탄사의 품사 통용: 감탄사는 품사 통용어를 가장 많이 가지고 있는 품사류임

5.1. 감탄사

> **예제 1**
>
> (1)-(3)에서 감탄사를 찾아 어떤 경우에 쓰이는지 설명하고, 그와 같은 기능을 나타내는 감탄사의 예를 제시하시오.
>
> (1) 아이고, 조금만 쉬었다 가자.
> (2) 여보세요, 전화 바꿨습니다.
> (3) 에, 이 일을 어쩌면 좋지?

감탄사는 말하는 사람의 느낌이나 놀람, 부름이나 대답을 나타내는 단어이다. 감탄사는 문장 속의 다른 문장성분에 얽매이지 않고 독립성이 강하므로 독립언에 속한다.

개념

<감탄사의 분류>

1. 감정 감탄사: 말하는 사람의 본능적인 감정 표현으로 상대방을 의식하지 않는 감탄사이다.
2. 의지 감탄사: 상대방을 의식하며 말하는 사람의 의지를 드러내는 감탄사이다. 상대방을 부르는 말이나 상대방의 말에 대해 긍정 또는 부정 등의 대답을 하는 말이다.
3. 입버릇 감탄사: 특별한 의미 없이 입버릇으로 하는 말과 말을 하다가 막혀서 생각이 잘 나지 않을 때 하는 말이다.

적용

1. (1)의 '아이고'와 같은 감정 감탄사로는 '아, 휴, 애고, 이크, 에끼, 아차, 저런, 어머나, 에구머니' 등이 있다.
2. (2)의 '여보세요'와 같은 의지 감탄사로는 '이봐, 여보, 응, 쉿, 예, 아니요, 그래, 글쎄, 천만에, 오냐' 등이 있다.
3. (3)의 '에'와 같은 입버릇 감탄사로는 '어, 뭐, 거시기' 등이 있다.

확장

1. (4)-(6)의 감탄사 '아이고'는 어조에 따라 여러 감정을 두루 나타낸다.

> (4) <u>아이고</u>, 조금만 쉬었다 가자. (아프거나 힘들거나 놀랄 때)
>
> (5) <u>아이고</u>, 이게 얼마만이니? (반갑거나 좋을 때)
>
> (6) <u>아이고</u>, 더 이상 어쩔 수 없구나. (절망하거나 탄식할 때)

2. 의지 감탄사는 상대방의 대답이나 행동을 요구하는 것과 말하는 사람의 태도를 나타내는 것으로 구별된다.

> (7) 쉿, 목소리가 너무 크네!
>
> (8) 글쎄, 잘 모르겠는데요.

주의

의지 감탄사는 상대방을 전제로 하므로 존대의 뜻을 나타내는 보조사 '요'의 결합에 의해 (9)와 같은 높임 표현과 (10)과 같은 그렇지 않은 표현이 구별된다. 반면에 감정 감탄사는 높고 낮음의 구별이 없다.

> (9) 아니요, 글쎄요, 천만에요 등
>
> (10) 아니, 글쎄, 천만에 등

확인 문제 1

(1)-(3)에서 감탄사를 찾아 어떤 경우에 쓰이는지 설명하시오.

(1) 흥, 누가 그런 말에 속을 줄 알아?

(2) 아무렴, 그렇고 말고, 네 말이 맞아.

(3) 저, 이건 제 생각인데요.

예제 2

(1)-(4)의 밑줄 친 부분의 단어가 감탄사인 것과 아닌 것으로 구분하고, 그 이유를 설명하시오.

(1) <u>청춘</u>, 이는 듣기만 하여도 가슴 설레는 말이다.

(2) <u>제발</u>, 그런 소리 하지 마세요.

(3) <u>분명히</u>, 손흥민은 뛰어난 축구 선수야.

(4) <u>천만에</u>, 나는 내 꿈을 결코 포기하지 않을 거야.

감탄사는 한국어의 품사 중에서 독립성이 가장 강하다. 부사도 감탄사와 마찬가지로 그 자체로서 홀로 문장이 될 수 있지만, 일반적으로는 용언이나 문장 전체를 수식하는 기능을 한다는 점에서 감탄사와 구별된다.

개념

<문장부사와 감탄사의 구별>

문장부사와 감탄사는 주로 문장의 앞머리에 놓이지만, 경우에 따라 문장 중간이나 끝에 올 수도 있다는 공통점이 있다. 하지만 문장부사는 어떤 자리에 놓이든 문장 전체를 수식하는 기능을 한다는 점에서 독립적이지 않다. 반면에 감탄사는 감탄사를 제외한 부분과 아무런 연관성을 찾을 수 없을 만큼 강한 독립성을 가진다.

적용

1. (1)의 '청춘'은 명사로 문장의 첫머리에 놓인 제시어이다.
2. (2)의 '제발'은 말하는 이의 마음먹기, 즉 태도를 나타내는 문장부사이다.
3. (3)의 '분명히'는 뒤의 문장 전체를 꾸며주는 문장부사이다.
4. (4)의 '천만에'는 의지 감탄사이다.

확장

감탄사는 (5)와 같이 주로 문장의 처음에 나타나지만 (6)과 같이 문장 중간이나

(7)과 같이 문장 끝에 올 수도 있다. 즉 문장 내에서 자리옮김이 비교적 자유롭다.

> (5) 저, 우리 이번 주말 약속 연기하면 안 될까?
>
> (6) 받기 싫어서가 아니라 <u>어디</u> 선물을 주어야 받지요?
>
> (7) 이 사람이 <u>정말</u>.

주의

(8)과 같이 이름에 호격조사 '아/야'가 붙어 상대방을 부르는 말은 뒤의 문장에 대해 독립성은 있으나, 감탄사는 아니다. (9)는 주어를 알 수 없는 독립된 문장이다.

> (8) <u>영식아</u>, 어디 가니?
>
> (9) <u>불이야</u>!

확인 문제 2

(1)-(4)의 밑줄 친 부분의 단어가 감탄사인 것과 아닌 것으로 구분하고, 그 이유를 설명하시오.

(1) <u>영수야</u>, 어디 가니?

(2) <u>다행히</u>, 그가 크게 다치지 않았다.

(3) <u>어찌</u>, 그런 말을 할 수 있니?

(4) <u>그래</u>, 네 말이 맞아.

예제 3

(1)-(3)의 자료를 바탕으로 감탄사의 특성을 설명하고, 관형사, 부사와 비교하시오.

(1) 아, 드디어 시험이 끝났다.
(2) 영수가 글쎄 마라톤 대회에 나간대.
(3) 왜 대답들이 없니, 응?

감탄사는 품사 통용어를 가장 많이 가지고 있는 품사류이다. 그중에서도 부사, 관형사와의 구별에 주목할 필요가 있다. 특히 감탄사는 맥락 의존적인 성격이 매우 강한 품사이다.

개념

<감탄사 설정의 근거>

1. 형태: 형태 변화가 없다. (불변어)
2. 기능: 문장에서 다른 성분과의 관계가 독립적이다. (독립언)
3. 의미: 말하는 이의 감정, 의지, 입버릇 등을 나타낸다.

<수식언과 독립언>

1. 관형사와 부사는 수식언이다.
2. 감탄사는 독립언이다.

적용

1. (1)의 '아'는 감정 감탄사이고, (2)와 (3)은 말하는 사람의 의지를 나타내거나, 상대방의 대답을 요구하는 의지 감탄사이다.
2. 감탄사와 관형사, 부사는 형태가 변하지 않는다는 점과 문장 내에서 한 가지 기능만을 한다는 점이 공통점이다.
3. 하지만 조사의 결합 양상에서 차이를 보인다. 감탄사와 관형사는 격조사뿐만 아니라 보조사도 결합할 수 없지만, 부사는 보조사가 결합할 수 있다.

4. 감탄사와 부사는 홀로 문장이 될 수 있지만, 관형사는 반드시 수식 받는 말이 있어야 한다는 제약이 있기 때문에 홀로 문장을 이루지 못한다.

확장

    (4)는 감탄사 '얘'에 조사가 붙어 쓰이는 특별한 용법으로 감탄사의 일반적인 쓰임이 아닌 것으로 해석한다. (5)의 '그렇지'는 서술성이 없으므로 형용사가 아니라 감탄사이며 (6)의 '이놈'은 조사가 자유롭게 결합하므로 대명사이다.

> (4) <u>얘는</u>, 지금이 어느 세상인데 그런 말을 하니?
> (5) <u>그렇지</u>, 그렇게 하는 거야.
> (6) <u>이놈</u>, 어디서 그런 거짓말을 해.

주의

    (7)의 '얘'는 의지 감탄사이지만 (8)의 '얘'는 '이 아이'의 준말이기 때문에 명사 '아이'에 조사가 붙은 경우이다.

> (7) <u>얘</u>, 너 정신 차려.
> (8) <u>얘가</u> 영화라면 모르는 게 없어.

확인 문제 3-1

(1)과 (2)의 밑줄 친 단어의 품사를 말하고, 품사가 다른 이유를 설명하시오.

(1) <u>그렇게</u> 차려 입고 어디 가니?

(2) <u>어디</u>, 나도 그 빵 맛 좀 보자.

확인 문제 3-2

(1)과 (2)의 밑줄 친 단어 중 감탄사가 아닌 것을 찾아 보시오.

(1) <u>왜</u> 오늘은 이렇게 차가 안 막히지?

(2) <u>왜</u>, 그때 갔던 맛있는 집 있잖아.

6. 품사 통용

예제 1

(1)-(3)의 밑줄 친 단어의 품사가 다른 이유를 근거를 들어 설명하시오.

(1) 네 말은 정말이 아니지?
(2) 너를 정말 사랑해.
(3) 정말, 어쩌면 그런 일이 있을까?

한 단어가 문장에서 서로 다른 품사로 쓰일 때, 이를 품사의 통용이라고 한다.

개념

1. 한 단어가 두 가지의 서로 다른 품사로 쓰일 수도 있고, 세 가지의 서로 다른 품사로 쓰일 수도 있다.
2. 품사 통용에서 주의할 점은 품사가 다르더라도 한 단어에 소속되어 있어야 한다는 것이다. 즉 동음이의어는 서로 다른 별개의 단어이기 때문에 품사가 다르더라도 품사 통용이라고 하지 않는다.

적용

(1)-(3)의 '정말'은 동일한 표제어 아래에 각기 다른 품사로 쓰인 품사 통용어이다.

1. (1)의 '정말'은 '거짓이 없이 말 그대로임. 또는 그런 말'의 뜻으로 조사가 붙어 문장에서 보어로 쓰였으므로 명사이다.
2. (2)의 '정말'은 '거짓이 없이 말 그대로'의 뜻으로 조사가 붙지 않고 서술어 '사랑해'를 꾸미고 있으므로 부사이다.
3. (3)의 '정말'은 어떤 일을 심각하게 여기거나 동의할 때 쓰는 말로, 말하는 사람의 느낌이나 감탄을 나타내므로 감탄사이다.

주의

(4)-(6)의 밑줄 친 단어는 각각 어원이 다른 동음이의어이기 때문에 품사가 다르더라도 품사 통용어로 처리하지 않는다.

(4) 그는 이가 튼튼하다. [명사]

(5) 일에 이를 더하면 삼이다. [수사]

(6) 이보다 더 좋을 수는 없다. [대명사]

(7)의 관형사 '이'는 (6)의 대명사 '이'와 품사는 다르지만, 의미적 관련성이 있는 다의어이기 때문에 품사 통용어로 처리한다.

(7) 그는 이 강의실에서 수업을 듣는다. [관형사]

확장

한 품사 안에서 하위 유형으로 분류되는 것도 있다. (8가)의 '줄'은 자립 명사이지만, (8나)의 '줄'은 의존 명사이다. 또 (9가)의 '가다'는 본동사로 쓰였지만 (9나)의 '가다'는 보조 동사로 쓰였다. 이러한 예들도 넓게 보아 품사 통용으로 볼 수도 있다.

(8) 가. 소포를 줄로 꽁꽁 묶었다.

　　나. 나도 이제 사십 줄에 들어섰다.

(9) 가. 감을 따러 산에 갔다.

　　나. 감이 잘 익어 간다.

확인 문제 1

(1)-(3)의 밑줄 친 단어의 품사가 다른 이유를 근거를 들어 설명하시오.

(1) 이 연구는 비교적인 관점에서 이루어졌다.

(2) 그는 알타이 언어의 비교적 연구를 수행하고 있다

(3) 일이 비교적 수월하게 해결되었다.

예제 2

(1)과 (2)의 품사가 다른 근거를 설명하고, 이와 같은 유형의 품사 통용어를 찾아 그 쓰임을 보이시오.

(1) 아직 <u>아무</u>도 오지 않았다.

(2) 그는 <u>아무</u> 말도 하지 않았다.

　동일한 형태가 대명사와 관형사로 쓰일 때, 이 둘의 품사 통용을 확인하려면 조사 결합 여부와 체언 수식 여부를 살펴봐야 한다.

개념

1. 형태: 대명사는 조사가 붙을 수 있고, 관형사는 조사가 붙을 수 없다

2. 기능: 대명사는 체언으로 쓰이고, 관형사는 수식언으로 쓰인다.

적용

1. (1)의 '아무'는 조사가 붙어 대명사의 용법으로 쓰인 것이고 문장에서 주어의 기능을 한다.

2. (2)의 '아무'는 조사가 붙을 수 없고, 뒤에 오는 체언인 '말'을 꾸며주므로 관형사이다.

3. 두 가지 용법의 '아무'는 서로 의미적 연관성이 있으므로 다의어의 범주에 속한다. 따라서 품사 통용어이다.

4. 이와 같은 유형의 품사 통용어로 (3)과 (4)의 '그'가 있다.

(3) 우리는 <u>그</u>의 표정을 보고 안도하였다. (대명사)

(4) <u>그</u> 책 이리 좀 줘봐. (관형사)

확장

(5)의 '여기'는 조사가 붙었으므로 대명사이고 (6)은 조사가 붙지 않은 형태로 용언을 수식하므로 부사로 보는 견해도 있지만, 부사격 조사가 생략되었다고 해석하여 이 역시 대명사로 처리하는 것이 일반적이다. (6)의 '여기'를 부사로 인정하려면 조사가 붙을 수 없는 용법이 있어야 한다.

> (5) 여기가 제일 높은 곳이야.
> (6) 멧돼지가 여기 나타날까?

주의

(7)의 '그'는 '감개가 깊거나 무어라 말하기 어려울 때 하는 말'의 용법이므로 감탄사로 처리한다. 하지만 이때의 '그'는 대명사나 관형사로 쓰이는 '그'와 의미적 연관성이 없는 별개의 단어, 즉 동음이의어이므로 품사 통용이 아니다.

> (7) 그, 왜 있잖아요. (감탄사)

확인 문제 2

(1)-(3)의 밑줄 친 말이 품사 통용어인지 판단하시오.

(1) 저는 문법 공부가 재미있어요.

(2) 저 문법책을 가져오너라.

(3) 저, 말씀 중에 잠시 실례하겠습니다.

예제 3

(1)-(3)의 밑줄 친 단어의 품사가 다른 이유를 근거를 들어 설명하시오.

(1) 건강하려면 <u>첫째</u>는 운동을 해야 한다

(2) 오늘 <u>첫째</u> 시간이 문법 시간이야.

(3) 우리 집 <u>첫째</u>가 대학에 갔어요.

품사 통용어를 판별할 때 유의해야 할 점은 다의어와 동음이의어의 구별이다. 이에 대한 판별은 국어사전에서 하나의 표제어인지, 별개의 표제어인지로 결정하지만 국어사전에 따라 그 표제어 설정의 결과가 일치하지 않을 때가 문제이다. 하지만 품사 소속의 문제를 살펴보는 데 목적을 둔다면 다의어와 동음이의어의 구분 문제에 초점을 둘 필요는 없다.

개념

1. 체언에 속하는 명사, 대명사, 수사는 조사가 붙는 형태적 특성을 공통점으로 한다.

2. 수식언에 속하는 관형사는 조사가 붙지 않는다.

3. 체언은 주어나 목적어 등으로 쓰이지만 관형사는 수식언으로 뒷말을 꾸미는 기능을 한다.

4. 명사, 대명사, 수사는 의미를 기준으로 다시 분류된 것이다.

적용

1. (1)의 '첫째'는 순서를 나타내는 수사이다.

2. (2)의 '첫째'는 뒷말을 수식하는 관형사이다.

3. (3)의 '첫째'는 '여러 형제 가운데 제일 손위인 사람'의 뜻으로 쓰인 명사이다.

4. 수사와 명사를 구별하기 위해서는 복수를 나타내는 접미사 '-들'을 결합해 보아, '-들'이 붙을 수 있는 (3)과 '-들'이 붙을 수 없는 (1)로 구분한다.

(4)에 쓰인 '다섯'은 고유어 양수사이며, (5)에 쓰인 '다섯'은 관형사이다. 따라서 (4)의 '다섯'과 (5)의 '다섯'은 품사 통용이다. 하지만 수사 '하나, 둘, 셋, 넷'의 경우에는 (6)과 같이 '한, 두, 세, 네'의 형태로 바뀌어 관형사로 쓰이는 데, 이때 수사 '하나, 둘, 셋, 넷'과 관형사 '한, 두, 세, 네'는 형태가 다르기 때문에 품사 통용의 범주에 들지 않는다.

(4) 우리 집 형제 다섯이 모였다. (수사)
(5) 농구는 한 팀이 다섯 명이다. (관형사)
(6) 탁구 복식 경기는 두 명이 한 팀이다. (관형사)

주의

(7)-(8)에서 보듯이 한자어 양수사의 경우에는 고유어 양수사와 달리 수사와 관형사의 형태가 언제나 같다.

(7) 일에 오를 더하면 육이다. (수사)
(8) 식당은 일 층에 있고, 회의실은 오 층에 있습니다. (관형사)

확인 문제 3

(1)과 (2)의 밑줄 친 단어의 품사가 다른 이유를 근거를 들어 설명하시오.

(1) 아이들 몇이 더 왔다.
(2) 나이가 몇 살이냐?

> **예제 4**
>
> (1)과 (2)의 품사가 다른 근거를 설명하고, 이와 같은 유형의 품사 통용어를 찾아 그 쓰임을 보이시오.
>
> (1) 아이가 눈이 매우 크다.
> (2) 아이가 무럭무럭 잘 큰다.

동일한 형태가 동사와 형용사로 쓰일 때, 이 둘의 품사 통용을 확인하려면 동사와 형용사의 구분 기준을 적용하여 구별해야 한다.

개념

1. 동사와 형용사의 구분 기준에 여러 가지가 있지만, 모든 기준이 명확하게 절대적으로 적용되는 것은 아니다. 특히 타동사와 달리 자동사는 형용사와 속성이 유사하기 때문에 그 구분이 어려운 경우가 많다.
2. 현재를 나타내는 종결어미 '-는/ㄴ다'가 결합되면 동사로 처리한다.
3. 현재 시제를 나타내는 관형사형 어미 '-는'이 결합되면 동사이고, '-(으)ㄴ'이 결합되면 형용사이다.

적용

1. (1)의 '크다'는 '-는/ㄴ다'가 붙지 않고, (2)의 '크다'는 '-는/ㄴ다'가 붙을 수 있다.
2. (1)의 '크다'는 (3)과 같이 현재 시제를 나타내는 관형사형 어미가 '-(으)ㄴ'이 쓰이고, (2)의 '크다'는 (4)와 같이 '-는'이 쓰인다. 따라서 (1)은 형용사이고, (2)는 동사이다.

> (3) 눈이 아주 큰 아이 (형용사)
> (4) 키가 잘 크는 아이 (동사)

3. (5)에 쓰인 '늦다'는 '시간이 알맞을 때를 지나 있다'의 뜻으로 '상태'를 나타내므

로 형용사이고, (6)의 경우에는 '정해진 때보다 지나다'의 뜻으로 '과정'을 나타내므로 동사이다. 이러한 구별은 (5)-(6)에 보이듯이 현재 시제를 나타내는 관형사형 어미의 형태 차이에 의해서도 확인할 수 있다.

> (5) 영수는 날마다 늦은 시간에 아침을 먹는다. (형용사)
> (6) 약속 시간에 늦는 사람은 신뢰를 받지 못한다. (동사)

주의

(7)의 밑줄 친 단어의 기본형은 '알맞다'인데 '알맞는'은 잘못된 표기이고 '알맞은'이 올바른 표기이다. 그 이유는 '알맞다'가 형용사이기 때문에 현재 시제를 나타내는 관형사형 어미로 '-(으)ㄴ'을 써야 하기 때문이다.

> (7) 다음 중 {알맞은/ *알맞는} 답을 골라 보세요.

확인 문제 4-1

(1)과 (2)의 밑줄 친 단어의 품사가 다른 이유를 근거를 들어 설명하시오.

(1) 방이 아주 밝다.

(2) 날이 밝으면 다시 수색할 거야.

확인 문제 4-2

(3)과 (4)의 품사를 설명하고 그 쓰임의 차이를 문법적으로 설명하시오.

(3) 더위는 작년보다 올해가 더하다.

(4) 더위가 날이 갈수록 더한다.

예제 5

(1)과 (2)의 품사가 다른 근거를 설명하고, 이와 같은 유형의 품사 통용어를 찾아 그 쓰임을 보이시오.

(1) <u>아무리</u> 네가 우겨도 어쩔 수가 없어.
(2) <u>아무리</u>, 그가 그런 말을 했을 리가 없다.

부사가 감탄사로 통용되는 경우도 있다.

개념

<부사와 감탄사의 차이점>

1. 부사는 수식 기능이 있으나, 감탄사는 홀로 독립적으로 쓰이기 때문에 그러한 기능이 없다.

2. 부사는 용언의 앞에 위치하여 뒤에 오는 용언을 꾸며주는 성분부사와 (1)과 같이 문장 전체를 꾸며주는 문장부사가 있다. 문장부사는 자리옮김이 비교적 자유롭다. 감탄사는 주로 문장 앞에 나타나지만, 경우에 따라 문장의 중간이나 문장 끝에 올 수도 있다.

적용

1. (1)의 '아무리'는 뒤에 오는 절 '네가 우겨도'를 꾸며 주는 부사이다.

2. (2)의 '아무리'는 문장 내의 어떠한 성분과도 연관성이 없다. 오로지 홀로 쓰이는 감탄사이며, 독립어로 쓰인다. 따라서 (1)과 (2)에 쓰인 '아무리'는 품사 통용어이다.

3. (1)-(2)와 같이 부사와 감탄사로 품사 통용 되는 예로는 (3)-(4)가 있다.

(3) 그때 내가 왜 그런 말을 했는지 모르겠어. (부사)
(4) 왜, 자기가 아프면 다른 사람은 신경도 안 쓰잖아. (감탄사)

확장

　　감탄사는 관형사와 마찬가지로 조사가 붙을 수 없다는 점이 형태상의 특징이다. 그러나 (5)-(7)은 감탄사 '얘'에 조사 '가, 는, 야'가 결합한 경우인데, 감탄사의 일반적인 용법은 아닌 것으로 이해해야 할 것이다.

> (5)　얘가, 그런 소릴 했다가 무슨 일이라도 생기면 어쩌니?
> (6)　얘는, 걔한테 번번이 속고도 아직도 걔를 믿니?
> (7)　얘야, 다시는 그런 거짓말을 하지 마라.

주의

　　(8가)의 '아차'는 빈도가 높은 감탄사이지만, (8나)의 '아차'는 용언 '실수해서'를 꾸며주는 부사이다.

> (8)　가. 아차, 약속을 깜빡 잊었네.
> 　　　나. 아차 실수해서 커피를 쏟아 버렸네.

확인 문제 5-1

(1)-(2)의 밑줄 친 단어의 품사가 다른 이유를 근거를 들어 설명하시오.

(1) 그런 변명은 아니 듣겠어.

(2) 아니, 그게 무슨 말이야?

확인 문제 5-2

(3)-(4)의 밑줄 친 단어의 품사가 다른 이유를 근거를 들어 설명하시오.

(3) 여기가 어디라고 소란을 피운단 말이냐?

(4) 받기 싫어서가 아니라 어디 내놔야 받지요?

예제 6

(1)과 (2)의 품사가 다른 근거를 설명하고, 이와 같은 유형의 품사 통용어를 찾아 그 쓰임을 보이시오.

(1) 우리나라<u>만큼</u> 살기 좋은 곳이 또 있을까?
(2) 강이 꽁꽁 얼 <u>만큼</u> 추운 날씨다.

한글맞춤법 규정에 따르면 조사는 앞말에 붙여 쓰고, 의존 명사는 띄어 써야 한다. 한 단어가 조사와 의존 명사 또는 조사와 부사로 품사 통용하는 것을 올바르게 분별해야 띄어쓰기 규정을 지킬 수 있다.

개념

1. 조사는 주로 체언에 붙여 쓰지만, 용언의 활용형이나 부사에 붙여 쓰기도 한다.
2. 의존 명사는 반드시 앞에 꾸며 주는 말, 즉 관형어가 와야 한다.
3. 관형어의 재료로는 용언의 활용형이 주로 쓰이지만 (3)과 같이 일부 명사나 관형사 '이', '그' 따위가 쓰이는 경우도 있다.

(3) 해질 무렵/ 저녁 무렵/ 그 무렵

적용

1. (1)에 쓰인 '만큼'은 보조사이다.
2. (2)에 쓰인 '만큼'은 '(앞에 말한 내용과) 같은 정도나 한계'의 의미를 지니고 있어 조사 '만큼'과 의미 차이를 구별하기가 쉽지 않다. 하지만 '만큼'이 의존 명사로 쓰일 때는 앞말에 '-한, -하는, -할'과 같은 용언의 관형사형이 나와야 한다는 제약이 있다.
3. (4)의 체언에 결합하는 조사 '만큼'은 뜻이 비슷한 조사 '만치'나 '처럼'으로 바꾸어 쓸 수 있지만, (5)의 의존 명사 '만큼'은 '처럼'으로는 교체할 수 없다. '만큼'과

'만치'는 조사와 의존 명사의 용법 모두를 가지고 있는 품사 통용어이고, '처럼'
은 조사로만 쓰이고 의존 명사의 쓰임은 없기 때문이다.

> (4) 나도 너{만큼/ 만치/ 처럼} 노래를 잘하고 싶다.
> (5) 먹을 {만큼/ 만치/ *처럼}만 그릇에 담아.

확장

(6)에 쓰인 '같이'는 조사이고, (7)에 쓰인 '같이'는 부사이므로 이 둘은 품사 통
용어가 된다.

> (6) 그는 소같이 일만 한다. (조사)
> (7) 세월은 물과 같이 흐른다. (부사)

주의

(8)과 (9)에 쓰인 '대로'는 각각 조사와 의존 명사로 쓰여, 품사 통용어로 볼 수
있으나 표준국어대사전에서는 각각 표제어로 올려, 동음이의어로 처리하고 있다.

> (8) 그는 매사를 자기 고집대로 한다. (조사)
> (9) 집에 도착하는 대로 전화해. (의존 명사)

확인 문제 6

(1)과 (2)의 밑줄 친 단어가 품사 통용어로 쓰이는지 설명하시오.

(1) 꿈을 지금보다 크게 가지자.

(2) 꿈을 보다 크게 가지자.

품사 통용 연습 문제

1. 현재 시제를 나타내는 관형사형 어미 '-는'과 '-(으)ㄴ'의 결합 관계에 따라 '있다'와 '없다'의 품사를 검증해 보시오.

2. **탐구** (1)-(3)의 밑줄 친 단어를 품사 통용어로 볼 수 있는지 설명하시오.

   (1) 가. 둥근 보름달이 떴다.

   　　나. 둥그는 달을 보니, 추석이 다가오는 구나.

   (2) 가. 나를 쳐다보고 낯이 붉는 듯하더니, 고개를 돌렸다.

   　　나. 붉은 장미를 한 송이를 샀다.

   (3) 가. 그는 언제나 자신이 믿는 신에게 감사하는 마음을 갖는다.

   　　나. 참 감사한 말씀이지만 사양하겠습니다.

3. **탐구** (1)과 (2)의 밑줄 친 단어의 품사를 밝히시오.

   (1) 초목이 번성한 이곳은 아직도 원시림을 유지하고 있다.

   (2) 초목이 번성해 있는 이곳은 아직도 원시림을 유지하고 있다.

4. 동사와 형용사로 품사 통용되는 단어의 품사를 구별하기 위한 일반적인 구분 기준은 다음과 같다. 괄호 안에 들어갈 말을 쓰시오.

   (1) 종결어미의 결합

   ㄱ. 서술형어미 '-는/ㄴ다'와 결합 여부

   ㄴ. 의문형 어미 (　　　)의 결합 여부

   ㄷ. 청유형 어미 '-자'의 결합 여부

   ㄹ. 명령형 어미 '-아/어라'의 결합 여부

   ㅁ. 감탄형 어미 (　　　)의 결합 여부

(2) 전성어미의 결합

ㄱ. 현재 시제 관형사형 어미 '-는'과 '-(으)ㄴ'의 결합 여부

관형사형은 시제를 동반하는데, 동사에서는 '-는'이, 형용사에서는 '-(으)ㄴ'이 쓰인다.

ㄴ. 부사형 어미 '-아/어'와 '-게'의 결합 여부

'-아/어'는 완료의 의미를 나타내기 때문에 (   )와 결합하는 경우가 많고 단순 수식의 기능을 하는 '-게'는 (   )와 결합하는 경우가 많다.

(3) 연결어미의 결합

ㄱ. 의도, 목적의 연결어미 '-(으)려고', '-(으)러', '-고자'의 결합 여부

ㄴ. 이유를 나타내는 연결어미 '-느라고'의 결합 여부

ㄷ. 동시를 나타내는 연결어미 (   )의 결합 여부

(4) 보조용언 '-고 있다', '-어 있다'의 결합

행위의 완료를 나타내는 '-어 있다'와 진행을 나타내는 '-고 있다'는 (   )와는 결합하지만, (   )와는 결합하지 못한다.

(5) 부사와의 어울림

일반적으로 (   )는 성상 부사, '잘'과 (   )는 정도 부사와 어울린다.

→ 잘 뛴다(O)/ 매우 뛴다(X)

잘 빠르다(X)/ 매우 빠르다(O)

5. (1)-(4)의 밑줄 친 부분의 띄어쓰기가 잘못된 것을 고르고, 그 이유를 품사 통용으로 설명하시오.

(1) 노력한 만큼 대가를 얻을 것이다.

(2) 나도 너만큼은 할 수 있어.

(3) 집을 대궐만큼 크게 지었다.

(4) 얼마 만큼 시간이 지났을까?

6. 의존 명사는 앞말과 띄어 쓰고 접미사는 단어의 자격을 가지지 못하므로 어근에 붙여 쓴다는 국어지식을 적용하여 (1)-(2)의 밑줄 친 부분의 띄어쓰기가 잘못된 것을 고르고, 그 이유를 설명하시오.

    (1) 가. 친구<u>간</u>에도 예의를 지켜야 한다.

       나. 사흘<u>간</u> 비가 내리고 있다.

       다. 공부를 하든지 운동을 하든지 <u>간</u>에 열심히 하자.

    (2) 가. 결혼 십년 <u>차</u>에 내 집을 장만했다.

       나. 사업<u>차</u> 미국을 방문하였다.

       다. 선생님 댁을 수십<u>차</u> 방문했다.

7. '딴'이 관형사와 명사로 쓰이는 경우를 구별해 보시오.

8. '올 여름'에서 '올'의 품사를 설명하시오.

9. '아무'가 관형사로 쓰이는 경우와 대명사로 쓰이는 경우를 구별해 보시오.

10. '저'가 관형사로 쓰이는 경우와 대명사로 쓰이는 경우를 구별해 보시오.

11. '다섯'이 관형사로 쓰이는 경우와 수사로 쓰이는 경우를 구별해 보시오.

12. '첫째'가 관형사로 쓰이는 경우와 수사로 쓰이는 경우를 구별해 보시오.

13. '맨'이 관형사로 쓰이는 경우와 부사로 쓰이는 경우를 구별해 보시오.

14. '비교적'이 명사, 관형사, 부사로 쓰이는 경우를 설명하시오.

15. '저런'이 관형사로 쓰이는 경우와 감탄사로 쓰이는 경우를 구별해 보시오.

16. '다른'이 관형사로 쓰이는 경우와 형용사로 쓰이는 경우를 구별해 보시오.

02. 형태소와 단어

❶ 형태소
❷ 단어

❶ 형태소

개요

형태소는 의미를 가지고 있는 가장 작은 말의 단위이다.

형태소 분석의 기준: 계열 관계와 통합 관계

형태소의 종류

• 자립성 여부에 따라	• 자립 형태소 • 의존 형태소
• 실질적인 뜻의 유무에 따라	• 실질 형태소(어휘 형태소) • 형식 형태소(문법 형태소)

교체

- 자동적 교체: 필연적인 교체인 것
- 비자동적 교체: 필연적인 교체가 아닌 것
- 규칙적 교체: 일반적인 규칙으로 설명이 가능한 것
- 불규칙적 교체: 형태의 변화를 일반화하기 어려운 것

이형태

- 음운론적 이형태: 앞 말의 음성적 조건에 따라 모습을 달리하는 것
- 형태론적 이형태: 앞 말의 형태적 조건에 따라 모습을 달리하는 것
- 문법적 이형태: 앞 형태소의 문법적 특성에 따라 모습을 달리하는 것

1. 형태소의 개념

> **예제 1**
>
> (1)의 문장을 바탕으로 '형태소'의 개념을 설명하시오.
>
> (1) 나비가 훨훨 날아 꽃에 앉았다.

언어 단위는 소리의 연결에 의해 형성되는데, 그 자체로 일정한 의미를 지니고 있는 언어 단위는 문법 단위이고 그렇지 못한 것은 문법 단위가 아니다. 문법 단위에는 문장, 절, 구, 단어, 형태소가 있는데 문법 단위 중에서 가장 작은 것이 형태소이다. 예를 들어 '꽃'은 의미를 지니고 있으므로 문법 단위이지만 'ㄲ'이나 'ㅗ' 'ㅊ'은 그 자체로는 일정한 의미를 나타내지 못하기 때문에 단순한 소리일 뿐이지 문법 단위가 아니다.

개념

1. 형태소는 의미를 가지고 있는 가장 작은 말의 단위이다. 즉, 더 이상 분석했을 때 의미를 가지지 못하거나, 분석 전과 아무런 의미상의 연관성을 갖지 못하는 경우에는 형태소의 자격을 주지 않는다.
2. 형태소는 다음과 같이 정의할 수 있다.
    1) 의미를 가지고 있는 최소의 낱덩이(조각)
    2) 최소의 유의미(有意味)적 단위
    3) 가장 작은 문법 단위

적용

1. (1)의 문장을 형태소 분석하면 (2)와 같다.

    (2) 나비/ 가/ 훨훨/ 날/ 아/ 꽃/ 에/ 앉/ 았/ 다.

2. (2)에서 '나비', '훨훨', '꽃'과 어간 '날-', '앉-'의 경우는 의미를 지니고 있다고 쉽게 생각되지만, 나머지 형태소들은 의미가 있다고 생각되지 않을 수도 있다. 여

기에서 말하는 의미는 어휘적 의미가 아닌 문법 관계를 나타내는 문법적 의미로 이해해야 한다. 조사 '가', '에'와 어미 '-아', '-았-', '-다'는 앞말에 문법적 기능을 덧붙이는 문법적 의미를 갖고 있다.

3. '훨훨'을 '훨'과 '훨'로 분석하면 의미를 상실하기 때문에 더 이상 분석할 수 없으며, '나비'의 경우 '나'와 '비'로 분석해도 각각 의미를 지니기는 하지만 '나비'와는 아무런 의미적 연관성이 없으므로 더 이상 분석하지 않는다.

확장

형태소 분석은 객관적인 기준을 바탕으로 하지만, (3)-(6)과 같이 모국어 화자의 언어 직관으로 형태소의 경계를 파악하기 어려운 경우도 존재한다.

(3) 그는 성적을 올리려고 <u>안간힘</u>을 썼다.
(4) 아무리 <u>간힘</u>을 써도 바위를 움직일 수 없다.
(5) 금고에 있던 금괴가 <u>감쪽같이</u> 사라졌다.
(6) 그들은 <u>앙갚음</u>이 두려워서 증언을 하지 못했다.

주의

우리말 상징어는 (7)과 같이 하나의 형태소가 되풀이 형태로 쓰이는 특성이 있는데, (8)-(9)의 밑줄 친 상징어들은 두 개의 형태소로 쪼개기 어려운 경우이다.

(7) 별이 <u>반짝반짝</u> 빛나고 있다.
(8) 아이가 <u>무럭무럭</u> 자란다.
(9) 몹시 화가 난 그는 <u>고래고래</u> 소리를 질렀다.

확인 문제 1

(1)-(2)의 밑줄 친 단어를 형태소 단위로 분석하시오.

(1) 난민들은 점령군에게 마구 <u>짓밟히었다</u>.
(2) 어머니가 실수로 그릇을 <u>깨뜨리시었다</u>.

2. 형태소의 분석 기준

예제 1

다음 문장을 형태소 분석의 원리를 활용하여 형태소 단위로 분석하시오.

(1) 물이 얼었다.

형태소 분석은 둘 이상의 형태소가 결합하여 구성된 언어 단위를 그것을 구성하는 형태소들로 나누는 것인데, 모국어 화자의 직관에 따라 결정된다. 하지만 객관적인 분석을 위해서는 분석 기준을 세우는 일이 필요한데, 이때 계열 관계와 통합 관계를 활용하면 보다 용이하게 형태소 분석을 할 수 있다.

개념

<형태소 분석의 기준>

1. 계열 관계: 같은 성질을 가진 다른 말로 바꿀 수 있는 것을 대치라고 하고, 이들 간의 관계를 계열 관계라 한다.
2. 통합 관계: 어떤 말의 앞이나 뒤에 다른 말이 올 수 있는 것을 결합이라고 하고, 이들 간의 관계를 통합 관계라 한다.

적용

1. (1)의 문장은 (2)와 같이 '물' 대신에 '눈, 땅' 등으로 바꾸어 쓸 수 있고, '얼었다'를 '녹았다' 등으로 대치할 수 있으므로 '물'과 '눈, 땅'은 계열 관계를 이루고, '얼었다'와 '녹았다' 역시 계열 관계를 이룬다.

   또 (1)의 문장은 (3)과 같이 조사 '이' 대신에 조사 '은, 도, 만'으로 바꾸어 쓸 수 있고, '얼었다' 대신에 '얼겠다'로 대치할 수 있으므로 '이'와 '은, 도, 만' 그리고 '얼었다'와 '얼겠다'는 계열 관계를 충족한다. 따라서 '물'과 '이'를 형태소 분석하고, '얼-'과 '-었-', '-다'를 분석할 수 있다.

(2) {물/ 눈/ 땅}이 {얼었다./ 녹았다.}

(3) 물{은/ 도/ 만} [얼었다./ 얼겠다.}

2. (1)의 문장은 (4)와 같이 '물'과 '이' 사이에 '만'이 끼어들어 결합할 수 있고, (5)와 같이 '-었-'과 '-다' 사이에 '-겠-'이 결합 가능하므로 통합 관계를 이루는 것으로 보아 형태소 분석이 가능하다.

(4) 물만이 얼었다.

(5) 물이 얼었겠다.

확장

(1)의 문장을 (6)과 같이 바꾸어 쓸 수도 있는데, 어미 '-다'와 '-어', '-군'은 계열 관계를 이루므로 이를 기준으로 형태소 분석을 할 수 있는 근거가 된다.

(6) 물이 {얼었다./ 얼었어./ 얼었군.}

확인 문제 1

문장 (1)을 형태소 분석의 원리를 활용하여 형태소 단위로 분석하시오.

(1) 아이가 과자를 먹었다.

3. 형태소의 종류

예제 1

다음 문장의 형태소를 분석하고 자립성 여부에 따라 나누어 보시오.

(1) 우리 둘이 먹은 모든 떡이 매우 달았다.

형태소는 다른 말에 의지하지 않고 그 자체로 쓰일 수 있는 자립 형태소와 다른 말이 붙어야만 사용될 수 있는 의존 형태소로 나눌 수 있다.

개념

<자립성 여부에 따른 분류>

1. 자립 형태소에는 명사, 대명사, 수사, 관형사, 부사, 감탄사가 있다.
2. 의존 형태소에는 동사와 형용사의 어간과 어미, 조사, 파생 접사가 있다.

적용

(1)에 형태소 분석 기준을 적용하면 다음과 같다.

단어	우리	둘	이	먹은		모든	떡	이	매우	달았다		
형태소	우리	둘	이	먹-	-은	모든	떡	이	매우	달-	-았-	-다
자립성 여부	자립	자립	의존	의존	의존	자립	자립	의존	자립	의존	의존	의존
품사	대명사	수사	조사	동사		관형사	명사	조사	부사	형용사		

위에서 형태소를 분석한 기준은 '의미를 가지고 있는 가장 작은 조각'이다. 따라서 형태소의 자격을 갖추려면 우선 의미를 가지고 있어야 한다. 하지만 '가장 작은'이라는 조건을 충족시켜야 하므로 이를 확인하기 위해서는 '계열 관계'와 '통합 관계'를 이루는지 살펴보아야 한다.

확장

　'달았다'에서처럼 어미 '-았-'과 '-다'가 겹쳐서 나타날 때는 어미 하나하나를 개별적인 형태소로 분석한다. 왜냐하면 이것들은 각각 '완료'의 의미와 '단어의 끝맺음'이라는 서로 다른 의미를 지니고 있기 때문이다.

　이 경우에도 계열 관계와 통합 관계를 통해 형태소 분석의 근거를 마련한다. '달았다'는 '매웠다, 싱거웠다' 등으로 대치할 수 있으므로 계열 관계를 충족하여 '달-'과 '-았-'이 분석되고, '달았다'의 '-았-'과 '-다' 사이에 '달았겠다'와 같이 '-겠-'이 결합될 수 있기 때문에 통합 관계를 충족하여 '-았-'과 '-다'를 분석한다.

주의

　여기에서 말하는 자립성은 문장에서 홀로 쓰일 수 있느냐, 없느냐를 의미하는 것이 아니라, 그 형태소가 다른 형태소에 의지하지 않고, 즉 구속되지 않고 그 자체로 문장에서 독립적으로 쓰일 수 있느냐의 개념이다.

　의존 명사는 앞에 꾸며주는 말이 와야 하지만, 다른 형태소가 붙지 않아도 문장에서 쓰일 수 있으므로 의존 형태소로 보지 않고 자립 형태소로 분류한다. 앞의 표를 보면 어간, 어미, 조사는 다른 형태소가 붙지 않고는 쓰일 수 없다는 것을 보여준다. 따라서 의존 형태소로 분류하는 것이다. (2)-(3)에서 보듯이 의존 명사 '줄', '것'은 다른 형태소가 붙지 않아도 무방하기 때문에 자립 형태소이다.

> (2) 너 운전할 줄 알아?
> (3) 내가 부탁한 것 잊지마.

확인 문제 1

문장 (1)의 형태소를 분석하고 자립성 여부에 따라 나누어 보시오.

(1) 그들의 싸움은 해가 바뀌어도 끝날 줄을 몰랐다.

예제 2

다음 문장의 형태소를 분석하고 실질적인 뜻의 유무에 따라 나누어 보시오.

(1) 우리 둘이 먹은 모든 떡이 매우 달았다.

형태소는 실질적인 뜻을 가지고 있는 것과 실질적인 뜻은 없고 형식적으로만 존재하는 뜻을 가지고 있는 것으로 분류한다. 실질적인 뜻이란 구체적인 대상이나 대상의 상태, 동작 등을 나타내는 것을 말한다.

개념

<실질적 뜻의 유무에 따른 분류>

1. 실질적인 뜻을 가지고 있다는 것은 어휘적인 뜻을 가지고 있다는 의미이기 때문에 이런 형태소를 실질 형태소 또는 어휘 형태소라고 한다.

2. 실질적인 뜻은 가지고 있지 않지만, 조사나 어미와 같이 문법적인 뜻을 가지고 있는 것들도 있는데, 이런 형태소들도 의미를 가지고 있다는 점에서 형태소의 자격을 주어야 하므로 형식 형태소 또는 문법 형태소라고 한다.

적용

(1)을 형태소 분석 기준에 따라 형태소 분석을 하면 다음과 같다.

단어	우리	둘	이	먹은		모든	떡	이	매우	달았다		
형태소	우리	둘	이	먹-	-은	모든	떡	이	매우	달-	-았-	-다
실질적 뜻	실질	실질	형식	실질	형식	실질	실질	형식	실질	실질	형식	형식
품사	대명사	수사	조사	동사		관형사	명사	조사	부사	형용사		

확장

1. 형태소 중에는 실질 형태소와 형식 형태소의 경계에 있는 것들도 있다.

2. 접두사와 접미사는 새로운 단어, 즉 파생어를 만드는 문법적인 기능이 있으므로

일반적으로는 형식 형태소(문법 형태소)로 분류하지만, 실질적인 뜻을 지니고 있는 것으로 해석되는 경우도 있다.

예) 풋고추: 접두사 '풋-'에는 '덜 익은'이라는 실질적인 뜻이 느껴진다.

3. 보조용언은 본용언에 시간 표현과 같은 문법적인 뜻을 덧붙이는 기능을 하지만, 실질적인 뜻으로 본용언을 한정하는 기능도 있다. (2)에서 보조용언의 어간 '버리-'는 '성적표를 찢는 행위'가 완료되었음을 나타내는 문법 형태소로 볼 수 있지만, '부담의 제거'라는 실질적(어휘적)인 뜻을 본용언에 덧붙이기도 한다.

> (2) 영수는 성적표를 찢어 버렸다.

주의

실질 형태소는 대체로 자립 형태소와 일치하고 형식 형태소는 의존 형태소와 일치하지만, 동사와 형용사의 어간은 실질 형태소이면서 의존 형태소이다.

확인 문제 2

문장 (1)의 형태소를 분석하고 실질적인 뜻의 유무에 따라 분류해 보시오.
(1) 그들의 싸움은 해가 바뀌어도 끝날 줄을 몰랐다.

> **예제 3**
>
> (1)-(2)의 밑줄 친 단어를 형태소 분석해 보시오.
>
> (1) 하루 종일 <u>부슬비</u>가 내리고 있다.
> (2) 설악산의 가을 단풍은 정말 <u>아름답다</u>.

전통 문법에서는 단어가 가장 작은 문법 단위이었지만, 현대 문법에서는 단어를 '의미를 가지고 있는 가장 작은 조각'으로 더 쪼개고 이것을 형태소라고 한다.

개념

단어는 하나의 형태소로 구성될 수도 있고 두 개 이상의 형태소가 결합하여 이루어질 수도 있다. 단어를 '최소의 의미를 가지고 있는 조각'으로 더 분석할 수 있는지의 여부는 계열 관계와 통합 관계를 적용하여 확인한다.

적용

1. '부슬비'에서 '비'는 형태소로 쉽게 분석된다. 그리고 나서 '부슬'이 형태소의 자격을 갖는지를 검증해야 한다.
2. '부슬비'는 문장 안에서 '가랑비, 소낙비, 장맛비, 보슬비' 등으로 대치할 수 있기 때문에 계열 관계를 충족한다.
3. '부슬비'는 '바람이 없는 날 성기게 조용히 내리는 비'라는 뜻이므로 '부슬'은 일정한 의미를 가지고 있다.
4. 하지만 '부슬'에 결합할 수 있는 명사는 '비'밖에 없다. '부슬'에 결합할 수 있는 말을 '비' 이외의 다른 명사로 대치시킬 수 없기 때문에 일반적인 형태소와는 다른 특성을 보인다.
5. '아름답다'의 '아름'도 이와 마찬가지이다. '아름답다'는 문장 안에서 '정답다, 학생답다, 선배답다' 등으로 대치할 수 있으므로 계열 관계를 충족한다. '아름'이 '-답다'와 결합하였을 때에는 '아름'에 일정한 의미를 부여할 수 있으므로 형태소로 인정한다. 다만 다른 형태소와는 달리 오직 '-답-'과만 결합을 허용한다는 점

이 특이할 뿐이다. 그래서 이를 유일 형태소 또는 특이 형태소, 가상 형태소라고 한다.

확장

'가소롭다'의 '가소'는 접미사 '-롭-'에만 결합하는데, 의미를 가지고 있는 유일 형태소(특이 형태소)로 볼 수 있다. '가소(假笑)'는 한자어로서 의미를 가지는 조각이므로 유일 형태소로 인정된다. '착하다'의 '착-'도 마찬가지이다.

주의

국어사전에는 '가소'에 조사가 직접 붙어 쓰이는 예를 제시하고 있기도 한다.

(3) 그가 떠들어 대는 것을 보니 <u>가소</u>를 금할 수 없다.

확인 문제 3

(1)-(3)의 밑줄 친 단어를 형태소 분석해 보시오.

(1) 소년은 <u>징검다리</u>를 홀로 건너고 있었다.

(2) 춘식이는 <u>이듬해</u>에 농사지을 밭을 갈았다.

(3) 영수는 <u>어금니</u>에 충치가 생겼다.

4. 형태소의 교체

예제 1

(1)과 (2)의 밑줄 친 단어에서 일어나는 이형태의 교체 양상을 구분하시오.

(1) 값이(/값/)비싸다, 값도(/갑/) 비싸다, 값만(/감/) 비싸다.

(2) 책상이 크다, 의자가 많다.

자음군 단순화는 음절 종성에 놓인 자음군의 자음 중 하나를 탈락시키는 음운 현상이다. 한국어의 음절 구조 제약을 지키기 위해 자음군 단순화가 적용된다.

개념

<자동적 교체와 비자동적 교체>

1. 자동적 교체란 그 교체가 일어나지 않으면 그 언어의 음절 구조 제약이나 음소 배열 제약이 깨어지기 때문에 필연적으로 일어나는 교체이다. 즉 교체의 동기가 음절 구조 제약이나 음소 배열 제약에 기인한다.

2. 비자동적 교체는 필연적으로 그러한 교체가 반드시 일어나야 할 이유가 있는 것은 아니다.

적용

1. (1)에서 '값도'의 '값'이 /갑/으로 교체되지 않으면 종성에서 자음이 두 개 이상 발음될 수 없다는 한국어의 음절 구조 제약을 어기게 된다. 따라서 종성의 자음 중 하나를 탈락시켜야 한다.

2. (1)에서 '값만'이 /감만/으로 교체되지 않으면 한국어에서 종성으로 쓰이는 파열음 'ㄱ, ㄷ, ㅂ'이 비음 'ㄴ, ㅁ'의 영향을 받아 각각 비음 'ㅇ, ㄴ, ㅁ'으로 바뀌는 비음화 현상을 어기게 된다. 따라서 필연적으로 이러한 교체가 일어난다.

3. (2)에서 '이'와 '가'의 교체는 필연적이지 않다. 한국어에서 주격 조사는 자음 뒤에 '이'가 나타나고 모음 뒤에서는 '가'가 나타나야 하지만, 주격 조사가 아닌 경

우에는 '강가, 눈가'와 같이 자음 뒤에도 '가'가 나타날 수 있고 '그이'와 같이 모음 뒤에 '이'가 올 수도 있다. 즉 자음 뒤에 '가'가 올 수 없다든지 모음 뒤에 '이'가 올 수 없다든지 하는 음소 배열 제약은 없기 때문에 이러한 교체는 비자동적 교체이다.

확장

1. '걷고(步), 걸어라'에서 일어나는 교체도 비자동적 교체에 속한다. 왜냐하면 '걷~걸-'의 교체는 '걷어라'가 불가능하기 때문에 일어나는 것은 아니기 때문이다. '듣다, 싣다, 긷다' 등에서도 '들어라, 실어라, 길어라'로 '걷다'와 같은 교체 양상을 보이지만 한정된 형태소에서만 일어날 뿐이다.
2. '닫다, 쏟다, 얻다' 등에서는 '닫아라, 쏟아라, 얻어라'와 같이 'ㄷ' 받침 다음에 모음 어미의 결합을 허용하는 경우가 얼마든지 존재하므로 '걷고(步), 걸어라'에서 일어나는 교체가 자동적 교체라고 할 수는 없다.

확인 문제 1

'감고'(/감꼬/)와 같이 비음으로 끝나는 어간 뒤에서 어미 '-고, -지, -다' 등이 '-꼬, -찌, -따'로 바뀌는 교체 현상이 자동적 교체인지, 비자동적 교체인지 설명하시오.

예제 2

(1)과 (2)의 단어에서 일어나는 이형태의 교체 양상을 구분하시오.

(1) 묻다(매장하다), 묻고, 묻어서, 묻었다
(2) 묻다(질문하다), 묻고, 물어서, 물었다

어간, 어미의 모습이 달라지는 양상과 교체의 규칙성 여부에 따라 규칙적 교체와 불규칙적 교체로 구분할 수 있다.

개념

<규칙적 교체와 불규칙적 교체>

1. 규칙적 교체: 일반적인 규칙으로 설명이 가능하다.
2. 불규칙적 교체: '묻-~물-'과 같이 형태의 변화를 일반화하기 어렵다.

적용

(1)과 (2)의 '묻다'는 어간이 모두 'ㄷ'으로 끝나지만 교체 양상이 다르다.

1. (1)의 '묻-'은 자음 어미 앞에서든 모음 어미 앞에서든 그 어간의 형태를 그대로 유지하는데 이러한 교체를 규칙적 교체라고 한다. (1)과 같은 유형의 용언에는 '얻다, 쏟다, 닫다' 등이 있다.
2. (2)의 '묻-'은 자음 어미 앞에서는 '묻-'으로 모음 어미 앞에서는 '물-'로 나타나는데 이러한 교체를 불규칙적 교체라고 한다. (2)와 같은 교체 양상을 나타내는 용언에는 '걷다(步), 깨닫다, 붇다, 긷다, 싣다, 일컫다' 등이 있다.

확장

(1)과 (2)의 교체 양상과 같은 예시를 더 제시하면 다음과 같다.

1. 규칙적 교체

굽다(휘다), 굽고, 굽어, 굽었다
잡다, 잡고, 잡아, 잡았다

뽑다, 뽑고, 뽑아, 뽑았다

2. 불규칙적 교체

굽다(익히다), 굽고, 구워, 구웠다

어렵다, 어렵고, 어려워, 어려웠다

아름답다, 아름답고, 아름다워, 아름다웠다

주의

<필연과 수의>

형태소의 소리 바뀜은 말하는 이의 의도가 개입될 수 있느냐 없느냐에 따라 필연적인 것과 수의적인 것으로 나눌 수 있다. '국물'을 /ㄱ ㅜ ㅇ ㅁ ㅜ ㄹ/로 소리내는 것과 같이 파열음 /ㄱ, ㄷ, ㅂ/가 비음 앞에서 비음으로 소리 나는 것은 필연적인 현상이고, '신문'을 /ㅅ ㅣ ㅁ ㅁ ㅜ ㄴ/으로 소리 내는 것은 수의적인 현상이다.

<보편과 한정>

형태소의 소리 바뀜(변동)은 어떠한 형태소에도 적용되는 보편적인 것이 있고, 제한된 범위의 형태소에 국한해서 일어나는 한정적인 것이 있다. /ㄱ, ㄷ, ㅂ/가 비음 앞에서 비음이 되는 것은 보편적이다.

확인 문제 2

'덥다'의 이형태의 교체 양상에 대해 설명하시오.

예제 3

(1)의 밑줄 친 형태소는 동일한 의미와 기능을 갖고 있지만, 그것이 나타나는 환경에 따라 그 모습이 바뀐다. 이러한 현상을 설명하시오.

(1) 서울은 인구<u>가</u> 많고 교통<u>이</u> 복잡하다.

형태소는 항상 똑같은 모습으로 나타나는 것도 있지만 문장에서 형태소가 놓이는 환경에 따라 그 모습을 달리하는 경우가 있는데, 이처럼 형태소가 환경에 따라 다양한 다른 모습으로 나타나는 현상을 교체라고 하고 그러한 교체에 의한 여러 형태들을 한 형태소의 이형태라고 한다. 예를 들어 '논'의 경우는 언제나 /논/으로 실현되지만 '밭'의 경우는 자음으로 시작하는 조사 앞에서는 /받/으로 모음으로 시작하는 조사 앞에서는 /밭/으로 실현된다. 또 모음이라도 'ㅣ'나 반모음 'ㅣ' 앞에서는 /밫/으로, 비음 앞에서는 /반/으로 실현된다. 이와 같은 경우 '밭'을 형태소라고 하고 '받, 밭, 밫, 반'을 이형태라고 한다. 이때 이형태들은 모두 동일한 의미를 가질 뿐만 아니라 상보적 분포를 보인다는 특성이 있다.

상보적 분포란 각각의 이형태가 나타나는 환경이 정해져 있어 그 환경에서만 나타나고, 다른 이형태가 나타나는 환경에서는 절대로 나타날 수가 없는 것을 말한다. 예를 들어 목적격 조사 '을'과 '를'은 동일한 의미를 가지고 있는 이형태인데 앞말이 자음으로 끝나는 환경이면 '을'이 나타나고 모음으로 끝나는 환경이면 '를'이 나타난다. 어떠한 경우라도 '을'과 '를'이 같은 환경에서는 나타나지 않는 것이다. 상보적 분포를 배타적 분포라고 하기도 한다.

개념

1. 이형태는 별개의 개별적인 형태소가 아니라 하나의 동일한 형태소이다.
2. 이형태들은 동일한 의미와 기능을 갖고 있으며 상보적 분포를 이룬다는 특성이 있다.

적용

1. (1)의 조사 '이'는 앞말이 자음으로 끝났을 때 나타나고 조사 '가'는 앞말이 모음으로 끝났을 때 나타나는 상보적 분포를 가지며, 둘 다 주격 조사라는 의미와 기능이 동일하기 때문에 이형태의 조건을 충족한다.

2. (2)의 밑줄 친 이형태 '-았-'은 앞말의 어간이 양성 모음(ㅏ, ㅗ …)일 때 나타나고, 이형태 '-었-'은 앞말의 어간이 음성 모음(ㅓ, ㅜ …) 일 때 나타나기 때문에 음운론적 조건에 의한 이형태라고 하며, 이를 음성적 이형태라고도 한다. (1)의 조사 '이'와 '가'를 결정하는 조건도 앞말의 끝소리에 따라 결정되므로 역시 음운론적 조건에 의한 이형태이다.

> (2) 영수는 이번 시험에서 좋은 성적을 받았고, 선생님은 상을 주었다.

주의

1. 주격 조사 '이'와 '가'는 이형태이지만 '께서'는 '높임'의 의미가 덧붙여지므로 이형태가 아니다. 즉 '께서'는 '이', '가'와는 다른 별개의 독립된 형태소이다.

2. '에게'와 '한테'는 여격의 공통된 의미를 지니지만, 동일한 환경에서 둘 다 나타날 수 있으므로 상보적 분포를 이루지 못한다. 따라서 이형태로 볼 수 없다.

확인 문제 3

형태소 '낮'의 이형태에 대해 설명하시오.

> **예제 4**
>
> (1)-(3)의 밑줄 친 부분은 '명령'의 의미를 나타내는 형태소 '-어라'의 이형태들
> 이다. 이형태들이 나타나는 환경 조건을 설명하고, 또 다른 종류의 이형태가 있
> 으면 제시하시오.
>
> (1) 상대팀의 공격을 철저히 막<u>아라</u>.
> (2) 건강을 위해 음식을 골고루 먹<u>어라</u>.
> (3) 가스가 누출되지 않게 주의하<u>여라</u>.

　　이형태가 결정되는 환경은 일반적으로 음운론적으로 조건 지어진다. 결합하는 앞말이나 뒷말의 환경이 양성 모음이냐, 음성 모음이냐 또는 자음이냐, 모음이냐에 따라 결정되고 경우에 따라 또 다른 조건도 있을 수 있다. 하지만 음운론적 조건이라는 공통점이 있다. 그런데 음운론적으로는 설명할 수 없는 경우도 존재한다. 일종의 예외 현상인데 이럴 경우 이형태가 결정되는 별개의 조건을 설정하는 것도 가능하다. 형태론적 이형태나 문법적 이형태가 이에 해당한다.

개념

<이형태의 종류>

　　조사나 어미와 같이 문법적 기능을 나타내는 형태소는 앞말의 조건에 따른다.

1. 음운론적 이형태: 앞말의 환경이 양성 모음, 음성 모음, 자음, 모음 등의 음성적 조건인 것.
2. 형태론적 이형태: 앞의 형태소의 소리에 따라 바뀌는 것이 아니고, 앞 형태소 자체에 따라 바뀌는 것.
3. 문법적 이형태: 앞 형태소의 문법적 특성에 따라 바뀌는 것. 예를 들어 앞말이 유정 명사냐 무정 명사냐의 조건에 따라 부사격 조사 '에게'와 '에'가 결정된다.

적용

1. (1)의 명령형 어미 '-아라'는 앞말의 어간이 양성 모음일 때 쓰인다.

2. (2)의 명령형 어미 '-어라'는 앞말의 어간이 음성 모음일 때 쓰인다.

3. (3)의 명령형 어미 '-여라'는 앞말의 어간이 양성 모음인지 음성 모음인지는 관계 없고, 어간이 특정한 형태 '하-'일 때 쓰인다. 이러한 이형태를 형태론적 이형태 라고 한다.

확장

<형태론적 이형태>

　과거, 완료를 나타내는 어미 '-었-'은 앞말의 어간이 양성 모음일 때는 '-았-'이, 음성 모음일 때는 '-었-'이 결합하는데, 앞말의 어간이 특정한 형태 '하-'인 경우에 는 형태론적 이형태 '-였-'이 결합한다.

주의

<무형의 이형태>

　'앉아 있다'와 '피어 있다'의 '-아'와 '-어'는 음운론적 이형태지만 '가(아) 있다', '서(어) 있다'에서는 드러나지 않기 때문에 이러한 경우 이 자리에 무형의 이형태가 있다고 본다.

확인 문제 4

형태론적 이형태의 예를 더 제시하고 분포 조건을 설명하시오.

예제 5

형태소 '값'은 (1)-(3)의 세 가지 형태로 나타난다. 이 중에서 대표가 될 만한 것을 기본 형태로 정하고 그 이유를 설명하시오.

(1) 값 + 이 /값/

(2) 값 + 도 /갑/

(3) 값 + 만 /감/

하나의 형태소에 여러 이형태가 있을 때, 그 중 하나를 대표로 정하여, 기본 형태 또는 대표 형태라고 한다. 어느 하나의 이형태를 기본 형태로 잡았을 때 다른 이형태가 나타나는 것을 합리적으로 설명할 수 있어야 한다.

개념

<기본 형태 선택의 원칙>

1. 음운 조건과 형태 조건이 함께 나타날 때에는 음운 조건을 기본으로 한다.

예) '-았-', '-었-', '-였-'

2. 음운 조건의 경우 다음의 원칙을 적용한다.

1) 통계적으로 보아 빈도가 더 높은 것

2) 형태 생산에 규칙성이 있는 것

3) 이형태에 대한 설명이 합리적이고 간명한 것

적용

1. (1)과 같이 '값'에 모음으로 시작된 조사가 결합될 때는 /값/으로 실현된다.

2. (2)와 같이 '값'에 자음으로 시작된 조사가 결합될 때는 /갑/으로 실현된다.

3. (3)과 같이 '값'에 비음으로 시작된 조사가 결합될 때는 /감/으로 실현된다.

4. 이 중에서 /값/을 기본 형태로 정해야 다른 이형태로의 유도 과정이 합리적으로 설명된다.

5. 만약 /갑/을 기본 형태로 정하면 뒤에 모음이 올 때 이형태 /값/의 'ㅅ'이 덧나는 이유를 설명하기가 어렵다. 또 /갑/을 기본 형태로 정하면 뒤에 모음이 올 때나 자음이 올 때 이형태 /값/과 /갑/이 나타나는 현상을 합리적으로 설명할 수 없다.

6. 따라서 기본 형태는 /값/으로 정하고 {값}으로 표시한다.

확장

(4)-(5)의 연결어미 '-으며'와 '-며'는 이형태이다. 두 가지 이형태 중에서 /-으며/를 기본 형태로 잡아야 하는데, /-며/를 기본 형태로 잡으면 받침이 있는 어간에 결합될 때 많은 모음 가운데 특별히 '으'가 덧나는 이유를 합리적으로 설명하기가 어렵지만, /-으며/를 기본 형태로 잡으면 모음 어간에 결합될 때 '으'가 탈락하는 것을 한국어의 보편적인 현상으로 설명할 수 있기 때문이다.

(4) 영수는 음악을 들<u>으</u>며 책을 읽는다.
(5) 영수는 텔레비전을 보<u>며</u> 밥을 먹는다.

주의

현재의 '한글맞춤법'은 기본 형태를 밝혀 적게 되어 있기 때문에 여러 이형태를 대표하는 {값}을 표기에 반영하고 있다.

확인 문제 5

'닭'은 /닭/, /닥/, /당/과 같은 세 개의 이형태가 있다. {닭}을 기본 형태로 정한 이유를 설명하시오.

형태소 연습 문제

1. (1)을 형태소로 분석하고, 1)-3)에 해당하는 품사로 답하시오.

> (1) 그래, 그 영화는 우리 둘에게 매우 큰 감동을 주었지.

　　1) 자립 형태소인 것.

　　2) 의존 형태소의 결합으로 이루어진 것.

　　3) 자립 형태소에 붙는 의존 형태소이지만 그것과 쉽게 분리되는 것.

2. 1)-4)의 물음에 문법 용어로 답하시오.

　　1) 자립 형태소이면서 실질 형태소인 것은?

　　2) 자립 형태소이면서 형식 형태소인 것은?

　　3) 의존 형태소이면서 실질 형태소인 것은?

　　4) 의존 형태소이면서 형식 형태소인 것은?

3. 조사와 어미의 공통점과 차이점을 형태소의 종류로 구분하고, 이를 근거로 조사를 단어로 처리하는 이유에 대해 설명하시오.

4. (1)의 자료를 바탕으로 계열 관계와 통합 관계의 개념을 설명하시오.

> (1) 빨간 딸기가 더 달콤하다.

5. '까다롭다, 번거롭다'를 유일 형태소의 개념을 활용하여 형태소 분석하시오.

6. '새롭다, 괴롭다'를 형태소 분석하고, 그 근거를 제시하시오.

7. (1)에서 밑줄 친 부분을 접두사로 볼 수 있는지 설명하시오.

> (1) <u>호랑</u>나비, <u>얼룩</u>소, <u>조랑</u>말, <u>할미</u>꽃

8. (1)과 (2)의 밑줄 친 형태소에 대한 다음의 물음에 답하시오.

> (1) 음악을 들<u>으면서</u> 책을 읽었다.
> (2) 영화를 보<u>면서</u> 팝콘을 먹었다.

1) 이형태로 볼 수 있는가?

2) 이형태라면 변이 조건은 무엇인가?

3) 이형태라면 어느 형태를 대표 형태로 잡는 것이 합리적인가?

9. 동사 '짓다'는 /짇, 지, 진/과 같은 이형태를 가지고 있는데, 대표 형태를 {짓-}으로 정한 이유는 무엇인가?

10. 탐구 조사 '커녕'과 '는커녕'은 음운적 이형태인가? 별개의 개별적인 형태소인가?

11. 부사격 조사 '에게', '한테', '보고', '더러'를 이형태로 볼 수 있는가?

memo

❷ 단어

개요

단어
- 최소 자립 형식
- 단어 내부에 휴지(쉼)를 둘 수 없음
- 분리성이 없음

단어 식별의 원리
- 확대의 원리: 어떤 요소를 다른 요소로 바꿀 수 있다면 그 요소는 단어로 볼 수 있음
- 대치의 원리: 두 요소 사이에 다른 요소를 끼워 넣을 수 있다면 두 요소는 단어로 볼 수 있음
- 직관의 원리: 단어 식별의 최종 판단에 개입

단어와 형태소
- 단어는 원칙적으로 자립적임
  형태소는 자립적인 것과 의존적인 것이 있음
- 단어와 형태소 모두 의미를 가짐
- 형태소는 의미를 가지고 있는 문법 단위 중에서 '가장 작은' (최소의) 이라는 제약 조건이 있음

  단어 ≥ 형태소

1. 단어의 개념

> **예제 1**
>
> 단어를 '최소 자립 형식'이라고 정의할 때 그 개념을 설명하고, 그 개념의 한계
> 를 보완하는 데 사용되는 방법을 덧붙이시오.

　언어는 음성으로 이루어져 있지만 음성 자체에는 아무런 의미가 없다. 음성들이 모여 의미를 가진 언어 단위를 만드는데, 일정한 의미를 가지고 있는 음성의 결합체를 언어 형식이라고 한다. 언어 형식은 단어나 형태소처럼 짧은 것도 있고 구, 절, 문장 같은 긴 것도 있다. 언어 형식을 둘로 나누었을 때 그 각각을 직접 구성 요소라고 한다.

개념

단어는 최소 자립 형식이면서 내부에 휴지를 둘 수 없고, 분리성이 없다.

1. 최소 자립 형식: 그 자체가 자립 형식으로서 직접 구성 요소 모두가 의존 형식이거나 직접 구성 요소 중의 하나가 의존 형식인 것. 즉 자립 형식 가운데 가장 작은 것을 말한다.
2. 휴지: 음성의 연속체를 천천히 보통 속도로 말할 때 숨의 단락이 생기는데, 그 숨의 단락과 단락 사이에 휴지(休止)를 두고, 휴지와 휴지 사이가 한 단어가 된다.
3. 분리성: 한 단어는 그 내부에 휴지를 둘 수 없고, 다른 말을 끼어 넣어 한 단어 내부를 분리시킬 수도 없다.

적용

1. 언어 형식에는 자립적이어서 단독으로 쓰일 수 있는 것과 그렇지 못한 것이 있다. 전자를 자립 형식, 후자를 의존 형식이라 한다. 예를 들어, '아주 덥다.'는 일정한 의미를 가지고 있는 음성의 결합체이므로 언어 형식이며, 단독으로 쓰일 수 있으므로 자립 형식이다. '아주'와 '덥다'도 역시 자립 형식이다.

2. '아주'는 더 이상 자립 형식으로 분석할 수 없는 자립 형식이므로 최소 자립 형식이 되지만, '아주 덥다'는 두 개의 자립 형식 '아주'와 '덥다'로 분석되므로 최소 자립 형식이 아니다. 따라서 최소 자립 형식이라고 할 수 있는 '아주'는 단어가 되고, 최소 자립 형식이라고 할 수 없는 '아주 덥다'는 단어가 아니다.

3. '덥다'는 '덥-'과 '-다'의 언어 형식으로 분석할 수 있지만, 둘 다 자립 형식이 아니므로 '덥다' 자체가 최소 자립 형식이 되고 단어의 자격을 갖는다.

4. '눈물'과 같은 합성어들은 한 단어이면서 최소 자립 형식의 자격을 충족하지 못한다. '눈물'은 자립 형식이지만 자립 형식 '눈'과 자립 형식 '물'이 결합되었기 때문이다. 이러한 문제점을 보완하기 위해서 유용한 개념이 휴지(休止)와 분리성이다. 이 개념을 '눈물'에 적용하면 '눈'과 '물' 사이에는 휴지가 없기 때문에 '눈물'을 하나의 단어로 볼 수 있는 근거가 마련된다.

주의

'어떻게 사느냐가 중요하다'와 같은 언어 형식에서 '어떻게 사느냐가'는 자립 형식 '어떻게 사느냐'와 의존 형식 '가'가 결합되었으므로 이론적으로는 최소 자립 형식이지만, 이것을 한 단어라고 할 수는 없다. 이러한 경우는 '휴지'와 '분리성'의 개념을 적용하여 이것을 단어에서 배제하는 근거로 삼는다.

확인 문제 1

'어디 가니?'에서 최소 자립 형식을 찾으시오.

2. 단어의 식별 원리

> **예제 1**
>
> 문장 (1)은 네 개의 단어로 구성되어 있다. '그'와 '사람'이 단어임을 검증할 수
> 있는 식별 원리를 제시하시오.
>
> (1) 그/ 사람/ 이/ 왔다.

단어는 '분리성'이 있다는 단어의 정의에 관한 기본 개념을 바탕으로 단어 식별
의 원리를 제시할 수 있다.

개념

<단어 식별의 원리>

1. 대치의 원리: 어떠한 요소가 차지하는 같은 자리에 다른 요소를 대신 자유로이
   바꾸어 갈아 넣을 수 있다면, 그 한 요소는 단어로 독립시킬 수 있다고 보는 원리
   이다.

2. 확대의 원리: 두 요소 사이에 다른 요소를 자유로이 끼워 넣을 수 있다면, 본래의
   두 요소는 서로 분리되어 독립된 단어로 인식할 수 있다고 보는 원리이다.

적용

1. '그'는 대치의 원리에 따라, '이, 저, 좋은' 등의 요소로 자유로이 바꾸어 갈아 넣
   을 수 있기 때문에 단어로 볼 수 있다. '사람' 역시 '책, 차, 집' 등의 요소로 자유
   로이 바꾸어 갈아 넣을 수 있기 때문에 단어로 볼 수 있다.

   그→{ 이, 저, 좋은, …}/ ─사람

   사람→{ 책, 차, 집, …}/ 그 ─

2. 확대의 원리에 따라 '그'와 '사람' 사이에 '좋은, 착한, 젊은' 등의 요소를 자유로

이 끼워 넣을 수 있기 때문에 '그'와 '사람'을 독립된 단어로 볼 수 있다.

그 사람 → 그 { 좋은, 착한, 젊은, … } 사람

Ø → { 좋은, 착한, 젊은, … } / 그 ― 사람

확장

<직관의 원리>

직관이란 추리나 반성적 과정을 거치지 않고, 대상을 직접 알아 분별 판단하는 인지 작용이다. 직관은 주관적인 것 같으면서, 주관이 아니고 보편타당성을 가진 객관성을 띤 것으로 단어 식별의 최종 판단에는 직관의 원리가 개입한다.

확인 문제 1

(1)의 밑줄 친 단어 '그림'과 '좋네'가 단어임을 단어 식별의 원리로 검증하시오.

(1) 이 <u>그림</u> <u>좋네</u>.

3. 단어와 형태소의 차이

> **예제 1**
>
> (1)을 단어와 형태소로 분류하고, 단어와 형태소의 차이점을 설명하시오.
>
> (1) 영수는 매운 풋고추를 먹고 눈물을 참았다.

단어와 형태소는 둘 다 의미를 가지고 있는 문법 단위라는 공통점이 있다.

개념

<단어와 형태소의 차이>

1. 단어는 조사를 제외하고 원칙적으로 홀로 쓰일 수 있는 문법 단위이지만, 형태소는 홀로 자립적으로 쓰일 수 있는 자립 형태소 이외에도 반드시 다른 형태소가 붙어야만 쓰일 수 있는 의존 형태소도 있다.

2. 단어와 형태소 모두 의미를 가지고 있으나, 형태소는 의미를 가지고 있는 문법 단위 중에서 '가장 작은(최소의)'이라는 제약 조건이 있다. 단어는 하나의 형태소로 구성된 것도 있고, 둘 이상의 형태소가 결합하여 단어를 이루는 경우도 있다. 이들 관계를 등호 관계로 표시하면 다음과 같다.

단어 $\geqq$ 형태소

적용

1. (1)을 단어별로 분석하면 다음의 (2)와 같다

(2) 영수/ 는/ 매운/ 풋고추/ 를/ 먹고/ 눈물/ 을/ 참았다. (단어 9개)

2. (1)을 형태소 분석하면 다음의 (3)과 같다.

> (3) 영수/ 는/ 매우/ ㄴ/ 풋/ 고추/ 를/ 먹/ 고/ 눈/ 물/ 을/ 참/ 았/ 다.
> (형태소 15개)

3. '풋고추'는 하나의 단어이지만 '풋-'이 형태소로 분석된다. '눈물'도 하나의 단어이지만 '눈'과 '물'이 형태소로 분석된다. '풋-'은 의존 형태소이기 때문에 단어의 자격을 가지지 못하지만, '눈'과 '물'은 자립 형태소이기 때문에 형태소이면서 단어의 자격을 갖는다는 차이가 있다.

4. '매운'은 어간 '매우-'와 어미 '-ㄴ'으로 분석되는데, 어간과 어미는 의존 형태소이기 때문에 단어가 아니다. '참았다'는 어간 '참-'과 어미 '-았-', '-다'로 분석되는데, 이 역시 어간과 어미는 의존 형태소이기 때문에 각각 단어의 자격을 갖지 못하고 어간과 어미가 결합한 후에 단어가 된다.

확장

조사는 자립성이 없으나 조사가 붙은 말들이 자립성이 있으므로 어미와 구별하여 단어의 자격을 준다.

확인 문제 2

(1)을 형태소 분석하여 단어와 형태소로 분류하고, 단어와 형태소의 차이점을 설명하시오

(1) 영수는 등불을 켜고 낚시질을 하였다.

단어 연습 문제

1. 전통 문법에서 단어에 대한 정의를 제시하고 그 문제점을 설명하시오.

2. 단어를 '최소 자립 형식'이라고 정의할 때 그 정의의 한계를 설명하시오.

3. 2번 문제에서 설명한 '한계'를 해결하는 방법을 설명하시오.

4. '단어'와 '어휘'의 차이점을 설명하시오.

5. 단어와 형태소의 공통점과 차이점을 설명하시오.

6-1. 탐구 단어 식별의 원리인 '확대의 원리'와 '대치의 원리'를 적용하여 '보조용언'이 단어의 자격이 있음을 설명하시오.

6-2. 탐구 단어 식별의 원리인 '확대의 원리'와 '대치의 원리'를 적용하여 '접두사'와 '접미사'가 단어의 자격이 없음을 설명하시오.

7. (1)의 조사들은 현대국어에서는 형태소 분석을 하지 않지만, 옛말에서는 두 개의 형태소로 분석한다. 이러한 현상을 '문법화' 개념으로 설명하시오.

> (1) 부터, 자주, 도로, 조차

8. (1)의 단어들은 언중들이 형태소의 경계를 알기 어렵기 때문에 하나의 형태소로 인식하는 단어들이다. 이 단어들의 현재 표기법을 다음의 '한글맞춤법' 규정 제20항을 적용하여 설명하시오.

"'-이'이외의 모음으로 시작된 접미사가 붙어서 된 말은 그 명사의 원형을 밝히어 적지 아니한다." ('한글맞춤법' 제20항)

> (1) 꼬락서니, 끄트머리, 마개, 이파리, 지푸라기, 바가지

03. 단어의 형성

❶ 단어의 구성 요소
❷ 단어의 유형
❸ 단어 형성법

❶ 단어의 구성 요소

개요

형태소
- 기능에 따라
  - 어근: 단어에서 실질적인 의미를 갖는, 단어의 핵심
  - 접사: 단어에서 형식적 의미를 갖는, 어근에 덧붙는 요소

접사
- 파생 접사:
  새로운 단어를 만드는 접사
  - 파생 접두사
  - 파생 접미사

- 굴절 접사:
  어근에 붙어 문법적 역할을 함
  - 굴절 접두사(없음)
  - 굴절 접미사(어미)

어근: 실질적 의미를 갖는 단어의 중심 부분

어간: 용언이 활용할 때 변하지 않는 고정된 부분

어미: 용언이 활용할 때 변하는 부분

어간 ≥ 어근

파생 접미사는 결합하는 어근에 제약이 있고, 굴절 접미사는 제약이 거의 없음

❶ 단어의 구성 요소

> ## 예제 1
>
> (1)의 단어를 어근과 접사로 분류하시오. 또 (2)의 단어에 붙은 접사를 파생 접사와 굴절 접사로 분류하시오.
>
> (1) 헛기침, 낚시질, 헛발질
> (2) 먹이, 먹고, 먹었다

형태소가 모여 단어를 이루는데, 형태소는 그 역할에 따라 어근과 접사로 나뉜다.

개념

\<어근과 접사>

1. 어근

단어에서 실질적 의미를 갖는, 단어의 핵심을 이루는 요소이다.

2. 접사

단어에서 형식적 의미를 갖는, 어근에 덧붙는 요소이다. 접사는 단어 전체 의미의 중심이 되지 못하고, 어근의 의미에 뜻을 더하거나 문법적인 의미를 나타내는 형태소이다. 접사는 파생 접사와 굴절 접사로 나뉜다.

\<파생 접사와 굴절 접사>

1. 파생 접사

파생 접사는 단어를 파생시켜, 새로운 단어를 만드는 접사이다. 파생 접두사와 파생 접미사가 있다.

2. 굴절 접사

어근에 붙어 문법적 역할을 하는데, 굴절 접사가 붙어서 이루어진 말은 새로운 단어가 아니다. 굴절 접사는 굴절 접두사는 없고 굴절 접미사만 있는데 이를 어미(씨끝)라고도 한다.

적용

1. 헛기침: '헛-'(파생 접사) + '기침'(어근)

   낚시질: '낚시'(어근) + '-질'(파생 접사)

   헛발질: '헛-'(파생 접사) + '발'(어근) + '-질'(파생 접사)

2. 먹이: '먹-'(어근) + '-이'(파생 접사)

   먹고: '먹-'(어근) + '-고'(굴절 접사)

   먹었다: '먹-'(어근) + '-었-'(굴절 접사) + '-다'(굴절 접사)

확장

'짓밟히었다'의 형태 분석

짓-	밟-	-히-	-었-	-다
파생 접두사	어근	파생 접미사	굴절 접미사	굴절 접미사

주의

1. 어근을 '뿌리', 접사를 '가지'라고도 한다.

2. 좁은 의미에서 접사는 파생 접사를 일컫는다.

확인 문제 1

(1)의 단어를 어근과 접사로 분류하시오. 또 (2)의 단어에 붙은 접사를 파생 접사와 굴절 접사로 분류하시오.

(1) 덧니, 덧붙이다, 지우개

(2) 만남, 만나시다, 깨뜨리다

예제 2

(1)의 자료를 바탕으로 어근과 어간의 차이를 설명하시오.

(1) 먹다/ 먹이다, 짓밟히다, 오가다

어근은 접사와 짝을 이루어 쓰이는 단어 형성론의 개념이고, 어간은 어미와 짝을 이루어 쓰이는 용언 활용론의 개념이다.

개념

<어근과 어간>

1. 어근: 실질적 의미를 갖는 단어의 중심 부분
2. 어간: 용언이 활용할 때 변하지 않는 고정된 부분

    실질적(어휘적) 의미를 가지며 뒤에 어미가 붙음.

3. 어미: 용언이 활용할 때 변하는 부분

    형식적(문법적) 의미를 가지며 어간 뒤에 붙음.

<어간의 유형>

어근: '밟-' (밟다)

접두사 + 어근: '짓-' + '밟-' (짓밟다)

어근 + 접미사: '밟-' + '-히-' (밟히다)

어근 + 어근: '오-' + '가-' (오가다)

접두사 + 어근 + 접미사: '짓-' + '밟-' + '-히-' (짓밟히다)

적용

1. '먹다'에서 '먹-'은 단어의 핵심을 이루는 형태소이므로 어근이 된다. '먹다'가 '먹고, 먹으니, 먹는'과 같이 활용할 때, '먹-'은 변하지 않고 고정된 부분이므로 어간이 되기도 한다. 한편 '먹이다'에서 '먹-'은 단어의 핵심을 이루는 형태소이므로 어근이 된다. 하지만 '먹이고, 먹이니, 먹이는'과 같이 활용할 때 변하지 않

고 고정된 부분은 '먹이-'이므로 이때는 '먹이-'가 어간이 된다.

2. '짓밟히다'에서 핵심을 이루는 부분인 어근은 '밟-'이고, 활용할 때 고정된 부분인 어간은 '짓밟히-'이다.

3. '오가다'에서 핵심을 이루는 부분인 어근은 '오-'와 '가-' 둘이다. 활용할 때 고정된 부분인 어간은 '오가-'이다.

4. 어간과 어근을 등호 관계로 표시하면 다음과 같다.

어간 ≧ 어근

확장

어미는 위치상 단어의 맨 끝에 오는 어말어미와 어말어미 앞에 붙는 선어말어미가 있다. '가시었다'를 형태소 분석하면 (2)와 같다.

(2) '가-'(어간) + '-시-'(선어말어미) + '-었-'(선어말어미) + '-다'(어말어미)

주의

'알아보다'와 같은 합성어는 어근 '알-'과 어근 '보-' 사이에 어미 '-아'가 끼어들어 '알아보-'가 어간이 된다.

확인 문제 2

(1)의 자료를 바탕으로 어근과 어간의 차이를 설명하시오.

(1) 뒤섞이다, 휘날리다, 오르내리다

예제 3

(1)-(4)의 자료를 바탕으로 파생 접사와 어미(굴절 접사)의 차이점을 설명하시오.

(1) 먹이, 웃음/ 먹고, 먹으니, 먹는, 웃고, 웃니, 웃는

(2) 높이, 길이, *낮이, *짧이/ 높게, 길게, 낮게, 짧게

(3) 영수는 슬기롭고 성실하다.

(4) 잠¹이 없는 그가 오래 잠²이 이상하다.

파생 접사는 파생 접두사와 파생 접미사가 있지만 굴절 접사는 굴절 접미사만 있으므로, 파생 접미사와 굴절 접미사가 비교 대상이 된다.

개념

<파생 접미사와 굴절 접미사의 차이>

1. 파생 접사는 새로운 단어 형성의 역할을 하고, 어미는 문법적 역할을 한다.

2. 파생 접사는 어근의 품사를 결정하지만, 어미는 어근의 품사를 결정하지 않는다.

3. 파생 접사는 결합하는 어근에 제약이 있지만, 어미는 제약이 거의 없다.

4. 파생 접사는 어미보다 앞선 자리에 위치한다.

5. 파생 접사는 어근에 의존적으로 관련되지만 어미는 문장 전체에 관련된다.

적용

1. (1)의 파생 접사 '-이'와 '-음'은 '먹이'와 '웃음'이라는 새로운 파생어를 형성하고, 어미 '-고, -(으)니, -는'은 문법적 역할을 한다.

2. (1)의 파생 접사 '-이'와 '-음'은 동사 '먹다'와 '웃다'의 품사를 명사로 바꾸었지만, 어미 '-고, -(으)니, -는'은 어간의 품사를 바꾸지 않는다.

3. (2)의 파생 접사 '-이'는 결합하는 어근에 제약이 있지만, 어미 '-게'는 다양한 어간에 자유롭게 결합한다.

4. (3)의 파생 접사 '-롭-'은 어미 '-고'보다 앞선 자리에 위치한다.

5. (4)에서 동사 '자다'의 어근에 붙어 명사 '잠¹'을 형성한 파생 접사 '-(으)ㅁ'은 어근과 단어 형성 차원에서 관련되지만, '잠²'에 붙은 명사형 어미 '-(으)ㅁ'은 '자-'에 붙은 것이 아니라 '잠이 없는 그가 오래 자-'라는 절에 붙어 절 전체를 이끌고 있다.

주의

파생 접사는 어근과 달리 어휘적인 의미보다 문법적인 의미가 강하므로 형식 형태소로 분류한다.

파생 접사는 형식 형태소로 분류하지만 실질적인 뜻을 지닌 것도 있다.

예) 풋고추

확장

파생 접사는 대체로 단어 이하의 단위에 결합하고, 어미는 구(句)나 절(節)과 같은 단어보다 더 큰 단위에 결합한다. 따라서 어미의 문법적 기능도 구나 절 전체에 영향을 미친다고 보아야 한다. (5)의 어미 '-(으)려면'은 '문법을 잘하-'라는 문장 전체에, 어미 '-아라'는 '모르는 채 외우지 말-'이라는 문장 전체에 관여한다.

(5) 문법을 잘하려면, 모르는 채 외우지 말아라.

확인 문제 3

(1)에서 '꿈¹'과 '꿈²'의 차이점을 설명하시오.

(1) 그런 꿈¹을 자주 꿈²이 이상하다.

❷ 단어의 유형

예제 1

(1)을 바탕으로 단일어, 복합어, 파생어, 합성어의 개념을 설명하시오.

(1) 사랑, 풋사랑, 사랑스럽다, 첫사랑

단어는 하나의 형태소로 이루어질 수도 있고, 두 개 이상의 형태소가 결합하여 형성되기도 한다. 전자를 단일어라고 하고 후자를 복합어라고 한다.

개념

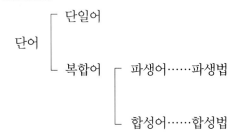

적용

'사랑'과 같이 하나의 형태소로 형성된 단어는 그 짜임새가 단일하다고 하여 단일어로 분류한다. 단일어는 더 분석하면 의미를 잃어버리고 형태소의 자격을 잃게 된다. 반면, '풋사랑, 사랑스럽다, 첫사랑'과 같이 두 개 이상의 형태소가 결합하여 형성된 단어를 복합어라고 하는데, 이는 다시 파생어와 합성어로 분류할 수 있다. 파생어는 '풋사랑, 사랑스럽다'와 같이 어근에 접사가 결합한 단어이고, 합성어는 '첫사랑'과 같이 두 개 이상의 어근이 결합한 단어이다.

1. 단일어: 사랑
2. 복합어: 풋사랑, 사랑스럽다, 첫사랑
3. 파생어: 풋사랑, 사랑스럽다
4. 합성어: 첫사랑

주의

단, 한국어에서 용언의 경우는 어간과 어미의 결합으로 이루어지므로 단일어가 없는 결과가 된다. 따라서 용언의 경우, '가다'와 같이, 어미를 제외한 어간이 하나의 형태소로 이루어진 단어를 단일어로 한다.

확장

1. 한국어의 큰 특징 중의 하나는 상징어가 발달되어 있다는 점이다. 이러한 특징은 상징어의 자·모음 바꾸기에서 두드러지게 나타나는데, '졸졸'이 '줄줄'로 '반짝반짝'이 '번쩍번쩍'으로 모음이 교체되어 말맛을 바꾸는 경우가 모음 바꾸기의 예이다. 또한 '감감하다, 깜깜하다, 캄캄하다'와 같이 자음이 여린소리, 된소리, 거센소리로 교체되는 경우가 자음 바꾸기의 예이다. 이와 같은 방법으로 새 단어를 매우 생산적으로 만들어 내는데, 주목할 만한 특징은 상징어들이 모두 순우리말(고유어)이라는 점이다. 이렇게 만들어진 상징어들은 미묘한 말맛의 차이를 나타내 주기 때문에 한국어 어휘를 다채롭고 풍부하게 하는 효과가 있다.

2. 자·모음 바꾸기에 의한 단어 형성법을 내적 파생이라고 하여, 파생법의 하위 유형으로 분류하기도 하고, 독립적인 단어 형성법으로 인정하는 경우도 있다.

확인 문제 1

다음 단어를 단일어와 복합어로 분류하시오.
먹다, 슬기롭다, 봄비, 덧신, 오가다

memo

❸ 단어 형성법

1. 파생법

개요

접두사의 판별 (관형사, 부사와 차이)	• 접두사는 단어의 자격이 없음

- 접두사는 단어의 자격이 없음
- 접두사는 결합하는 어근(밑말)과 분리하지 못함
- 접두사는 후속 어근이 제한됨
- 접두사는 체언, 용언 모두 결합 가능

어근 + 접미사

- 품사에 따른 분류
  - 파생 명사
  - 파생 동사
  - 파생 형용사
  - 파생 부사

명사구 + 접미사

- 하나의 단어가 아닌 명사구에 결합하는 경우도 있음

접두사와 접미사의 차이

- 접미사는 접두사보다 밑말의 품사를 바꾸는 경우가 많음
- 접두사와 접미사는 문법 형태소로 분류하지만 상대적으로 접두사는 어휘적 의미를 덧붙이는 경우가 많음

접미사 중에는 동일한 형태로 의존 명사의 기능을 하는 경우 있음

1.1. 접두 파생법

(1)-(4)의 자료를 바탕으로 접두사와 관형사의 차이점을 설명하시오.

(1) 풋고추/ 새 책

(2) 풋 매운 고추 (×)/ 새 요리 책 (○)

(3) 풋포도, 풋수박 (×)/ 새 구두, 새 가방 (○)

(4) 덧니 (체언), 덧붙이다 (용언)/ 새 책 (체언)

접두사는 뒷말을 한정해 주는 기능을 가지는데, 이와 동일한 기능을 가지는 것은 관형사도 마찬가지이다. 다만 관형사는 자립 형식이지만 접두사는 의존 형식이므로 단어의 자격을 갖지 못한다는 차이점이 있다.

개념

<접두사의 판별>

접두사와 관형사는 다음의 기준에서 차이가 있다.

1. 단어 자격 여부

2. 분리성 유무

3. 분포의 제한성

4. 용언과 어울림

적용

1. (1)에서 관형사 '새'는 단어로 인정되지만 접두사 '풋-'은 형태소의 자격만 가질 뿐 단어의 자격은 갖지 못한다. 따라서 접두사 '풋-'은 어근에 붙여 쓰고 관형사 '새'는 뒷말 체언과 띄어 쓴다.

2. (2)와 같이 관형사 '새'는 뒤에 오는 체언과의 사이에 다른 말을 끼워 넣을 수 있으나, 접두사 '풋-'은 단어의 자격을 갖지 못하기 때문에 뒤의 체언과 분리되지

않는다.

3. (3)과 같이 관형사 '새'는 뒤에 오는 체언이 다른 체언 '구두, 가방' 등으로 자유 롭게 바뀔 수 있으나, 접두사는 뒤에 오는 체언이 극히 제한되기 때문에 '풋사과, 풋과일'은 가능하지만 '풋포도, 풋수박'과 같은 파생어는 형성되지 않는다.

4. (4)와 같이 접두사 '덧-'은 뒤에 '니(이), 신'과 같은 체언이 결합할 수도 있고, '붙이다, 붙다'와 같은 용언이 결합할 수도 있는데 반해서 관형사 '새'는 뒤에 체언 만 올 수 있고, 용언과는 어울리지 못한다.

확장

접두사는 대체로 어근에 어휘적 의미를 더한다. 하지만 실질 형태소로 분류하지 않고, 문법 형태소로 분류하는데, 그 이유는 접두사는 새로운 말을 만드는 문법적 기능을 지니고 있기 때문이다.

주의

(5)와 같이 특정한 형태소에만 제한적으로 결합하는 형태소를 유일 형태소라고 하는데, 이러한 형태소들은 접두사의 범주에 포함되지 않는다.

(5) 이듬해, 징검다리, 어금니, 오솔길

확인 문제 1

접두사 '짓-'과 부사 '마구'는 유사한 의미로 뒤에 오는 말을 한정한다. 그 쓰임의 차이를 설명하시오.

예제 2

접두사를 밑말의 품사에 따라 (1)-(3)의 유형으로 분류할 수 있다. 분류의 기준을 설명하고, 각 유형에 해당하는 예를 제시하시오.

(1) <u>맨</u>손, <u>군</u>소리, <u>맏</u>아들

(2) <u>치</u>솟다, <u>엿</u>보다, <u>되</u>감다

(3) <u>헛</u>수고, <u>헛</u>소리, <u>헛</u>디디다

접두사가 뒷말과 결합하여 파생어를 형성할 때, 접두사 뒤에 결합하는 어근을 '밑말'이라고 한다.

<밑말의 품사에 따른 접두사 분류>

1. 체언에 붙는 접두사

2. 용언에 붙는 접두사

3. 체언과 용언에 두루 붙는 접두사

적용

1. (1)의 밑줄 친 말들은 체언에 붙는 접두사이다.

(1) 유형의 예시 (어근이 체언)

날-: 날고기, 날두부, 날김치

홀-: 홀몸, 홀어미, 홀아버지

한-: 한겨울, 한밤중, 한낮

알-: 알부자, 알거지, 알몸

2. (2)의 밑줄 친 말들은 용언에 붙는 접두사이다.

(2) 유형의 예시 (어근이 용언)

뒤-: 뒤엎다, 뒤섞다, 뒤엉키다

휘-: 휘날리다, 휘감다, 휘갈기다

엇-: 엇나가다, 엇갈리다, 엇비슷하다

드-: 드높다, 드넓다, 드세다

새-: 새빨갛다, 새까맣다, 새파랗다

들-: 들끓다, 들쑤시다, 들볶다

3. (3)의 밑줄 친 말들은 체언과 용언에 두루 붙는 접두사이다.

(3) 유형의 예시 (어근이 체언과 용언)

덧-: 덧니, 덧버선/ 덧붙다, 덧대다

확장

접두사는 밑말의 품사를 바꾸는 경우가 거의 없다. 따라서 (4)와 (5)에서처럼 밑말에 접두사가 결합하여 파생어를 형성하였을 때, 파생어의 품사는 밑말의 품사와 거의 일치한다.

(4) 맨- (접두사) + 손 (명사) → 맨손 (명사)

(5) 짓- (접두사) + 밟다 (동사) → 짓밟다 (동사)

주의

'메마르다', '강마르다', '숫되다', '엇되다' 등과 같이 접두사가 밑말의 품사를 바꾸는 경우도 있다.

확인 문제 2

'짓고생, 짓망신'의 접두사 '짓-'이 용언과 결합하여 파생어를 형성한 예를 제시하시오.

예제 3

국어사전을 찾아 (1)–(2) 자료의 밑줄 친 말들의 의미를 밝히시오.

(1) 날것, 날강도, 날밤, 날바닥
(2) 한길/ 한아름/ 한밤중, 한낮, 한겨울/ 한복판, 한가운데/ 한데

접두사 중에는 '맨손, 맨주먹, 맨발'의 '맨-'과 같이 단일한 의미를 가지는 것도 있지만, '막국수, 막노동, 막차'의 '막-'과 같이 여러 의미를 가지는 것도 있다.

개념

<다의어 접두사와 동음이의 접두사>

1. 다의어 접두사: 막-[1] 예) ① 막국수, ② 막노동

   접두사 '막-[1]'은 '거친, 품질이 낮은'의 뜻과 '닥치는 대로 하는'의 두 가지 뜻을 가지고 있는 다의어이다.

2. 동음이의 접두사: 막-[2] 예) 막차

   접두사 '막-[2]'는 '마지막'의 뜻을 가지고 있는데, '막-[1]'과 동음이의 관계이다.

적용

1. (1)의 '날-'은 다의어 접두사로서 아래와 같은 의미를 가진다.

   1) '말리거나 익히거나 가공하지 않은'의 뜻을 더하는 접두사

      예) 날것, 날고기, 날장작

   2) '지독한'의 뜻을 더하는 접두사 예) 날강도, 날건달, 날도둑놈

   3) '부질없이'의 뜻을 더하는 접두사 예) 날밤, 날소일, 날장구

   4) '다른 것이 없는'의 뜻을 더하는 접두사 예) 날바닥, 날바늘, 날봉당

2. (2)의 '한-'은 다의어 접두사로서 아래와 같은 의미를 가진다.

   1) '큰'의 뜻을 나타내는 접두사 예) 한길, 한시름, 한걱정

   2) '가득한'의 뜻을 더하는 접두사 예) 한아름, (한사발)

3) '한창, 가장 성한'의 뜻을 더하는 접두사 예) 한밤중, 한낮, 한겨울

4) '바로'의 뜻을 더하는 접두사 예) 한복판, 한가운데

5) '바깥'의 뜻을 더하는 접두사 예) 한데

주의

접두사 '한-'과 동일한 형태가 단어의 자격을 지니고 다음과 같이 관형사로 쓰이는 경우도 있다.

1) (단위를 나타내는 말 앞에 쓰여) 그 수량이 하나임을 나타내는 말.

　　예) 한 가지만 물어보자.

2) (수량을 나타내는 말 앞에 쓰여) '대략'의 뜻을 나타내는 말.

　　예) 한 두 시간쯤 걸었다.

3) '어떤'의 뜻을 나타내는 말.

　　예) 산골 한 마을에 효자가 살고 있었다.

4) '같은'의 뜻을 나타내는 말.

　　예) 전교생이 한 강당에 모였다.

확인 문제 3

(1)의 단어를 접두사 '알-'의 의미에 따라 같은 유형으로 묶으시오.

(1) 알밤, 알거지, 알몸, 알부자

> ## 예제 4
>
> (1)-(4)를 바탕으로 이형태 접두사들의 분포 조건을 설명하시오.
>
> (1) 찰-, 차-, 찹-: 찰밥, 차조, 찹쌀
> (2) 메-, 멥-: 메조, 메벼, 멥쌀
> (3) 햇-, 해-, 햅-: 햇과일, 해콩, 햅쌀
> (4) 새-, 시-, 샛-, 싯-: 새파랗다, 시퍼렇다, 샛노랗다, 싯누렇다

접두사 중에는 동일한 의미와 기능을 갖고 있으면서도 형태적인 면에서 다양한 모습을 보이는 것들이 있다. 이러한 접두사들은 한 형태소의 이형태로 볼 수 있다.

개념

1. 한 형태소의 이형태들은 동일한 의미와 기능을 갖고 있으면서 상보적 분포를 이룬다.
2. 형태소의 역사적인 변화가 다양한 이형태 생성에 영향을 미친다.
3. 이형태들의 분포 조건은 음운론적 조건에 의한 것과 형태론적 조건에 의한 것으로 나뉜다.

적용

1. (1)의 이형태들은 형태론적 조건에 의해 분포가 정해지는데, 어근이 '쌀'이면 '찹-'이 나타나고 어근이 '조'이면 '차-'가 나타난다. 그리고 그 이외의 어근이 결합될 경우에는 '찰-'이 나타난다. 이러한 분포는 음운 환경과는 아무런 관련성이 없고 오직 결합하는 어근의 형태가 그 조건이 된다. 따라서 형태론적 이형태라고 부른다. '차-'는 '찰-'에서 'ㄹ'이 탈락한 것이고, '찹-'은 뒤에 결합하는 어근 '쌀'의 중세 국어 표기의 영향을 받아서 나타난 결과이다. (2)와 (3)의 '멥-'과 '햅-'도 마찬가지이다.
2. (2)의 '메-'는 '찰기가 없이 메진'의 뜻을 더하는 접두사로 '찰-'의 반의어이다.
3. (3)의 '해-'는 '콩, 팥, 쑥'과 같이 어두음이 된소리나 거센소리인 어근이 결합할

때 나타나며 '햇-'의 음운론적 이형태이다.

4. (4)의 경우 역시 음운론적 이형태인데, 뒤에 오는 어근이 양성 모음일 경우에는 '샛-'과 '새-'가 결합하고, 음성 모음일 경우에는 '싯-'과 '시-'가 결합한다. 또 어근의 첫소리가 된소리나 거센소리 또는 'ㅎ'일 경우에는 '새-'와 '시-'가 결합하고, 유성음일 경우에는 '샛-'과 '싯-'이 결합한다.

주의

(5)와 같이 합성어나 파생어에서 'ㄴ, ㄷ, ㅅ, ㅈ' 앞의 'ㄹ'이 탈락한 경우가 있는데, 역사적으로 굳어진 것들이다. 새로 만들어지는 합성어나 파생어의 경우에는 이와 같은 'ㄹ' 탈락 현상이 적용되지 않는다.

> (5) 따님(딸-님), 다달이(달-달이), 마소(말-소), 바느질(바늘-질)

<'한글 맞춤법' 제28항>

끝소리가 'ㄹ'인 말과 딴 말이 어울릴 적에 'ㄹ' 소리가 나지 아니하는 것은 아니 나는 대로 적는다.

확인 문제 4

(1)의 밑줄 친 접두사들의 분포 조건을 설명하시오.

(1) 휘감다, 휩쓸다/ 수캐, 숫양

1.2. 접미 파생법

예제 1

(1)-(4)의 자료는 어근에 밑줄 친 접미사가 붙어 파생 명사를 형성한 예시이다.
각 접미사의 용법을 설명하시오.

(1) 잠꾸러기, 멋쟁이, 칠장이, 가난뱅이

(2) 놀이, 풀이/ 쓰기, 달리기

(3) 높이, 길이/ 크기, 밝기

(4) 싸움, 웃음/ 그림, 볶음

명사를 만드는 접미사 중에는 '-꾸러기, -쟁이, -장이, -뱅이, -이, -(으)ㅁ' 등이 생산성이 높다. 이러한 접미사는 어근의 품사를 바꾸는 것과 바꾸지 않는 것으로 분류할 수 있다.

개념

<파생 명사>

1. 명사 + 접미사 → 명사
2. 동사나 형용사의 어근 + 접미사 → 명사

적용

1. (1)의 '-꾸러기, -쟁이, -장이, -뱅이'는 주로 사람을 나타내는 접미사이다. '-꾸러기, -쟁이, -장이, -뱅이'는 명사에 결합하여 파생 명사를 만들기 때문에 밑말의 품사를 바꾸지 않는다.

-꾸러기: 장난꾸러기, 말썽꾸러기, 욕심꾸러기

-쟁이: 거짓말쟁이, 욕심쟁이, 겁쟁이, 수다쟁이, 요술쟁이

-장이: 땜장이, 대장장이, 유기장이

-뱅이: 게으름뱅이, 주정뱅이, 안달뱅이

2. (2)의 '-이, -기'는 행위나 행위를 하는 사람을 나타내는 접미사로서, 동사 어근과 결합하여 밑말의 품사를 명사로 바꾸는 기능을 한다.

-이: 벌이, 구이
-기: 말하기, 더하기, 곱하기, 던지기/ 양치기, 소매치기

3. (3)의 '-이, -기'는 척도를 나타내는 접미사로서, 형용사 어근과 결합하여 밑말의 품사를 바꾸는 기능을 한다.

-이: 넓이, 깊이
-기: 굵기, 빠르기

4. (4)의 '-(으)ㅁ'은 행위나 행위의 결과를 나타내는 접미사로서, 동사나 형용사 어근과 결합하여 밑말의 품사를 명사로 바꾸는 기능을 한다.

-(으)ㅁ: 울음, 젊음, 기쁨, 얼음, 찜, 조림, 튀김

주의

'-보'는 명사에 붙어 파생 명사를 만드는데, 동사나 형용사의 어근이나 명사형에 결합하여 밑말의 품사를 바꾸기도 한다.

(5) -보: 잠보, 꾀보, 겁보, 털보/ 먹보, 느림보

확장

1. 명사를 형성하는 접미사에는 (6), (7)과 같은 것들도 있다.

> (6) 매: 생김새나 맵시를 나타냄.   예) 눈매, 몸매, 입매, 옷매
>
> (7) 새: 모양이나 상태를 나타냄.   예) 생김새, 짜임새, 쓰임새, 차림새
>
> (8) 뻘: 그런 관계를 나타냄.   예) 자식뻘, 아버지뻘, 조카뻘

2. 접미사 '-질'은 다음과 같은 다양한 의미 기능이 있다.

> 1) '그 도구를 가지고 하는 일'의 뜻을 더한다.
>
>   예) 가위질, 걸레질, 부채질
>
> 2) '그 신체 부위를 이용한 어떤 행위'의 뜻을 더한다.
>
>   예) 주먹질, 손가락질, 곁눈질
>
> 3) 직업이나 직책에 비하하는 뜻을 더한다.
>
>   예) 목수질, 선생질, 회장질
>
> 4) 주로 좋지 않은 행위에 비하하는 뜻을 더한다.
>
>   예) 노름질, 싸움질, 자랑질
>
> 5) '그것을 가지고 하는 일' 또는 '그것과 관계된 일'의 뜻을 더한다.
>
>   예) 물질, 흙질, 불질
>
> 6) (몇몇 상징어 또는 어근 뒤에 붙어) '그런 소리를 내는 행위'의 뜻을 더한다.
>
>   예) 딸꾹질, 수군덕질

3. 상징어를 기반으로 하여 합성이나 파생에 의해 새말을 만드는 경우가 적지 않다. 다음과 같이 상징어 어근에 접미사 '-이'와 결합하여 '사람'이나 '동물', '사물'을 가리키는 명사를 만드는 경우가 있다.

> (9) [상징어 어근 + '-이'] > 파생 명사

1) 사람 : 뚱뚱이, 홀쭉이, 덜렁이, 촐랑이, 똘똘이, 살살이, 깐깐이
2) 동물 : 맹꽁이, 부엉이, 멍멍이, 베짱이, 꿀꿀이, 어흥이, 야옹이, 개구리, 뻐꾸기, 따오기, 꾀꼬리, 뜸부기
3) 사물 : 깜빡이, 끈끈이, 더듬이, 땡땡이, 오뚝이

확인 문제 1-1

(1)-(2) 자료의 밑줄 친 접미사 '-개'의 용법을 설명하시오.

(1) 덮개, 지우개
(2) 오줌싸개, 코흘리개

확인 문제 1-2

'-개'와 '-게' 그리고 '-쟁이'와 '-장이'가 이형태인지 설명하시오.

예제 2

(1)과 (2)의 밑줄 친 형태소 '-(으)ㅁ'의 기능의 차이를 설명하시오.

(1) 가. 그의 빠른 걸음¹을 따라갈 수가 없다.

나. 그가 빨리 걸음²이 이상하다.

(2) 가. 커피에 찬 얼음을 넣어 먹었다.

나. 강물이 살짝 얾에 조심해야 한다.

형태소 '-(으)ㅁ'은 용언의 어간에 붙어 명사를 만드는 접미사로 쓰이지만, 똑같은 형태가 어미로 쓰이는 경우도 있는데, 이때 파생 접미사와 명사형 어미를 구별하는 기준은 수식어가 관형어이냐, 부사어이냐이다.

개념

1. '걸음¹'은 명사이며 '-(으)ㅁ'은 파생 접미사이다.

'걸음²'는 동사이며 '-(으)ㅁ'은 명사형 어미이다.

2. '얼다'와 같이 어간이 'ㄹ'로 끝나는 용언에 파생 접미사 '-(으)ㅁ'이 결합할 때는 '얼음'의 형태로 쓰이고, 명사형 어미 '-(으)ㅁ'이 결합할 때는 '얾'의 형태로 쓰인다.

적용

1. (1)의 '걸음¹'은 관형어 '빠른'의 꾸밈을 받으면서 격조사 '을'이 붙었으므로 '걷다'의 어간에 파생 접미사 '-(으)ㅁ'이 결합한 명사이고, '걸음²'는 부사어 '빨리'의 꾸밈을 받고 있기 때문에 명사가 될 수 없다. 이 경우는 '걷다'의 어간에 명사형 어미 '-(으)ㅁ'이 결합한 동사의 명사형이다. 여기에서 중요한 것은 명사형 어미 '-(으)ㅁ'이 '그가 빨리 걷다'라는 절 전체에 관여한다는 것이다. 즉 '-(으)ㅁ'은 절 전체를 이끌고 절의 성질을 일시적으로 명사처럼 만드는 기능을 수행한다.

2. (2)의 '얼음'은 '얼다'의 어간 '얼-'에 매개 모음 '으'가 있는 파생 접미사 '-음'이 결합한 것이고, '얾'은 어간 '얼-'에 매개 모음이 없는 명사형 어미 '-ㅁ'이 결합한 것이다.

확장

'미끄럽다'와 같은 'ㅂ' 불규칙 용언의 경우 파생 명사의 형태는 'ㅂ'이나 '우'가 없이 '미끄럼'의 형태로 쓰이고, 명사형의 형태는 '우'가 있는 '미끄러움'의 형태로 쓰인다.

> (3) 가. 아이들이 놀이터에서 미끄럼을 탄다. (명사)
>
> 나. 길이 미끄러움에도 아이들은 뛰어 놀았다.

주의

'부끄럽다'의 경우에는 '부끄럼'과 '부끄러움'이 준말과 본말의 관계인 파생 명사로 모두 국어사전에 표제어로 올라 있다.

> (4) 순이는 {부끄럼/ 부끄러움}을 많이 탄다. (명사)

확인 문제 2

(1)의 밑줄 친 형태소 '-(으)ㅁ'의 기능의 차이를 설명하시오.

(1) 내가 너에 대한 믿음[1]이 있었기 때문에 너도 나를 철석같이 믿음[2]을 의심하지 않았다.

예제 3

(1)-(6)의 자료는 어근에 접미사가 붙어 파생 동사를 형성한 예시이다. 각 접미사의 용법을 설명하시오.

(1) 깜빡거리다, 출렁대다, 반짝이다, 끄떡하다

(2) 깨뜨리다, 밀어뜨리다

(3) 형성되다, 사용되다

(4) 먹이다, 입히다, 울리다, 웃기다, 깨우다, 솟구다, 늦추다

(5) 쌓이다, 잡히다, 들리다, 끊기다

(6) 운동하다, 체하다, 빨리하다, 주춤하다

동사를 만드는 접미사 중에는 '-거리-, -대-, -이-, -하-'가 생산성이 높다. 이러한 접미사에 붙는 어근으로는 상징 부사들의 빈도가 높은데, 상징 부사는 대부분 고유어라는 점에서 이 접미사들이 한국어 단어 형성에 기여하는 바가 크다.

개념

[명사, 어근, 부사, 의존 명사] + 접미사 → 동사

적용

1. (1)의 접미사는 상징어의 어근에 붙어 동사를 만든다.

-거리-: 매끈거리다, 새근거리다, 오물거리다, 촐싹거리다, 콜록거리다
-대-: 넘실대다, 촐랑대다, 중얼대다, 울렁대다, 끈적대다, 소곤대다
-이-: 술렁이다, 긁적이다, 껌뻑이다, 북적이다, 끄덕이다, 번뜩이다

2. (2)의 접미사는 '강세'의 뜻을 나타낸다.

-뜨리-: 부딪뜨리다, 쏟뜨리다, 밀뜨리다

3. (3)의 접미사는 '피동'의 뜻을 나타낸다.

   -되-: 가결되다, 지배되다, 포함되다

4. (4)의 접미사는 '사동'의 뜻을 나타낸다.

   -이-: 먹이다, 높이다, 속이다, 죽이다, 붙이다, 끓이다
   -히-: 입히다, 앉히다, 넓히다, 좁히다, 굳히다, 밝히다, 익히다
   -리-: 울리다, 늘리다, 돌리다, 살리다, 울리다, 올리다, 날리다
   -기-: 웃기다, 숨기다, 옮기다, 안기다, 남기다, 굶기다, 벗기다
   -우-: 깨우다, 피우다, 지우다, 끼우다, 돋우다, 비우다
   -구-: 솟구다, 일구다, 돋구다, 달구다
   -추-: 늦추다, 낮추다, 맞추다, 곧추다

5. (5)의 접미사는 '피동'의 뜻을 나타낸다.

   -이-: 쌓이다, 쓰이다, 섞이다, 깎이다, 놓이다, 꼬이다, 바뀌다
   -히-: 잡히다, 박히다, 닫히다, 밟히다, 막히다, 맺히다, 닫히다
   -리-: 들리다, 팔리다, 밀리다, 뚫리다, 널리다, 갈리다, 풀리다
   -기-: 끊기다, 담기다, 찢기다, 쫓기다, 뜯기다, 안기다, 감기다

6. (6)의 접미사는 명사, 의존 명사, 부사, 상징 부사에 붙어, '운동하다, 체하다, 빨리하다, 주춤하다'와 같은 동사를 만든다.

확인 문제 3

'가결되다'와 '참되다'에서 접미사 '-되-'의 용법의 차이를 설명하시오.

예제 4

(1)-(6)의 자료는 어근에 접미사가 붙어 파생 형용사를 형성한 예시이다. 각 접미사의 용법을 설명하시오

(1) 어른스럽다, 사랑스럽다, 자랑스럽다/ 시원스럽다, 갑작스럽다

(2) 정답다, 참답다/ 선배답다, 학생답다

(3) 지혜롭다, 슬기롭다, 신비롭다/ 새롭다, 외롭다/ 까다롭다, 날카롭다

(4) 막되다, 참되다, 헛되다

(5) 멋지다, 값지다, 기름지다

(6) 순수하다, 착하다, 뻔하다, 반짝반짝하다

형용사를 만드는 접미사 중에 '-하-'는 어근의 종류가 다양하며, 동사를 형성하기도 한다.

개념

[명사, 어근, 부사, 의존 명사] + 접미사 → 형용사

적용

1. (1)의 접미사 '-스럽-'은 명사나 어근에 붙어 형용사를 만드는데, 명사에 붙을 때는 '그러한 성질이 있음'의 뜻을 나타내지만, '시원, 갑작'과 같은 어근에 붙을 때는 해당 어근을 형용사로 만들어 주는 역할을 할 뿐, 별다른 뜻을 덧붙이지는 않는다.

2. (2)의 접미사는 '-답-'은 '성질이 있음'의 뜻으로 쓰여 '정답다, 참답다'를 만들고, '특성이나 자격이 있음'의 뜻으로 쓰여 파생어 '선배답다, 학생답다'를 만든다.

3. '-롭-'과 '-답-'은 '어근의 속성이 풍부함'이라는 공통적인 의미를 지니며 그 의미 차이가 잘 드러나지 않는다. 이러한 이유는 중세 국어에서 이들이 이형태 관계이었기 때문이다. 중세 국어에서 '-롭-'의 옛말은 모음 다음에 나타나는 분포를 보이는데, 현대국어에서도 이 분포는 유지되고 있다.

(3)의 '-롭-'은 명사에 결합할 때는 형태소의 경계가 분명하지만, '까다롭다, 날카롭다'와 같은 파생어에서는 형태소 분석에 문제가 생긴다. '새롭다'는 현대국어 관점에서는 관형사 '새'에 접미사가 붙은 특이한 사례로 설명할 수밖에 없다. '외롭다'의 경우에도 접두사 '외-'와 접미사 '-롭-'이 결합한 특이한 파생어로 분석하는데, 이러한 경우에는 '외-'가 '-롭-'보다는 어휘적 의미가 강하게 느껴지므로 '외-'에 어근의 자격을 부여하는 설명 방식을 취한다.

4. (4)의 접미사 '-되-'는 일부 명사 뒤에 붙어 '피동'의 뜻을 더해 동사를 만드는 기능도 있지만, 여기에서는 '피동'의 뜻은 없고 형용사를 만드는 조어적 기능만 나타낸다.

5. (5)의 접미사 '-지-'는 '그러한 성질이 있음' 또는 '그러한 모양임'의 뜻을 더해 형용사를 만든다.

6. (6)의 접미사 '-하-'는 명사, 어근, 의존 명사에 붙어 '순수하다, 착하다, 뻔하다'와 같은 형용사를 만들고, '반짝반짝'과 같은 상징 부사에 붙을 때는 '반짝반짝하다'와 같은 동사와 형용사를 만들기도 한다.

확장

'높다랗다, 의심쩍다, 궁상맞다' 등은 어근 '높-, 의심, 궁상'에 접미사 '-다랗-, -쩍-, -맞-'이 결합한 파생 형용사이다.

확인 문제 4

접미사 '-지-'와 보조 동사 '지다'의 쓰임의 차이를 설명하시오.

> **예제 5**
>
> (1)-(5)의 자료는 어근에 접미사가 붙어 파생 부사를 형성한 예시이다. 각 접미사의 분포 조건을 설명하시오.
>
> (1) 깨끗이, 의젓이, 산뜻이
> (2) 날카로이, 대수로이, 번거로이
> (3) 많이, 적이, 헛되이
> (4) 겹겹이, 일일이, 알알이
> (5) 분명히, 솔직히, 꼼꼼히

　　부사를 만드는 접미사는 명사나 동사, 형용사를 만드는 접미사에 비해 많지 않다. '-이'는 형용사 어근이나 명사(첩어)와 결합하고, '-히'는 주로 형용사 어근과 결합하여 부사를 만든다. 이들과 달리 '-오/우'는 주로 동사 어근과 결합하여 부사를 파생하지만 생산성이 거의 없다.

개념

<부사 파생 접미사 '-이/히'의 분포>

　　'한글맞춤법' 제51항을 보면, "부사의 끝음절이 분명히 '이'로만 나는 것은 '-이'로 적고, '히'로만 나거나 '이'나 '히'로 나는 것은 '-히'로 적는다."라고 밝히고 있다. 이 기준에 의해 '이'로만 나는 것과 '히'로만 나는 것 그리고 '이, 히'로 나는 것으로 분류하여 각각의 예시를 보이고 있다. '-이'와 '-히'의 분포 조건을 명확히 밝힌 것처럼 보이나 문제는 실제 발음에서 '이'와 '히'의 구분이 혼재되는 경우가 있기 때문에 문법적으로 구별하는 기준을 세울 필요가 있다.

적용

1. '이'로만 소리가 나는 것으로 분류되어 제시하고 있는 (1)-(4)의 예시들은 다음과 같은 분포 조건을 갖는다.

　　(1) '하다'가 붙는 어근의 끝소리가 'ㅅ'인 경우이다.

(2) 'ㅂ' 불규칙 형용사의 어간인 경우이다.

(3) 규칙적인 활용을 하는 형용사의 어간인 경우이다.

(4) 같은 말이 겹쳐진 첩어로서, 뒤에 '하다'가 오지 못하는 경우이다.

2. '히'로만 나거나 '이, 히'로 소리가 나는 것으로 분류되어 제시하고 있는 (5)의 예시들은 다음과 같은 분포 조건을 갖는다. '히'로만 나거나 '이, 히'로 소리 나는 것에 해당하는 예들은 어근의 끝소리가 'ㅅ'인 것을 제외하면 모두 '-하다'가 붙는 어근이 앞에 오는 경우이다. '꼼꼼히'는 '꼼꼼하다'가 성립하므로 '-히'를 붙이는 것이 맞고, '곰곰이'는 '곰곰하다'가 성립하지 않으므로 '-이'를 붙여야 한다.

주의

'도저히'는 어근에 '-하다'가 붙지 않는다고 보이므로 '도저이'로 적어야 할 것 같지만, 국어사전에 '학문이 도저하다.'와 '그 사람 행실이 도저하다.'와 같은 그 근거가 되는 용례가 제시되어 있다. '무단히'도 마찬가지이다.

확장

동사 어근에 접미사가 붙어서 부사가 되는 예는 '도로, 마주'가 있다.

동사 어근 ('돌-') + 접미사 ('-오') → 도로 (부사)

동사 어근 ('맞-') + 접미사 ('-우') → 마주 (부사)

확인 문제 5

'나른하다'의 어근 '나른'에 접미사를 붙여 파생 부사를 형성한 꼴을 쓰시오.

예제 6

(1)과 (2)의 밑줄 친 형태소의 띄어쓰기가 다른 이유를 설명하시오.

(1) 가. 친구 <u>간</u>[1]에도 예의를 지켜야 된다.

　　 나. 이틀<u>간</u>[2] 한 숨도 자지 못했다.

(2) 가. 그들은 선생님 댁을 수십 <u>차</u>[1] 방문했다.

　　 나. 그들은 선생님 댁을 인사<u>차</u>[2] 방문했다.

　기능적인 측면과 분포 측면에서 접미사와 의존 명사는 유사한 점이 있기 때문에 구별이 필요하다. 의존 명사는 단어의 자격을 가지므로 앞말과 띄어 쓰고, 접미사는 단어의 자격을 갖지 못하므로 앞말에 붙여 써야 한다.

개념

1. 의존 명사와 접미사 모두 어휘적인 의미를 가지고 있기 때문에 의미만으로는 둘의 구별이 쉽지 않다. 또 앞말과 관련되면서 앞말의 뒤에 나타난다는 공통점이 있기 때문에 분포로도 구별할 수 없다.

2. 의존 명사는 관형어의 꾸밈을 받아야 한다는 제약 조건이 있지만 단어의 자격을 가지는 데 비해서, 접미사는 단어의 자격이 없다. 따라서 단어의 식별 기준인 '분리성'을 둘의 구별 기준으로 삼는다.

3. 파생 접사는 결합할 수 있는 어근이 극히 한정된다는 제약이 있으나, 의존 명사는 그렇지 않다. 따라서 분포의 제한성을 구별 기준으로 삼을 수 있다.

적용

1. (1)의 '간[1]'은 '친구들 간'과 같이 앞말과의 사이에 다른 말이 끼어들어 갈 수 있기 때문에 분리성이 있다. 반면에 (2)의 '-간[2]'는 앞말 '이틀'과의 사이에 어떤 말도 오지 못하기 때문에 분리성이 없다.

2. (2)의 '차[1]'은 '수십 수백 차'와 같이 앞말과의 사이에 다른 말이 끼어들어 갈 수 있기 때문에 분리성이 있다. 반면에 (2)의 '-차[2]'는 앞말 '인사'와의 사이에 어떤

말도 오지 못하기 때문에 분리성이 없다.

3. '간(間)'이나 '차(次)'는 접미사나 의존 명사 모두 한자는 같다.

4. 접미사 '-간'은 '이틀, 사흘, 한 달' 등과 같은 일부 명사나 명사구에만 붙는다는 제약이 강하다. 이 점이 의존 명사와 구별되는 특징이다. 접미사 '-차'도 마찬가지로 '연구차, 인사차, 사업차'와 같이 결합할 수 있는 명사가 극히 한정된다는 특징을 보이고 있다.

확장

'외양간, 대장간'과 같은 파생어에 붙은 '-간'은 몇몇 명사 뒤에 붙어 '장소'의 뜻을 더하는 접미사로 '분리성'과 '분포의 제한성' 측면에서 의존 명사와 구별된다.

확인 문제 6

(1)과 (2)의 밑줄 친 형태소가 의존 명사인지, 접미사인지 설명하시오.

(1) 서울 속초 간 고속도로가 개통되었다.

(2) 잠이 막 들려던 차에 전화가 왔다.

> **예제 7**
>
> (1)-(3)의 밑줄 친 접미사의 쓰임의 특징을 설명하시오.
>
> (1) 어려운 일은 하나<u>씩</u> 해결해 나가자.
> (2) 친한 친구<u>끼리</u> 서로 이해해야지.
> (3) 그런 문제<u>쯤</u>은 쉽게 풀 수 있어.

접미사는 한정된 어근에 붙는다는 분포상의 특징이 있다. 그런데 명사에 붙는 접미사로 분류되는 것들 중에는 명사뿐만 아니라 명사구에도 결합하는 경우가 있고, 결합하는 어근의 수효도 적지 않아 접미사의 문법적 특성과는 차이를 보인다. 이럴 경우 의존 명사나 보조사와도 구별이 어렵다.

개념

<명사에 붙는 접미사의 특성>

1. 결합하는 어근 형식의 차이

   명사에만 붙는 것과 명사와 명사구에 붙는 것이 있다.

2. 결합 제약의 차이

   분포의 제약이 많아 일부 명사에만 붙는 접미사도 있고, 분포의 제약이 적어 여러 명사에 붙을 수 있는 접미사도 있다.

3. 분리성의 차이

   어근과 접미사 사이에는 다른 말을 끼워 넣을 수 없는 것이 일반적이지만, 어근과 접미사 사이에 다른 말이 올 수 있는 접미사도 있다.

적용

1. (1)-(3)의 접미사 '-씩', '-끼리', '-쯤'은 명사뿐만 아니라, '한 걸음씩', '같은 학교 사람들끼리', '이런 고민쯤'과 같이 명사구에도 결합한다. 뿐만 아니라 분포의 제약이 적어 결합하는 명사나 명사구의 수효도 적지 않다. 하지만 일반적인 접미사에 비해 상대적으로 제약이 적다는 것이지, 제약이 없는 것은 아니라는 점에서

보조사와 차이가 있다.

2. 어근과 접미사 사이에는 다른 말을 끼워 넣을 수 없는 것이 일반적이지만 (1)-(3)의 '-씩', '-끼리', '-쯤'은 '1인당 하나나 두 개씩', '친구들끼리', '그런 문제만큼쯤은 자신 있어'와 같이 어근과 접미사가 분리되기도 한다.

확장

'-씩'은 '아주 뜻밖'임을 나타내는 뜻으로 쓰이기도 한다.

> (4) 학생이 무슨 돈이 있다고 고기씩이나 사 왔니?

주의

'-결'이 (5)에서와 같이 접미사로 쓰이는 경우도 있고, 동일한 형태의 '결'이 (6)에서와 같이 의존 명사로 쓰이는 경우도 있다.

> (5) 잠결에 전화를 받았다.
> (6) 어느 결에 가을이 왔구나.

확인 문제 7

(1)과 (2)의 접미사 '-어치'와 '-짜리'의 쓰임의 특징을 설명하시오.

(1) 귤 만 원어치 주세요.
(2) 무려 백억 원짜리 복권에 당첨되었다.

1.3. 접두사와 접미사의 차이

> **예제 1**
>
> (1)-(3)의 자료를 바탕으로 접두사와 접미사의 차이점을 설명하시오.
>
> (1) 풋고추, 휘감다/ 얼음, 먹이
> (2) 맨손, 참깨/ 보기, 덮개
> (3) 헛수고, 헛디디다/ 사랑스럽다, 자랑스럽다

접두사와 접미사는 어근에 붙어 파생어를 만드는 조어적 기능을 한다는 공통점이 있으며, 둘 다 의존 형태소로서 단어의 자격이 없다는 점도 같다. 어근에 붙는 위치가 서로 다르기 때문에 용어로써 구분하는 것이다. 그러나 단어 형성 과정을 보면 몇 가지 구별되는 점도 있다.

개념

<접두사와 접미사의 차이>

1. 밑말의 품사 전환

   접두사는 밑말의 품사를 바꾸는 경우가 거의 없으나, 접미사는 밑말의 품사를 바꾸는 경우가 많다.

2. 어휘적 의미와 문법적 의미의 기능 부담량

   접두사와 접미사는 둘 다 조어적 기능을 한다는 점에서 문법 형태소로 분류한다. 다만 접두사는 문법적인 의미보다는 어휘적인 의미를 덧붙이는 경우가 많고, 접미사는 어휘적인 의미보다는 문법적인 의미를 덧붙이는 경우가 많다.

3. 어근 품사의 다양성

   접두사는 두 종류 이상의 품사에 붙는 경우가 있지만, 접미사는 그러한 경우가 별로 없다.

적용

1. (1)의 접두사 '풋-'과 '휘-'는 명사 '고추'와 동사 '감다'에 붙어 파생어 '풋고추'와 '휘감다'를 만들었는데, 밑말과 파생어의 품사가 일치한다. 반면에 동사의 어간 '얼-'과 '먹-'에 접미사 '-음'과 '-이'가 붙어 만들어진 파생어 '얼음'과 '먹이'는 밑말과 품사가 일치하지 않고 동사에서 명사로 바뀌었다.

2. (2)의 접두사 '맨-'과 '참-'은 어휘적인 의미를 쉽게 느낄 수 있는 데 비해, (2)의 접미사 '-기'와 '-개'는 어떤 어휘적인 의미를 파악하기가 어렵고, 단지 동사를 명사로 바꾸는 문법적 기능에 비중을 두고 있다.

3. (3)의 접두사 '헛-'은 명사 '수고'뿐만 아니라 동사 '디디다'에도 붙는다. 하지만 접미사 '-스럽-'에는 명사 '사랑, 자랑' 등 한 종류의 품사만 붙는다.

확장

접미사도 (4)와 같이 서로 다른 품사의 밑말에 붙을 수 있다.

> (4) 동사: 먹보, 울보, 느림보
>
> 명사: 잠보, 꾀보, 털보, 겁보
>
> 어근: 땅딸보, 뚱(뚱)보

주의

(5)와 같이 접두사가 밑말의 품사를 바꾸는 경우도 있다.

> (5) 마르다(동사) → 메마르다(형용사), 강마르다(형용사)

확인 문제 1

'풋내기'와 '맏이'의 단어 구조를 설명하시오.

파생법 연습 문제

1. 접두사는 명사, 수사, 동사, 형용사, 부사에 결합하여 파생어를 형성하지만, 대명사와 관형사, 감탄사에는 결합하지 않으며, 부사와 수사의 경우에도 그 예가 한정적이다. 접두사가 수사와 부사에 결합하여 파생 수사, 파생 부사가 만들어진 예를 제시하시오.

   <길잡이> 파생 수사: 제일, 제이, 제삼…

   　　　　　파생 부사: 연거푸, 외따로

   　　　　　파생 동사: 연닿다, 연잇다

2. 다음 단어의 조어 구조를 설명하시오.

   (1) 들이갈기다, 들이꽂다, 한 말들이, 1리터들이

   <길잡이> '들이-': 접두사

   　　　　　'-들이': 접미사

3. '맹물, 맹탕'의 '맹-'은 '아무 것도 섞지 않은'의 의미이며, '맨손, 맨발'의 '맨-'은 '다른 것은 없는'의 의미를 지닌다는 점에서 의미와 기능이 거의 동일하며 상보적 분포를 보인다. 이 둘의 관계를 이형태로 볼 수 있는가?

4. '설익다, 설마르다'의 '설-'과 '살얼음'의 '살-'의 관계를 설명하시오.

5. '부도덕, 부정확, 부자유'의 '부-'와 '불합리, 불경기, 불일치'의 '불-'이 동일한 접두사인지 서로 다른 별개의 독립된 접두사인지 설명하시오.

6. 탐구 '비생산적, 비민주적'의 직접구성요소와 '무계획적, 무차별적'의 직접구성요소가 다른 것을 설명하시오.

   <길잡이> '비-생산적, 비-민주적': 접두파생어

   　　　　'무계획-적, 무차별-적': 접미파생어

7. 탐구 '평생토록, 종일토록, 그토록'은 국어사전에 올라 있으나, '성공토록, 발전토록'은 국어사전에 올라 있지 않은 이유를 단어 구조의 차이로 설명하고, '-토록'의 문법적 지위에 대해 설명하시오.

   <길잡이> '-토록'은 '-하도록'의 준말

   　　　　'-하도록'의 결합 여부

   　　　　'-토록'이 조사인가, 접미사인가?

8. 탐구 '맹세코, 한사코'와 '무심코'는 명사에 '-하고'의 줄임말 '-코'가 결합되었지만, '-하고'가 결합한 경우와 '-코'가 결합한 경우의 의미가 동일하지 않다. 또 '기어코, 잠자코, 단연코'는 '-하고'가 결합하지 않는다. '-코'를 접미사로 볼 수 있는가?

   <길잡이> '-코'는 접미사인가, 보조사인가?

9. '궁상맞다, 방정맞다, 능글맞다'의 단어 구조를 설명하시오.

   <길잡이> '-맞다': 접미사

10. '수상쩍다, 의심쩍다, 미심쩍다'의 단어 구조를 설명하시오.

    <길잡이> '-쩍다': 접미사

11. '기다랗다/ 짤따랗다, 굵다랗다/ 가느다랗다, 널따랗다, 깊다랗다'를 어근과 접미사로 분석해 보고 접미사의 형태가 다른 이유를 설명하시오.

    <한글맞춤법> 규정 21항 참조

12. 다음 예문의 밑줄 친 단어의 형태소를 분석하고 형태소에 대한 문법적 설명을 덧붙이시오.

(1) 지구 온난화로 강물이 늦게 <u>얾이</u> 현실로 나타났다.
(2) 봄이 다가오자 강물의 <u>얼음</u>이 녹기 시작했다.

13. 다음 예문의 밑줄 친 단어의 형태소를 분석하고 문법 형태소에 대한 문법적 설명을 덧붙이시오.

(1) 축구 경기 중 흥분한 관중들 사이에 큰 <u>쌈</u>이 벌어졌다.
(2) 축구 경기 중 흥분한 관중들 사이에 집단 <u>싸움</u>이 벌어졌다.
(3) 우리 팀은 비록 졌지만 끝까지 치열하게 <u>싸움</u>은 칭찬 받을 만하다.

<길잡이> '싸움'과 '쌈'은 본말의 준말 관계

2. 합성법

개요

합성어	• 의미 관계에 따른 분류	• 대등 합성어 • 종속 합성어 • 융합 합성어
	• 어근의 결합 방식에 따른 분류	• 통사적 합성어 • 비통사적 합성어
	• 품사에 따른 분류	• 합성 명사 • 합성 동사 • 합성 형용사 • 합성 부사 • 합성 관형사
합성어와 구(句)의 구별 방법	• 분리성 • 의미의 변이	
통사 구성과 '들것'류	• 용언의 관형사형 + 것(의존 명사): 들 것, 탈 것, 질 것, 어린 것 • 합성어: 들것, 탈것, 질것, 어린것	

2.1. 합성어의 유형

예제 1

의미 관계에 따른 합성어의 분류 유형을 설명하시오.

(1) 밤낮, 논밭, 오가다
(2) 돌다리, 산나물, 얕보다
(3) 밤낮, 피땀, 돌아가다

합성어는 단어 구성 요소가 모두 어근인 단어이다. 합성어를 이루는 두 구성 요소는 의미적으로 대등하게 결합하기도 하고, 종속적으로 결합하기도 하며, 때로는 서로 융합하여 원래의 두 구성 요소가 가지던 의미와 전혀 다른, 새로운 의미를 나타내기도 한다.

개념

<의미 관계에 따른 합성어의 분류>

1. 대등 합성어

   두 어근이 의미적으로 대등하게 결합한 것

2. 종속 합성어

   뒤의 어근이 중심이 되고 앞의 어근은 뒤의 어근을 꾸며주는 것

3. 융합 합성어

   각각의 어근이 가진 본래의 의미를 잃어버리고, 새로운 의미를 나타내는 것

적용

1. (1)의 '밤낮'은 (4)-(5)에서 보듯이 두 가지 의미를 갖는데, '밤낮¹'은 '밤과 낮을 아울러 이르는 말'의 뜻으로 명사이다. 한자어로는 주야(晝夜)이다. 합성어에서 차지하는 두 어근 '밤'과 '낮'의 비중이 같은 대등 합성어이다. '논밭', '오가다'에서 '논'과 '밭', '오다'와 '가다'도 마찬가지로 두 어근의 비중이 같다. '밤낮²'는

'밤과 낮을 가리지 않고, 늘'의 뜻으로 쓰이는 부사로서 융합 합성어이다.

> (4) 그는 밤낮¹을 모르고 일만 한다.
> (5) 그는 밤낮² 놀기만 한다.

2. (2)의 '돌다리', '산나물', '얕보다'는 모두 앞의 어근 '돌', '산', '얕-'이 뒤의 어근을 꾸며주고, 뒤의 어근 '다리', '나물', '보-'가 합성어에서 의미의 중심이 되는 종속 합성어이다.

3. (3)의 '-시-'와 함께 쓰이는 '돌아가다'는 '죽다'의 높임말로 두 어근의 의미와 다른 새로운 의미를 나타내는 융합 합성어이다. '피땀'도 어근 '피'와 '땀'의 의미와는 다른 '애쓰는 노력과 정성'이라는 제3의 의미를 나타내는 융합 합성어이지만, '밤낮'과 마찬가지로 대등 합성어의 용법으로 쓰일 때도 있다.

주의

융합 합성어보다 뚜렷하게 드러나지는 않지만, 대등 합성어와 종속 합성어도 단순하게 두 구성 요소의 의미를 합한 것이 아니라 어느 정도 새로운 의미로 변이된 것이다.

확인 문제 1

합성어 '떡값'을 의미 관계에 따라 분류하시오.

예제 2

어근의 결합 방식에 따른 합성어의 분류 유형을 설명하시오.

(1) 밤낮, 큰형, 먹고살다
(2) 덮밥, 부슬비, 검붉다

하나의 언어 형식을 구성하고 있는 직접 성분이 모두 자립 형식인 것을 통사론적 구성이라고 하고, 직접 성분 가운데 하나 이상이 의존 형식인 것을 비통사론적 구성, 즉 형태론적 구성이라고 한다. 합성어에 이와 같은 개념을 적용하여 통사론적 구성을 이루는 합성어를 통사적 합성어, 비통사론적 구성을 이루는 합성어를 비통사적 합성어로 분류하기도 한다.

개념

<어근의 결합 방식에 따른 합성어의 분류>

1. 통사적 합성어

   한국어의 일반적인 문장 구조에서 확인되는 단어의 배열 방식에 따라 만들어진 합성어이다. 정상적인 단어의 배열법과 같은 방법으로 만들어지기 때문에 구(이은말)와 구별해서 사용해야 한다.

2. 비통사적 합성어

   정상적인 단어의 배열법에서 벗어나기 때문에 상대적으로 한국어의 단어 배열 방식에서 잘 나타나지 않는 합성어이다. 일반적인 구(句) 구성과 배열이 다르다.

적용

1. (1)의 '밤낮'은 '명사 + 명사', '큰형'은 '용언의 관형사형 + 명사', '먹고살다'는 '어간 + 어미 + 어간 + 어미'과 같은 구성으로 이루어졌는데, 이와 같은 구성 방식은 한국어의 문장 구성에서 일반적으로 나타난다. 이런 유형의 합성어를 통사적 합성어라고 한다.

2. (2)의 '덮밥'은 '어간 + 명사', '부슬비'는 '비자립 어근 + 명사', '검붉다'는 '어간

+ 형용사'로 구성되었는데, 모두 한국어의 문장에 나타나는 단어 배열법이 아니므로 비통사적 합성어라고 한다. '덮밥'은 '덮은 밥'이 되어야 정상적인 배열법이 되고, '검붉다'는 '검고 붉다'와 같은 방식으로 쓰이는 것이 일반적이다. '부슬비'의 선행 어근 '부슬'은 동일한 형태 '부슬'이 결합되어 반복 형태로서 '부슬부슬'로 쓰이는 것이 일반적이다.

확장

1. 통사적 합성어의 유형으로는 '첫눈'과 같이 '관형사 + 명사'의 구성으로 이루어진 것도 있다. '첫인상, 첫사랑, 첫눈', '새싹, 새신랑, 새해' 등이 이와 같은 구성 방식으로 형성된 예이다.
2. '부슬비'와 같은 구성 방식을 보이는 비통사적 합성어로는 '선들바람, 뭉게구름, 말랑무' 등이 있다.

주의

'늦더위'와 같은 파생어는 비통사적 합성어와 구별이 문제가 된다. '늦-'을 접두사로 볼 것인지, 비통사적 합성어의 어근으로 볼 것인지 판단이 쉽지 않기 때문이다.

확인 문제 2

'작은형'이 통사적 합성어인지, 비통사적 합성어인지 설명하시오.

> ## 예제 3
>
> (1)-(5)를 바탕으로 합성어의 품사에 따른 분류 유형을 설명하시오.
>
> (1) 첫사랑, 새신랑, 두꺼비집
> (2) 뛰어가다, 붉어지다, 빛나다, 잘되다
> (3) 뛰어나다, 굳세다, 게을러터지다, 손쉽다
> (4) 밤낮, 온종일, 곧잘
> (5) 여남은, 몇몇, 한두

합성어는 여러 가지 기준에 따라 다양한 유형으로 분류할 수 있다. 합성어를 품사에 따라 분류하면 합성 명사, 합성 동사, 합성 형용사, 합성 부사, 합성 관형사로 나눌 수 있는데, 대체로 후행 요소가 합성어 전체의 품사를 결정한다.

개념

<합성어의 품사 유형>

1. 합성 명사: 어근과 어근이 결합하여 새로운 명사가 된 것
2. 합성 동사: 어근과 어근이 결합하여 새로운 동사가 된 것
3. 합성 형용사: 어근과 어근이 결합하여 새로운 형용사가 된 것
4. 합성 부사: 어근과 어근이 결합하여 새로운 부사가 된 것
5. 합성 관형사: 어근과 어근이 결합하여 새로운 관형사가 된 것

적용

1. (1)의 '첫사랑'은 '관형사 + 명사', '새신랑'은 '관형사+명사', '두꺼비집'은 '명사 + 명사'로 구성된 합성 명사이다.
2. (2)의 '뛰어가다'는 '동사 + 동사', '붉어지다'는 '형용사 + 동사', '빛나다'는 '명사 + 동사', '잘되다'는 '부사 + 동사'로 구성된 합성 동사이다.
3. (3)의 '뛰어나다'는 '동사 + 동사', '굳세다'는 '형용사 + 형용사', '게을러터지다'는 '형용사 + 동사', '손쉽다'는 '명사 + 형용사'로 구성된 합성 형용사이다.

4. (4)의 '밤낮'은 '명사 + 명사', '온종일'은 '관형사 + 부사', '곧잘'은 '부사 + 부사'로 구성된 합성 부사이다. '곧잘'은 부사로만 쓰이지만 '밤낮'과 '온종일'은 명사와 부사로 품사 통용된다.

5. (5)의 '여남은'은 '열이 조금 넘는 수'의 뜻으로 (6)과 같이 쓰이는 수사이다. (7)에서는 의존 명사 '명'을 꾸며 주므로 수 관형사로 쓰였다. '몇몇'도 수사 '몇'이 중첩된 합성어인데, (8)과 같이 조사가 붙으면 합성 수사이며, (9)와 같이 조사가 붙지 않고 뒤의 체언을 수식하면 합성 관형사이다. '한두'는 '관형사 + 관형사'로 구성된 합성 관형사이다.

> (6) 회원들이 여남은밖에 모이지 않았다.
> (7) 여남은 명의 회원이 모였다.
> (8) 그는 친구 몇몇과 함께 여행을 떠났다.
> (9) 그 물건은 몇몇 재래 시장에서만 구할 수 있다.

확장

'관형사 + 의존 명사'의 구성으로 만들어진 합성 대명사도 있다.

예) 이곳, 저곳, 그곳/ 이분, 그분, 저분/ 이것, 저것, 그것

확인 문제 3

'여기저기, 이것저것, 요리조리'의 합성법을 설명하시오.

예제 4

선행 어근의 종류에 따른 합성 명사의 형성 방식을 설명하시오.

(1) 돼지고기, 돌다리, 바지저고리

(2) 비빔밥, 지름길, 디딤돌

(3) 헌책, 첫인상, 새색시

(4) 굳은살, 뜬소문, 섞어찌개

(5) 콧물, 치맛바람, 수돗물

두 어근이 결합하여 합성 명사를 만드는 방식은 매우 생산적이다.

개념

합성어를 이루는 두 구성 요소 X와 Y가 합성어 [XY]를 이룰 때 핵심적인 요소를 Y라고 하고, 부차적인 요소를 X라고 하면 합성 명사의 품사는 Y의 품사와 일치한다.

예) 새(관형사) + 해(명사) → 새해(명사) (핵심적인 요소: 해)

[XY] = Y

적용

1. (1)의 합성 명사들은 모두 '명사 + 명사'의 구성이다. '돼지고기'와 같은 종속 합성어는 '소고기, 닭고기, 오리고기' 등과 같이 매우 생산적인 방식으로 새로운 합성어를 만들어 낸다.

2. (2)의 합성 명사들은 '용언의 명사형 + 명사'의 구성이다. 합성어의 두 구성 요소 가운데 핵심적인 요소는 후행 명사이므로 전체 합성어의 품사는 명사가 된다.

3. (3)의 합성 명사들은 '관형사 + 명사'의 구성이다.

4. (4)의 '굳은살'과 '뜬소문'은 '용언의 관형사형 + 명사'의 구성이다. 또 '섞어찌개'는 '용언의 연결형 + 명사'의 구성이다.

5. (5)의 합성 명사들은 '명사 + 사이시옷 + 명사'의 구성이다.

확장

1. '곱슬머리, 뭉게구름, 물렁뼈, 흔들바위' 등과 같은 합성 명사는 '비자립 어근 + 명사'의 구성이다.

2. '잘못' 등과 같은 합성 명사는 '부사 + 부사'의 구성인데, 부사로 품사 통용되기도 한다.

3. '한둘'은 '수 관형사 + 수사'의 구성이다. (6)의 '한둘'은 수사이고, (7)의 '한둘'은 부정어와 어울려 '조금'의 뜻으로 쓰인 명사이다.

(6) 넓은 들판에는 농부가 한둘 눈에 띌 뿐 한적했다.

(7) 감기에 걸린 사람이 한둘이 아니다.

확인 문제 4

아래와 같은 신조어를 선행 어근의 종류에 따라 분류하시오.

반짝스타, 깜짝쇼, 누리집, 기러기아빠, 국민타자, 붉은악마

예제 5

선행 어근의 종류에 따른 합성 용언의 형성 방식을 설명하시오.

(1) 본받다, 앞서다, 낮설다

(2) 바로잡다, 잘살다, 더없다

(3) 오가다, 날뛰다, 검붉다

합성 용언에는 합성 동사와 합성 형용사가 있다. 합성 용언 [$V^1 + V^2$]³는 붙여 쓰지만, V^1과 V^2가 문장 내에서 각각 본래의 의미를 가지고 쓰이면 V^1과 V^2를 띄어 써야 한다.

개념

<합성 용언의 품사>

1. 선행 요소 + 동사 → 합성 동사
2. 선행 요소 + 형용사 → 합성 형용사

적용

1. (1)의 '본받다'와 '앞서다'는 합성 동사로서 '명사 + 동사'의 구성이고, '낮설다'는 합성 형용사로서 '명사 + 형용사'의 구성이다.

   '본받다, 앞서다, 낮설다'의 선행 어근 '본, 앞, 낮'은 후행 어근의 '목적어, 부사어, 주어'이다.

2. (2)의 '바로잡다'와 '잘살다'는 합성 동사로서 '부사 + 동사'의 구성이고, '더없다'는 합성 형용사로서 '부사 + 형용사'의 구성이다.

3. (3)의 '오가다'와 '날뛰다'는 합성 동사로서 '동사 어간 + 동사'의 구성이다. 또 '검붉다'는 합성 형용사로서 '형용사 어간 + 형용사'의 구성이다.

주의

1. '내려다보다, 올려다보다, 쳐다보다, 바라다보다' 등과 같은 합성 동사들은 (4)와

같이 '동사 어간 + 어미 + 동사'의 구성으로 분석하는데, 주의할 점은 어미 '-어다'를 분석해 내는 일이다.

    (4) '내려다보다' → '내리-' + '-어다' + '보다'

2. (5)의 '파고들다'와 '싸고돌다'는 합성 동사로서 '동사 어간 + 어미 + 동사'의 구성이고, '하고많다'는 합성 형용사로서 '용언 어간 + 어미 + 형용사'의 구성이다.

    (5) 파고들다, 싸고돌다, 하고많다.

3. '잘생기다, 못생기다, 잘나다, 못나다'는 합성 형용사로 분류해 오던 것을 근래에 국어사전에서 합성 동사로 품사를 바꾸었으므로 주의를 요하는 것들이다. 이러한 합성 동사들은 동사적인 문법적 특성도 지니고 있지만, 형용사적인 특성도 동시에 지니고 있기 때문에 동사와 형용사의 경계에 있는 것들이다. 품사를 변경한 가장 큰 이유는 이러한 합성어들이 기본형으로 문장을 끝맺지 않는다는 점 때문이다. 모든 형용사는 기본형으로 문장을 끝맺고, 동사는 '-는/ㄴ다'로 끝맺는다는 점에 초점을 맞추면 품사를 변경한 이유에 수긍이 간다. 하지만 '잘생기다'와 같은 합성어는 일반적으로 동사들과 결합을 허용하는 어미 '-자, -어라, -(으)려고' 등과의 결합이 허용되지 않는다. 이러한 점은 이들을 동사로 평가하기에 타당성이 약하다는 것을 보여 준다.

확인 문제 5

'약아빠지다, 못쓰다, 꼴좋다, 검붉다'를 선행 어근의 종류에 따라 분류하시오.

예제 6

선행 어근의 종류에 따른 합성 부사의 형성 방식을 설명하시오.

(1) 하나하나, 송이송이

(2) 한바탕, 한층, 어느새

(3) 이른바, 된통

(4) 또다시, 곧잘, 잘못

(5) 종알종알, 울렁울렁, 술렁술렁

합성 부사는 상징 부사의 중첩어와 구별이 문제이다. 상징 부사도 합성어의 범주로 볼 수 있으나, 상징 부사는 되풀이 기능 이외에 강조, 복수 등의 의미 기능을 갖는다는 차이가 있다.

개념

<합성 부사의 구성 요소>

1. 명사 + 명사

2. 관형사 + 명사

3. 용언의 활용형 + 명사

4. 부사 + 부사

5. 어근 + 어근

적용

1. (1)의 '하나하나'와 '송이송이'의 '하나'와 '송이'는 명사이다.

2. (2)의 '한바탕, 한층, 어느새'의 선행 요소 '한, 어느'는 모두 관형사이고, 후행 요소 '바탕, 층, 새'는 모두 명사이다.

3. (3)의 '이른바, 된통'의 선행 요소 '이른-, 된-'은 용언의 활용형이고, 후행 요소 '바, 통'은 명사이다.

4. (4)의 '또다시, 곧잘, 잘못'의 선행 요소와 후행 요소는 모두 부사로 이루어졌다.

5. (5)의 '종알종알, 울렁울렁, 술렁술렁'은 선행 요소와 후행 요소 어근이 되풀이 형태를 형성하여 부사의 자격을 갖는다.

주의

'마디마디'는 명사 '마디'가 중첩되어 이루어진 합성 명사이다. '두고두고'는 용언의 활용형 '두고'가 중첩되어 이루어진 합성 부사이다.

확장

상징어가 어근인 합성 부사는 몇 가지 유형으로 분류된다. '반짝반짝, 철썩철썩, 생긋생긋'은 (6)에서 보듯이 '반짝, 철썩, 생긋'이 자립적으로 쓰일 수 있고 '-거리다'가 붙어 용언으로 쓰이기도 한다. '두근두근, 비틀비틀, 촐싹촐싹' 등은 (7)에서 보듯이 합성어의 구성 요소 '두근'이 자립적으로 쓰이지는 못하지만, 접미사 '-거리다' 등이 붙어 파생어를 형성한다. 하지만 '고래고래', '갈기갈기' 등과 같은 상징어는 (8)에서처럼 '고래'가 자립적으로 쓰이지도 못하고 파생어를 형성할 수도 없다. 오직 어근이 반복되어 쓰일 수만 있다는 점에서 형태소 분석의 가능성도 의심되는 것들이다.

(6) 별이 반짝 빛난다./ 별이 반짝거린다.

(7) *가슴이 두근 뛴다./ 가슴이 두근거린다.

(8) *그가 고래 소리를 지른다./ *그가 고래거린다.

확인 문제 6

'갈래갈래, 고루고루, 온종일'의 구성 방식을 설명하시오.

2.2. 합성어와 구의 차이

> **예제 1**
>
> (1)-(2)를 바탕으로 합성어와 구(句)의 구별 방법을 설명하시오.
>
> (1) 영수는 추석에 큰집에 다녀왔다.
> (2) 대문이 큰 집이 우리 집이다.

　합성어 중 통사적 합성어는 두 어근의 결합 방식이 문장에서 구(句)를 형성할 때의 구성 방식과 같다. 즉 일반적인 구(句)구성과 단어의 배열 방식이 같으므로 분리성과 의미의 변이 등으로 이 둘을 구분해야 한다.

개념

<합성어와 구의 구별 방법>

특징 ＼ 분류	합성어 영수는 추석에 큰집에 다녀왔다.	구(句) 대문이 큰 집이 우리 집이다.
분리성	×	○ (대문이 큰 저 집)
서술성	×	○ (집이 대문이 크다)
의미 변이	○ (아버지의 형 집)	×

적용

1. (1)의 합성어 '큰집'은 두 구성 요소 '큰'과 '집' 사이에 다른 언어 형식을 끼어 넣을 수 없으므로 분리성이 없다. (2)의 구(句) '큰 집'은 '대문이 큰 저 집이 우리 집이다'에서처럼 '큰'과 '집' 사이에 다른 말 '저'를 끼워 넣을 수 있으므로 분리성이 있다.

2. (1)의 '큰집'은 명사이므로 서술성을 갖지 못하지만 '큰 집'은 '집이 크다'라는 문장을 안고 있고, 이때 '큰'은 주어 '집이'의 서술어 기능을 한다.

3. (1)의 '큰집'은 두 구성 요소 '큰'과 '집'을 단순히 합한 의미가 아니라 '아버지 형의 집'이라는 뜻을 지니고 합성어가 된다. 반면 '큰 집'은 두 단어가 하나의 품사와 같은 기능을 하는 구로 의미 변이가 없다. 여기에서 '큰 집'은 두 단어 '큰'과 '집'이 한 단위로서 명사와 같은 기능을 하는 명사구이다.

확장

(3)의 '탈것'은 분리성, 서술성, 의미의 변이로 검증하면 합성어로 판정되고, (4)의 '탈 것'은 구로 확인된다. 합성어 '탈것'은 명사이므로 관형어 '싼 요금의'의 수식을 받고, 구 '탈 것'에서 '탈'은 용언이므로 부사어 '안전하게'의 수식을 받는다는 차이가 있다.

> (3) 싼 요금의 <u>탈것</u>을 찾고 있다.
> (4) 안전하게 <u>탈 것</u>을 구했다

확인 문제 1

(1)의 밑줄 친 부분이 합성어인지 구(句)인지를 부사 '높이'와의 수식 관계를 통해 판별하시오.

(1) 가. *그가 높이 <u>뛰어갔다</u>.

　　나. 그가 높이 <u>뛰어(서) 갔다</u>.

합성법 연습 문제

1. 다음의 자료를 활용하여 '헌책방'을 하나의 합성어로 보아야 할지, '헌 책방'과 같이 이은말로 보아야 할지를 판별해 보시오.

> (1) 우리 동네에는 간판이 아주 헌 책방이 있다.
> (2) *우리 동네에는 매우 헌책방이 있다.
> (3) 우리 동네에 큰 헌책방이 생겼다.

2. [탐구] 다음의 자료들을 띄어 써야 하는 것과 붙여 써야 하는 것, 그리고 합성어로 쓰일 때는 붙여 쓰고 이은말로 쓰일 때는 띄어 쓰는 것으로 나누고, 각각의 경우에 해당하는 예문을 제시하여 용법을 설명하시오.

"들것, 딴것, 쓸 것"

3. 합성어 '장국밥'과 '따로국밥'을 직접구성요소로 분석하고, 통사적 합성어인지, 비통사적 합성어인지 판별해 보시오.

<길잡이> 장국-밥
　　　　　따로-국밥

4. 다음 합성어들의 구조적 차이를 설명하시오.

"재미있다, 힘쓰다/ 손쉽다"

5. [탐구] 다음의 자료를 용언의 활용형과 통사적 구성에 의해 형성된 말로 나누어 보시오.

"잘해야/ 잘돼야, 아울러/ 서둘러, 되도록/ 죽도록"

6. 다음의 자료 중에서 합성어로 볼 수 있는 것을 고르시오.

"살아생전, 하고많다, 하고하다, 한다하는, 턱없다, 흥미없다, 늘푸른"

7. 다음의 자료는 어근에 조사가 결합하여 형성된 말들이다. 이들 단어의 조어 구조를 설명하시오.

> (1) 고만, 그만치, 별의별
> (2) 대체로, 멋대로, 뜻대로
> (3) 글쎄요, 여봐요

8. 다음의 자료는 어근에 어미가 결합하여 형성된 말들이다. 이들 단어의 조어 구조를 설명하시오.

> (1) 이렇게, 그렇고
> (2) 보고, 치고, 하고
> (3) 걸핏하면, 툭하면, 까딱하면, 하지만
> (4) 뜬소문, 어린이, 작은형

9. 〔탐구〕 다음의 자료들이 합성어인지 본용언-보조용언 구조인지 설명하시오.

> (1) 알아보다, 쳐다보다/ 들어보다, 먹어보다
> (2) *빨라지다/ 느려지다, *좋아지다/ 나빠지다, 밝아지다/ *어두워지다
>
> *표는 사전 미등재 표시임.

3. 직접구성성분

(1)의 단어들이 파생어인지, 합성어인지 설명하시오.

(1) 곁눈질, 말다툼, 밥벌이

언어 형식을 분석하였을 때 일차적으로 분석되는 두 성분을 그 언어 형식의 직접구성성분이라고 한다. 하나의 단어가 세 개 이상의 형태소로 구성될 때 형태소의 결합은 계층적 구조를 이루고 있기 때문에 직접구성성분으로 단어의 구조를 파악해야 한다.

개념

<파생 후 합성과 합성 후 파생>

1. 파생어 + 어근 → 합성어
2. 합성어 + 접사 → 파생어

적용

1. '곁눈질'은 어근 '곁'과 어근 '눈'이 결합하여 먼저 합성어 '곁눈'을 형성하고, 여기에 파생 접미사 '-질'이 결합하여 파생어 '곁눈질'이 만들어졌다. '눈질'이라는 파생어가 존재하지 않으므로 '곁눈질'의 직접구성성분을 '곁'과 '눈질'로 분석하지 않는다.

2. '말다툼'은 '다투다'의 어간 '다투-'에 명사를 만드는 접미사 '-(으)ㅁ'이 결합하여 파생어 '다툼'을 형성한 후, 어근 '말'이 결합하여 합성어 '말다툼'이 만들어졌다. '말다투다'라는 합성어가 존재하지 않으므로 '말다툼'의 직접구성성분을 '말다투-'와 '-(으)ㅁ'으로 분석하지 않는다.

3. '밥벌이'는 '벌다'의 어간 '벌-'에 명사를 만드는 접미사 '-이'가 결합하여 파생어 '벌이'를 형성한 후, 어근 '밥'이 결합하여 합성어 '밥벌이'가 만들어졌다. '밥벌

다'라는 합성어가 존재하지 않으므로 '밥벌이'의 직접구성성분을 '밥벌-'과 '-이'로 분석하지 않는다.

확장

1. 파생어 + 접사 → 파생어

   '헛웃음', '웃음기'는 파생어 '웃음'에 각각 접두사 '헛-'과 접미사 '-기'가 결합하여 만들어졌다. 접미사 '-기(氣)'는 기름기, 바람기, 시장기와 같은 파생어를 형성한다.

2. '해돋이'와 같은 단어의 구조는 직접구성성분을 밝히는 데 어려움이 있다. '돋이'라는 파생어가 존재하지 않으므로 '해 + 돋이'로 분석할 수 없고, '해돋다'라는 합성어도 존재하지 않으므로 '해돋- + -이'로도 분석할 수 없기 때문이다.

주의

'고기잡이, 총잡이, 타향살이' 등과 같은 유형은 어근 '고기', '총', '타향'에 접미사 '-잡이'와 '-살이'가 결합된 것이다.

확인 문제 1

(1)의 단어들이 파생어인지, 합성어인지 설명하시오.

(1) 코웃음, 놀이터, 구두닦이

4. 다양한 단어 형성 방법

예제 1

(1)-(5)의 단어 형성법을 설명하시오.

(1) 진실로, 마음대로, 글쎄요

(2) 그렇게, 되도록, 갈수록

(3) 신다-신, 품다-품, 띠다-띠

(4) 라볶이, 거렁뱅이, 네티켓

(5) 강추, 완소, 지못미

한국어 단어 형성법은 파생법과 합성법 위주로 논의를 해 왔는데, 파생법과 합성법으로는 설명하기 힘든 다양한 단어 형성법이 있다.

개념

<다양한 단어 형성법>

1. 통사론적 구성의 어휘화: 어근에 조사나 어미가 붙어 새 단어를 만드는 단어 형성법이다.

2. 영 변화: 영(∅) 형태소가 결합하여 새 단어를 만드는 단어 형성법이다.

3. 혼성: 두 단어의 일부를 결합하여 새 단어를 만드는 단어 형성법이다.

4. 축약: 구 단위나 문장 단위의 말이 줄어들어 새 단어를 만드는 단어 형성법이다.

적용

1. (1)은 어근 '진실', '마음', '글쎄'에 조사 '로', '대로', '요'가 결합한 구성이다. 어근과 어근이 결합하면 합성의 개념이고, 어근에 접사가 결합하면 파생의 개념인데, 이 경우는 이 둘에 해당하지 않는다. 따라서 합성과 파생의 범주를 벗어난 별개의 단어 형성 방법이라 할 수 있다.

2. (2)는 어근 '그렇-', '되-', '가-'에 어미 '-게', '-도록', '-ㄹ수록'이 결합한 구성이다. 이와 같은 단어 형성 방법도 (1)과 마찬가지로 어근과 파생 접사의 결합이 아니

므로 파생법으로 볼 수 없고, 별개의 단어 형성법이다. (1)과 (2)에서 어근에 결합한 형태소들은 파생 접미사가 아니기 때문이다.

3. (3)은 어근 '신', '품', '띠'에 눈에 보이는 접미사가 결합하지 않고, 무형의 형태소 'Ø'이 결합한 것으로 보아 영 변화라고 한다. 넓게 보면 '영 접미법'으로 보기도 한다.

4. (4)의 '라볶이'는 '라면'과 '떡볶이' 두 단어의 일부를 결합하여 새 단어를 만든 단어 형성법인데 이와 같은 것을 혼성이라고 한다. '거렁뱅이'는 '거지'와 '비렁뱅이', '네티켓'은 '네티즌'과 '에티켓'의 혼성이다.

5. (5)는 '강력 추천', '완전 소중'과 같은 구 단위나 '지켜주지 못해 미안해'와 같은 문장 단위의 말이 줄어들어 새로운 단어를 만든 단어 형성법이다.

확장

역형성: 명사 '점잔'은 '젊지 아니하다 → 젊잖다 → 점잔하다'와 같은 잘못된 분석 과정을 거쳐 새 단어가 만들어진 단어 형성법이다.

확인 문제 1

(1)의 단어 형성법을 설명하시오.

(1) 대체로, 되게, 하지만, 글쎄다, 깜놀, 휴게텔

Ⅱ. 통사론

01. 문장의 구성
02. 문장의 성분
03. 문장의 짜임새
04. 문법 범주

01. 문장의 구성

❶ 문장의 개념
❷ 문장의 구성 단위

❶ 문장의 개념

문장은 우리의 생각이나 느낌을 완결된 내용으로 표현하는 최소의 독립적 언어 형식이다.

문장의 성립 요건

- 완결된 내용으로 표현하려면 주어나 서술어와 같은 필수적인 성분을 갖추어야 한다.
- 문장이 끝났음을 나타내는 표지가 있어야 한다. 표지는 입말에서는 억양으로, 글말에서는 온점(.), 물음표(?), 느낌표(!) 등의 문장 부호로 나타난다.

> **소형문**
>
> (1)과 (2나)와 같이 주어나 서술어와 같은 꼭 필요한 성분을 갖추지 않은 문장
>
> (1) 불이야!
> (2) 가. 너 언제 올래.
>   나. 내일.

문장의 기본 형식

무엇이 어찌한다.	차가 멈추었다.
	아이가 울음을 멈추었다.
무엇이 어떠하다.	달이 밝다.
	그는 국제 정세에 밝다.
무엇이 무엇이다.	한국은 선진국이다.

'어찌하다'는 동사, '어떠하다'는 형용사, '무엇이다'는 '체언 + 이다'에 해당한다.

❷ 문장의 구성 단위

| 구 | 두 개 이상의 어절이 모여 하나의 단어와 같은 역할을 하는 단위이다. 명사구, 동사구, 형용사구, 부사구, 관형사구가 있다. |

| 절 | 절은 두 개 이상의 어절이 모여 하나의 문법 단위를 이룬다는 점에서 구와 같다.
하지만 구와 달리 절의 구성 요소는 주어와 서술어의 관계를 이룬다. 절은 문장과 달리 전체 문장의 일부분으로 쓰인다. |

| 어절 | 어절은 띄어쓰기 단위와 일치하며, 조사와 어미 등 문법적인 요소는 앞에 오는 단어와 결합하여 어절을 이룬다.
어절의 개념은 교육 문법에서 주로 사용한다. |

| 문장 | 문장은 완결된 생각을 나타내는 최소의 언어 형식이다. |

구 ·절 ·어절의 구별

세계인이 <u>한국 문화를</u> 인정하고 있다.
　　　　　어절 + 어절
　　　　　　구

세계인이 <u>한민족이 우수함을</u> 인정하고 있다.
　　　　　어절 + 어절
　　　　　　절

02. 문장의 성분

❶ 주성분
❷ 부속 성분
❸ 독립 성분
❹ 기본 문형

❶ 주성분

개요

주성분에는 주어, 목적어, 서술어, 보어가 있다.

주격 조사의 기능을 하는 조사: '이/가', '께서', '에서', '에게', '서'

| 주어의 통사적 특징 | • 주어가 높여야 할 대상이면 용언에 '-(으)시'를 결합함
• 주어와 같은 말이 반복하여 나타날 때 뒤엣것은 재귀 대명사 '자기'로 나타남 |

| 목적어의 겹침 | • 두 목적어의 관계
• 전체와 부분, 앞 목적어의 한 종류, 수량 |

| 서술어의 자릿수 | • 서술어가 요구하는 필수 성분의 수 |

| 서술어의 선택 제한 | • 용언은 주어나 목적어 등에 어떤 특별한 말을 제한하여 선택함 |

| 보어의 범위 | • '되다', '아니다'가 요구하는 주어 이외의 성분
• 심리 용언이 요구하는 주어 이외의 성분
• 감각 용언이 요구하는 주어 이외의 성분
• 일부 용언이 요구하는 수나 양을 나타내는 주어 이외의 성분 |

1. 주어

다음 자료를 바탕으로 주어가 되는 재료에 대해 설명하시오.

(1) <u>기후가</u> 변하고 있다.

(2) <u>우리가</u> 나아갈 길에 대해 토론합시다.

(3) <u>셋이</u> 둘보다 많다.

(4) <u>남극의 빙하가</u> 녹아내리고 있다.

(5) <u>그녀가 거짓말했음이</u> 검찰에서 밝혀졌다.

주어는 문장에서 동작 또는 상태나 성질의 주체가 되는 말이다. 즉 서술어(풀이말)의 주체(임자말)가 된다.

개념

주어는 체언이나 체언 구실을 하는 말에 주격 조사가 붙어서 이루어진다.

적용

1. (1)의 명사 '기후'에 주격 조사 '가'가 붙어 주어를 이루고 있다.
2. (2)의 대명사 '우리'에 주격 조사 '가'가 붙어 주어를 이루고 있다.
3. (3)의 수사 '셋'에 주격 조사 '이'가 붙어 주어를 이루고 있다.
4. (4)의 체언 구실을 하는 명사구 '남극의 빙하'에 주격 조사 '가'가 붙어 주어를 이루고 있다
5. (5)의 체언 구실을 하는 명사절 '그녀가 거짓말했음'에 주격 조사 '이'가 붙어 주어를 이루고 있다.

확장

(6)-(10)의 밑줄 친 성분도 주어를 이루고 있다.

(6) <u>앞으로 지구 온난화에 어떻게 대비하느냐가</u> 문제이다.
(문장 + 주격 조사)

(7) <u>'잘생기다'가</u> 동사인가, 형용사인가? ('인용하는 말' + 주격 조사)

(8) <u>설마가</u> 사람 잡는다. (부사 + 주격 조사)

(9) <u>이제부터가</u> 시작이야. (부사 + 보조사 + 주격 조사)

(10) <u>그가 반성하지 않아서가</u> 문제이다. (용언의 연결형 + 주격 조사)

주의

(11)-(13)의 밑줄 친 성분은 주어로 보기 어렵다.

(11) 그가 기뻐하면서 하는 <u>말이</u> 이번 시험은 잘 보았다나.

(12) 나는 <u>집밥이</u> 먹고 싶다.

(13) 그 가게는 물건이 <u>싸지가</u> 않아요.

(11)의 밑줄 친 성분은 그에 호응하는 서술어가 없기 때문에 주어로 보기 어렵다. (12)의 본동사 '먹다'는 타동사이므로 목적어 '집밥을'이 와야 한다. 하지만 '-고 싶다' 구성에서는 본동사의 목적어에 그 목적어를 지정하여 강조하는 뜻을 나타내는 기능을 하는 '이/가'가 나타나기도 한다. 이때 '집밥이'는 주어가 아니며 조사 '이/가'는 주격 조사의 보조사적 기능으로 처리한다. '먹고 싶다'는 형용사와 같은 기능을 한다. (13)에서 용언 '싸다'에 붙은 조사 '가'는 주격 조사가 아니다. 이 경우 조사 '가'는 '를'로 교체 가능하다.

확인 문제 1

체언 구실을 하는 말들이 주어가 되는 문장을 만들어 보시오.

예제 2

다음 자료를 바탕으로 주격 조사의 종류를 설명하시오.

(1) 첫눈<u>이</u> 온다.

(2) 할머니<u>께서</u> 우리 집에 오셨다.

(3) 가. 우리나라<u>에서</u> 올림픽을 개최하였다.

　　나. *학생회 임원들<u>에서</u> 학교 앞 청소를 한다.

　　다. *우리 학교<u>에서</u> 참 좋다.

개념

주격 조사의 기능을 하는 조사로는 '이/가', '께서', '에서', '에게', '서'가 있다.

적용

1. (1)에서는 주격 조사 '가'와 동일한 조사(이형태) '이'가 사용되었다.

2. (2)와 같이 체언이 높여야 할 대상일 때는 주격 조사 '께서'를 사용한다.

3. (3가)와 같이 체언이 단체나 조직을 나타내는 무정 명사일 때는 '에서'가 주격 조사의 기능을 한다.

4. (3나)와 같이 단체나 조직이라도 유정 명사에는 '에서'가 붙지 않고 주격 조사 '이/가'가 붙어 주어를 표시한다.

5. (3다)와 같이 서술어가 형용사일 때는 '에서'가 붙지 않는다.

확장

(4)와 (5)의 밑줄 친 부분에 쓰인 조사 '에게'와 (6)에 쓰인 조사 '서'는 주격 조사의 기능을 한다.

(4) 나<u>에게는</u> 존경하는 선생님이 한 분 있다.

(5) 선생님<u>에게는</u> 책이 많으시다.

(6) 둘<u>이서</u> 이삿짐을 날랐다.

　　(4)와 (5)의 밑줄 친 성분을 주어로 볼 수 있는 근거는 서술어에 선어말어미 '-(으)시-'의 결합 여부이다. (4)의 '나'는 높임의 대상이 아니기 때문에 '있다'에 '-(으)시-'가 붙지 않고, (5)의 '선생님'은 높임의 대상이므로 '많다'에 '-(으)시-'가 붙었다. 하지만 '에게'의 이러한 용법은 '있다, 많다, 적다'와 같은 한정된 용언에서만 나타나기 때문에 주격 조사로 언급하지 않는 경우가 많다. (6)에서처럼 사람을 나타내는 수사(인수사) '둘이, 셋이, 넷이…'에 붙은 조사 '서'는 주격 조사로 본다. '하나'는 나타나지 않고, '혼자'가 사용된다.

주의

　　주어에 '은/는' 등과 같은 보조사가 붙을 경우에는 (7)과 같이 주격 조사 '이/가'가 문장에 나타나지 않는다. 이럴 경우 보조사 '은/는'이 주격 조사의 기능을 하는 것이 아니고 주격 조사 '이/가'가 숨어 있다고 해석한다. (8)과 (9)에서와 같이 '께서'와 '에서'는 보조사 '은/는'이 붙어도 생략되지 않는다.

> (7)　철수는 학원에 갔어요.
> (8)　선생님께서는 우리들을 반갑게 맞이하셨다.
> (9)　우리 회사에서는 재택근무를 시행하고 있다.

확인 문제 2-1

(1)-(3)의 밑줄 친 성분이 주어인지 다른 성분인지 설명하시오.

(1) 우리 회사에서 신제품을 개발하였다.

(2) 아이들이 운동장에서 뛰어논다.

(3) 혼자서 집안 청소를 다 했어요.

확인 문제 2-2

(1)-(2)에서 주어를 찾아 그 이유를 설명하시오.

(1) 너만은 나를 실망시키지 않겠지.

(2) 영수도 지금쯤은 그 소식을 들었겠지.

예제 3

다음 자료를 바탕으로 주어의 통사적 특징을 설명하시오.

(1) 선생님께서는 그림을 잘 그리신다.

(2) 가. 영수는 자기만 최고인 줄 알아.

　　나. *나도 자기 일을 할 테니, 너도 자기 일을 해라.

개념

1. 주어가 높여야 할 대상이면 서술어인 용언에 선어말어미 '-(으)시-'를 결합한다.

2. 주어와 같은 말이 반복하여 나타날 때에 뒤엣것은 재귀 대명사 '자기'로 나타난다.

적용

1. (1)에서 주어인 '선생님'이 높임의 대상이므로 서술어 '그리다'에 '-(으)시-'가 결합되었다.

2. '영수는 영수만 최고인 줄 알아.'와 같이 주어가 반복되는 경우, (2가)와 같이 뒤에 나타나는 '영수'는 재귀 대명사 '자기'로 나타난다. 이 경우 주어는 3인칭이어야 한다.

3. (2나)에서도 주어 '나', '너'와 같은 말이 반복되었지만, 1인칭과 2인칭이므로 '자기'로 바꾸지 않는다.

확장

'시킴'의 뜻을 지니는 용언이 서술어로 나타날 때에는 (3)과 (4)에서처럼 문장이 중의성을 가진다.

(3) 영수는 친구를 자기 집으로 보냈다.

(4) 영수는 톰에게 자기 나라 말을 가르친다.

(3)에서 '자기'는 주어의 통사적 특징에 따라 '영수'이어야 하지만 목적어 '친구'로 해석되기도 하며, (4)에서도 '자기'는 주어 '영수'로 해석되기도 하고 부사어 '톰'으로 해석되기도 하는 중의적 표현이 된다.

주의

1. (5)-(6)의 '자기'는 '그 사람 자신'의 의미로 쓰인 명사이다.

> (5) 자기가 한 일은 자기가 책임져야 한다.
> (6) 너는 지나치게 자기 위주로 행동한다.

2. (7)의 '일본 정부'는 단체를 나타내는 무정 명사이기 때문에 조사 '에서'가 붙을 경우 주어로 기능한다고 앞서 설명하였고, 이럴 경우 '자기'는 반복되는 주어 '일본 정부'가 된다. 그런데 복수를 나타내는 접미사 '-들'은 셀 수 있는 가산성 명사에만 결합할 수 있다는 제약이 있기 때문에 '자기'는 '일본 정부'가 될 수 없다는 문제가 발생한다. 그래서 '에서'를 주격 조사로 보지 않고 숨어 있는 주어, '관료들'이 따로 존재한다고 보는 견해도 있다. (8)의 경우도 마찬가지이다.

> (7) 일본 정부에서는 자기들이 한 일이 아니라고 한다.
> (8) 그 회사에서는 자기들의 이익만 추구한다.

확인 문제 3

(1)과 (2)에 쓰인 '자기'는 누구인지 근거를 들어 설명하시오.

(1) 영수는 동생에게 자기 간식을 먹였다.

(2) 영수는 동생에게 자기 간식을 먹게 했다.

예제 4

다음 자료를 바탕으로 주격 조사가 생략되기 어려운 조건을 설명하시오.

(1) 가. <u>아버지</u>Ø 오셨다.

　　 나. *<u>선진국</u>Ø 개도국에게 백신을 공급해야 한다.

(2) A: <u>어디</u>가 사범대학이에요?

　　 B: *<u>저기</u>Ø 사범대학이에요.

(3) A: <u>누가</u> 이 음식 만들었어요?

　　 B: *<u>영수</u>Ø 만들었어요.

(4) 가. 이런 <u>제품</u>이 어떻게 안 팔릴 수가 있겠어?

　　 나. *이런 <u>제품</u>Ø 어떻게 안 팔릴 수가 있겠어?

(5) A: <u>영수</u> 왔니?

　　 B: 응, <u>영수</u>Ø 왔어.

　　　 아니, <u>영희</u>가 왔던데.

　대화에서 주격 조사를 생략하여도 주어가 무엇인지 알 수 있는 경우에는 주격 조사를 생략할 수 있다. 이때 원칙적으로 생략된 주격 조사는 복원 가능성이 있어야 한다. 하지만 주격 조사를 생략하여 문제가 발생할 때는 주격 조사를 생략할 수 없다.

개념

<주격 조사 생략 제약 조건>

1. 의문사가 주어일 경우와 그 대답의 주어

2. 주어를 강조하는 경우

3. 판단 의문문에서 부정 대답의 경우

적용

1. (1가)와 같이 주어임이 분명할 때는 주격 조사를 생략할 수 있는데, 글말보다는 입말에서 주로 나타난다.

2. (2)와 (3)의 '어디, 누구'와 같은 의문사가 주어일 때는 주격 조사를 생략하기 어려우며, 그 대답의 주어에 쓰인 주격 조사도 생략되지 않는다.

3. (4)와 같이 주어 앞에 수식하는 말이 붙어 주어를 강조하는 경우에는 주격 조사를 생략하기 어렵다.

4. (5)와 같이 판단 의문문에서 긍정 대답의 경우 주격 조사를 생략할 수 있지만, 부정 대답의 경우에는 주격 조사를 생략하기 어렵다.

확장

안긴문장의 주어에 쓰인 주격 조사는 (6)에서처럼 생략하기 어렵지만, (7)-(8)과 같이 생략이 가능한 경우도 있다.

> (6) 우리는 어머니Ø 만든 과자를 먹었다.
> (7) 영수는 땀Ø 나도록 운동장을 뛰었다.
> (8) 영수는 방학Ø 오기를 기다린다.

확인 문제 4-1

안긴문장의 주어에 쓰인 주격 조사가 생략되는 경우와 그렇지 않은 경우의 예를 제시하시오.

확인 문제 4-2

(1)이 비문이 되는 이유를 설명하시오.

(1) *형 동생 때렸어요.

확인 문제 4-3

다음 대화에서 주격 조사가 생략되는 경우와 그렇지 않은 경우를 설명하시오.

A: 이번 경기에서 한국이 이겼다며?

B: 응, 한국 이겼어.

　*아니, 일본 이겼어.

　아니, 한국 졌어.

2. 목적어

다음의 자료를 바탕으로 목적어가 되는 재료를 설명하시오.

(1) 영수는 <u>문법을</u> 싫어한다.

(2) 회사는 <u>노조측의 요구를</u> 수용하였다.

(3) 너는 <u>장래에 무슨 일을 하기를</u> 원하니?

(4) <u>빙하가 녹으면 지구가 어떻게 될 것인가를</u> 걱정해야 한다.

목적어는 서술어의 행위의 대상이 되는 문장 성분이다. 타동사가 서술어로 쓰일 때는 목적어가 반드시 필요하다.

개념

목적어는 체언이나 체언 구실을 하는 말에 목적격 조사 '을/를'이나 'ㄹ'이 붙어서 이루어진다.

적용

1. (1)에서는 서술어 '싫어하다'의 대상이 되는 말인 체언 '문법'에 목적격 조사 '을'이 붙어 목적어를 이룬다.

2. (2)에서는 체언 구실을 하는 말인 명사구 '노조측의 요구'에 목적격 조사 '를'이 붙어 목적어를 이룬다.

3. (3)에서는 체언 구실을 하는 말인 명사절에 목적격 조사 '를'이 붙어 목적어를 이룬다.

4. (4)에서는 하나의 문장에 목적격 조사 '를'이 붙어 목적어를 이룬다.

확장

(5)와 같이 목적격 조사가 생략되기도 하고, (6)과 같이 목적격 조사가 생략된 채 보조사가 붙어 목적어를 나타내기도 한다. 또 (7)과 같이 목적격 조사가 생략되지

않고 보조사가 덧붙어 목적어가 되기도 한다.

> (5) 너 요리Ø 잘하는구나.
> (6) 너 요리도 잘하는구나.
> (7) 나는 너만을 사랑한다.

보조사와 격조사가 겹쳐 나타날 때는 (8)-(9)에서 보듯이 일반적으로 '격조사 + 보조사'의 순서로 쓰이지만, '만, 부터, 까지'와 같이 특정한 보조사에 주격 조사나 목적격 조사가 결합할 때는 '보조사 + 격조사'의 순서를 이룬다.

> (8) 너희들 운동장에서만 놀아라. (격조사 '에서' + 보조사 '만')
> (9) 이건 특별히 너에게만 주는 거야. (격조사 '에게' + 보조사 '만')

주의

목적격 조사 없이 보조사가 붙어 목적어를 이루더라도 보조사가 목적격 조사의 기능을 하는 것은 아니다. (10)-(11)에서 알 수 있듯이 보조사 '도'는 주어나 부사어 자리에도 나타나기 때문이다.

> (10) 너도 요리를 잘하니?
> (11) 너 지금도 요리를 잘하니?

확인 문제 1

(1)에서 목적어를 찾아 그 재료에 대해 설명하시오.
(1) 나는 내가 어떻게 해야 할지를 모르겠다.

예제 2

다음과 같이 서술어의 행위의 대상이 아닌 문장 성분에 목적격 조사가 나타나는 현상을 설명하시오

(1) 비행기가 <u>머리 위를</u> 날고 있다.

(2) 시계가 하루에 <u>오 초를</u> 빨리 간다.

(3) 영수는 아침마다 <u>사 킬로미터를</u> 뛴다.

목적어는 서술어가 타동사일 때 나타나지만, 일부 자동사의 경우에도 목적격 조사가 나타나는 경우가 있다.

개념

방향이나 처소, 수(數)를 나타내는 말에 목적격 조사가 붙어 쓰이기도 한다.

적용

(1)-(3)의 밑줄 친 문장 성분은 순수한 목적어의 기능을 한다고 보기는 어렵지만 학교문법에서는 목적격 조사가 붙은 이와 같은 예시들을 목적어로 처리한다.

1. (1)의 밑줄 친 문장 성분과 같이 방향이나 처소를 나타내는 말은 '머리 위를'을 '머리 위에서'로 교체할 수 있다. '학교를 가다'를 '학교에 가다'로 바꾸어 쓸 수 있는 것과 마찬가지이다.

2. (2)의 밑줄 친 문장 성분 '오 초를'은 시간을 나타내므로 목적어라고 보기 어려운 경우인데도 목적격 조사가 붙었다.

3. (3)의 밑줄 친 문장 성분 '사 킬로미터를'은 거리를 나타내므로 목적어라고 보기 어려운 경우인데도 목적격 조사가 붙었다.

확장

(4)에서 보듯이 '함께 함'을 나타내는 문장 성분에도 조사 '와/과' 대신에 목적격

조사 '을/를'이 붙어 쓰인다. 하지만 대등하지 않은 관계일 경우에는 '함께 함'의 용법이 아니므로 (5)와 같이 '와/과'를 쓰지 않고 '을/를'을 쓴다.

> (4) 영수가 공원에서 <u>친구와</u> 만났다. → 영수가 공원에서 <u>친구를</u> 만났다.
>
> (5) *영수가 산길에서 <u>강도와</u> 만났다. → 영수가 산길에서 <u>강도를</u> 만났다.

주의

1. (6)-(8)의 밑줄 친 문장 성분은 목적격 조사 '을/를'이 붙었지만 목적어가 아니다. 이 경우 조사 '을/를'은 격조사가 아닌 보조사의 기능을 한다고 볼 수 있으며, 일부 국어사전에서는 보조사로 처리하고 있기도 하다.

> (6) 아무리 해도 흥분이 <u>가라앉지를</u> 않았다.
>
> (7) <u>잊고를</u> 싶어도 잘 되지가 않아요.
>
> (8) 내 말도 좀 <u>들어를</u> 보세요.

2. (9)의 밑줄 친 문장 성분도 목적어로 보기 어렵다. '곧이를'이 목적어가 아닌 이유는 부사 '곧이'에 조사 '를'이 붙었기 때문이다.

> (9) 그들이 내 말은 <u>곧이를</u> 듣지 않아요.

확인 문제 2

(1)의 밑줄 친 문장 성분을 목적어로 볼 수 있는지 설명하시오.

(1) 너는 왜 <u>피시방에를</u> 갔니?

예제 3

다음 자료를 바탕으로 목적어가 겹쳐 쓰이는 현상을 설명하시오.

(1) 한국 양궁 선수들이 <u>과녁</u>을 <u>한가운데</u>를 맞혔다.

(2) 나는 <u>커피</u>를 <u>원두커피</u>를 좋아한다.

(3) 오늘은 <u>점심</u>을 <u>두 번</u>을 먹었네.

(4) 가. 영수가 <u>짜장면</u>을 <u>다섯 그릇</u>Ø 먹었다.

　　나. 영수가 <u>짜장면</u>Ø <u>다섯 그릇</u>을 먹었다.

목적어는 한 문장 안에 두 번 이상 겹쳐 나타날 수 있다. 주어가 두 번 이상 나타나는 경우는 학교문법에서 이를 겹문장으로 처리하지만, 목적어가 겹쳐 나타나는 경우는 홑문장으로 본다.

개념

목적어의 겹침: 두 체언의 관계

뒤의 목적어는 앞의 목적어의 한 부분이거나 한 종류 또는 수량을 나타낸다.

적용

(1)-(4)의 서술어는 주어 이외에 하나의 목적어만 있어도 문장이 충족되지만, 모두 두 개의 목적어를 취한 예들이다.

1. (1)의 '과녁'과 '한가운데'는 전체와 부분의 관계이다.

2. (2)의 '커피'와 '원두커피'는 개체의 종류 관계이다.

3. (3)의 '점심'과 '두 번'은 수량 관계이다.

4. (4)의 '짜장면'과 '다섯 그릇'은 수량 관계이다. (4가)와 (4나)의 두 목적어에 쓰인 목적격 조사는 하나가 생략될 수 있다.

확장

(5가)와 (6가)는 두 목적어를 모두 필수적으로 요구한다는 점에서 (1)-(4)와 구별된다. 이 경우 두 목적어 중 하나는 (5나), (6나)와 같이 부사격 조사 '로'나 '에게'와 결합하여 부사어로 바뀔 수 있다.

(5) 가. 나는 <u>영수를</u> <u>친구를</u> 삼았다.
　　나. 나는 <u>영수를</u> <u>친구로</u> 삼았다.
(6) 가. 그가 그 <u>그림을</u> <u>너를</u> 줄까?
　　나. 그가 그 <u>그림을</u> <u>너에게</u> 줄까?

주의

(7)-(8)은 '연구하다'와 '꿈꾸다'와 같이 한 단어로 쓰일 수 있는 동사 내부에 목적격 조사가 사용됨으로써 목적어가 겹쳐 나타난 경우이다.

(7) 영수는 <u>문법을</u> <u>연구를</u> 한다.
(8) 영희는 <u>교사를</u> <u>꿈을</u> 꾼다.

확인 문제 3

(1)-(2)에서 목적어를 구성하는 체언 사이의 관계를 설명하시오.

(1) 나는 영수를 등을 두 대를 때렸다.
(2) 어머니가 생선을 큰 것을 두 마리를 사셨다.

3. 서술어

예제 1

다음 자료를 바탕으로 서술어가 되는 재료를 설명하시오.

(1) 내장산은 단풍으로 유명하다.

(2) 한국은 문화 선진국이다.

(3) 그 정도 문제는 식은 죽 먹기이지.

(4) 영수는 선생님이 되고 싶다.

(5) 한국은 산이 많다.

서술어는 '무엇이 어떠하다, 무엇이 어찌하다, 무엇이 무엇이다'와 같은 문장에서 '어떠하다, 어찌하다, 무엇이다'에 해당하는 말이다.

개념

서술어는 주어를 서술하는 말이다.

1. 동사/ 형용사/ 체언 + '이다'

2. 체언 구실을 하는 말/ 명사구/ 명사절 + '이다'

3. 본용언 + 보조용언

4. 서술절(주어 + 서술어)

적용

1. (1)에서는 형용사 '유명하다'가 서술어가 된다.

2. (2)에서는 명사구 '문화 선진국'에 '이다'가 붙어 서술어가 된다.

3. (3)에서는 명사절 '식은 죽 먹기'에 '이다'의 활용형이 붙어 서술어가 된다.

4. 서술어는 일반적으로 하나의 용언으로 성립되지만, (4)와 같이 본용언에 보조용언이 연결되어 서술어가 성립되기도 한다.

5. (5)에서는 서술절 '산이 많다'가 전체 문장의 주어 '한국은'의 서술어가 된다.

확장

    (6)-(9)와 같이 서술어는 연결어미나 전성어미가 결합된 꼴로 나타나기도 한다. (6)은 연결어미 '-아서', (7)은 명사형 어미 '-(으)ㅁ', (8)은 관형사형 어미 '-(으)ㄴ', (9)는 부사형 어미 '-듯이'가 붙은 서술어이다.

> (6) 비가 <u>와서</u> 길이 미끄럽다.
> (7) 외솔 선생이 학교문법의 토대를 <u>만들었음</u>을 우리는 알고 있다.
> (8) 수소차를 <u>개발한</u> 업적은 산업 혁명에 버금간다.
> (9) 사람은 생김새가 <u>다르듯이</u> 생각도 다르다.

주의

1. (10)은 '이다'가 (11)은 '-하다'가 생략된 서술어이다.

> (10) 우리의 소원은 <u>통일</u>.
> (11) 한국 축구 월드컵 4강 <u>진출</u>.

2. (12)와 (13)의 '먹을 것이다'는 모두 '동사의 관형사형 + 의존 명사 + 서술격 조사'로 분석되는데, 다음에서 보듯이 의미 차이가 있다. 이 경우 (12)의 '먹을 것이다'는 '관형어 + 서술어'로 보고, (13)의 '먹을 것이다'는 묶어서 서술어로 본다.

> (12) 이것이 내가 <u>먹을 것이다</u>. (먹을 음식이다)
> (13) 나는 이것을 <u>먹을 것이다</u>. (먹으리라)

확인 문제 1

(1)-(2)에 쓰인 서술어의 재료에 대해 설명하시오.

(1) 그들이 다시 만난 것은 십 년이 지나서였다.

(2) 내가 일기를 쓰기 시작한 것은 초등학교 때부터이다.

예제 2

다음 자료를 바탕으로 서술어의 자릿수를 설명하시오.

(1) 하늘이 푸르다.

(2) 영수는 영화를 보았다.

(3) 동생이 형과 닮았다.

(4) 나는 편지를 우체통에 넣었다.

(5) 그 집은 오래 되었다.

서술어의 재료가 되는 용언은 문장 구성의 필수 성분을 각각 다르게 요구한다.

개념

서술어의 자릿수: 서술어가 요구하는 필수 성분의 수

1. 한 자리 서술어: 주어만 요구하는 서술어

2. 두 자리 서술어: 주어 이외에 또 한 가지 필수 성분을 요구하는 서술어

3. 세 자리 서술어: 주어와 목적어 이외에 또 한 가지 필수 성분을 요구하는 서술어

적용

1. (1)의 '푸르다'는 주어만 있으면 문장이 성립되는 형용사로서 한 자리 서술어이다.

2. (2)의 '보았다'는 주어 이외에 목적어 '영화를'을 필수적으로 요구하는 두 자리 서술어이다. 이와 같이 목적어를 반드시 필요로 하는 동사를 타동사라고 한다.

3. (3)의 '닮다'는 자동사로 쓰였지만, 주어 이외에 또 한 가지 필수 성분을 요구하는 두 자리 서술어이다. '동생이 형을 닮았다.'처럼 '닮다'가 목적어와 함께 문장을 구성하기도 하는데, 이런 경우에는 '닮다'를 타동사로 처리한다.

4. (4)의 '넣다'는 타동사지만 주어, 목적어 이외에 또 한 가지 필수 성분을 요구하는 세 자리 서술어임을 알 수 있다.

5. (5)의 '되다'는 주어 이외에 또 한 가지 필수 성분을 요구하는 두 자리 서술어이다.

확장

　　(6)-(8)의 밑줄 친 서술어와 같이 자릿수가 고정되지 않고 쓰이는 경우도 있는데, 이러한 이유는 그 용언의 개별적 특성 때문이다.

> (6) 가. 아이들이 (즐겁게) <u>논다</u>. - 한 자리
> 　　나. 아이들이 윷을 <u>놀고</u> 있다. - 두 자리
> (7) 가. 자동차가 (급히) <u>멈추었다</u>. - 한 자리
> 　　나. 영수가 자동차를 급히 <u>멈추었다</u>. - 두 자리
> (8) 가. 영수가 (참나무로) 책꽂이를 <u>만들었다</u>. - 두 자리
> 　　나. 영수는 영희를 친구로 <u>만들었다</u>. - 세 자리

주의

　　하나의 용언이 자릿수를 달리하여 쓰일 때, (9)와 같이 어순 바꾸기 현상의 차이를 보이기도 한다.

> (9) 가. 영수가 <u>참나무로</u> <u>책꽂이를</u> <u>만들었다</u>. (두 자리)
> 　　　→ 영수가 책꽂이를 참나무로 만들었다.
> 　　나. 영수는 영희를 친구로 <u>만들었다</u>. (세 자리)
> 　　　→ *영수는 친구로 영희를 만들었다.

확인 문제 2-1

(1)이 비문인 이유를 서술어의 자릿수를 근거로 들어 설명하시오.

(1) *산타 할아버지가 선물을 주셨다.

확인 문제 2-2

다음 용언은 자릿수가 고정되어 있지 않은 경우이다. 다음 용언이 자릿수를 달리하여 쓰이는 문장을 만들어 보시오.

<그치다>

예제 3

다음 자료를 바탕으로 서술어의 선택 제한을 설명하시오

(1) *하늘이 방긋 웃는다.

(2) *나는 아침마다 떡을 마신다.

(3) *우리는 더위를 무찔렀다.

(4) *우리나라에서 자유가 솟았다.

(5) *우리는 정의를 존경한다.

문장이 서술어가 요구하는 자릿수를 다 갖추었어도 문장의 주어나 목적어 자리에 서술어가 요구하는 특정한 종류의 체언이 오지 않으면 비문이 된다. 이러한 서술어와 체언의 관계를 선택 제한이라고 한다.

개념

<선택 제한>

용언은 주어나 목적어 등에 어떠한 특별한 말을 제한하여 선택하는데, 이를 '선택 제한'이라고 한다. 예를 들어 '닫다', '감다', '다물다'는 모두 '닫다(閉)'라는 공통된 의미를 지니지만, '닫다'는 '문', '감다'는 '눈', 그리고 '다물다'는 '입'과 함께 어울려 쓰이는 특징이 있으며 이를 어길 경우 비문법적인 문장이 된다.

적용

1. (1)의 '웃다'는 사람 명사와만 어울리는 특성이 있는데, 주어에 나타난 '하늘'은 사람 명사가 아니기 때문에 선택 제한을 지키지 않은 것이며 따라서 비문이 된다.

2. (2)의 '마시다'는 액체 명사나 기체 명사를 요구하는데 '떡'은 이를 충족하지 않아 비문이 된다.

3. (3)의 '무찌르다'는 대상이 되는 말, 즉 목적어로 '적'과 같은 종류의 말이 쓰이는데, '더위'는 이에 해당하지 않으므로 비문이다.

4. (4)의 '솟다'는 '연기가 솟다, 샘물이 솟다'와 같이 구체 명사와 함께 쓰이는 제한

이 있는데, '자유'는 추상 명사이므로 비문이 된다.

5. (5)의 '존경하다'는 높임의 대상이 되는 사람에 쓰임이 한정되는데 '정의'는 이에 해당되지 않으므로 비문이다.

확장

(4)에서 '솟다'는 구체 명사와 어울려 쓰이는 선택 제한이 있다는 사실을 확인하였지만, '솟다'의 의미가 확장하여 (6)-(9)와 같은 용법으로 쓰일 수도 있다. 이와 같이 '솟다'가 의미 항목을 달리하여 쓰일 경우는 선택 제한을 어긴 것이 아니다.

(6) 물가가 하늘 높은 줄 모르고 <u>솟는다</u>.

(7) 기름값이 갑자기 <u>솟았다</u>.

(8) 이 음악을 들으면 저절로 흥이 <u>솟는다</u>.

(9) 관중들의 응원에 기운이 <u>솟았다</u>.

확인 문제 3

(1)-(4)의 밑줄 친 단어는 모두 '착용'이라는 동일한 의미를 지니지만, 특정한 명사와만 어울려 쓰이는 이유를 설명하시오.

(1) 옷을 <u>입다</u>.

(2) 장갑을 <u>끼다</u>.

(3) {복면/ 모자}을/를 <u>쓰다</u>.

(4) 신발을 <u>신다</u>.

예제 4

다음 자료를 바탕으로 본용언 '버리다'와 보조용언 '버리다'의 차이점을 설명하시오.

(1) 가. 동생이 과자를 다 먹어 버렸다.

　　나. 영수가 신문을 찢어(서) 버렸다.

(2) 가. 신문이 영수에 의해서 찢어 버려졌다.

　　나. 신문이 영수에 의해서 찢겨 버려졌다.

(3) 가. 찢어 버렸다, 영수가 신문을.

　　나. 영수가 버렸다, 신문을, 찢어서.

　일반적으로 홑문장에서 서술어는 한 개의 용언으로 성립되지만, 두 개의 용언이 하나의 서술어를 이루는 경우도 있다. 이때 앞에 나타나는 용언은 본용언이고 뒤에 나오는 용언은 보조용언이다.

개념

<보조용언과 본용언의 구별>

1. 주어 + 본용언 → 주어와 호응관계 있음

   주어 + 보조용언 → 주어와 호응관계 없음

2. 본용언 + '-서' + 보조용언 → 불가능

   본용언 + '-서' + 본용언 → 가능

3. [본용언 + 보조용언] + '-어지다'

   [본용언의 피동형] + [본용언 + '-어지다']

4. 본용언과 보조용언은 한 덩어리로 이동 가능

   본용언끼리는 서로 떨어져서 이동 가능

적용

1. (1가)의 '버리다'는 보조용언이므로 본용언 '먹어'와의 사이에 다른 말이 끼어들

수 없으나, (1나)와 같이 '버리다'가 본용언으로 쓰일 때는 다른 말 '-서'가 본용언과의 사이에 끼어들 수 있는데 '찢어서 휴지통에 버렸다'와 같은 쓰임이다.

2. (2가)와 같이 '버리다'가 보조용언으로 쓰일 경우 '버리다'에 '-어지다'가 붙어 피동문을 만든다. 이때 '-어지다'는 '찢어 버리다' 전체에 결합된 것으로 해석한다. 반면에 (2나)와 같이 '버리다'가 본용언으로 쓰일 경우 두 동사가 모두 피동의 형식으로 바뀐다.

3. (3가)와 같이 '버리다'가 보조용언으로 쓰일 경우에는 본용언과 보조용언이 '찢어 버렸다'처럼 한 덩어리가 되어 자리 이동을 하지만, (3나)와 같이 '버리다'가 본용언으로 쓰일 경우에는 본용언 '찢어'와 보조용언 '버리다'가 분리되어 자리 이동을 할 수 있다.

확장

(4)에서 '계시는'을 본용언, '척했다'를 보조용언이라고 한다면 보조용언은 주어와 호응하지 못해야 하는데, 안은문장의 주어 '아이는'과 호응관계를 형성한다. 이때 안긴문장은 '어머니가 집에 계시는'으로 볼 수 있다. (4)를 자료로 삼아 '척하다, 체하다, 양하다'를 보조용언으로 보지 않는 견해가 있다.

(4) 아이는 어머니가 집에 계시는 척했다.

확인 문제 4

(1)-(2)에 쓰인 용언 '먹다'가 본용언인지, 보조용언인지 판별하시오.

(1) 내가 깜빡하고 찌개를 태워 먹었다.

(2) 고기를 태워 먹으면 건강에 해롭다.

4. 보어

예제 1

다음 자료를 바탕으로 학교문법에서의 보어의 개념에 대해 설명하시오.

(1) 영수는 <u>학생이</u> 아니다.
(2) 영수가 <u>어른이</u> 되었다.

학교문법에서는 보어의 범위를 매우 한정적으로 설정하고 있어 보어의 범위에 대한 문제점이 드러나 있다. 그 문제점을 살펴보고 보어의 범위 설정에 대한 대안을 모색한다.

개념

<학교문법에서 보어의 범위>

1. '되다', '아니다'가 요구하는 두 개의 성분 중 주어 이외의 필수적 성분
2. 체언에 보격 조사 '이/가'가 결합

적용

1. (1)에서 주어는 '영수는'이고 체언에 보격 조사 '이/가'가 결합한 '학생이'는 보어이다.
2. (2)에서 주어는 '영수가'이고 체언에 보격 조사 '이/가'가 결합한 '어른이'는 보어이다.

확장

1. 학교문법에서는 보어를 '되다', '아니다' 구문에서 필수적으로 나오는 주어 이외의 성분으로 규정하고 있기 때문에 (3)-(7)의 밑줄 친 성분은 보어의 범위에 들지 않는다. 학교문법에서 (4)-(7)의 밑줄 친 성분은 필수 성분이지만, 부사격 조사가 붙기 때문에 보어로 인정하지 않는다. 하지만 (3)의 밑줄 친 성분은 보격 조사와 동일한 형태의 조사 '이/가'가 결합하였고 필수 성분이기 때문에 보어에서 제외

할 논리적 근거가 미약하다. 이와 같은 사실을 종합하면 보어의 범위를 확대하는 것이 필요하다는 견해가 설득력이 있다.

> (3) 나는 <u>문법이</u> 싫다.
>
> (4) 손흥민이 <u>월드컵에</u> 참가했다.
>
> (5) 손흥민은 <u>메시와</u> 닮았다.
>
> (6) 동생이 <u>형에게</u> 선물을 주었다.
>
> (7) 우리는 손흥민을 <u>영웅으로</u> 여긴다.

2. (8)-(9)의 밑줄 친 부분은 학교문법에서 서술절의 주어로 보는 것들인데, '많다'와 '맛있다'는 한 자리 서술어라는 점에서 두 자리 서술어인 '되다', '아니다', '싫다'와 서술어의 특성이 다르다.

> (8) 한국은 <u>산이</u> 많다.
>
> (9) 생선은 <u>참치가</u> 맛있다.

주의

(10)에서 동사 '되다'는 주어와 보어를 필수적으로 요구하는 두 자리 서술어이기 때문에 보어인 '얼음이' 대신에 '얼음으로'가 나타날 수 있으며, 이때 두 문장의 의미는 차이를 보이지 않는다. 하지만 '얼음으로'는 보어로 보지 않으며 부사어로 처리한다.

> (10) 물이 <u>얼음으로</u> 되었다.

확인 문제 1

(1)-(2)의 밑줄 친 부분을 보어로 볼 가능성이 있는지 판별하시오.

(1) 나는 <u>고향이</u> 그립다.

(2) 영수는 <u>자기 차가</u> 있다.

> ### 예제 2
>
> 다음 밑줄 친 성분에 대한 문법적 특성을 바탕으로 보어의 지위를 설명하시오.
>
> (1) 영수는 <u>선생님이</u> 되었다.
> (2) 영수는 <u>선생님이</u> 아니다.
> (3) 나는 <u>선생님이</u> 좋다.
> (4) 영수는 <u>선생님이</u> 맞다.

보어의 범위를 확대하기 위해서는 일관성 있는 원칙이 필요하므로 보어가 공통적으로 취하고 있는 문법적 특성을 살펴본다.

개념

<보어의 문법적 특성>

1. 조사 '이/가'가 붙는다.
2. 서술어가 요구하는 필수적인 성분이다.
3. 의미적인 기능은 서술의 대상이다.
4. 관계 관형절의 표제 명사가 될 수 없다.
5. 보격 조사 '이/가'는 생략이 가능하다.

적용

(1)-(4) 밑줄 친 명사구 '선생님'에 대한 문법적 지위를 판단하기 위해 앞에서 제시한 보어의 문법적 특성을 다음과 같이 검증해 본다.

1. (1)-(4)의 밑줄 친 명사구 '선생님'에 모두 조사 '이'가 결합하였다.
2. (1)-(4)의 밑줄 친 명사구 '선생님'은 모두 서술어가 요구하는 필수 성분이다.
3. (1)-(4)의 밑줄 친 명사구 '선생님'의 의미적인 기능은 모두 서술의 대상이다.
4. (1)-(4)의 '선생님'은 (1)'-(4)'와 같이 모두 관계 관형절의 꾸밈을 받는 표제 명사가 되지 못한다.

(1)′ *영수가 된 선생님

(2)′ *영수가 아닌 선생님

(3)′ *내가 좋은 선생님

(4)′ *영수가 맞은 선생님

5. (1)-(4)의 밑줄 친 명사구 '선생님'은 모두 보격 조사 '이/가'의 생략이 가능하다.

6. 1.-5.의 검증 결과를 바탕으로 (1)-(4)의 밑줄 친 명사구 '선생님'에 모두 보어의 자격을 부여하는 것이 논리적으로 합당하다.

확장

보격 조사의 생략이 가능하다는 것은 보어에 결합하는 조사 '이/가'가 주격 조사 나 목적격 조사와 같이 문장의 구조를 나타내는 종류의 조사임을 보여 주는데, 부 사격 조사들이 개별적인 의미를 지니고 있어 일반적으로 생략이 허용되지 않는 것 과 대조를 이룬다.

주의

보격 조사 '이/가'는 생략이 가능한 반면에 (5)-(6)과 같은 서술절의 주어는 조사 '이/가'의 생략을 허용하지 않는다.

(5) 한국은 산이 많다. → *한국은 산Ø 많다.

(6) 생선은 참치가 맛있다. → *생선은 참치Ø 맛있다.

확인 문제 2

보어의 문법적 특성을 적용하여 (1)의 밑줄 친 부분이 보어인지 검증하시오.

(1) 경제가 문제가 있다.

예제 3

다음의 자료를 바탕으로 보어의 범위에 대해 설명하시오. 《1》

(1) 나는 호랑이가 무섭다.

(2) *영수는 호랑이가 무섭다.

(3) 나는 지구 온난화가 걱정된다.

심리 형용사와 심리 자동사 중 주어 이외에 다른 문장 성분을 필수적으로 요구하는 경우, 이에 해당하는 '이/가' 명사구를 보어로 볼 수 있다.

개념

<심리 용언이 요구하는 주어 이외의 성분>

1. 주어 + 보어('이/가' 명사구) + 심리 형용사
2. 주어 + 보어('이/가' 명사구) + 심리 자동사
3. 평서문에서 주어는 일인칭으로 나타난다.

적용

1. (1)의 '무섭다'는 심리 형용사로 두 자리 서술어이다. '무섭다'는 주어인 '나는' 이외에 '호랑이가'를 필수적으로 요구는데, 이때 '이/가'가 붙은 '호랑이가'는 보어로 볼 수 있다.

2. (2)의 '무섭다'는 심리 형용사이기 때문에 인칭 제약이 있는데, 주어가 삼인칭 '영수'로 쓰였으므로 비문이다. 심리 용언은 말하는 사람의 인식이나 정서적인 경험 및 판단을 나타내는 것이므로 주어와 말하는 사람이 같아야 하기 때문이다.

3. (3)의 '걱정되다'는 심리 자동사로 두 자리 서술어이다. 주어인 '나는' 이외에 '지구 온난화'를 필수적으로 요구하는데, 이때 '이/가'가 붙은 '지구 온난화가'를 보어로 볼 수 있다.

확장

1. 심리 형용사에는 '좋다, 싫다, 무섭다, 징그럽다, 부럽다, 아깝다, 그립다, 불쌍하
다, 궁금하다, 기쁘다, 슬프다, 외롭다, 부끄럽다, 섭섭하다, 쓸쓸하다, 서운하다,
흐뭇하다, 놀랍다, 아찔하다, 원통하다' 등이 있다. 심리 자동사에는 피동 접미사,
'-되다, -어지다' 등과 결합하여 피동의 의미를 가지는 것들이 많다.

2. (4)-(5)의 서술어 '좋다'와 '싫다'는 모두 심리 형용사이므로 주어가 일인칭이어
야 하는데, (4나)의 주어가 일인칭이 아닌 이유는 이때 '좋다'의 쓰임이 심리를
나타내는 것이 아니고, 속성이나 상태를 나타내는 것이기 때문에 주어가 일인칭
사람이라는 제약이 없기 때문이다. (4가) '좋다'의 반의어는 '싫다'이고 (4나) '좋
다'의 반의어는 '나쁘다'이다. (4나)의 문장은 '스위스제가 좋다'라는 서술절이
안겨 있는 겹문장이다. (5나)의 문장이 비문이 되는 이유는 '싫다'의 경우 '좋다'
와는 달리 한 자리 서술어의 용법이 없기 때문에 두 자리 서술어의 용법으로만
쓰이고, 이때는 주어가 일인칭이어야 하는데 '칼'은 인성 명사가 아니기 때문에
비문이다. (6)의 경우에도 (6가)에 쓰인 '어려워서'는 심리 용언이므로 '선생님'
을 보어로 취하고 있고 (6나)의 '어렵다'는 심리 용언으로 쓰이지 않았기 때문에
주어인 '문법'만을 필수 성분으로 요구하는 한자리 서술어이다.

(4) 가. 나는 스위스가 좋다.
나. 칼은 스위스제가 좋다.
(5) 가. 나는 스위스가 싫다.
나. *칼은 스위스제가 싫다.
(6) 가. 나는 선생님이 너무 어려워서, 그 앞에서는 말도 제대로 못한다.
나. 문법은 너무 어렵다.

3. 문장의 시제가 과거형일 때는 (7)이나 (8나)와 같이 심리 용언의 주어가 일인칭
이 아니어도 무방하다. 발화시 이전에 경험한 내용에 대해서는 다른 사람도 알
수 있기 때문이다. 그러나 과거형일 경우에도 (8다)와 같이 주어가 이인칭으로는

쓰이지 않는다. 주어가 이인칭이어야 하는 제약 현상은 (9)와 같이 심리 용언이
의문문으로 쓰이는 경우이다.

> (7) <u>영수는</u> 호랑이가 무서웠다.
>
> (8) 가. <u>나는</u> 고향에 갈 수 없는 실향민들이 불쌍하게 느껴진다.
>
>   나. 관객들은 영화 속 여주인공이 불쌍하여 눈물을 흘렸다.
>
>   다. *<u>너는</u> 난민들이 안타까웠다.
>
> (9) <u>너는</u> 가을이 좋니?

주의

(10가)의 심리 용언의 의미를 그대로 지니면서 주어가 이인칭이나 삼인칭으로
나타나려면, (10나)와 같이 심리 형용사의 어간에 '-어 하다'를 결합하여 동사로 바
꾸어 써야 한다.

> (10) 가. 나는 시험이 두렵다.
>
>   나. 학생들은 시험을 <u>두려워한다</u>.

확인 문제 3

(1)-(2)의 밑줄 친 부분이 보어인지 판별하시오.

(1) 이제야 마음이 놓인다.

(2) 나는 새 게임을 보면 호기심이 당긴다.

예제 4

다음 자료를 바탕으로 보어의 범위에 대해 설명하시오.《2》

(1) 나는 <u>등이</u> 간지럽다.

(2) 나는 <u>어깨가</u> 결려서 병원에 다닌다.

(3) *동생이 <u>등이</u> 간지럽다.

감각 형용사와 감각 자동사가 주어 이외에 다른 문장 성분을 필수적으로 요구하는 경우, 이에 해당하는 '이/가' 명사구를 보어로 볼 수 있다.

개념

<감각 용언이 요구하는 주어 이외의 성분>

1. 주어 + 보어('이/가' 명사구) + 감각 형용사
2. 주어 + 보어('이/가' 명사구) + 감각 자동사
3. 평서문에서 주어는 일인칭으로 나타난다.

적용

1. (1)의 '간지럽다'는 감각 형용사로 두 자리 서술어이다. '간지럽다'는 주어인 '나는' 이외에 '등이'를 필수적으로 요구하는데 이때 '이/가'가 붙은 '등이'는 보어로 볼 수 있다.

2. (2)의 '결리다'는 감각 자동사로 두 자리 서술어이다. '결리다'는 주어인 '나는' 이외에 '어깨가'를 필수적으로 요구하는데 이때 '이/가'가 붙은 '어깨가'는 보어로 볼 수 있다.

3. (3)의 '간지럽다'는 감각 형용사로 주어는 일인칭이어야 한다는 제약이 있는데 주어로 삼인칭인 '동생'이 쓰였기 때문에 비문이다.

확장

1. 감각을 나타내는 용언에는 '고프다, 나른하다, 따끔하다, 마렵다, 뻐근하다, 어지

럽다, 아프다, 편하다' 등이 있다.

2. 심리를 나타내는 용언이나 감각을 나타내는 용언은 주어가 일인칭이어야 한다는 제약이 있는데 (4)와 같은 경우는 삼인칭으로도 통용된다. 문법적으로는 비문이지만 실제로는 이와 같은 문장이 쓰일 수 있는데 이러한 현상은 '화자의 시점 옮기기'로 설명된다. 즉 화자의 시점이 삼인칭 주어 '영수'한테 옮겨가서 가능하다는 것이다. 소설 같은 문어체 글에서도 나타나는 인칭 제약의 해소 방법이다.

> (4) 영수가 배가 고프다. 밥 좀 주어라.

주의

감각 형용사와 감각 자동사의 경우 두 번째 명사구 자리에 감각을 느끼는 경험주의 신체 일부가 오기 때문에 대부분 생략하기 어렵다. 그러나 (5)-(6)과 같은 경우 '어지럽다, 메스껍다'는 명사항이 극히 제한되어 나타나기 때문에 생략이 허용된다.

> (5) 나는 (머리가) 어지럽다.
> (6) 나는 (속이) 메스껍다.

확인 문제 4

(1)-(2)의 밑줄 친 부분이 보어인지 판별하시오.

(1) 나는 배를 타면 <u>속이</u> 울렁거린다.
(2) 나는 문법책을 보면 <u>머리가</u> 지끈거린다.

예제 5

다음 자료를 바탕으로 보어의 범위에 대해 설명하시오.《3》

(1) 영수는 <u>칠십 킬로그램이</u> 나간다.

(2) 영수는 충치가 <u>열 개가</u> 넘는다.

(3) 우리 애가 <u>세 살</u> 났어요.

'나가다', '넘다', '나다' 등의 서술어 앞에 주어 이외에 수나 양을 나타내는 체언이 오는 경우가 있는데 이러한 문장 성분을 보어로 볼 가능성이 있다.

개념

<수량사구를 보어로 하는 용언>

1. 수나 양을 나타내는 체언이 오는 용언들의 경우 주어 이외의 성분인 두 번째 명사구를 생략할 수 없다.

2. 주어인 첫 번째 명사구와 수량사구가 등가관계를 가진다는 점에서 수량사구를 보어로 볼 수 있다.

적용

1. (1)의 '나가다'는 '칠십 킬로그램'과 같이 수나 양을 나타내는 체언을 요구한다. 이때, 밑줄 친 부분은 서술어가 필수적으로 요구하는 성분이기 때문에 생략이 어렵다. 따라서 '칠십 킬로그램이'는 보어로 볼 수 있다.

2. (2)의 '넘는다'는 '열 개'와 같이 수나 양을 나타내는 체언을 요구한다. 이때, '열 개가 넘는다'를 서술절로 보기도 하지만 '열 개가 넘는다'는 절의 자격을 충족하지 않는다. 따라서 밑줄 친 '열 개가'의 문장 성분은 보어로 보는 것이 적절하다.

3. (3)의 '나다'는 '세 살'과 같이 수나 양을 나타내는 체언을 요구한다. 이때, 밑줄 친 부분은 서술어가 필수적으로 요구하는 성분이기 때문에 생략이 어렵다. 따라서 '세 살'은 보어로 볼 수 있다. 이때 조사 '이'는 생략된다.

확장

'되다', '아니다', 심리 형용사, 감각 형용사, 감각 자동사가 쓰인 문장 이외에서도 주어 이외에 '이/가'가 결합한 문장 성분이 존재한다. (4)-(6)의 밑줄 친 부분의 경우 서술어가 주어 이외에 필수적으로 요구하는 문장 성분이라는 점에서 대상의 의미역을 갖는 보어로 볼 수 있다.

> (4) 그가 <u>범인이</u> 맞아.
> (5) 그가 <u>밤눈이</u> 밝다.
> (6) 저 아이가 <u>사랑이</u> 필요하다.

주의

(7)의 밑줄 친 부분은 보어가 아니라 서술절의 주어로 보아야 한다. 의미 관계에서 첫 번째 명사구와 두 번째 명사구가 서로 포함 관계에 있다면 이와 같이 서술절의 주어로 보고, 포함 관계가 될 수 없다면 보어로 보는 것이 적절하다.

(8)의 밑줄 친 부분은 '합격할 가능성이'를 서술절의 주어로 볼 경우 '합격할 가능성이 있다'라는 문장은 온전한 문장이 아니라는 문제점이 발생한다. 따라서 '합격할 가능성이'는 서술어 '있다'가 필수적으로 요구하는 성분으로서 서술어를 보충해 주는 역할을 수행하는 보어로 볼 수 있다.

> (7) 차는 <u>작은 것이</u> 경제적이다.
> (8) 이번 시험은 <u>합격할 가능성이</u> 있다.

확인 문제 5-1

(1)-(4) 밑줄 친 성분 중 보어로 볼 수 있는 것을 고르고, 그 이유를 설명하시오.

(1) 코끼리가 1톤이 나간다.

(2) 이사 비용이 500만 원이 든다.

(3) 네 말이 다 맞다.

(4) 그 여자가 범인이 맞다.

확인 문제 5-2

(1)-(2)의 밑줄 친 성분 중 보어를 고르고, 그 이유를 설명하시오.

(1) 영수는 이가 충치가 열 개가 넘는다.

(2) 아이의 투정은 이유가 있었다.

memo

❷ 부속 성분

개요

부속 성분에는 관형어와 부사어가 있다.

관형어를 이루는 재료	• 관형사 • 체언 • 체언 + 관형격 조사 '의' • 용언의 어간 + 관형사형 어미 '-(으)ㄴ, -는, -(으)ㄹ, - 던'

부사어를 이루는 재료	• 부사 • 체언 + 부사격 조사 • 용언의 관형사형 + 부사성 의존 명사 • 명사절 + 부사격 조사

필수적 부사어	용언의 성질에 따라 필수적으로 나오는 부사어

부사어의 종류	• 문장 부사어: 문장 전체를 수식함 • 성분 부사어: 특정한 성분을 수식함

부사어와 관형어의 차이	• 부사어는 단독으로 문장이 성립, 관형어는 후속 체언이 있어야 성립 • 부사어는 서술어의 앞과 뒤에 오지만, 관형어는 체언의 앞에 나타남

1. 관형어

> ## 예제 1
>
> 다음 자료를 바탕으로 관형어가 되는 재료를 설명하시오.
>
> (1) <u>갖은</u> 양념을 넣어 맛있는 찌개를 끓였다.
> (2) <u>가을</u> 하늘이 매우 푸르고 높다.
> (3) <u>나의</u> 꿈을 실현하기 위해 최선을 다할 것이다.
> (4) 그는 <u>깊은</u> 고민에 빠져 있다.

관형어는 체언 앞에서 그 체언의 뜻을 꾸며 주는 문장 성분이다. 이때 관형어는 꾸밈 받는 체언의 부속 성분이 된다.

개념

<관형어의 성립>

1. 관형사
2. 체언
3. 체언 + 관형격 조사 '의'
4. 용언 어간 + 관형사형 어미 '-는, -(으)ㄴ, -(으)ㄹ, -던'

적용

1. (1)에서는 관형사 '갖은'이 체언 '양념'을 꾸며 주는 관형어가 된다.

   (2)에서는 체언 '가을'이 단독으로 관형어가 되는데 '원로 교수', '도박 중독'도 체언 '원로'와 '도박'이 관형어가 되는 예에 해당한다.

   (3)에서는 체언 '나'에 관형격 조사 '의'가 붙어 관형어가 된다.

   (4)에서는 용언의 관형사형 '깊은'이 관형어가 된다.

확장

(5)와 같이 체언에 서술격 조사의 관형사형이 붙어도 관형어가 된다. 또 (6)과 같이 체언에 조사가 붙고 다시 관형격 조사가 겹쳐 나타나도 관형어가 된다. (7)은 용언의 명사형에 관형격 조사가 붙어 관형어를 이룬 경우이다. (8)의 밑줄 친 부분은 문장에 관형사형 어미 '-(으)ㄴ'이 붙어 관형사와 같은 역할을 하므로 관형어의 재료가 되는데 이와 같은 절을 관형사절이라고 한다.

(5) <u>독립운동가인</u> 외솔 선생은 우리 민족의 큰 스승이다.

(6) 그는 <u>교사로서의</u> 자질을 갖추기 위해 노력했다.

(7) <u>만두 만들기의</u> 달인들이 모였다.

(8) <u>동생이 Ø 만든</u> 파스타가 아주 맛있다. (동생이 파스타를 만들다)

주의

(9)와 같이 부사는 주로 용언을 꾸며 주는 부사어의 재료가 되지만, (10)과 같이 특정한 부사들은 체언을 꾸미기도 한다. 이럴 경우 이를 관형어로 보기보다는 부사어의 특별한 용법으로 보는 것이 일반적이다.

(9) 수업이 끝나는 대로 <u>바로</u> 오너라. (부사어 + 용언)

(10) 우리집 <u>바로</u> 앞에 빵집이 생겼다. (부사어 + 체언)

확인 문제 1-1

(1)-(2)의 밑줄 친 부분의 문장 성분에 대해 설명하시오.

(1) 오늘은 손님이 <u>겨우</u> 셋이 왔다.

(2) 나는 <u>오직</u> 가족만을 믿는다.

확인 문제 1-2

(1)에서 밑줄 친 관형어들이 꾸미는 말이 무엇인지 찾아 설명하시오.

(1) <u>그</u> <u>속담 속의</u> 교훈은 말을 신중히 하라는 것이다.

예제 2

다음 자료를 바탕으로 관형어의 필수성을 판단해 보시오.

(1) 가. 영수는 <u>새</u> 차를 샀다.

　　 나. 영수는 Ø 차를 샀다.

(2) 가. 이 차는 <u>새</u> 것이다.

　　 나. *이 차는 Ø 것이다.

　관형어는 수의적인 성분이기 때문에 관형어가 없어도 문장이 성립한다. 하지만 의존 명사는 홀로 자립할 수 없기 때문에 반드시 관형어가 있어야 한다.

개념

<관형어의 필수성>

관형어는 일반적으로 수의 성분이지만 그렇지 않은 경우도 있다.

1. 자립 명사를 꾸며 주는 관형어는 수의적으로 쓰인다.

2. 의존 명사를 꾸며 주는 관형어는 필수적으로 쓰인다.

적용

1. (1)에서 관형어의 재료가 되는 관형사 '새'는 자립 명사 '차'를 꾸며 주는데 생략이 허용되므로 수의 성분이다. '영수는 비싼 차를 샀다.'에서도 자립 명사를 꾸며 주는 관형어 '비싼'은 수의 성분이다.

2. (2)에서 관형어의 재료가 되는 관형사 '새'는 의존 명사 '것'을 꾸며 주는데 생략이 허용되지 않으므로 필수 성분이다. '이 차는 비싼 것이다.'에서 의존 명사 '것'을 꾸며 주는 관형어 '비싼'도 문장이 성립하기 위해서 반드시 필요하므로 필수 성분이다.

확장

　(3)-(4)에서도 알 수 있듯이 의존 명사를 꾸며 주는 관형어는 생략할 수 없다.

(3) 가. 각자 <u>먹을</u> 만큼 가져 가세요. (만큼: 의존 명사)

　　 나. *각자 Ø 만큼 가져 가세요.

(4) 가. 고향을 <u>떠난</u> 지 3년이 되었다. (지: 의존 명사)

　　 나. *고향을 Ø 지 3년이 되었다.

주의

　의존 명사가 아니더라도 (5)-(6)에서와 같은 경우에는 관형어 '무슨'과 '어느'의 생략이 허용되지 않는다.

(5) 가. 너는 <u>무슨</u> 색깔을 좋아하니?

　　 나. *너는 Ø 색깔을 좋아하니?

(6) 가. <u>어느</u> 팀이 우승할까?

　　 나. * Ø 팀이 우승할까?

확인 문제 2-1

(1)에서 생략된 성분을 찾아 그 성분이 무엇인지 설명하시오.

(1) 나름대로 최선을 다 했습니다.

확인 문제 2-2

(1)-(2)의 밑줄 친 관형어의 특별한 용법을 설명하시오.

(1) 우리는 <u>그의</u> 성실함을 인정해야 한다.

(2) 앞으로 <u>우리의</u> 해야 할 일에 대해 논의합시다.

예제 3

다음 자료를 바탕으로 관형어와 부사어의 차이점을 설명하시오.

(1) 가. 밖에 눈이 얼마나 오니?
    나. 많이.
(2) 가. 그 분은 어떤 분이야?
    나. *훌륭한.
(3) 가. 빨리 전화 받아.
    나. 전화 받아 빨리.
(4) 가. 낡은 청바지를 수선해 입었다.
    나. *청바지를 낡은 수선해 입었다.

관형어와 부사어는 뒤에 오는 말을 꾸며 준다는 공통점이 있지만, 단독으로도 문장이 성립되느냐의 여부에 따른 차이점도 있다. 또 자리바꿈의 현상도 다르게 나타난다.

개념

<관형어와 부사어의 차이>

1. 부사어는 단독으로도 문장이 성립하지만 관형어는 체언이 있어야 성립한다.
2. 부사어는 일반적으로 서술어의 앞에 오지만, 뒤에 오는 경우도 있다. 반면에 관형어는 반드시 체언의 앞에 나타난다.

적용

1. (1나)와 같이 서술어 없이 부사어 '많이'만으로도 완전한 문장이 된다.
2. (2나)와 같이 체언 없이 관형어 '훌륭한'만으로는 문장이 성립되지 않는다.
3. (3)과 같이 부사어 '빨리'가 서술어 '전화 받아'의 앞에 올 수도 있고 뒤에 올 수도 있다.
4. (4)와 같이 관형어 '낡은'은 체언인 '청바지'를 반드시 앞에서 꾸며야 한다.

확장

(5)-(6)에서와 같이 부사어 '다행히'와 '어리석게'는 보조사와의 결합이 가능하지만, 관형어 '온갖'과 '예쁜'은 보조사와의 결합이 허용되지 않는다.

(5) 가. <u>다행히</u>도 등산객을 소방대원들이 구조하였다.
　　나. <u>어리석게</u>도 그들은 안전수칙을 지키지 않았다.
(6) 가. *<u>온갖</u>{도/ 만/ 은} 고생 끝에 목적지에 도착하였다.
　　나. *<u>예쁜</u>{도/ 만/ 은} 꽃이 활짝 피었다.

주의

1. (7가)와 같이 관형어 뒤에 체언과 조사의 결합으로 된 관형어가 중첩될 때는 중의성을 지니기 때문에 뜻을 분명히 하기 위해 쉼표를 사용할 수 있다. '무영탑'이 슬픈 사연을 간직하고 있다는 의미를 표현하고자 한다면, (7나)와 같이 쉼표를 사용해야 한다.

(7) 가. <u>슬픈 사연을 간직한</u> 불국사의 무영탑은 신라시대에 세워졌다.
　　나. <u>슬픈 사연을 간직한,</u> 불국사의 무영탑은 신라시대에 세워졌다.

2. (8)의 밑줄 친 관형어 '조국의'는 의미상으로 보면 서술어 '소중함'의 주어를 나타낸다.

(8) 우리는 <u>조국의</u> 소중함을 알아야 한다.
　　→ 우리는 <u>조국이</u> 소중함을 알아야 한다.

확인 문제 3

관형어의 재료인 관형사는 홀로는 쓰이지 않는다는 점에서 자립성이 없는데도 단어로 보는 이유가 무엇인지 설명하시오.

2. 부사어

예제 1

다음 자료를 바탕으로 부사어가 되는 재료를 설명하시오.

(1) 한국 드라마가 <u>아주</u> 재미있다.

(2) 너의 성공을 <u>진심으로</u> 바란다.

(3) <u>몰라볼 만큼</u> 컸구나.

(4) 이 집은 <u>짜장면이 맛있기로</u> 유명하다.

부사어는 주로 서술어를 꾸며 주는 문장 성분이다. 부사어가 없어도 문장이 성립할 수 있으므로 부사어는 수의적인 문장 성분이다.

개념

<부사어의 성립>

1. 부사

2. 체언 + 부사격 조사

3. 용언의 관형사형 + 부사성 의존 명사

4. 명사절 + 부사격 조사

적용

1. (1)의 부사 '아주'가 서술어 '재미있다'를 꾸며 주는 부사어가 된다.

2. (2)의 체언 '진심'에 부사격 조사 '으로'가 붙은 '진심으로'가 부사어가 된다.

3. (3)의 '몰라보다'의 관형사형 '몰라볼'과 부사성 의존 명사 '만큼'이 묶여서 부사어가 된다.

4. (4)의 명사절 '짜장면이 맛있기'에 부사격 조사 '로'가 붙어 부사어가 된다.

확장

(5)-(6)의 밑줄 친 말도 서술어를 꾸며 주는 말이므로 부사어가 된다. (5)의 '분명

하게'는 용언의 부사형이며, (6)의 '날이 새도록'은 주어와 서술어를 다 갖춘 온전한 문장으로서 더 큰 문장 안에서 부사와 같은 역할을 하므로 부사절이 되고 이 또한 부사어가 된다.

> (5) 우리는 상대의 제안을 <u>분명하게</u> 거절하였다.
> (6) 그들은 <u>날이 새도록</u> 토론하였다.

주의

1. 체언에 부사격 조사가 붙어 부사어를 이룰 때, (7)과 같이 보조사가 덧붙어도 부사어가 되며, 입말에서는 (8)과 같이 부사격 조사가 생략되어 체언만으로 부사어가 되기도 한다.

> (7) 이 과자를 <u>동생에게도</u> 줄까?
> (8) 이 과자를 <u>동생Ø</u> 줄까?

2. 부사어는 (9)와 같이 관형어를 꾸미기도 하며, (10)과 같이 부사어를 꾸미기도 한다.

> (9) 세차를 하고 나니 <u>아주</u> 새 차가 되었네. (부사어 '아주' + 관형어 '새')
> (10) 영수는 밥을 <u>굉장히</u> 빨리 먹는다. (부사어 '굉장히' + 부사어 '빨리')

확인 문제 1

(1)-(4)에서 부사어를 찾아 그 재료에 대해 설명하시오.

(1) 별이 선명하게 보인다.

(2) 수업 시간이 다 되었다.

(3) 기차는 일곱 시에 떠난다.

(4) 나는 앉은 채로 잠이 들었다.

예제 2

다음 자료에서 밑줄 친 성분의 필수성을 판단하시오.

(1) 동생의 얼굴이 <u>형과</u> 닮았다.

(2) 영수는 <u>토론 대회에</u> 참가하였다.

(3) 그들은 우리를 <u>적으로</u> 여겼다.

(4) 나는 <u>친구에게</u> 생일 선물을 주었다.

부사어는 수의적인 성분이지만 서술어가 되는 용언의 특성에 따라 부사어가 없으면 불완전한 문장이 되는 경우가 있는데, 이때의 부사어는 필수 성분이 되고 이런 부사어를 필수적 부사어라고 한다.

개념

<필수적 부사어의 유형>

1. 주어와 비교 대상이 되는 성분으로 '와/과'를 취한다.

2. 장소를 나타내는 성분으로 '에'를 취한다.

3. 서술어가 주어와 목적어 이외에 요구하는 성분으로 '로'를 취한다.

4. '수여'의 의미를 지닌 용언이 요구하는 성분으로 '에게'를 취한다.

적용

1. (1)의 용언 '닮다'는 부사어 '형과'를 필수적으로 요구한다.

2. (2)의 용언 '참가하다'는 부사어 '토론 대회에'를 필수적으로 요구한다.

3. (3)의 용언 '여기다'는 부사어 '적으로'를 필수적으로 요구한다.

4. (4)의 용언 '주다'는 부사어 '친구에게'를 필수적으로 요구한다.

확장

<필수적 부사어의 조사 유형에 따른 용언의 예>

1. '와/과'를 취하는 용언의 예: 같다, 다르다, 비슷하다, 싸우다, 만나다, 사귀다 등

2. '에'를 취하는 용언의 예: 넣다, 두다, 가다, 다니다, 적합하다, 있다 등

3. '로'를 취하는 용언의 예: 삼다, 간주하다, 만들다, 바뀌다, 뽑다 등

4. '에게'를 취하는 용언의 예: 보내다, 전하다, 선물하다, 바치다, 건네다, 맡기다, 속다 등

주의

(1)-(4)의 밑줄 친 성분을 학교문법에서는 필수적 부사어로 규정하고 있으나, 일부 학자의 경우는 이를 보어로 처리하기도 한다. 이때는 '와, 에, 로, 에게'를 모두 보격 조사로 인정해야 하는데, 이럴 경우 보격 조사의 형태가 일정하지 않다는 문제점이 발생한다.

확인 문제 2

(1)-(3)의 밑줄 친 성분의 필수성과 성분의 종류에 대해 설명하시오.

(1) 형이 동생만 못하면 되겠니?

(2) 동생이 형보다 낫구나.

(3) 그들은 나를 형이라 부른다.

예제 3

다음 밑줄 친 부사어를 그것이 꾸미는 범위에 따라 두 가지로 나누어 보시오.

(1) 학교 앞에서는 <u>천천히</u> 주행해야 한다.

(2) 이 소설은 <u>너무</u> 재미있다.

(3) <u>의외로</u> 그는 약속을 지켰다.

(4) <u>설마</u> 그가 거짓말한 것은 아니겠지?

부사어는 특정한 성분을 꾸며 주는 성분 부사어와 문장 전체를 꾸며 주는 문장 부사어가 있다.

개념

<부사어의 종류와 특성>

1. 문장 부사어: 1) 뒤에 오는 문장 전체를 꾸민다.

2) 자리옮김이 자유롭다.

2. 성분 부사어: 1) 서술어로 쓰이는 용언 이외에도 수식언, 체언을 꾸미기도 한다.

2) 상대적으로 자리옮김이 덜 자유롭다.

적용

특정한 성분을 꾸며 주는 (1), (2)와 문장 전체를 꾸며 주는 (3), (4)로 나눌 수 있다.

1. (1)의 부사어 '천천히'는 특정한 성분 '주행해야 한다'를 꾸민다.

2. (2)의 부사어 '너무'는 특정한 성분 '재미있다'를 꾸민다.

3. (3)의 부사어 '의외로'는 문장 '그는 약속을 지켰다.'를 꾸민다.

4. (4)의 부사어 '설마'는 문장 '그가 거짓말한 것은 아니겠지?'를 꾸민다.

확장

1. 성분 부사어는 (5)-(7)과 같이 체언도 꾸밀 수 있다.

(5) 그는 아주 모범생이 되었다. (명사 '모범생'을 꾸밈)

(6) 바로 너 때문에 일을 망쳤어. (대명사 '너'를 꾸밈)

(7) 겨우 둘밖에 오지 않았어. (수사 '둘'을 꾸밈)

2. (3)-(4)의 '의외로'와 '설마'는 (8)과 같이 자리옮김이 자유로우나, (1)-(2)의 '천천히'와 '너무'는 (9)와 같이 자리옮김이 제약된다.

(8) 의외로 그는 약속을 지켰다.

→ 그는 의외로 약속을 지켰다. (○)

→ 그는 약속을 의외로 지켰다. (○)

→ 그는 약속을 지켰다 의외로. (○)

(9) 학교 앞에서는 천천히 주행해야 한다.

→ 천천히 학교 앞에서는 주행해야 한다. (×)

주의

(10)-(11)과 같이 문장 부사어가 쓰인 문장은 문장 부사어를 제외한 부분을 명사절로 바꿀 때, 문장 부사어가 그 명사절의 의미상의 서술어가 되기도 한다.

(10) 당연히 우리가 서로 도우며 살아야 한다.

→ 우리가 서로 도우며 살아야 하는 것은 당연하다.

(11) 다행히 그가 크게 다치지 않았다.

→ 그가 크게 다치지 않은 것은 다행이다.

확인 문제 3

(1)의 밑줄 친 부사어가 성분 부사어인지 문장 부사어인지를 문법적인 기준을 적용하여 판별해 보시오.

(1) 그가 과연 그 일을 해낼 수 있을까?

memo

❸ 독립 성분

개요

독립 성분에는 독립어가 있다.

독립어를 이루는 재료	• 감탄사 • 체언 • 체언에 호격 조사가 붙은 말 • 제시어

'그러나, 그리고, 그래서, 그러므로'와 같은 접속 부사는 독립어가 아니고 부사 어임

독립어의 특성	• 독립어는 문장의 어떤 성분과도 직접적인 관련을 맺지 않음 • 부르는 말이 뒤에 오는 문장의 한 성분과 일치할 때 부르는 말과 일치되는 말이 생략되거나 대명사로 바뀜 • 제시어는 뒤에 오는 문장의 한 성분과 일치하는데 이때 제시어와 일치되는 말은 대명사로 바뀜

독립어는 문장의 다른 성분과 직접적인 관련을 맺지 않지만 부르는 말(호격어) 은 뒤에 오는 문장의 종결어미와 호응하는 경우가 있음

1. 독립어

다음 자료를 바탕으로 독립어가 되는 재료를 설명하시오.

(1) <u>아휴</u>, 아직도 산 정상이 멀었네.

(2) <u>영수야</u>, 너 지금 바쁘니?

(3) <u>철수</u>, 내 말 좀 들어 보게.

(4) <u>건강</u>, 이것은 우리의 가장 귀중한 자산이다.

독립어는 문장의 어느 성분과도 직접적인 관련을 맺지 않는 독립 성분이다. 독립어도 문장의 다른 성분과 함께 하나의 문장을 이루는 것이지만, 다른 문장 성분과 통사적인 연관성이 없으며, 독립어를 제외하고 나머지만으로도 완전한 문장이 된다.

개념

<독립어의 성립>

1. 감탄사

2. 체언 + 호격 조사

3. 체언

4. 제시어

적용

1. (1)의 '아휴'와 같은 감탄사가 독립어가 된다.

2. (2)의 체언 '영수'에 호격 조사 '야'가 붙은 부름말이 독립어가 된다.

3. (3)의 '철수'와 같이 호격 조사가 붙지 않은 부름말도 독립어가 된다.

4. (4)의 '건강'과 같이 제시하는 말이 독립어가 된다.

확장

(5)-(6)에서와 같이 해라체와 해체가 아닌 상대 높임 등급에서는 일반적으로 체언에 호격 조사가 붙지 않는다.

> (5) *학생아, 이리 좀 와 봐요.
> (6) 김 서방, 내 딸 잘 부탁하네.

주의

문장의 첫머리에 오면서 앞 문장의 뜻을 뒤의 문장에 이어주는 역할을 하는 '그러나, 그리고, 그래서, 그러므로'와 같은 접속 부사를 독립어에 포함시키는 경우도 있다. 하지만 (7)-(8)과 같이 접속 부사 '그래서'는 청유형이나 명령형과 어울리지 못한다는 통사론적 제약을 가지고 있다. 따라서 '그래서'와 같은 접속 부사는 뒷말과 관련성이 있다고 볼 수 있으므로 학교문법에서는 독립어로 보지 않고 부사어로 처리한다.

> (7) 그 식당은 정말 맛집이야. *그래서 우리 같이 한번 가자.
> (8) 그 영화는 너무 감동적이다. *그래서 너도 꼭 한번 보아라.

확인 문제 1

다음의 대화문에서 독립어를 찾고, 그것이 독립어라는 근거를 밝히시오.

세아: 설마, 그가 우리를 속이겠어?

세현: 그런데, 의심스러운 점은 확인해 보자.

세아: 그래, 신중해서 나쁠 건 없지.

세현: 어디, 좋은 방법을 한번 찾아보자.

예제 2

다음 자료를 바탕으로 독립어의 특성을 설명하시오.

(1) 영수, (너) 약속 시간 좀 지켜라.

(2) 자유, 이것은 인간의 본능이다.

(3) *철수야, 이리 앉으세요.

(4) *할아버지, 빨리 와라.

독립어 가운데 부르는 말이나 제시어의 경우 뒤의 문장에 몇 가지 특성이 나타난다.

개념

<독립어의 특성>

1. 감탄사는 뒤 문장의 어떤 성분과도 직접적인 관련을 맺지 않는다.

2. 부르는 말이 뒤에 오는 문장 속의 한 성분과 일치하는 경우, 이때 독립어와 일치하는 말은 생략되거나 대명사로 바뀐다.

3. 제시어는 뒤에 오는 문장 속의 한 성분과 일치하는데, 이때 독립어와 일치하는 말은 대명사로 바뀌는 것이 일반적이다.

4. 부르는 말은 독립어의 일반적인 특성을 충족하지 않는다. 왜냐하면 부르는 말은 듣는 이와 일치하기 때문에 뒤에 오는 종결어미의 상대 높임 등급에 영향을 미치지 않는다고 보기 어렵기 때문이다.

적용

1. (1)의 부르는 말 '영수'가 뒤에 오는 문장의 주어와 일치하므로 대명사 '너'로 바뀌면서 생략되었다.

2. (2)의 제시어 '자유'가 뒤에 오는 문장의 주어와 일치하므로 대명사 '이것'으로 바뀌었다.

3. (3)의 부르는 말 '철수야'가 듣는 이이기 때문에 높임의 대상이 아닌데도 해요체를 사용하였으므로 비문이다.

4. (4)의 부르는 말 '할아버지'가 듣는 이이므로 높여야 할 대상인데도 해라체의 종
   결어미 '-아라'를 사용하였으므로 비문이다.

확장

(5)에서 부름말 '영수'는 뒤에 오는 문장의 목적어 '영수'와 일치하므로 대명사
'너'로 바뀐 후 생략되었다.

> (5) 영수, 선생님께서 너를 부르신다.
> → 영수, 선생님께서 Ø 부르신다.

주의

하게체 이상의 높임 표현을 해야 할 유정 명사에는 (6가)와 같이 호격 조사 '아/
야'를 사용할 수 없으며, 이 경우에 호격 조사 '아/야'를 사용하면 (6나)와 같이 비
문이 된다. 해라체나 해체에서는 (7가)와 같이 호격 조사를 사용할 수도 있고, (7나)
와 같이 생략할 수도 있다.

> (6) 가. 김 서방, 어서 들어오게.
> 나. *김 서방아, 어서 들어오게.
> (7) 가. 영수야, 너 우리 집에 놀러 올래?
> 나. 영수, 너 우리 집에 놀러 올래?

확인 문제 2

(1)-(2)에서 생략된 문장 성분을 찾아보시오.

(1) 과장님, 부장님께서 뵙자고 하십니다.

(2) 영수야, 학교 생활이 재미있니?

❹ 기본 문형

예제 1

다음 문장을 자료로 삼아 한국어의 기본 문형을 설정하시오.

(1) 문법이 재미있다.

(2) 영수가 어른이 되었다.

(3) 영수는 토론 대회에 참가하였다.

(4) 영수는 문법을 싫어한다.

(5) 영수가 친구에게 선물을 주었다.

(6) 영수가 영희를 친구로 삼았다.

기본 문형은 문장 구성의 기본 틀을 말한다. 같은 특성을 가진 것을 묶어서 몇 가지의 기본 문형을 설정할 수 있다. 따라서 언어마다 기본 문형의 수와 종류가 다른데, 기본 문형은 학술적 측면뿐만 아니라 실용적인 측면에서도 유용하게 활용된다.

개념

<기본 문형 설정의 기준>

1. 서술어가 요구하는 문장 성분의 수와 종류에 따라
2. 필수적인 문장 성분의 격조사 형태에 따라

적용

1. (1)은 '주어 + 서술어'의 문형이다.

2. (2)는 '주어 + 보어 + 서술어'의 문형이다.

3. (3)은 '주어 + 부사어 + 서술어'의 문형이다.

4. (4)는 '주어 + 목적어 + 서술어'의 문형이다.

5. (5)는 '주어 + 부사어 + 목적어 + 서술어'의 문형이다.

6. (6)은 '주어 + 목적어 + 부사어 + 서술어'의 문형이다.

확장

1. (1)-(3)은 자동사 구문인데, (3)과 같은 구문을 필수적 부사어의 종류에 따라 (7)-(9)로 재분류할 수 있다.

> (7) 1이 2과 —
> (8) 1이 2에/에게 —
> (9) 1이 2로 —

2. (4)-(6)은 타동사 구문인데 (4)와 같은 구문을 필수적 부사어의 종류에 따라 (10)-(13)으로 재분류할 수 있다.

> (10) 1이 2를 3과 —
> (11) 1이 2를 3에/에게 —
> (12) 1이 2를 3에서 —
> (13) 1이 2를 3로 —

주의

서술어는 하나의 문형으로 쓰이기도 하지만, 각각의 의미에 따라 문형을 달리하기도 한다.

확인 문제 1

(1)-(6)을 기본 문형의 유형으로 분류하시오.

(1) 토마토가 달다.
(2) 토마토는 과일이 아니다.
(3) 농부들이 누에에서 실을 뽑는다.
(4) 영수는 토마토를 좋아한다.
(5) 동생이 형과 닮았다.
(6) 원주민들은 과일을 설탕과 교환했다.

문장의 성분 연습 문제

1. (1)-(5)의 자료를 바탕으로 주어와 서술어가 나타나는 위치에 대해 설명하시오.

    (1) 사냥꾼이 멧돼지를 잡았다.

    (2) 멧돼지를 사냥꾼이 잡았다.

    (3) 잡았다, 사냥꾼이 멧돼지를.

    (4) 잡았다, 멧돼지를 사냥꾼이.

    (5) 멧돼지를 잡았다, 사냥꾼이.

2. (1)-(2)를 자료로 삼아 주어의 생략 조건을 설명하시오.

    (1) 학창 시절이 매우 그립다.

    (2) 어서 들어와.

3. (1)-(4)의 주어가 무엇인지에 대해 설명하시오.

    (1) 불이야.

    (2) 도둑이야.

    (3) 시험이 어려우면 큰일인데.

    (4) 고생 끝에 낙이다.

4. 다음 예문에 쓰인 조사 '가'의 용법을 설명하시오.

    (1) 하늘이 <u>푸르지가</u> 않지요?

    (2) 돈이 <u>없어서가</u> 아니야.

    (3) 그는 <u>집에서가</u> 아니라 학교에서 공부한다.

5. (1)-(6)을 자료로 삼아 동사 '돌다'의 자릿수에 대하여 설명하시오.

    (1) 나무 팽이는 잘 <u>돌지도</u> 않았다.

    (2) 어린아이들이 새벽에 일어나 해가 뜰 때까지 이 나무를 <u>돌며</u> 노래를 부른다.

(3) 고개를 젓는 바람에 머릿속이 휭휭 돌았던 것이다.

(4) 언제부터 어떻게 살짝 돌았는지는 모르지만 아무튼 보통 사람과는 다른 것이 틀림없다.

(5) 시청은 사거리에서 왼쪽으로 돌아 곧장 가면 됩니다.

(6) 그의 어머니는 생기가 도는 반가운 얼굴에 의외라는 표정을 지었다.

6. (1)-(5)를 자료로 삼아 다음 동사 '알다'의 자릿수를 설명하시오. 또 동사를 타동사와 자동사로 분류하는 방식에 대해 설명하시오.

(1) 나는 그 사람과 잘 안다.

(2) 나는 그 사람에 대하여 잘 안다.

(3) 나는 그 사람을 잘 안다.

(4) 그가 부자인 줄로만 알았다.

(5) 이 일을 대수롭지 않게 아는 사람이 있다.

7. (1)-(6)을 자료로 삼아 물음에 답하시오

(1) *하늘이 눈을 먹는다.

(2) *철수는 눈을 다물었다.

(3) *철수는 입을 감았다.

(4) *철수는 건물이다.

(5) 철수는 꼭 곰과 같다.

(6) *철수는 꼭 같다.

1) (1)-(4)의 문장이 비문이 되는 이유를 설명하시오.

2) 위의 (5)에 쓰인 '같다' 와 같은 통사적 특징을 갖는 단어들에는 다음과 같은 것들이 있다. 이들의 문법적 특성에 대해 설명하시오.

【굴다, 여기다, 생기다, 되다, 불과하다, 의하다】

8. (1)-(4)를 자료로 삼아 아래의 물음에 답하시오.

(1) 남산 타워에 가면 서울 시내가 잘 <u>보입니다</u>.

(2) 아이가 똑똑하게 <u>보였다</u>.

(3) 민지는 부모님께 성적표를 <u>보여</u> 드렸다.

(4) 내가 그 학생을 만나 <u>보았는데</u>, 아주 착하더군요.

1) (1)-(3)에 쓰인 서술어 '보이다'의 자릿수와 각 문장 성분의 특성에 대해 설명하시오.

2) (2)의 중의성을 설명하시오. (두 문장의 통사 구조 차이도 설명할 것)

3) (1)과 (3)의 서술어 '보이다'는 문법적으로 어떤 차이점이 있는지 설명하시오.

4) (1)에 쓰인 '보이다'가 다른 단어와 결합하여 관습적인 의미를 나타내는 예를 세 개 제시하시오.

5) 예문(4)의 서술어 '보다'가 갖는 특징을 서술하시오.

9. (1)-(12)의 밑줄 친 문장 성분에 대해 설명하시오.

(1) 영수가 <u>교사가</u> 되었다.

(2) 영수는 <u>국어교육과가</u> 아니다.

(3) 나는 <u>김 교수님이</u> 좋다.

(4) 영수는 <u>성격이</u> 좋다.

(5) 영수는 <u>형과</u> 닮았다.

(6) 영수는 <u>국어교육과에</u> 다닌다.

(7) 영수는 영희를 <u>친구로</u> 삼았다.

(8) 영수는 선물을 <u>친구에게</u> 주었다.

(9) 영수는 <u>그 회의에</u> 참석했다.

(10) 영수가 손을 <u>주머니에</u> 넣었다.

(11) 영수는 <u>그 친구와</u> 다르다.

(12) 저 집이 <u>우리 집과</u> 비슷하다.

10. (1)의 밑줄 친 문장 성분의 필수성에 대해 설명하시오.

(1) 가. 집 주인이 <u>다른 사람으로</u> 바뀌었다.

　　나. 논밭이 <u>택지로</u> 바뀌었다.

11. 다음 문장의 밑줄 친 부분의 문장 성분에 대해 설명하시오.

(1) 물이 <u>얼음이</u> 되었다.

(2) 물이 <u>얼음으로</u> 되었다.

(3) 저 산이 <u>소나무가</u> 많다.

(4) 집에 <u>가는 대로</u> 연락해.

(5) <u>산 좋고 물 맑은 것</u>이 여기가 바로 낙원이구나.

(6) 영수는 <u>시골 풍경을</u> 좋아한다.

(7) 나는 점심을 <u>두 번을</u> 먹었다.

(8) 가. 그가 <u>온몸에</u> 먼지를 뒤집어썼다.

　　나. 그가 먼지를 <u>온몸에</u> 뒤집어썼다.

(9) 가. 그가 <u>온몸을</u> 먼지를 뒤집어썼다.

　　*나. 그가 먼지를 <u>온몸을</u> 뒤집어썼다.

(10) 김 선생이 <u>말하기를</u> 이번 시험은 어렵다더군.

(11) 지난 주말에 <u>광화문을</u> 갔다가 거리 축제에 참가했어.

12. 보어의 범위를 학교문법의 개념보다 확대했을 때 보어의 특성을 제시하시오.
(보격 조사는 '이/가'로 한정한다.)

13. 다음 예문의 밑줄 친 문장 성분은 필수성을 지닌다는 점에서 모두 보어로 보는 경우도 있다. 그럴 경우의 문제점을 설명하시오.

(1) 영수가 <u>교사가</u> 되었다.

(2) 영수는 <u>국어교육과가</u> 아니다.

(3) 나는 <u>김 교수님이</u> 좋다.

(4) 영수는 <u>성격이</u> 좋다.

(5) 영수는 <u>형과</u> 닮았다.

(6) 영수는 국어교육과에 다닌다.

(7) 영수는 영희를 친구로 삼았다.

(8) 영수는 친구에게 선물을 주었다.

14. 탐구 부사 '설마'의 자리옮김을 관찰하여 '설마'가 문장 부사인지 성분 부사인지 설명하시오.

15. 탐구 다음 문장에 쓰인 '무섭다'는 몇 자리 서술어인지 설명하시오. 또 '무섭다'가 다른 용법으로 쓰인 경우에 대해 설명하시오.

"멧돼지가 무서운 내가 사냥하러 가자고 하자, 가족들은 겁이 나서 깊은 한숨을 내쉬었다."

16. 탐구 절이 보어의 재료가 되는 예를 제시하시오.

17. 탐구 (1)-(2)의 밑줄 친 문장 성분의 문법적 차이점을 설명하시오.

(1) 그는 아들을 축구 선수로 만들었다.

(2) 영수는 참나무로 의자를 만들었다.

03. 문장의 짜임새

❶ 안은문장
❷ 이어진문장

❶ 안은문장

개요

명사절을 이루는 재료	• 용언의 어간 + 명사형 어미 ('-(으)ㅁ'/ '-기') • 명사절 상당 구성 ('-는 것'/ '-다는 것') • 의문 명사절 ('-느냐'/ '-는지'/ '-는가')
'-(으)ㅁ' 명사절과 '-기' 명사절의 배타성	• '-(으)ㅁ' 명사절: 기정적 사실 • '-기' 명사절: 미정적 사실
관형사절을 이루는 재료	• 용언의 어간 + 관형사형 어미 ('-(으)ㄴ'/ '-는'/ '-(으)ㄹ')
관형사절의 종류	• 관계 관형사절, 동격 관형사절, 연계 관형사절
부사절을 이루는 재료	• 용언의 어간 + 부사형 어미 ('-게'/ '-도록'/ '-듯이')
인용절을 이루는 재료	• 직접 인용문 (피인용문 + '(이)라고'/ '하고') • 간접 인용문 (피인용문 + '고')
서술절을 이루는 재료	• 전체 문장의 서술어가 절로 나타남

1. 명사절

다음 자료를 바탕으로 명사절의 재료에 대해 설명하시오. 《1》

(1) 가. 나는 [그 사실]을 알았다.

　　나. 나는 [그가 거짓말했음]을 알았다.

(2) 가. 나는 [너의 성공]을 바란다.

　　나. 나는 [네가 성공하기]를 바란다.

(3) 가. [수학]이 어렵다.

　　나. [우리가 습관을 바꾸는 것]은 어렵다.

(4) 가. 나는 [너]를 잘 안다.

　　나. 나는 [네가 노력하고 있다는 것]을 잘 안다.

　명사절은 문장 속에서 명사와 같은 기능하는 것으로 명사절에 격조사가 붙어 주어, 목적어, 보어, 부사어 등의 다양한 기능을 한다.

개념

<명사절의 성립> ①

1. 용언의 어간 + 명사형 전성어미

　1) 용언의 어간 + '-(으)ㅁ'

　2) 용언의 어간 + '-기'

2. 명사절 상당 구성

　1) '짧은 것 명사절': 관형사형 어미 + 것 → '-는 것' ('짧은 것 명사절')

　2) '긴 것 명사절': 종결형 + '는 것' → '-다는 것' ('긴 것 명사절')

적용

1. (1가)는 명사구 '그 사실'이 목적어로 쓰인 홑문장이다. (1나)는 명사구 '그 사실' 대신에 명사절 '그가 거짓말했음'이 안은문장 속에 안긴 것이다. (1가)는 주어와

서술어의 관계가 한 번 나타나지만 (1나)는 주어와 서술어의 관계가 두 번 나타나므로 겹문장이다. 이때 명사절인 '그가 거짓말했음'은 '을'과 결합하여 목적어 기능을 한다.

2. (2가)는 명사구 '너의 성공'이 목적어로 쓰인 홑문장이다. (2나)는 명사구 '너의 성공' 대신에 명사절 '네가 성공하기'가 안은문장 속에 안긴 것이다. (2가)는 주어와 서술어의 관계가 한 번 나타나지만 (2나)는 주어와 서술어의 관계가 두 번 나타나므로 겹문장이다. 이때 명사절 '네가 성공하기'는 '를'과 결합하여 목적어 기능을 한다.

3. (3가)는 명사 '수학'이 주어이고 서술어는 '어렵다'인데, 주어와 서술어 관계가 한 번 나타나므로 홑문장이다. (3나)는 '우리가 습관을 바꾸다'라는 문장에서 종결어미 '-다'가 삭제되고, 관형사형 어미 '-는'이 붙어 관형사절을 만든 후, 다시 의존 명사 '것'이 결합된 부분이 명사와 같은 기능을 하기 때문에 명사절로 볼 수 있다. 이때 명사절 '우리가 습관을 바꾸는 것'은 주어의 기능을 한다.

4. (4가)는 명사 '너'가 목적어이고 주어와 서술어 관계는 한 번 나타나므로 홑문장이다. 반면에 (4나)는 '네가 노력하고 있다.'라는 문장에 관형사형 어미 '-는'이 붙어 관형사절을 만든 후, 다시 의존 명사 '것'이 결합된 부분이 명사와 같은 기능을 하기 때문에 명사절로 볼 수 있다. 이때 명사절 '네가 노력을 하고 있다는 것'은 목적어 기능을 한다.

확장

(1나)를 '것 명사절'로 바꾸면 (5)와 같이 '짧은 것 명사절'과 '긴 것 명사절' 모두 가능하지만, (2나)는 (6)과 같이 '짧은 것 명사절'만 가능하다. 한편 (7)과 같이 '긴 것 명사절'만 쓰이는 경우도 있다.

> (5) 나는 그가 {거짓말 한/ 거짓말 했다는} 것을 알았다.
> (6) 나는 {네가 성공하는/ *네가 성공한다는} 것을 바란다.
> (7) 나는 그가 {귀국했다는/ *귀국한} 것을 들었다.

> **주의**
>
> (1나)의 명사절 '그가 거짓말했음'은 (8)에서 보듯이 원래 그 자리에 있던 종결어미 '-다'가 탈락되고 명사형 어미 '-(으)ㅁ'이 붙은 것인지, (9)와 같이 처음부터 '-(으)ㅁ'이 그 자리에 바로 붙은 것인지는 판단하기가 쉽지 않다.

(8) 그가 거짓말했다. + 음 → 그가 거짓말했음

(9) 그가 거짓말했 + 음 → 그가 거짓말했음

> **확인 문제 1**
>
> (1)-(3)의 문장에서 명사절을 찾아 어떤 문장 성분의 역할을 하는지 설명하시오.
>
> (1) 우리는 문법 공부에 전념하기로 작정했다.
>
> (2) 그가 내 옆에 있음에 감사한다.
>
> (3) 나는 암기 과목 공부하기가 싫다.

예제 2

다음 자료를 바탕으로 명사절의 재료를 설명하시오.《2》

(1) <u>무엇이 되느냐</u>보다 <u>어떻게 사느냐</u>가 더 중요하다.

(2) 나는 그 문제가 <u>무엇이 틀렸는지</u>를 모르겠다.

(3) 성공의 열쇠는 <u>얼마나 성실한가</u>에 달려 있다.

　의문을 나타낼 때 쓰는 문장에 조사가 붙어 그것을 안고 있는 문장 속의 한 성분이 되는 경우가 있는데, 그 문장의 종결어미가 '-(으)냐/느냐, -(으)ㄴ지/는지, -(으)ㄴ가/는가'일 경우이다.

개념

<명사절의 성립> ②

의문 명사절: 다음과 같은 의문의 종결어미로 이루어진 구성

1. '-(으)냐/ -느냐'
2. '-(으)ㄴ지/ -(으)ㄹ지/ -는지'
3. '-(으)ㄴ가/ -는가'

적용

1. (1)은 의문의 종결어미 '-느냐'에 의한 문장이 명사절의 기능을 한다.
2. (2)는 의문의 종결어미 '-는지'에 의한 문장이 명사절의 기능을 한다.
3. (3)은 의문의 종결어미 '-(으)ㄴ가'에 의한 문장이 명사절의 기능을 한다.

확장

　(4)-(7)에 보듯이 '-고서, -고, -(으)면서, -아서' 등과 같은 특정한 연결어미에 일부 조사가 붙어 명사처럼 쓰이는 현상이 있다. 하지만 이러한 현상을 보이는 연결어미는 그 수가 제한적일 뿐 아니라 그와 같은 연결어미가 모든 조사를 취할 수 있는 것도

아니다. 따라서 이와 같은 유형은 명사절의 범위에 포함시키지 않는 것이 일반적이다.

> (4) 그가 잘못을 깨달은 것은 친구들이 그를 떠나고서였다.
>
> (5) 써보지도 않고 좋고 나쁘고를 따질 수 있나?
>
> (6) 기름값이 폭등하면서부터 교통 체증이 완화됐다.
>
> (7) 내가 화가 난 것은 그가 거짓말을 해서이다.

주의

　　명사절은 문장이 어떤 문법적인 절차를 거쳐서 이루어지는데, (1)-(3)은 문장이 아무런 절차 없이 그대로 명사절의 기능을 한다는 점에서 '-(으)ㅁ 명사절, -기 명사절, -는 것 명사절'과 차이가 있다. 이러한 구성을 (1)'-(3)'와 같이 '관형사형 어미 + 의존 명사'의 구조로 분석할 수도 있다. 이러한 견해는 다른 명사절이 어떤 문법적 절차를 거쳐 이루어진다는 것을 염두에 두고, 명사절의 구조적 통일성을 확보하기 위한 것이다.

> (1)' {(무엇이 되는)야}보다 {(어떻게 사는)야}가 더 중요하다.
>
> (2)' 나는 그 문제가 {(무엇이 틀렸는)지}를 모르겠다.
>
> (3)' 성공의 열쇠는 {(얼마나 성실한)가}에 달려 있다.

확인 문제 2-1

(1)-(3)의 밑줄 친 부분의 문법적 기능을 비교하시오.

(1) 친구가 기분이 좋은지 하루종일 싱글벙글한다.

(2) 무엇을 먹고 싶은지 얘기해 보세요.

(3) 시장에 물건이 어찌나 많은지.

확인 문제 2-2

(1)의 밑줄 친 부분을 의문 명사절과 비교하시오.

(1) 비를 맞으면서 택시를 기다린 지 두 시간이 지났다.

예제 3

다음 자료를 바탕으로 명사형 어미 '-(으)ㅁ'과 '-기'의 용법을 설명하시오.

(1) 그는 건강이 제일 {소중함/ *소중하기}을/를 깨달았다.

(2) 농부들이 비가 {내리기/ *내림}을/를 기다리고 있다.

(3) 네가 우리 집으로 {옴/ 오기}이/가 편할 것이다.

 명사형 어미 '-(으)ㅁ'과 '-기'가 선택되는 조건은 결합하는 용언과 관계없고, 전체 문장의 서술어 즉, 안은문장의 서술어의 종류에 따라 결정된다.

개념

< '-(으)ㅁ 명사절'과 '-기 명사절'의 배타성>

명사형 어미 '-(으)ㅁ'과 '-기'는 대체적으로 배타성을 갖는다.

1. '-(으)ㅁ 명사절'은 기정적 사실에 쓰임
2. '-기 명사절'은 미정적 사실에 쓰임

적용

1. (1)의 명사형 어미 '-(으)ㅁ'은 이미 일어났거나 정해진 사실, 혹은 개별적이고 구체적인 사태를 나타낼 때 쓰이는 데, 안은문장의 서술어 '깨닫다'는 이와 같은 내용의 목적어를 취하는 용언이므로 안긴문장의 서술어에 명사형 어미 '-(으)ㅁ'이 결합되어야 한다.

2. (2)의 명사형 어미 '-기'는 기대되는 가상적인 상황이나 정해지지 않은 사실, 일반화된 객관적 사태 등을 나타낼 때 쓰이는 데, 안은문장의 서술어 '기다리다'는 이와 같은 내용의 목적어를 취하는 용언이므로 안긴문장의 서술어에 명사형 어미 '-기'가 결합되어야 한다.

3. (3)에서 '-(으)ㅁ'과 '-기'가 모두 가능한 이유는 안은문장의 서술어 '편하다' 때문이다. '가능하다, 맹세하다, 서약하다, 편하다' 등의 용언은 명사형 어미 '-(으)ㅁ'

과 '-기'에 두루 결합할 수 있다. 현대국어에서는 입말에서 주로 '-기'를 사용하고, '-(으)ㅁ'이 쓰이는 경우에는 '-는 것'으로 바꾸어 쓰는 것이 일반적이다.

확장

1. 명사형 어미 '-(으)ㅁ'을 취하는 용언

> (4) 깨닫다, 기억하다, 드러나다, 알다, 모르다, 발표하다, 밝혀지다, 탄
> 로나다, 부인하다, 통지하다, 확실하다, 분명하다, 타당하다, 짐작하
> 다, 주장하다, 지적하다, 어리석다, 현명하다, 이상하다, 부당하다,
> 한탄하다

2. 명사형 어미 '-기'를 취하는 용언

> (5) 기다리다, 기대하다, 갈망하다, 바라다, 빌다, 기원하다, 원하다, 정
> 하다, 제안하다, 계획하다, 꺼리다, 나쁘다, 좋다, 싫다, 알맞다, 적합
> 하다, 어렵다, 지루하다, 힘들다, 즐기다

주의

1. (6)-(7)에서 보듯이 명사형 어미 '-(으)ㅁ'과 '-기'는 '-았/었-', '-겠-', '-(으)시-' 등과 같은 대부분의 선어말어미와 결합이 가능하다.

> (6) 그가 거짓말했음이 밝혀졌다.
> (7) 걷기 운동은 노인들이 하시기에 적합한 운동이다.

2. (8가)의 '-(으)ㅁ' 명사절은 (8나)와 같이 '-는 것 명사절'로 바꾸어 쓸 수 있으며, 입말에서는 그러한 현상이 더 두드러진다.

(8) 가. 그가 내 <u>옆에 있음</u>에 감사한다.

　　 나. 그가 내 <u>옆에 있는 것</u>에 감사한다.

확인 문제 3

(1)-(2)에 쓰인 명사절의 기능을 설명하시오.

(1) 나는 <u>공부하기</u>가 싫지만, <u>로봇 만들기</u>에는 관심이 많다.

(2) 나는 <u>공부하기</u>를 싫어하지만, <u>로봇 만들기</u>는 좋다.

예제 4

다음 자료를 바탕으로 '긴 것 명사절' 구성과 '짧은 것 명사절' 구성의 차이를 설명하시오.

(1) 가. 우리는 <u>그가 이민을 갔다는 것</u>을 들었다.

　　 나. *우리는 <u>그가 이민을 간 것</u>을 들었다.

(2) 가. *<u>그는 그림을 그렸다는 것</u>이 정서에 도움이 되었다.

　　 나. <u>그는 그림을 그린 것</u>이 정서에 도움이 되었다.

　　관형사형 어미에 의존 명사 '것'이 결합하여 명사절을 형성하는 '것 명사절'에는 두 가지 종류가 있다. 하나는 용언의 종결형에 '-는 것'이 붙어서 된 것이고, 다른 하나는 용언의 관형사형에 '것'이 붙어서 된 것이다. 전자를 '긴 것 명사절' 구성이라고 하고 후자를 '짧은 것 명사절' 구성이라고 한다.

개념

'긴 것 명사절' 구성과 '짧은 것 명사절' 구성의 용법

-명시적인 증거에 의한 사실성 여부에 따라 구분한다.

1. '긴 것 명사절' 구성은 사실성 여부와 관계없이 성립

2. '짧은 것 명사절' 구성은 사실성을 전제로 성립

적용

1. (1)의 문장은 명시적인 증거를 요구하지 않기 때문에 (1가)와 같이 '-다는 것 명사절'을 사용할 수 있지만 (1나)와 같이 '-는 것 명사절'은 사용할 수 없다.

2. (2)의 문장은 명시적인 증거를 요구하기 때문에 (1가)와 같이 '-다는 것 명사절'은 사용할 수 없고 (1나)와 같이 '-는 것 명사절'은 사용할 수 있다.

확장

    사실성 여부에 대한 검증은 (3)과 같이 부사어와의 어울림 관계를 통해 확인할 수 있다.

> (3) 가. 그가 범인이었다는 것은 <u>거짓으로</u> 드러났다.
> 　　나. *그가 범인인 것은 <u>거짓으로</u> 드러났다.

주의

<'것' 구성의 두 가지 유형>

    (4)와 같이 '것'을 어떤 특정한 대상 즉 '시간'으로 바꾸어 쓸 수 있을 경우에는 '관형사절 + 의존 명사' 구성으로 보고, (5)와 같이 가리키는 대상이 없을 경우에는 명사절 상당 구성으로 보는 것이 일반적이다.

> (4) 내가 역에 도착한 것은 약속 시간이 지나서였다.
> (5) 지구가 둥글다는 것은 사실이다.

(확인 문제 4-1)

'긴 것 명사절' 구성과 '짧은 것 명사절' 구성의 문장을 만들어 보시오.

(확인 문제 4-2)

'관형사절 + 의존 명사' 구성과 명사절 상당 구성의 '-는 것' 예문을 만들어 보시오.

> **예제 5**
>
> 다음 자료에서 문장의 짜임새를 설명하시오.
>
> (1) 비가 오기 때문에 길이 질다.
> (2) 영수는 시험에 합격하기 위하여 열심히 노력했다.
> (3) 우리 퇴근하는 대로 같이 가 보자.
> (4) 나는 집에 가는 길에 마트에 들러 먹을 것을 사 갔다.

명사형 어미 '-기'는 '-(으)ㅁ'과 달리 '-기 때문에', '-기 위하여' 등과 같은 덩어리 표현을 형성하여 종속절을 이루기도 한다. 관형사형 어미 '-는'도 '-는 대로', '-는 길에' 등과 같은 덩어리 표현을 형성한다.

개념

<종속절의 여러 유형>
1. 종속적 연결어미에 의한 구성
2. 명사형 어미 '-기'에 의한 구성
3. 관형사형 어미 '-는'에 의한 구성

적용

1. (1)은 '-기 때문에'가 한 덩어리가 되어 실질적으로는 종속적 연결어미 '-아서', '-(으)니까'와 같은 기능을 하므로 종속절로 볼 수 있다.

2. (2)는 '-기 위하여'가 한 덩어리가 되어 실질적으로는 종속적 연결어미 '-(으)려고', '-고자'와 같은 기능을 하므로 종속절로 볼 수 있다.

3. (3)은 '-는 대로'가 한 덩어리가 되어 실질적으로는 종속적 연결어미 '-자마자'와 같은 기능을 하므로 종속절로 볼 수 있다.

4. (4)는 '-는 길에'가 한 덩어리가 되어 실질적으로는 종속적 연결어미 '-다가'와 같은 기능을 하므로 종속절로 볼 수 있다.

확장

(5)나 (6)과 같은 덩어리 표현은 (1)-(4)와 같이 연결어미의 기능을 하지만, (7)과 같은 덩어리 표현은 종결어미의 기능을 한다.

(5) 가. 침대에 눕기가 무섭게 잠이 들었다.

　　나. 밥숟가락 놓기 바쁘게 과일을 또 먹는다.

(6) 가. 갑자기 비가 오는 바람에 옷이 다 젖었어요.

　　나. 내가 잠든 후에 함박눈이 펑펑 쏟아졌다.

(7) 가. 겨울이 아무리 추워도 봄이 오기 마련이다.

　　나. 모든 것은 생각하기 나름이다.

　　다. 포로들의 모습은 초라하기 짝이 없었다.

주의

'-(으)ㅁ'과 '-기' 명사절은 (8)-(9)와 같이 안은문장 없이 나타나기도 한다. '-(으)ㅁ'은 공고문, 법령, 회의록 등에 쓰이고, '-기'는 표어, 속담 등과 같은 특별한 경우에 쓰인다.

(8) 위의 내용은 사실과 틀림없음.

(9) 하루에 만 보씩 걷기.

확인 문제 5

(1)-(3)의 문장에서 밑줄 친 덩어리 표현을 연결어미에 의한 표현으로 바꾸어 보시오.

(1) 비가 갠 뒤에 무지개가 떴다.

(2) 영수는 게으른 탓에 지각을 자주 한다.

(3) 영수는 노력한 덕분에 장학금을 받았다.

2. 관형사절

> ### 예제 1
>
> 다음 자료를 바탕으로 관형사절의 재료에 대해 설명하시오.
>
> (1) 가. 우리는 [그] 송편을 먹었다.
>
> 　　나. 우리는 [어머니가 만든] 송편을 먹었다.
>
> (2) 가. 우리는 [여러] 난민들을 도왔다.
>
> 　　나. 우리는 [집을 짓는] 난민들을 도왔다.
>
> (3) 가. 우리는 [외딴] 정자를 찾았다.
>
> 　　나. 우리는 [점심을 먹을] 정자를 찾았다.
>
> (4) 가. 우리는 [옛] 추억을 회상했다.
>
> 　　나. 우리는 [어머니와 케이크를 만들던] 추억을 회상했다.

　　관형사절은 문장 속에서 관형사와 같이 기능하는 것으로 관형사가 뒤에 오는 명사를 수식하듯이 관형사절도 뒤에 오는 명사를 수식한다.

개념

<관형사절의 성립>

용언의 어간 + 관형사형 전성어미

1. 동사의 어간 + '-(으)ㄴ, -는, -(으)ㄹ, -던'

2. 형용사/ '이다'의 어간 + '-(으)ㄴ, -(으)ㄹ, -던'

적용

1. (1가)는 명사 '송편'이 관형사 '그'의 수식을 받는 홑문장이다. (1나)는 명사 '송편'이 관형사 '그' 대신에 관형사절 '어머니가 만든'의 수식을 받는 겹문장이다. 이때 관형사절의 '만든'은 동사 '만들다'의 어간에 관형사형 어미 '-(으)ㄴ'이 결합한 것이다.

2. (2가)는 '난민들'이 관형사 '여러'의 수식을 받는 홑문장이다. (2나)는 '난민들'이 관형사 '여러' 대신에 관형사절 '집을 짓는'의 수식을 받는 겹문장이다. 이때 관

형사절의 '짓는'은 동사 '짓다'의 어간에 관형사형 어미 '-는'이 결합한 것이다.

3. (3가)는 명사 '정자'가 관형사 '외딴'의 수식을 받는 홑문장이다. (3나)는 명사 '정자'가 관형사 '외딴' 대신에 관형사절 '점심을 먹을'의 수식을 받는 겹문장이다. 이때 관형사절의 '먹을'은 동사 '먹다'의 어간에 관형사형 어미 '-을'이 결합한 것이다.

4. (4가)는 명사 '추억'이 관형사 '옛'의 수식을 받는 홑문장이다. (4나)는 명사 '추억'이 관형사 '옛' 대신에 관형사절 '어머니와 케이크를 만들던'의 수식을 받는 겹문장이다. 이때 관형사절의 '만들던'은 동사 '만들다'의 어간에 관형사형 어미 '-던'이 결합한 것이다.

확장

(5)-(7)의 밑줄 친 부분은 형용사 어간에 관형사형 어미가 결합한 관형사절이다. (5)는 관형사형 어미 '-(으)ㄴ'이 결합하여 현재 시제를 나타낸다. 동사의 경우에는 관형사형 어미 '-(으)ㄹ'이 결합하여 상대 시제로 미래를 나타내지만, (6)에서 보듯이 형용사에 결합한 '-(으)ㄹ'은 미래를 나타내지 않는다. 동사의 어간에 결합한 '-던'은 미완료를 나타내지만, (7)에서처럼 형용사에 결합한 '-던'은 미완료의 의미보다 과거의 의미가 더 강하다.

(5) 영희가 색깔이 예쁜 우산을 샀어요.

(6) 우리는 건강할 때에 건강을 지켜야 한다.

(7) 그 사진에는 어머니가 아름답던 모습이 남아 있다.

확인 문제 1

(1)-(4)의 밑줄 친 부분을 관형사절로 교체하여 겹문장으로 만드시오.

(1) 영수가 새 차를 샀어요.

(2) 그는 한다하는 집안에서 태어났어요.

(3) 통일은 우리 민족의 소원이다.

(4) 나는 가을 단풍을 보고 싶다.

예제 2

다음 자료를 바탕으로 밑줄 친 관형사절의 시제를 설명하시오.

(1) 가. 어머니는 <u>내가 먹은</u> 간식을 만드셨다.

　　나. 어머니는 <u>내가 먹는</u> 간식을 만드셨다.

　　다. 어머니는 <u>내가 먹을</u> 간식을 만드셨다.

　　라. 어머니는 <u>내가 먹던</u> 간식을 만드셨다.

(2) 가. 사람들은 <u>경치가 좋은</u> 집을 좋아한다.

　　나. <u>키가 작던</u> 아이가 몰라보게 컸구나.

　　다. <u>장학금을 받으면</u> 매우 기쁠 거야.

관형사형 어미는 하나의 문장을 관형사절로 만들면서 시간적 의미를 덧붙인다.

개념

<관형사절의 시제>

용언의 종류에 따라 시제를 나타내는 관형사형 어미의 형태가 다르다.

<동사>　1) 과거: '-(으)ㄴ'　　　　　　　<형용사>　1) 과거: '-던'

　　　　2) 현재: '-는'　　　　　　　　　　　　　2) 현재: '-(으)ㄴ'

　　　　3) 미래: '-(으)ㄹ'　　　　　　　　　　　　3) 추측: '-(으)ㄹ'

　　　　4) 과거의 미완: '-던'

　　　　　　(어떤 일이 과거에 완료되지 않고 중단됨)

적용

1. (1가)의 관형사절 '내가 먹은'은 과거의 의미를 나타낸다.

　(1나)의 관형사절 '내가 먹는'은 현재의 의미를 나타낸다.

　(1다)의 관형사절 '내가 먹을'은 미래의 의미를 나타낸다.

　(1라)의 관형사절 '내가 먹던'은 과거의 미완을 나타낸다.

2. (2가)의 관형사절 '경치가 좋은'은 현재의 의미를 나타낸다.

(2나)의 관형사절 '키가 작던'은 과거의 의미를 나타낸다.

(2다)의 관형사절 '매우 기쁠'은 추측의 의미를 나타낸다.

확장

(3)은 과거 시제이므로 용언 '돌보다'에 관형사형 어미 '-(으)ㄴ'을 결합하여 '돌본'으로 써야 하지만, 습관적인 반복의 의미를 나타낼 때에는 '-는'을 결합하여 '돌보는'으로 표현한다. (4)의 경우에도 '-는'을 써서 습관적인 반복의 의미를 표현하고 있다.

(3) 할머니는 손자를 돌보는 일을 하셨어요.

(4) 항상 모자를 쓰는 사람들이 있다.

주의

1. (5)와 (6)은 모두 과거를 나타내지만, (5)의 경우는 읽는 행위를 이미 마친 것으로 '지금은 더 이상 그 책을 읽지 않는다'는 의미가 내포되어 있고, (6)은 과거의 미완으로 '읽기 시작한 것은 과거의 시점이지만, 아직 그 책을 끝까지 다 읽지 못했다'는 의미를 나타낸다.

(5) 이 책은 내가 읽은 것이다.

(6) 이 책은 내가 읽던 책이다.

2. '때, 뻔, 기회, 정도, 가능성'과 같은 단어들을 수식할 경우에는 시제와 관계없이 관용적으로 관형사형 어미 '-(으)ㄹ'을 사용한다.

(7) 어릴 때는 시골에서 살았어요.

(8) 밤길이 어두워서 넘어질 뻔 했어요.

확인 문제 2

(1)-(5)의 밑줄 친 관형사절의 시제를 설명하시오.

(1) 그 집은 내가 살던 집이다.

(2) 그 집은 낡았던 집인데, 새 집으로 바뀌었다.

(3) 우리는 좋던 사이였는데, 지금은 절교했다.

(4) 그는 행복할 미래를 꿈꾸며 자기 일에 최선을 다했다.

(5) 그 집은 우리가 이사할 집이다.

예제 3

다음 자료를 바탕으로 관형사절의 종류에 대해 설명하시오.

(1) 가. 광장은 <u>축제에 참가한</u> 관광객들로 붐볐다.
    나. <u>어머니가 차려준</u> 집밥이 최고야.
    다. <u>내가 놀던</u> 운동장이 이제는 작게 느껴진다.
(2) 가. <u>은행이 해킹을 당한</u> 사건이 발생했다.
    나. 영수는 <u>친구가 귀국한다는</u> 연락을 받았다.
    다. 이제야 <u>그가 독립을 위해 희생한</u> 사실을 알았다.
    라. 이제야 <u>그가 독립을 위해 희생했다는</u> 사실을 알았다.

관형사절은 안긴문장으로서 원래 가지고 있는 문장의 성분 중 일부를 갖추고 있지 않은 것과 모든 성분을 다 갖춘 것으로 구분한다.

개념

<관계 관형사절과 동격 관형사절>

1. 관계 관형사절: 안은문장과 안긴문장에 동일한 성분이 있으므로, 안은문장의 성분이 남고 안긴문장의 성분이 생략된 형태의 관형사절.
2. 동격 관형사절: 관형사절의 수식을 받는 명사가 관형사절의 한 성분이 아니기 때문에 그 자체로 생략된 성분이 없는 완전한 문장인 관형사절.

적용

1. (1가)는 관형사절 '축제에 참가한'의 수식을 받는 명사 '관광객들'이 관형사절의 주어인데 관형사절에서는 생략된 것이다. (1)은 (3)과 같은 과정을 거치는 것으로 해석할 수 있다.

> (3) 가. 광장은 관광객들로 붐볐다.
>   나. 관광객들이 축제에 참가했다.
>   → 광장은 [관광객들이 축제에 참가한] 관광객들로 붐볐다.

(1나)는 관형사절 '어머니가 차려준'의 수식을 받는 명사 '집밥'이 관형사절의 목적어인데 관형사절에서는 생략된 것이다.

(1다)는 관형사절 '내가 놀던'의 수식을 받는 명사 '운동장'이 관형사절의 부사어인데 관형사절에서는 생략된 것이다. 이와 같은 구조를 갖는 (1가)-(1다)의 관형사절을 관계 관형사절이라고 한다.

2. (2가)-(2라)의 밑줄 친 부분은 문장 성분이 어느 것도 빠지지 않고, 모두 나타나는 관형사절로 '사건, 연락, 사실'을 수식한다. 이러한 관형사절을 동격 관형사절이라고 한다. (2가)-(2라)의 밑줄 친 관형사절은 관형사절의 수식을 받는 명사 '사건, 연락, 사실'의 내용이 된다.

확장

관계 관형사절은 일반적으로 종결어미 '-다'가 나타나지 않고 용언의 어간에 관형사형 어미가 붙어 형성되지만, (4)와 같이 종결어미 '-다'에 관형사형 어미가 붙는 경우도 있다.

(4) <u>외국 사람들이 좋아한다는</u> 비빔밥은 건강식이다.

확인 문제 3

(1)-(3)의 밑줄 친 부분을 관계 관형사절과 동격 관형사절로 분류하시오.

(1) <u>우리가 점심을 먹은</u> 산 정상은 해발 2000미터였다.
(2) <u>친구가 요즘 빠져 있다는</u> 게임은 정말 재미있더라.
(3) 우리는 <u>서로 신무기를 개발하지 말자는</u> 제안을 하였다.

예제 4

다음 자료를 바탕으로 긴 관형사절과 짧은 관형사절의 용법을 설명하시오

(1) 우리 민족은 <u>고난을 극복한</u> 경험이 있다.

(2) 우리는 <u>그가 인자하다는</u> 인상을 받았다.

(3) 가. 그는 이력서에 <u>허위 경력을 기재한</u> 혐의를 받고 있다.

　　　나. 그는 이력서에 <u>허위 경력을 기재했다는</u> 혐의를 받고 있다.

　　관형사절은 관형사절 끝 부분의 형식에 따라 긴 관형사절과 짧은 관형사절이 있다. 종결형으로 끝난 문장에 관형사형 어미 '-는'이 결합한 것과 종결형이 나타나야 할 자리에 관형사형 어미 '-(으)ㄴ, -는, -(으)ㄹ'이 결합한 것으로 나눌 수 있다.

개념

<긴 관형사절과 짧은 관형사절>

1. 긴 관형사절: 종결형으로 끝난 문장 + 관형사형 어미 '-는'

2. 짧은 관형사절: 용언의 어간 + 종결형 어미 + 관형사형 어미 '-(으)ㄴ, -는, -(으)ㄹ'

적용

1. (1)의 관형사절 '고난을 극복한'은 짧은 관형사절이다. '경험'과 같이 짧은 관형사절의 수식만 가능한 명사에는 '가능성, 기억, 용기, 사건, 경우, 까닭, 예정' 등이 있다.

2. (2)의 관형사절 '그가 인자하다는'은 긴 관형사절이다. '인상'과 같이 긴 관형사절의 수식만 가능한 명사에는 '소문, 소식, 주장, 약속, 보고, 보도, 명령, 고백, 단언, 견해, 정보, 요청, 제안, 질문, 독촉' 등이 있다.

3. (3가)의 관형사절 '허위 경력을 기재한'은 짧은 관형사절이다.

　(3나)의 관형사절 '허위 경력을 기재했다는'은 긴 관형사절이다.

　'혐의'와 같이 짧은 관형사절과 긴 관형사절의 수식이 모두 가능한 명사로는 '사실, 목적, 약점, 결심, 욕심, 죄목, 의심, 느낌' 등이 있다.

확장

1. (4)-(6)에서 보듯이 '바, 줄, 체, 수, 리, 듯, 양, 만' 등과 같은 의존 명사들은 대부분 짧은 관형절의 수식을 받는다.

> (4) 몸 {둘/ *둔다는} 바를 모르겠습니다.
> (5) 게임을 하다가 시간 {가는/ *간다는} 줄을 몰랐어요.
> (6) 너무 {아는/ *안다는} 체를 하지 마라.

2. 의존 명사 '것'은 (7)에서 보듯이 짧은 관형사절과 긴 관형사절의 수식을 모두 받을 수 있다.

> (7) 그가 그런 말을 (한/ 했다는} 것이 믿기지 않는다.

주의

긴 관형사절은 (8)과 같이 '-고 하는'이 줄어서 된 관형사형 '-는'이 결합한 것이다.

> (8) 영수가 영희와 사귄다고 하는 소문이 퍼졌다.
> → 영수가 영희와 사귄다는 소문이 퍼졌다.

확인 문제 4

(1)-(2)의 밑줄 친 부분을 긴 관형사절로 바꾸어 보시오.

(1) 그는 국가대표가 될 목적으로 훈련에 몰입했다.

(2) 그가 나에게 호감을 갖고 있는 느낌을 받았다.

다음 밑줄 친 관형사절의 특징을 설명하시오.

(1) 저녁을 먹은 다음에 산책을 했다.
(2) 운전을 하는 중에 전화를 하면 위험하다.
(3) 여름에 땀을 흘린 결과로 풍년이 들었다.

관형사절 중에는 관계 관형사절이나 동격 관형사절로 보기 어려운 유형도 있는
데, 이러한 특별한 관형사절을 연계 관형사절로 분류하기도 한다.

개념

<연계 관형사절의 특징>

1. '다음, 뒤, 끝, 후, 사이, 중, 결과, 보람, 흔적' 등의 명사가 관형사절의 수식을 받
   을 때는 두 사태가 연계되어 있는 구조이다. 이러한 관형사절은 이어진 문장의
   종속절과 같은 기능을 하며, 이를 연계 관형사절이라고 지칭한다.
2. 연계 관형사절로 분류되는 것은 앞에 오는 관형사형 어미의 형태가 제한된다.

적용

1. (1)의 밑줄 친 관형사절의 수식을 받는 표제 명사 '다음'은 관형사절의 한 성분이
   아니기 때문에 관계 관형사절이 아니며, 앞에 오는 관형사절이 표제 명사의 내용
   을 나타내는 동격 관형사절로 볼 수도 없다. 또한 표제 명사 '다음'은 앞에 오는
   관형사형 어미의 형태로 '-(으)ㄴ'만을 허용하고, '-는'과 '-(으)ㄹ'을 취하지 않는
   다는 제약이 있다. 또 이 문장은 '저녁을 먹고서 산책을 했다.'와 같은 의미이므
   로 선행절과 후행절이 '-(으)ㄴ 다음에'라는 덩어리 표현으로 연결된 것으로 해석
   할 수도 있다. 하지만 통사적으로는 관형사절의 일종이므로 연계 관형사절이라
   고 불린다.
2. (2)의 밑줄 친 관형사절의 수식을 받는 표제 명사 '중'은 관형사절의 한 성분이
   아니기 때문에 관계 관형사절이 아니며, 앞에 오는 관형사절이 표제 명사의 내용

을 나타내는 동격 관형사절로 볼 수도 없다. 또한 표제 명사 '중'은 앞에 오는 관형사형 어미의 형태로 '-는'의 꼴만을 허용하고, '-(은)ㄴ'과 '-(으)ㄹ'을 취하지 않는다는 제약이 있다.

3. (3)의 밑줄 친 관형사절의 수식을 받는 표제 명사 '결과'는 관형사절의 한 성분이 아니기 때문에 관계 관형사절이 아니며, 앞에 오는 관형사절이 표제 명사의 내용을 나타내는 동격 관형사절로 볼 수도 없다. 또한 표제 명사 '결과'는 앞에 오는 관형사형 어미의 형태로 '-(으)ㄴ'의 꼴만을 허용하고, '-는'과 '-(으)ㄹ'을 취하지 않는다는 제약이 있다.

확장

(4)-(5)의 관형사절 역시 관계 관형사절이나 동격 관형사절과는 다른 구조이다. 이와 같은 유형을 연계 관형사절로 보기도 하지만, (1)-(3)의 연계 관형사절보다는 동격 관형사절에 더 가까운 구조로 보아 유사 동격 관형사절로 보는 견해도 있다.

(4) 빗물이 떨어지는 소리에 잠이 깨었다.
(5) 아이들이 뛰어노는 풍경이 정겹게 느껴진다.

주의

(1)-(3)의 관형사절은 표제 명사에 붙은 조사가 수의적으로 쓰였으므로 생략될 수 있다. 하지만 (6)과 같은 경우에는 표제 명사 '탓'에 붙은 조사 '에'가 필수적으로 쓰였으므로 생략할 수 없다. 반면에 (7)의 표제 명사 '나머지'에는 조사가 결합할 수 없다.

(6) 그는 게으른 탓에 직장에 자주 지각한다.
(7) 그는 더위에 지친 나머지 하루 일을 쉬기로 하였다.

확인 문제 5

(1)-(4)에서 관형사절을 찾아 그 관형사절의 종류를 설명하시오.

(1) 태풍이 오는 바람에 우리는 여행을 연기하였다.

(2) 그는 아침마다 밥을 먹는 대신에 빵을 먹는다.

(3) 태풍이 지나간 흔적이 크게 남았다.

(4) 홍수로 둑이 무너지는 사건이 발생했다.

예제 6

다음 자료를 바탕으로 관형사절의 성립 조건을 설명하시오.

(1) 그는 <u>무거운</u> 가방을 들고 학교에 다닌다.
(2) 방안에 <u>무거운</u> 침묵이 흘렀다.

관형사절의 형태를 취하고 있지만, 주술 관계가 명확하지 않은 경우가 있는데, 이러한 경우는 관형사절로 보기 어렵다.

개념

<관형사절의 판별 조건>

1. 관형사절이든 기타 다른 종류의 안긴절이든 모든 절은 주어와 서술어가 분명히 있어야 한다.
2. 관형사절의 형태를 보이지만 주어를 상정하기가 어려운 경우에는 관형사절이 아니다.

적용

1. (1)은 '무거운'의 수식을 받는 표제 명사 '가방'이 '무거운'의 주어인데, 안긴문장의 동일 성분 '가방'이 생략된 것이다. 즉 관계 관형절이다.
2. (2)는 '무거운'의 수식을 받는 표제 명사 '침묵'을 '무거운'의 주어로 보기 어려우므로 '무거운'의 주어를 상정할 수 없다. 주술 관계를 충족하지 못하는 '무거운'은 절의 자격을 갖지 못한다. 따라서 관형사절이라고 할 수 없다.

확장

(1)-(2)의 '무거운'은 문법적으로 몇 가지 차이를 보인다. 첫째, (3가)와 (3나)에서 보듯이 부정 표현의 가능성 여부이다. 관형사절로 볼 수 있는 '무거운'은 부정 표현이 가능하지만, 관형사절의 자격을 부여하기 어려운 '무거운'은 부정 표현을 허용하지 않는다. 둘째, 관형사절로 볼 수 있는 부분의 서술어를 반의어로 교체할 수 있느냐의 여부이다. 관형사절로 볼 수 있는 '무거운'은 반의어 '가벼운'으로 교체가

가능하지만, 관형사절의 자격을 부여하기 어려운 '무거운'은 반의어 '가벼운'으로 교체할 수 없다. 셋째, 표제 명사의 제한성이다. 관형사절로 볼 수 있는 '무거운'은 표제 명사를 '책, 짐, 악기' 등과 같은 단어로 자유롭게 교체할 수 있지만, 관형사절의 자격을 부여하기 어려운 '무거운'은 표제 명사가 매우 제한된다.

> (3) 가. 그는 <u>무겁지 않은</u> 가방을 들고 학교에 다닌다.
>
> 　　나. *방안에 <u>무겁지 않은</u> 침묵이 흘렀다.
>
> (4) 가. 그는 <u>가벼운</u> 가방을 들고 학교에 다닌다.
>
> 　　나. *방안에 <u>가벼운</u> 침묵이 흘렀다.
>
> (5) 가. 그는 무거운 {가방/ 책/ 짐/ 악기…}을/ 를 들고 학교에 다닌다.
>
> 　　나. 방안에 무거운 {침묵/ *시간/ *상황…}이/ 가 흘렀다.

주의

　　관형사형 어미가 결합되어 관형어로 쓰인 형태로서 주어를 상정할 수 없어 관형사절로 보기 어려운 예는 (6)과 같은데, 이는 관용어 목록에서 찾을 수 있다.

> (6) 가. 피나는 노력 → *노력이 피나다.
>
> 　　나. 괄목할 성장 → *성장이 괄목하다.
>
> 　　다. 아낌없는 찬사 → *찬사가 아낌없다.
>
> 　　라. 배부른 소리 → *소리가 배부르다.
>
> 　　마. 뜨거운 박수 → *박수가 뜨겁다.
>
> 　　바. 뾰쪽한 방법 → *방법이 뾰쪽하다.

확인 문제 6

(1)-(2)의 밑줄 친 부분을 관형사절로 볼 수 있는 것과 그렇지 않은 것으로 구분하고, 그 문법적인 차이점을 설명하시오.

(1) 자동차가 <u>깊은</u> 호수에 빠졌다.

(2) 그는 <u>깊은</u> 한숨을 내쉬었다.

3. 부사절

> **예제 1**
>
> 다음 자료를 바탕으로 부사절의 재료에 대해 설명하시오.
>
> (1) 가. 우리는 함께 밥을 먹었다.
>
>   나. 우리는 <u>배가 부르게</u> 밥을 먹었다.
>
> (2) 가. 영수는 온종일 운동장을 뛰었다.
>
>   나. 영수는 <u>땀이 나도록</u> 운동장을 뛰었다.
>
> (3) 가. 땀이 계속 흘렀다.
>
>   나. 땀이 <u>비가 오듯이</u> 흘렀다.

부사절은 절 전체가 부사어로서 안은문장의 서술어를 수식하는 기능을 한다.

개념

<부사절의 성립>

용언의 어간 + 부사형 전성어미

1. 동사의 어간 + '-게, -도록, -듯이'

2. 형용사/ '이다'의 어간 + '-게, -도록, -듯이'

적용

1. (1나)의 밑줄 친 부분은 (1가) 문장에서의 '함께'와 같은 부사어 역할을 하는 부사절이다. 이때 부사절은 용언 '부르다'의 어간에 부사형 전성어미 '-게'가 결합하여 성립되었다.

2. (2나)의 밑줄 친 부분은 (2가) 문장에서의 '온종일'과 같은 부사어 역할을 하는 부사절이다. 이때 부사절은 용언 '나다'의 어간에 부사형 전성어미 '-도록'이 결합하여 성립되었다.

3. (3나)의 밑줄 친 부분은 (3가) 문장에서의 '계속'과 같은 부사어 역할을 하는 부사절이다. 이때 부사절은 용언 '오다'의 어간에 부사형 전성어미 '-듯이'가 결합하여 성립되었다.

확장

(1나), (2나), (3나)의 경우 부사절의 생략이 가능하지만 (4가), (5가)에서는 밑줄 친 부사절을 생략하면 (4나), (5나)와 같이 비문이 된다. (4)의 서술어 '여기다'는 세 자리 서술어이므로 부사절이 필수적 부사어의 역할을 해야 하기 때문이다. 마찬가지로 (5)의 서술어 '생기다'는 두 자리 서술어이므로 필수적 부사어를 요구하기 때문에 부사절의 생략을 허용하지 않는다.

> (4) 가. 우리는 한글을 <u>소중하게</u> 여겨야 한다.
>
> 　　나. *우리는 한글을 Ø 여겨야 한다.
>
> (5) 가. 아이가 <u>귀엽게</u> 생겼다.
>
> 　　나. *아이가 Ø 생겼다.

주의

1. (3나)에 쓰인 부사형 어미 '-듯이'는 준말 '-듯'으로 쓰이기도 한다.
2. (6)에 쓰인 '듯이'는 관형어의 수식을 받아야 하는 의존 명사이며, (7)에 쓰인 '듯하다'는 본용언 '추울'에 '추측'의 뜻을 더해 주는 보조용언이다.

> (6) 영수는 정말로 북극에 가 본 듯이 이야기를 했다.
>
> (7) 다음 주부터는 날씨가 추울 듯하다.

확인 문제 1

(1)-(2)의 '-듯이'와 (3)의 '듯이'의 기능을 설명하시오.

(1) 구름에 달 가듯이 가는 나그네.

(2) 집에서 하듯이 편히 쉬세요.

(3) 거리는 쥐 죽은 듯이 조용해졌다.

> **예제 2**
>
> 다음 자료를 바탕으로 부사절의 성립 조건을 설명하시오.
>
> (1) 가. 꽃이 <u>예쁘게</u> 피었다.
>   나. 꽃이 예쁘다.
> (2) 가. 나는 <u>까맣게</u> 약속을 잊었다.
>   나. *내가 까맣다.
> (3) 가. 날씨가 <u>미치게</u> 덥다.
>   나. *날씨가 미치다.

부사절의 형태를 취하고 있지만, 주술 관계가 명확하지 않은 경우가 있는데, 이러한 경우는 부사절로 보기 어렵다.

개념

<부사절의 판별 조건>

1. 모든 종류의 안긴문장은 주어와 서술어가 분명히 있어야 한다.
2. 부사절의 형태를 보이지만 주어를 상정하기가 어려운 경우는 부사절의 자격을 부여하기 어렵다.

적용

1. (1가)에서 '예쁘게'는 안은문장의 서술어 '피었다'를 수식하기 때문에 부사어의 기능을 갖는다. 이때 '예쁘게'는 (1나)와 같은 구조인데, 안긴문장의 주어와 안은문장의 주어가 '꽃이'로 중복되기 때문에 안긴문장의 주어 '꽃이'가 생략되었다. 따라서 '예쁘게'는 부사절의 지위를 갖는다.

2. (2가)에서 부사어 '까맣게'는 안은문장의 서술어 '잊었다'를 수식하기 때문에 부사절인 것처럼 보이지만 (2나)와 같이 '까맣게'와 호응하는 주어를 상정하기가 어렵다는 점에서 부사절의 자격을 부여할 수 없다.

3. (3가)에서 '미치게'는 안은문장의 서술어 '덥다'를 수식하기 때문에 부사절인 것처럼 보이지만 (3나)와 같이 '미치게'와 호응하는 주어를 상정하기가 어렵다는

점에서 부사절의 자격을 부여할 수 없다.

확장

<두 자격법 어미>

(1가)의 밑줄 친 부분은 어간에 부사형 어미가 결합되어 부사어의 자격을 가지고 있으나, 한편으로는 '꽃이'라는 주어를 이끄는 서술어가 되기도 한다. 이와 같이 용언으로 하여금 겉으로는 부사어로 쓰이면서 속으로는 서술어의 자격도 가지게 하는 어미를 두 자격법 어미라고 한다. 하지만 (4)-(6)의 밑줄 친 부분은 (2가), (3가)와 같이 서술어에 해당하는 주어를 상정할 수 없기 때문에 서술어의 자격을 부여할 수 없고, 오로지 부사어의 자격만 부여할 수 있다. 따라서 (4)-(6)의 밑줄 친 부분은 주어와 서술어 관계를 전제로 하는 절로 보기 어렵다.

> (4) 비가 지루하게 내린다.
> (5) 형이 동생에게 크게 양보했다.
> (6) 우리는 하얗게 밤을 새웠다.

주의

(7)의 밑줄 친 '되도록'은 부사이기 때문에 부사절 여부를 판단할 필요가 없다. 절의 자격 여부를 판단하기 위해서는 용언에 전성어미가 붙은 것을 대상으로 삼아야 하기 때문이다.

> (7) 우리 앞으로는 되도록 일찍 만납시다.

확인 문제 2

(1)-(2)의 밑줄 친 부분에 대해 부사절 자격을 판별하시오.

(1) 영토 분쟁이 깨끗하게 해결되었다.

(2) 연못을 만들려고 땅을 깊게 팠다.

예제 3

다음 자료를 바탕으로 밑줄 친 부분을 종속절로도 볼 수 있는지 설명하시오.

(1) <u>눈이 와서</u> 길이 미끄럽다.

(2) 영수는 <u>건강하게</u> 생겼다.

(3) 그 아이가 <u>총기가 있게</u> 보인다.

이어진 문장은 선행절과 후행절의 관계가 서로 대등한 경우가 있고, 선행절이 후행절에 아주 밀접하게 딸려 있는 것이 있다. 전자를 대등 접속문이라고 하고 후자를 종속 접속문이라 한다. 종속 접속문의 선행절 즉 종속절은 후행절과 여러 의미 관계를 나타내면서 이어진 문장을 형성하지만, 전성의 기능을 하며 뒤에 오는 서술어를 수식하기 때문에 부사절의 기능을 갖기도 한다.

개념

<부사절과 종속절>

부사절 중에는 종속적으로 이어진 문장의 선행절, 즉 종속절로 해석되는 것이 있다. 하지만 모든 부사절이 종속절이 되는 것은 아니다. 안은문장의 서술어에 따라 부사절을 종속절로 해석할 수 없는 경우도 있기 때문이다.

부사절 ⊃ 종속절

적용

1. (1)의 '눈이 와서'는 '눈이 오다'라는 문장에 이유를 나타내는 연결어미 '-아서'가 결합된 종속절이다. 하지만 뒤의 문장을 수식해 주는 부사절로 볼 수도 있다. 이때 '눈이 오다'를 이끌고 있는 어미 '-아서'는 전성어미로서 부사형 어미의 자격을 갖는다. 결국 '-아서'는 두 가지 기능을 모두 가지고 있다고 보아야 한다. 부사절은 문장 내에서 어느 정도 자유롭게 자리바꿈을 할 수 있으므로 '길이 <u>눈이 와서</u> 미끄럽다'와 같이 뒤 문장 사이로 이동할 수도 있다.

2. (2)는 '영수가 생겼다'라는 안은문장에 부사절 '(영수가) 건강하게'가 안겨 있는 것으로 해석된다. 안은문장의 서술어 '생기다'는 두 자리 서술어이기 때문에 '생기다'는 주어 '영수가' 이외에 필수적 부사어를 요구하는데 '건강하게'가 바로 이 역할을 하고 있다. 하지만 (2)를 '영수가 건강하다'와 '(영수가) 생겼다.'라는 두 문장이 연결어미 '-게'에 의해 이어진 문장으로 볼 수는 없다. 후행절을 온전한 문장으로 볼 수 없기 때문이다. 온전한 문장이 되려면 서술어 '생기다'의 자릿수를 충족시켜야 한다.

3. (3)은 '그 아이가 보인다.'라는 안은문장에 부사절 '(그 아이가) 총기가 있게'가 안겨 있는 것으로 해석된다. 안은문장의 서술어 '보인다'는 두 자리 서술어이기 때문에 '보인다'는 주어 '그 아이가' 이외에 필수적 부사어를 요구하는데 '총기가 있게'가 바로 이 역할을 하고 있다. 하지만 (3)을 '그 아이가 총기가 있다.'와 '(그 아이가) 보인다.'라는 두 문장이 연결어미 '-게'에 의해 이어진 문장으로 볼 수는 없다. 후행절을 온전한 문장으로 볼 수 없기 때문이다. 온전한 문장이 되려면 서술어 '보인다'의 자릿수를 충족시켜야 한다.

확장

(4)-(5)의 밑줄 친 '생겼다'는 동사 뒤에서 '-게 생기다' 구성으로 쓰이는 보조용언이다.

> (4) 은밀히 한 일이 발각되게 <u>생겼다</u>.
> (5) 이러다가는 우리 모두 다 망하게 <u>생겼다</u>.

주의

(6가)의 문장 짜임새는 두 가지 해석이 가능하다. (6나)와 같은 이어진 문장으로 볼 수도 있고, (6다)와 같이 부사절이 안긴 안은문장으로 볼 수도 있다. '보이다'가 두 자리 서술어로 쓰인 (3)과 달리 (6가)의 '보이다'는 한 자리 서술어로 쓰였기 때문이다.

(6) 가. 무지개가 선명하게 보인다.

　　 나. [무지개가 선명하다.] + '-게' + [무지개가 보인다.]

　　 다. {무지개가 (무지개가 선명하게) 보인다.}

확인 문제 3

(1)-(3)의 밑줄 친 부분을 종속절로 볼 수 있는지 설명하시오.

(1) 우리는 세종대왕을 자랑스럽게 여긴다.

(2) 영수는 시험을 치밀하게 준비했다.

(3) 아이들이 귀찮게 군다.

4. 인용절

예제 1

다음 자료를 바탕으로 인용절의 재료에 대해 설명하시오.

(1) 가. 아리스토텔레스는 "지구는 둥글다."라고 주장했다.

나. 아리스토텔레스는 "지구는 둥글다." 하고 주장했다.

다. 영수는 "꽝" 하고/ *라고 문을 닫았다.

(2) 가. 나는 친구에게 내일 떠난다고 말했다.

나. 나는 친구에게 내일 떠나냐고 말했다.

다. 나는 친구에게 내일 떠나자고 말했다.

라. 나는 친구에게 내일 떠나라고 말했다.

인용절은 안긴문장의 하나로 자신이나 남의 말, 글 또는 생각이나 판단 등을 끌어온 것이다. 인용절에는 자신이나 남의 말을 직접 인용하는 직접 인용절과 말하는 사람의 표현으로 바꾸어 간접적으로 인용하는 간접 인용절이 있다.

개념

<직접 인용문과 간접 인용문의 구조>

1. 직접 인용문의 구조

주어 + 인용문 부사구 + 피인용문 + 직접 인용을 나타내는 표지 + 서술어

→ 내가 + 친구에게 + "나 오늘 바쁘다." + '(이)라고/ 하고' + 말했다.

2. 간접 인용문의 구조

주어 + 인용문 부사구 + 피인용문 + 간접 인용을 나타내는 조사 + 서술어

→ 내가 + 친구에게 + 오늘 바쁘다 + 고 + 말했다.

적용

1. (1가)의 밑줄 친 부분은 직접 인용절로, 직접 인용절은 피인용문에 직접 인용을 나타내는 조사 '(이)라고'나 용언의 활용형 '하고'가 결합하여 성립한다. (1가)와 (1나)는 말하는 이가 표현한 문장인 "지구는 둥글다."를 그대로 따와서 인용한 것으로 인용하는 부분에 큰따옴표를 사용한다. '(이)라고'와 '하고'는 교체가 가능하지만, 소리를 그대로 전달할 때에는 (1다)와 같이 '하고'만 쓰인다.

2. (2가)-(2라)의 밑줄 친 부분은 간접 인용절로, 피인용문에 간접 인용을 나타내는 조사 '고'가 결합하여 성립한다. 직접 인용하는 말에는 다양한 형태의 종결어미가 쓰일 수 있지만, 이를 간접 인용절로 바꿀 때에는 '-다고, -냐고, -자고, -라고'의 형태로 한정된다.

   (2가)-(2라)의 피인용문은 각각 "나 내일 떠난다.", "너 내일 떠나니?", "우리 내일 떠나자.", "너 내일 떠나라."인데, 피인용문이 평서문일 때에는 '-다고', 의문문일 때에는 '-냐고', 청유문일 때에는 '-자고', 명령문일 경우에는 '-라고'가 나타난다.

확장

1. (3)과 같이 직접 인용한 말이 감탄문일 때 이를 간접 인용절로 바꾸려면 (3나)와 같이 평서문과 동일한 어미 '-다'나 '-는/ㄴ다'를 사용한다.

   (3) 가. 외국인들은 "한국의 가을은 정말 아름답구나!"라고 감탄한다.
   　　 나. 외국인들은 한국의 가을은 정말 아름답다고 감탄한다.

2. (4)의 동사들은 직접 인용절과 간접 인용절을 모두 취할 수 있으며, (5)의 동사들은 직접 인용절은 취할 수 없고, 간접 인용절만 취할 수 있다.

   (4) 말하다, 명령하다, 대답하다, 제안하다, 생각하다, 설명하다, 기록하다, 결심하다, 묻다, 적다, 쓰다 …
   (5) 듣다, 믿다, 판단하다, 확인하다, 추측하다 …

주의

앞말이 직접 인용되는 말임을 나타내는 '라고'는 격조사이므로 (1가)와 같이 앞말에 붙여 쓰지만, 이와 같은 기능을 하는 '하고'는 조사가 아니므로 (1나)와 같이 앞말과 띄어 쓴다. '하고'는 용언 '하다'의 어간에 연결어미 '-고'가 결합한 구조이다.

확인 문제 1-1

(1)-(4)의 직접 인용 표현을 간접 인용 표현으로 바꾸어 보시오.

(1) 영수는 "나는 선생님이 되겠다."라고 결심했다.

(2) 영수는 "날씨가 참 좋구나!"라고 외쳤다.

(3) 소대장은 "모두 엎드려!"라고 명령하였다.

(4) 선생님께서 "누가 당번이지?"라고 물어보셨다.

확인 문제 1-2

(1)-(2)를 간접 인용문으로 바꾸어 보시오.

(1) 선생님은 "문법은 언어과학이다."라고 말씀하신다.

(2) 선생님은 "문법은 외우는 것이 아니다."라고 강조하신다.

예제 2

다음 자료를 바탕으로 간접 인용절의 특성을 설명하시오.

(1) 가. 영수는 어머니에게 "학교에 다녀오겠습니다."라고 말씀드렸다.

　　나. 영수는 어머니에게 학교에 다녀오겠다고 말씀드렸다.

(2) 가. 아빠는 지난주에 "다음 주에 캠핑 가자."라고 약속하셨다.

　　나. 아빠는 지난주에 이번 주에 캠핑 가자고 약속하셨다.

(3) 가. 그는 "아, 기회를 놓쳤구나!"라고 한탄했다.

　　나. 그는 Ø 기회를 놓쳤다고 한탄했다.

(4) 가. 선생님은 "거기를 그렇게 부르면 어떡하니?"라고 지적했다.

　　나. 선생님은 여기를 이렇게 부르면 어떡하냐고 지적했다.

(5) 가. 영수는 "제가 책임지겠습니다."라고 말했다.

　　나. 영수는 자기가 책임지겠다고 말했다.

　　간접 인용절은 직접 인용하는 말이 그대로 반영되지 않고, 몇 가지 문법적 요소가 바뀌는 경우가 있다.

개념

<간접 인용절의 특성>

1. 상대 높임법이 적용되지 않는다.

2. 시간 표현이 바뀐다.

3. 감탄사가 탈락한다.

4. 지시를 나타내는 말이 바뀐다.

5. 인칭 대명사가 바뀐다.

적용

1. (1가)를 보면 직접 인용절에서는 '다녀오겠습니다'와 같이 상대 높임법이 적용되지만, 간접 인용절에서는 (1나)와 같이 상대 높임법이 적용되지 않는다.

2. (2가)의 '다음 주'가 (2나)의 '이번 주'로 바뀐 이유는 간접 인용절은 말하는 이의 현재 관점에서 기술하기 때문이다.

3. (3가)와 같이 직접 인용절에 쓰인 감탄사는 (3나)와 같이 간접 인용절에서는 탈락한다.

4. (4가)에 쓰인 '거기', '그렇게'와 같은 지시어는 (4나)와 같이 말하는 이 중심으로 바뀐다.

5. (5가)의 일인칭 대명사 '저'는 (5나)에서는 재귀 대명사 '자기'로 바뀐다. (5가)와 (5나)의 인용절의 주어는 모두 '영수'인데, 간접 인용절에서는 주어를 나타내는 말이 반복될 때 뒤에 나타나는 말은 '자기'로 바뀌는 것이 주어의 통사적 특징이기 때문이다.

확장

<간접 인용절의 시제>

(6가), (7가), (8가)는 직접 인용문이고, (6나), (7나), (8나)는 간접 인용문인데, 간접 인용절의 시제는 안은문장의 시제와 일치시키지 않고, 직접 인용절의 시제를 따른다.

(6) 가. 영수는 "지금 더워."라고 말했다.

　　 나. 영수는 지금 덥다고 말했다.

(7) 가. 영수는 "어제 더웠어."라고 말했다.

　　 나. 영수는 어제 더웠다고 말했다.

(8) 가. 영수는 "내일 더울 거야."라고 말했다.

　　 나. 영수는 내일 더울 거라고 말했다.

확인 문제 2

(1)-(3)의 직접 인용 표현을 간접 인용 표현으로 바꿀 때 어떤 부분을 바꾸어야 하는지 설명하시오.

(1) 어제는 선생님이 화가 많이 나셔서 "너, 수업 끝나고 남아."라고 하셨어.

(2) 그는 우리에게 "문 좀 닫아 주십시오." 하고 부탁했다.

(3) 나는 영수에게 "영희가 너를 좋아해."라고 말했다.

예제 3

다음 자료를 바탕으로 인용절을 부사절의 하위 유형으로 보는 이유를 설명하시오.

(1) 가. 영수가 <u>집에 간다고</u> 말하는 데에는 이유가 있을 거야.

나. 영수가 <u>그렇게</u> 말하는 데에는 이유가 있을 거야.

(2) 가. 외국인들은 한국을 <u>어떻게</u> 생각할까?

나. 외국인들은 <u>한국이 선진국이라고</u> 생각했다.

(3) 가. 나는 <u>장학금을 받겠다고</u> 한 학기동안 노력했다.

나. 나는 <u>장학금을 받으려고</u> 한 학기동안 노력했다.

학교문법에서는 안긴문장을 명사절, 관형사절, 부사절, 서술절, 인용절로 분류하지만, 인용절은 통사적인 기준에 의한 분류가 아니라는 점에서 다른 안긴문장과 층위가 다르다. 이런 이유로 인용절을 인용 부사절로 분류하는 견해가 있다.

개념

<간접 인용절을 부사절로 보는 근거>

1. 간접 인용절은 부사어 '이렇게, 그렇게, 저렇게'와 대응된다.
2. 간접 인용절에 초점을 맞춘 질문에는 '어떻게'를 쓴다.
3. 간접 인용절이 와야 할 자리에 다른 부사절이 올 수 있다.

적용

1. (1가)의 간접 인용절 '집에 간다고'를 (1나)와 같이 부사어 '그렇게'로 바꿀 수 있다.
2. (2가)의 부사어 '어떻게'를 사용하여 구체적인 설명을 요구하는 의문문의 대답으로 (2나)와 같은 간접 인용절이 쓰인다는 것은 간접 인용절이 부사적인 성질이 있다는 것이다.
3. (3가)의 간접 인용절은 (3나)와 같이 '-(으)려고, -게, -도록, -듯이' 등의 부사형 어미가 이끄는 부사절로 바꿀 수 있다. 이때 안은문장의 서술어가 무엇이냐에 따라

다른 부사형 어미가 선택된다.

확장

안은문장의 서술어를 수식하는 역할을 하기 때문에 간접 인용절은 결국 부사절의 일종이라고 할 수 있다. 따라서 간접 인용절을 나타내는 '-다고, -냐고, -자고, -라고'를 부사형 어미로 보는 견해가 있다.

주의

1. 직접 인용문에서 피인용문의 앞과 뒤에는 큰따옴표나 작은따옴표를 붙이는데, 큰따옴표는 문장을 인용할 때 쓰고 단어나 구 또는 생각을 인용할 때는 작은따옴표를 쓴다.
2. 직접 인용문에서 따옴표 안의 문장이 끝난 다음에는 (4)와 같이 문장 부호를 사용해야 한다.

(4) 나는 친구에게 "빨리 와."라고 말했다.

확인 문제 3

(1)-(3)의 밑줄 친 부사어를 간접 인용절로 바꾸어 보시오.

(1) 관료들은 저렇게 말하면 좋지 않아.

(2) 정부가 고물가 대책을 어떻게 발표할까?

(3) 그들은 서로 반갑게 악수했다.

5. 서술절

예제 1

다음 자료를 바탕으로 문장의 짜임새를 설명하시오.

(1) 영수는 꿈이 크다.
(2) 생선은 참치가 맛있다.
(3) 한국은 국토가 산이 많다.

절이 서술어의 기능을 하는 절을 서술절이라고 한다. 서술어가 동사나 형용사처럼 하나의 단어로 나타나지 않고 주어와 서술어를 갖춘 절의 형태로 나타나기 때문에 전체 문장은 주어가 두 개인 것처럼 보인다.

개념

<서술절의 개념>

[NP1 [NP2 VP]] (NP:명사구, VP:동사구)

• NP1: 전체 문장의 주어
• [NP2 VP]: 전체 문장의 서술어 → 서술절

적용

1. (1)의 밑줄 친 부분 '꿈이 크다'는 주어 '꿈이'와 서술어 '크다'가 절의 형태로 전체 문장의 주어 '영수는'의 서술어를 이루기 때문에 서술절이다.

2. (2)의 밑줄 친 부분 '참치가 맛있다'는 주어 '참치가'와 서술어 '맛있다'가 절의 형태로 전체 문장의 주어 '생선은'의 서술어를 이루기 때문에 서술절이다.

3. (3)의 밑줄 친 부분 '국토가 산이 많다'는 주어 '국토가'와 서술어 '산이 많다'가 절의 형태로 전체 문장의 주어 '한국은'의 서술어를 이루는 서술절이다. 이 서술절의 주어 '국토가'에 호응하는 서술어 '산이 많다' 역시 서술절로 이루어져 있기 때문에 서술절이 전체 문장 안에 두 개 안겨 있는 구조이다.

확장

(4)-(7)에서 보듯이 명사절은 '-(으)ㅁ', '-기', 관형사절은 '-(으)ㄴ, -는, -(으)ㄹ, 던', 부사절은 '-게, -도록, -듯이', 인용절은 '고' 등의 표지가 붙어서 절을 표시하는데 다른 안긴절과 달리 서술절은 이러한 표지 없이 나타난다는 점이 특징이다.

> (4) 한글이 위대한 문자임이 밝혀졌다.
> (5) 한글은 위대한 문자이다.
> (6) 한글은 위대하게 창제되었다.
> (7) 언어학자들이 한글은 위대하다고 평가한다.

주의

(8)-(9)의 서술절의 서술어는 대체로 (8)에서처럼 형용사나 (9)에서처럼 자동사가 나타난다. 그러나 (10)에서처럼 타동사로도 나타나는 경우가 있다. 이러한 현상은 타동사 '먹다'가 부사 '잘'의 수식을 받아 '밥을 잘 먹다'가 일시적인 상태로 해석되기 때문이다.

> (8) 아이가 눈이 크다.
> (9) 아이가 키가 잘 큰다.
> (10) 영수는 아이가 밥을 잘 먹는다.

확인 문제 1

(1)-(3)에서 서술절을 찾아보시오.

(1) 사자가 몸집이 크다.

(2) 서울은 차가 막힌다.

(3) 한국은 수출품이 반도체가 많다.

> ### 예제 2
>
> 다음 자료의 첫 번째 명사구와 두 번째 명사구의 의미 관계를 설명하시오.
>
> (1) 기린은 목이 길다.
> (2) 꽃은 장미가 아름답다.
> (3) 고구마는 군고구마가 맛있다.
> (4) 영수는 딸이 초등학생이다.

서술절을 안고 있는 문장의 첫 번째 명사구와 두 번째 명사구는 특정한 의미 관계를 가지기 때문에 몇 가지 유형으로 나눌 수 있는데 포함 관계를 이룬다는 공통점이 있다.

개념

<서술절의 유형>

1. 전체 + 부분
2. 부류 + 구성원
3. 유형 + 개체
4. 소유 + 피소유

적용

1. (1)은 두 번째 명사구와 서술어가 먼저 서술절을 이루고 첫 번째 명사구와 다시 주술 관계를 이루는 구조인데 두 명사구는 '전체 + 부분'의 관계를 가진다.
   [기린은 [목이 길다]].
2. (2)는 두 번째 명사구와 서술어가 먼저 서술절을 이루고 첫 번째 명사구와 다시 주술 관계를 이루는 구조인데 두 명사구는 '부류 + 구성원'의 관계를 가진다.
   [꽃은 [장미가 아름답다]].
3. (3)은 두 번째 명사구와 서술어가 먼저 서술절을 이루고 첫 번째 명사구와 다시 주술 관계를 이루는 구조인데 두 명사구는 '유형 + 개체'의 관계를 가진다.

[고구마는 [군고구마가 맛있다]].

4. (4)는 두 번째 명사구와 서술어가 먼저 서술절을 이루고 첫 번째 명사구와 다시 주술 관계를 이루는 구조인데 두 명사구는 '소유 + 피소유'의 관계를 가진다. [영수는 [딸이 초등학생이다]].

확장

(5)의 밑줄 친 부분은 서술절로 볼 수 없다. '물이'와 '셀프이다' 사이에는 주술 관계가 성립하지 않기 때문에 절로 볼 수 없고 통사론적으로는 비문이다. 하지만 이러한 문장은 실제 언어생활에서는 자연스럽게 쓰이므로 담화적 상황에서는 해석이 가능하다고 설명할 수밖에 없다. (6)은 첫 번째 명사구 '김 교수님'과 두 번째 명사구 '휴강' 사이에 특정한 의미 관계가 성립하지 않고, '김 교수님은'이 '김 교수님의 경우에는', '김 교수님으로 말하자면'의 의미로 문장이 해석된다. (7)의 경우에도 '전자 공학에 관해 말하자면'과 같이 주제와 관련된 내용을 설명하는 문장이다. 따라서 이러한 문장들을 서술절이 안긴 것으로 볼 수 있느냐에 대한 논란이 있을 수 있다. 이러한 구조를 통사론적 층위가 아닌 '주제(topic) - 설명(comment)'의 구조로 설명하기도 한다.

(5) 이 식당은 물이 셀프입니다.
(6) 김 교수님은 문법 강의가 휴강이다.
(7) 전자 공학은 취업이 잘된다.

확인 문제 2

서술절을 안고 있는 (1)-(3)의 첫 번째 명사구와 두 번째 명사구의 의미 관계를 설명하시오.
(1) 우리 학교는 운동장이 넓다.
(2) 영수는 집안이 엄격하다.
(3) 과일은 참외가 달다.

예제 3

다음 자료를 바탕으로 서술절과 다른 안긴문장의 문법적 차이점을 설명하시오.

(1) 학생들은 방학이 빨리 오기를 기다린다.
(2) 영희는 색깔이 고운 모자를 샀다.
(3) 길이 비가 와서 질다.
(4) 코끼리는 코가 길다.

    일반적으로 안은문장의 요소는 안긴문장 안으로는 자리옮김을 할 수 없다는 통사 규칙이 있다. 이러한 현상은 명사절, 관형사절, 부사절이 안긴문장에서는 모두 공통적으로 나타나지만, 서술절이 안긴 안은문장에서는 다르게 나타난다.

개념

<다른 안긴문장과 서술절의 차이>

1. 서술절은 다른 안긴문장과 달리 안은문장의 요소가 안긴문장 안으로 자리옮김을 할 수 있는 경우가 있다.
2. 하지만 이러한 현상이 모든 서술절에 나타나는 것은 아니다.
3. 이러한 특성은 서술절 설정을 비판하는 근거가 된다.

적용

1. (1)의 주어 '학생들은'이 명사절 안으로 자리옮김을 할 수 없다.
2. (2)의 주어 '영희는'이 관형사절 안으로 자리옮김을 할 수 없다.
3. (3)의 주어 '길이'가 부사절 안으로 자리옮김을 할 수 없다.
4. (4)의 주어 '코끼리는'이 서술절 안으로 자리옮김을 할 수 있다.

확장

    (5)와 같은 홑문장에서는 문장부사 '다행히'의 자리옮김이 자유롭지만, 명사절이 안겨 있는 (6)에서는 문장부사 '다행히'의 자리옮김에 제약이 있다는 사실을 확인할 수 있다. (7)에서 문장 부사어 '어리석게도'가 안긴문장 안으로 자리옮김을 할 수

있는 것처럼 보이지만 이럴 경우 원래 문장과 문장의 의미가 달라지므로 자리옮김을 허용하는 것이 아니다.

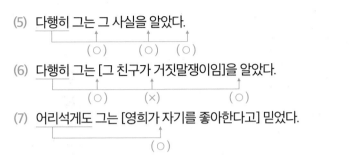

(5) 다행히 그는 그 사실을 알았다.
       (○)   (○)   (○)

(6) 다행히 그는 [그 친구가 거짓말쟁이임]을 알았다.
       (○)   (×)   (○)

(7) 어리석게도 그는 [영희가 자기를 좋아한다고] 믿었다.
          (○)

주의

  (8)-(9)와 같이 서술절을 안은문장에서도 전체 문장의 주어가 서술절 안으로 자리 옮김을 할 수 없는 경우가 있다.

(8) 가. 생선은 참치가 맛있다.
    나. *참치가 생선은 맛있다.
(9) 가. 두부는 영양분이 좋다.
    나. *영양분이 두부는 좋다.

확인 문제 3

  "안은문장의 요소가 안긴문장 안으로 자리옮김을 할 수 없다"는 통사 규칙을 여러 안긴문장에 적용하는 예문을 만들어 검증하시오.

예제 4

다음 자료에서 서술절이 포함되어 있지 않은 문장을 골라 그 이유를 설명하시오

(1) 영수가 <u>어른이</u> 되었다.

(2) 나는 <u>축구가</u> 좋다.

(3) 나는 <u>이가</u> 쑤신다.

(4) 한국은 <u>기후가</u> 좋다.

(5) 그 사람이 <u>범인이</u> 맞아.

첫 번째 명사구와 두 번째 명사구에 조사 '이/가'가 나타나는 문장의 경우 용언의 성격에 따라 두 번째 명사구가 보어가 되기도 하고 서술절의 주어가 되기도 한다.

개념

<서술절의 성립>

서술절은 온전한 문장이어야 한다.

적용

1. (1)의 '어른이'는 서술어 '되었다'가 필수적으로 요구하는 성분으로 보어이다.

2. (2)의 '축구가'는 서술어 '좋다'가 필수적으로 요구하는 성분으로 보어이다. 심리 용언이 서술어로 나타날 경우 주어는 일인칭이어야 하며, 서술의 대상 기능을 하는 보어를 요구한다.

3. (3)의 '이가'는 서술어 '쑤신다'가 필수적으로 요구하는 성분으로 보어이다. 감각을 나타내는 용언이 서술어로 나타날 경우에도 보어를 필수적으로 요구한다. 이때 보어로 신체 부위 명사가 쓰인다.

4. (4)의 '기후가'와 서술어 '좋다'는 주술 관계를 형성하여 전체 문장의 주어 '한국은'의 서술어 기능을 하므로 서술절로 볼 수 있다. 이때 '좋다'는 (2)의 '좋다'와는 의미가 다르다. 주관 형용사로서의 심리 용언이 아니고 객관 형용사로 쓰였다.

5. (5)의 '범인이'는 서술어 '맞다'가 필수적으로 요구하는 성분으로 보어이다.

6. (1), (2), (3), (5)는 서술절이 포함되어 있지 않다.

확장

'있다'는 의미 항목에 따라 서술어의 자릿수와 체언의 격조사 형태가 다르게 쓰이는데, (6)-(7)에 쓰인 '있다'는 'N1이 N2이 V'의 문형에 해당한다. 따라서 N2에 해당하는 성분인 (6)의 '근거가'와 (7)의 '이유가'는 보어이다. 반면에 (8)-(9)에 쓰인 '있다'는 한 자리 서술어이므로 N2에 해당하는 (8)의 '모임이'와 (9)의 '주인이'는 '있다'의 주어이다. 그러므로 N2와 V가 서술절을 형성하여 전체 주어 (8)의 '나는'과 (9)의 주어 '그 집은'의 서술어 기능을 한다.

(6) 그 소문은 근거가 있다.
(7) 아이의 투정은 이유가 있었다.
(8) 나는 내일 모임이 있다.
(9) 그 집은 주인이 있다.

확인 문제 4

(1)-(5)에서 서술절을 가지고 있는 문장과 그렇지 않은 것을 분류하고 그 이유를 설명하시오.

(1) 자동차는 벤츠가 비싸다.
(2) 영수는 자격증이 열 개가 넘는다.
(3) 나는 뱀이 징그럽다.
(4) 저 아이가 사랑이 필요하다.
(5) 영수가 수염이 났다.

안은문장 연습 문제

1. 안은문장 구성에서 두 절의 성분이 동일할 때 둘 중 하나의 성분이 생략되거나 다른 말로 바뀌는 경우가 있는데 이러한 현상을 대용화라고 한다. 이때 바뀌는 언어 표현을 대용어라고 하고 대용어와 동일한 요소를 선행어라고 한다. 대용화는 대용어의 종류에 따라 (1나)의 대명사화, (1다)의 재귀화, (1라)의 무형 대용화가 있다. 명사절, 관형사절, 부사절에서의 대용화 현상을 예문을 제시하여 설명하시오.

(1) 가. 영수는 <u>영수의</u> 전공이 좋다고 생각한다.

　　나. 영수는 <u>그의</u> 전공이 좋다고 생각한다.

　　다. 영수는 <u>자기의</u> 전공이 좋다고 생각한다.

　　라. 영수는　　Ø　　전공이 좋다고 생각한다.

2-1. (1)의 문장은 종속적으로 이어진 문장이다. 대용화 현상을 안은문장과 비교해 보시오.

(1) 가. <u>영수의</u> 성적이 올라서 영수는 기뻤다.

　　나. <u>그의</u> 성적이 올라서 영수는 기뻤다.

　　다. <u>자기의</u> 성적이 올라서 영수는 기뻤다.

　　라.　Ø　　성적이 올라서 영수는 기뻤다.

2-2. 대등하게 이어진 문장에서의 대용화 현상을 안은문장 및 종속적으로 이어진 문장과 비교해 보고, 종속적으로 이어진 문장을 안긴문장(부사절)으로 보는 이유를 설명하시오.

3-1. 안긴절의 주어에는 주제를 표시하는 조사 '은/는'이 결합하지 못하는 제약 현상을 예문을 제시하여 설명하시오.

3-2. 대등하게 이어진 문장과 종속적으로 이어진 문장의 주제어 되기 제약 현상을 비교해 보시오.

3-3. 주제어 되기 제약 현상이 절대적인 규칙은 아니라는 것을 보이는 예를 제시하시오.

4. 서술절에서 첫 번째 명사구와 두 번째 명사구는 '전체-부분' 관계, '부류-구성원' 관계, '유형-개체' 관계, '소유-피소유' 관계를 갖는다는 것을 예를 들어 설명하시오.

5. 학교문법에서 명사절의 범위에 대한 처리 방식을 학문문법과 비교해 보시오.

6-1. 학교문법에서 '고'를 앞말이 간접 인용을 나타내는 조사로 기술할 때의 문제점을 설명하시오.

6-2. '-다고, -냐고, -자고, -라고'를 부사형 어미로 볼 수 있는지 설명하시오.

6-3. 간접 인용절을 학교문법과 학문문법 차원으로 구분하여 설명하시오.

7. 다음 문장의 밑줄 친 부분을 부사절로 볼 수 있는지 설명하시오.

> "그는 아무런 반성도 없이 자기 주장을 굽히지 않았다."

<길잡이> 형태소 '-이'의 문법적 지위를 판단하라.
파생 접미사인가, 부사형 어미인가?

8. (1)-(3)의 문장에 부사절이 포함되어 있는지 설명하시오.
  (1) 가. 상처가 감쪽같이 아물었다.
      나. 그는 말없이 떠났다.
      다. 그가 쏜 화살은 여지없이 과녁에 맞았다.
  (2) 가. 나뭇잎이 소리도 없이 떨어진다.
      나. 우리들은 사기도 드높이 노래를 부르며 운동장을 돌았다.

(3) 가. 기암괴석이 <u>날카로이</u> 자태를 뽐내고 있었다.

　　나. 그는 신경이 <u>날카로이</u> 보인다.

<길잡이> 밑줄 친 단어들이 부사로 국어사전에 등재되어 있는지 확인하라.

❷ 이어진문장

개요

| 이어진문장을 만드는 절차 | • 홑문장 + 연결어미 + 홑문장
• 선행절의 종결어미가 삭제되고 연결어미 결합
• 선행절의 주어와 동일한 후행절 주어는 반드시 삭제 |

| 연결어미의 의미 범주 | • 하나의 의미 범주에 여러 연결어미가 포함될 수 있음
• 하나의 연결어미가 여러 의미 범주를 나타낼 수 있음 |

| 대등 접속과 종속 접속의 차이 | • 선행절의 자리옮김
• 동일 주어의 역행 생략 |

| 연결어미 쓰임의 제약 | • 종결어미 제약
• 선어말어미 결합의 제약
• 주어 일치 제약 (동일 주어/ 상이 주어 제약)
• 결합 용언의 종류 제약
• 부정문 제약 |

연결어미의 종결어미적 기능:

일부 연결어미는 종결어미 자리에 쓰여 문장을 끝맺는 기능을 한다.

1. 연결어미의 의미 범주

> **예제 1**
>
> 다음 자료의 두 홑문장을 괄호 안에 제시하는 의미 관계가 성립하도록 이어진 문장으로 만들어 보시오. 《1》
>
> (1) 계곡물이 맑다./ 계곡물이 차다. (나열)
> (2) 날씨가 너무 덥다./ 아이들이 물놀이를 한다. (이유)
> (3) 영수가 친구의 생일 선물을 산다./ 영수가 백화점에 간다. (목적)

두 문장이 연결어미에 의해 이어져서 이어진 문장이 될 때 앞의 문장을 선행절이라고 하고 뒤의 문장을 후행절이라고 한다.

개념

<이어진 문장을 만드는 절차>

1. 홑문장 + 연결어미 + 홑문장 → 이어진 문장(겹문장)
2. 선행절의 종결어미가 삭제되고 연결어미가 결합한다.
3. 선행절의 주어와 후행절의 주어가 같으면 후행절의 주어는 반드시 생략된다.

적용

1. (1)의 두 문장을 '나열'의 의미 관계로 이어주는 연결어미에는 '-고'와 '-(으)며' 등이 있다.
   계곡물이 맑고 차다. (-고)
   계곡물이 맑으며 차다. (-(으)며)
2. (2)의 두 문장을 '이유'의 의미 관계로 이어주는 연결어미에는 '-어서'와 '-(으)니까' '-(으)므로' 등이 있다.
   날씨가 너무 더워서 아이들이 물놀이를 한다. (-어서)
   날씨가 너무 더우니까 아이들이 물놀이를 한다. (-(으)니까)
   날씨가 너무 더우므로 아이들이 물놀이를 한다. (-(으)므로)
3. (3)의 두 문장을 '목적'의 의미 관계로 이어주는 연결어미에는 '-(으)려고'와 '-(으)러'

가 있다.

영수가 친구의 생일선물을 사려고 (영수가) 백화점에 간다. (-(으)려고)
영수가 친구의 생일선물을 사러 (영수가) 백화점에 간다. (-(으)러)

확장

연결어미 '-어서'는 '이유'를 나타내는 기능이 있지만 (4)와 같이 '순서(시간)'를 나타내기도 하고 (5)와 같이 '방법'이나 '수단'을 나타내기도 한다.

(4) 그는 일어나서 조용히 창가로 갔다. (순서)
(5) 쓰레기는 분리해서 수거함에 버리세요. (방법)

주의

(4)에 쓰인 선어말어미 '-었-'은 후행절 '조용히 창가로 가-'에 영향을 미치는 것이 아니라 '그는 일어나서 조용히 창가로 가-' 전체를 이끌고 그 문법적 기능을 수행한다. (6)에 쓰인 선어말어미 '-겠-'도 '-었-'과 마찬가지로 후행절 '외식도 하-'에 영향을 미치는 것이 아니라, 문장 전체에 영향을 미친다.

(6) (이번 주말에는 가족들과 영화도 보고 외식도 하)-겠-다.

확인 문제 1-1

(1)-(2)에 쓰인 연결어미 '-(으)면서'의 의미 기능을 설명하시오.

(1) 그는 부자이면서 남을 도와 주지는 않는다.
(2) 그는 음악을 들으면서 책을 읽는다.

확인 문제 1-2

(1)-(2)에 쓰인 연결어미 '-(으)며'의 의미 기능을 설명하시오.

(1) 이것은 감이며 저것은 사과이다.
(2) 학생들이 손뼉 치며 노래한다.

예제 2

다음 자료의 두 홑문장을 괄호 안에 제시하는 의미 관계가 성립하도록 하나의
문장으로 만들어 보시오.《1》

(1) 사과는 좋아한다./ 배는 안 좋아한다. (대립·대조)

(2) 주말이 되다./ 우리는 등산을 한다. (조건)

(3) 네가 옳다./ 참아야 한다. (인정)

(4) 휴일에는 낮잠을 잔다./ 게임을 한다. (선택)

연결어미의 의미 범주는 나누는 방식에 따라 그 수가 일정하지 않다. 각 의미 범주에 속하는 다양한 연결어미를 적합하게 선택하여 사용함으로써 문장의 표현 효과를 살릴 수 있다.

개념

<연결어미의 의미 범주>

1. 하나의 의미 범주에 여러 연결어미가 포함될 수 있다.

2. 하나의 연결어미가 여러 의미 범주를 나타내는 다의적 기능을 갖기도 한다.

적용

1. (1)의 두 문장을 '대립·대조'의 의미 관계로 이어 주는 연결어미에는 '-(으)나', '-는데', '-지만', '-아/어도' 등이 있다.

   사과는 좋아하나 배는 안 좋아한다. (-(으)나)

   사과는 좋아하는데 배는 안 좋아한다. (-는데)

   사과는 좋아하지만 배는 안 좋아한다. (-지만)

   사과는 좋아해도 배는 안 좋아한다. (-아/어도)

2. (2)의 두 문장을 '조건'의 의미 관계로 이어 주는 연결어미에는 '-(으)면'과 '-아/어야' 등이 있다.

   주말이 되면 우리는 등산을 한다. (-(으)면)

주말이 되어야 우리는 등산을 한다. (-아/어야)

3. (3)의 앞 절의 사실을 '인정'하면서 그에 영향을 받지 않는 사실을 이어 말할 때에 쓰는 연결어미에는 '-아도', '-(으)ㄹ지라도', '-더라도' 등이 있다.

네가 옳아도 참아야 한다. (-아/어도)

네가 옳을지라도 참아야 한다. (-(으)ㄹ지라도)

네가 옳더라도 참아야 한다. (-더라도)

4. (4)의 두 문장을 '선택'의 의미 관계로 이어 주는 연결어미에는 '-거나'와 '-든지'가 있다.

휴일에는 낮잠을 자거나 게임을 한다. (-거나)

휴일에는 낮잠을 자든지 게임을 한다. (-든지)

확장

1. 연결어미 '-아/어도'는 (1)의 쓰임과 같은 '대립·대조'의 의미와 (3)의 쓰임과 같은 '인정'의 다의적 기능을 갖는다.

2. 연결어미 '-든지'는 (4)의 쓰임과 같이 두 가지 일 중에 하나를 선택할 때 쓰는 경우도 있고, (5)와 같이 어떤 일에 대하여 구분하거나 고르지 않을 때 쓰는 경우도 있는데, 후자의 경우 주로 '어떤, 어느, 어디, 누가'와 함께 쓴다.

    (5) 어디에서 무엇을 하든지 꼭 연락해라.

확인 문제 2

(1)-(2)에 쓰인 연결어미 '-든지'의 기능을 설명하시오.

(1) 몇시에 전화하든지 상관없어요.

(2) 전화를 하든지 문자를 보내든지 마음대로 하세요.

예제 3

다음 자료를 바탕으로 연결어미 '-고'의 용법을 설명하시오.

(1) 한국의 여름은 날씨가 덥고 비가 많이 내린다.

(2) 나는 아침 일찍 밥을 먹고 학교에 갔다.

(3) 영수는 차를 몰고 바닷가로 여행을 떠났다.

연결어미 '-고'는 사용 빈도가 매우 높고, 의미 항목도 많으므로 국어사전에서 '-고'의 의미와 용법을 살펴볼 필요가 있다.

개념

<연결어미의 다의성>

연결어미가 다양한 의미로 쓰일 때는 하나의 표제어 안에서 다의어로 기술한다.

적용

1. (1)에서와 같이 두 가지 이상의 행동이나 사실을 나열할 때 쓴다.

2. (2)에서와 같이 앞의 행동이 뒤에 오는 동작보다 먼저 있었음을 나타낼 때 쓴다. 동사의 어간 뒤에만 쓴다는 특징이 있다.

3. (3)에서와 같이 앞의 행동이 뒤의 행동의 수단이나 방법임을 나타낼 때 쓴다.

확장

1. (4)에 쓰인 '-고'는 '앞의 행동의 결과가 뒤에 오는 행동에 계속 이어짐'을 나타내는 의미 기능을 가지고, (5)에 쓰인 '-고'는 '어떤 일의 근거나 이유'를 나타내는 의미 기능을 가진다.

(4) 어머니는 나를 업고 병원까지 달려가셨다.

(5) 내가 비를 맞고 감기에 걸렸다.

2. (6)에 쓰인 '-고'는 반대되는 것을 대조하는 의미 기능을 가지며, (7)의 '-고'는 형용사의 어간 뒤에 쓰여 상태나 성질을 강조하는 의미 기능을 가진다. 또 (8)의 '-고'는 어떤 일이 반복될 때 쓰인 것이다.

> (6) 크고 작은 배들이 항구에 정박해 있다.
> (7) 길고 긴 여름이 끝났다.
> (8) 우리는 그동안 쌓이고 쌓인 이야기를 나누었다.

주의

1. (9)의 '놀고먹는'은 합성어로 쓰인 것이지만 (10)의 '먹고 노는'에 쓰인 '-고'는 두 가지 행동이 동시에 이루어짐'을 나타내는 의미 기능을 가진다.

> (9) 놀고먹는 사람이 뭐가 그리 바쁜지 얼굴 보기가 힘들다.
> (10) 먹고 노는 일주일간의 휴가가 다 지났다.

2. (11)에 쓰인 '-고'는 '-고 싶다', '-고 있다', '-고 말다', '-고 나다'에서처럼 동사와 보조 용언을 이어줄 때 쓰는데, 학교문법에서는 이 구성을 하나의 서술어로 처리하고 있다. 이때 '-고'는 동사의 어간 뒤에만 쓴다는 특징이 있다.

> (11) 이번 방학에는 해외여행을 하고 싶다.

확인 문제 3

(1)-(2)의 밑줄 친 '-고'의 용법을 비교하시오.

(1) 어디든지 좀 멀리 떠나고 싶어.

(2) 누구고 간에 내 얘기를 들어줄 사람이 있으면 좋겠어.

예제 4

다음 자료를 바탕으로 연결어미 '-는데'의 용법을 설명하시오.

(1) 비도 오는데 집에서 쉽시다.

(2) 약을 먹었는데 감기가 낫지 않아요.

(3) 텔레비전을 보는데 친구한테서 전화가 왔어요.

연결어미 '-는데'는 사용 빈도가 높을 뿐만 아니라 의미 항목을 구분하기가 쉽지 않으므로 '-는데'의 적합한 사용에 유의해야 한다.

개념

<의미가 다양한 연결어미의 의미 항목 구분>

1. '-는데'와 같은 연결어미의 의미 기술은 국어사전에 따라 차이가 있을 수 있다.
2. '-는데'는 선행절과 후행절을 근거, 대립, 배경 등의 의미 관계로 연결한다.

적용

1. (1)에서와 같이 뒤의 문장에서 일어나는 행동의 원인, 이유, 근거 등을 앞에서 제시할 때 쓴다. 후행절에 주로 청유문이나 명령문 등이 온다.
2. (2)에서와 같이 뒤에 오는 사실과 대립되는 사실을 제시할 때 쓴다. '-지만'이나 '-(으)나'의 뜻이다.
3. (3)에서와 같이 뒤에 이어지는 내용에 대한 배경이나 상황을 나타낼 때 쓴다.

확장

1. (4)-(5)에 쓰인 '-는데'는 연결어미의 종결어미적 쓰임이다. (4)에 쓰인 '-는데'는 어떤 일을 감탄하는 뜻이 있는 표현으로 청자의 반응을 기다리는 태도를 나타낸다. (5)에 쓰인 '-는데'는 일정한 대답을 요구하며 물어보는 뜻을 나타낸다.

(4) 너 오늘 유난히 멋있는데.

(5) 도대체 왜 그러는데?

2. 연결어미가 종결어미의 기능을 가질 수 있으나 모든 연결어미가 그와 같은 기능을 갖는 것은 아니다. (6)-(8)에 쓰인 '-거든', '-(으)려고', '-도록' 등은 종결어미의 기능이 있으나, (9)의 '-(으)면'과 같은 연결어미는 후행절이 오지 않으면 비문이므로 종결어미적 기능이 없다.

> (6) 이 사진 좀 봐. 아무리 보아도 이상하거든.
> (7) 왜, 벌써 가려고?
> (8) 한 시간 후에 이 자리에 다시 모이도록.
> (9) *눈이 오면.

주의

(10)에서 보는 바와 같이 '-는데'는 동사의 어간 또는 '있다, 없다, 계시다'의 어간 뒤나 '-았/었-' 뒤에 쓴다. 'ㄹ'로 끝나거나 받침이 없는 형용사의 어간 뒤에는 '-ㄴ데'를 쓰며, 받침이 있는 형용사의 어간 뒤에는 '-은데'를 쓴다.

> (10) 먹는데/ 가는데/ 있는데/ 먹었는데/ 예쁜데/ 좋은데

확인 문제 4-1

(1)-(3)의 자료를 바탕으로 연결어미 '-는데'의 용법을 설명하시오.

(1) 아침을 먹었는데 배가 고파요.

(2) 모처럼 게임을 하고 있는데 엄마가 부르셨어요.

(3) 그 길은 위험한데 다른 길로 갑시다.

확인 문제 4-2

(1)에 쓰인 '-는데도'는 앞의 사실에 관계없이 뒤의 사실이 이루어짐을 나타낼 때 쓰인다. '-는데도'를 하나의 연결어미로 볼 수 있는지 설명하시오.

(1) 잠을 많이 잤는데도 졸려요

2. 대등 접속과 종속 접속의 문법적 차이

> **예제 1**
>
> 다음 자료를 바탕으로 선행절과 후행절의 의미 관계와 통사 구조의 차이점을 설명하시오.
>
> (1) 설탕은 물에 잘 녹지만 기름은 물에 잘 녹지 않는다.
> (2) 연극이 끝났지만 관객들은 아무도 자리를 떠나지 않았다.
> (3) 영수는 착하지만, (영수는) 게으르다.
> (4) 한국팀은 최선을 다했지만, (한국팀은) 결국 경기에서 패배했다.

연결어미는 선행절과 후행절을 대등한 의미 관계로 이어 주는 것과 종속적인 의미 관계로 이어 주는 것으로 분류할 수 있다. 하지만 의미를 기준으로 선행절과 후행절의 관계를 대등과 종속으로 나누는 것은 주관적이기 때문에 그 구분이 선명하지 않다. 따라서 통사적인 차이를 기준으로 대등과 종속을 객관적으로 구분할 수 있는 방법을 모색한다.

개념

<대등 접속과 종속 접속의 차이점>
1. 선행절의 자리옮김
2. 동일 주어의 역행 생략

적용

1. (1)은 선행절이 후행절 사이로 자리를 옮기는 것을 허용하지 않으나, (2)는 선행절이 후행절 사이로 이동을 할 수 있다는 차이가 있다. (1)′와 같이 선행절이 후행절 사이로 이동할 수 없으면 대등 접속문으로 판별하고, (2)′와 같이 선행절이 후행절 사이로 이동할 수 있으면 종속 접속문으로 판별한다.

(1)′ *기름은 설탕은 물에 잘 녹지만 물에 잘 녹지 않는다.

(2)′ 관객들은 연극이 끝났지만 아무도 자리를 떠나지 않았다.

2. 선행절과 후행절의 주어가 같을 때 동일한 주어가 후행절에서 생략되는 현상을 순행 생략이라고 하고, 동일 주어가 선행절에서 생략되는 현상을 역행 생략이라고 한다. (3)은 (3)′와 같이 역행 생략을 허용하지 않는 데 비해 (4)는 (4)′와 같이 역행 생략을 허용한다. (3)과 같이 역행 생략을 허용하지 않으면 대등 접속문이고, (4)와 같이 역행 생략을 허용하면 종속 접속문이다.

(3)′ *착하지만 영수는 게으르다.

(4)′ 최선을 다했지만 한국팀은 결국 경기에서 패배했다.

확장

1. 자리옮김의 문법적 해석

대등하게 이어졌다는 의미는 선행절과 후행절이 서로 독립된 문장이라는 것이다. 따라서 대등 접속문은 선행절이 후행절 사이로 이동하여 후행절의 한 성분이 될 수 없다. 하지만 종속적이라는 의미는 선행절이 후행절에 딸려 있다는 뜻이고, 선행절과 후행절이 서로 독립적인 문장이 아니라는 것이다. 따라서 선행절이 후행절 사이로 이동하여 후행절의 한 성분이 될 수 있다는 사실을 의미한다.

2. 역행 생략의 문법적 해석

대등 접속문의 선행절은 독립적인 문장이므로 필수적으로 주어가 있어야 한다. 반면 종속 접속문의 선행절은 독립된 문장이 아닐 수 있다는 전제하에서 보면 선행절이 후행절의 한 성분이 된다. 따라서 종속 접속문은 선행절에 자체적인 주어가 생략되어도 무방하므로 역행 생략이 성립할 수 있다.

확인 문제 1-1

선행절의 자리옮김과 역행 생략을 기준으로 (1)-(4)를 대등 접속문과 종속 접속문으로 구별해 보시오.

(1) 형은 부지런하고, 동생은 게으르다.

(2) 군인들이 비를 맞고, 산길을 행군하였다.

(3) 영수는 노래도 잘하고, 피아노도 잘 친다.

(4) 영수는 밥을 먹고, 학교에 갔다.

확인 문제 1-2

(1)-(4)에 쓰인 연결어미 '-는데'를 문법적 근거를 들어 대등 접속문과 종속 접속문으로 구별하시오

(1) 나는 잠이 안 오는데, 너는 잠을 잘 자는구나.

(2) 잠이 오는데, 내가 공부를 하려니 힘들구나.

(3) 너는 노래는 잘 하는데, 춤은 못 추는구나.

(4) 내가 피곤한데, 너희 집에 가야 하니?

3. 연결어미 쓰임의 제약

> **예제 1**
>
> 다음의 자료를 바탕으로 연결어미 쓰임의 제약을 설명하시오. 《1》
>
> (1) 가. 길이 미끄러우니까 {조심하자/ 조심해라}.
>
> 나. 길이 미끄러우므로 {조심하자/ 조심해라}.
>
> 다. *길이 미끄러워서 {조심하자/ 조심해라}.
>
> (2) 가. 길이 막히면 지하철을 {이용한다/ 이용하니?/ 이용하자/ 이용해라}.
>
> 나. 길이 막히거든 지하철을 {*이용한다/ *이용하니?/ 이용하자/ 이용해라}.

연결어미에 따라 후행절에 평서문, 의문문, 청유문, 명령문 중 일부와 함께 쓰이지 못하는 것이 있다.

개념

<연결어미 쓰임의 제약>

1. '-아서', '-(으)려고', '-어/아야', '-자' 등의 연결어미는 청유형 어미나 명령형 어미와 어울려 쓰일 수 없다.
2. '-거든'은 주로 청유형 어미나 명령형 어미와 어울려 쓰인다.

적용

1. (1)의 '-(으)니까', '-(으)므로', '-어/아서'는 이유나 원인을 나타내는 연결어미인데 모두 평서형 어미나 의문형 어미와는 잘 어울려 쓰이지만, (1가)-(1다)에서 보듯이 청유형 어미, 명령형 어미와의 결합 양상에서는 차이를 보인다. '-(으)니까'와 '-(으)므로'가 청유형 어미나 명령형 어미와 함께 쓰일 수 있는 반면에 '-아서'는 청유형이나 명령형 어미와 함께 쓰일 수 없다.
2. (2)의 '-(으)면', '-거든'은 조건이나 가정을 나타내는 연결어미이다. (2가)에서처럼 '-(으)면'은 여러 종결어미와 두루 어울려 쓰이지만, '-거든'은 (2나)와 같이 주로 청유형 어미나 명령형 어미와 어울려 쓰인다는 제약이 있다.

확장

(3), (4)의 연결어미 '-(으)려고'와 '-어/아야'는 평서형 어미나 의문형 어미와는 어울려 쓰이지만 청유형 어미, 명령형 어미와는 함께 쓰이는 데 제약이 있다. 또 (5)의 '-자'는 의문형 어미, 청유형 어미, 명령형 어미와 함께 쓰이는 데 제약이 있다.

(3) 책을 빌리려고 도서관에 {간다/ 가니?/ *가자/ *가라}.

(4) 지하철을 이용할 때 교통카드를 이용해야 할인을 {받는다/ 받느냐?/ *받자/ *받아라}.

(5) 불이 나자 사람들이 모두 건물에서 {뛰어나갔다./ *뛰어나갔니?/ *뛰어나가자/ *뛰어나가라}.

주의

1. 연결어미 '-아/어야'는 (6)과 같이 강조를 위한 반어적 의문의 기능으로 쓰일 때도 있다. 이때에는 '~해 봤자'의 뜻을 지니고 있다.

(6) 지금 와서 후회해야 무슨 소용이 있겠어요?

2. (7)에서 '-거든'이 의문문에서 자연스럽게 쓰이는 이유는 명령이나 요청의 뜻을 지니기 때문이다.

(7) 집에 도착하거든 나한테 전화 줄래?

확인 문제 1-1

연결어미 '-느라고'가 여러 종류의 종결어미와 어울려 쓰이는 데 어떠한 제약이 있는
지 설명하시오.

확인 문제 1-2

연결어미 '-(으)러'가 여러 종류의 종결어미와 어울려 쓰이는 데 어떠한 제약이 있는
지 '-(으)려고'와 비교하여 설명하시오.

확인 문제 1-3

연결어미 '-지만', '-(으)나', '-어/아도', '-는데'는 '인정'의 공통된 의미 범주에 속하는
연결어미이다. (1)-(4)를 관찰하여 용법상의 차이점을 설명하시오.

(1) 비가 오지만 야구를 보러 가자.

(2) 비가 오는데 야구를 보러 가자.

(3) 비가 오나 야구를 보러 가자.

(4) 비가 와도 야구를 보러 가자.

예제 2

다음 자료를 바탕으로 연결어미 쓰임의 제약을 설명하시오 《2》

(1) 가. 우리는 눈썰매를 {타고서/ *탔고서} 눈 위를 달렸다.

나. 20년 후에는 우주선을 {타고서/ *타겠고서} 달나라를 여행할 것이다.

(2) 가. 나무가 잘 {자라도록/ *자랐도록} 거름을 주었다.

나. 나무가 잘 {자라도록/ *자라겠도록} 거름을 줄 것이다.

연결어미에 따라 시제를 나타내는 선어말어미 '-었-', '-겠-'과 함께 쓰이지 못하는 것이 있다.

개념

<선어말어미 쓰임의 제약>

1. 연결어미 '-고서'는 과거나 완료를 나타내는 선어말어미 '-았-'이나 미래, 추정을 나타내는 선어말어미 '-겠-'과 함께 어울려 쓰이지 않는다.

2. 연결어미 '-도록'은 과거나 완료를 나타내는 선어말어미 '-았-'이나 미래, 추정을 나타내는 선어말어미 '-겠-'과 함께 어울려 쓰이지 않는다.

적용

1. (1가)와 (1나)의 후행절의 시제는 각각 과거와 미래이므로 선행절에도 같은 시제를 나타내는 선어말어미 '-았-'과 '-겠-'을 쓸 수 있을 것 같으나 '-고서'의 제약 때문에 '-았-'과 '-겠-'을 어간에 붙여 쓸 수 없다.

2. (2가)와 (2나)의 후행절의 시제는 각각 과거와 미래이므로 선행절에도 같은 시제를 나타내는 선어말어미 '-았-'과 '-겠-'을 쓸 수 있을 것 같으나 '-도록'의 제약 때문에 '-았-'과 '-겠-'을 어간에 붙여 쓸 수 없다.

확장

1. 연결어미에 시제를 나타내는 선어말어미가 결합되는 제약 현상은 다음의 세 가

지 유형으로 분류한다.

1) (3)과 같이 선행절과 후행절의 시제가 동일한 과거일 때 선행절에도 '-았-'을 반드시 결합하는 경우

2) (4)와 같이 선행절과 후행절의 시제가 동일한 과거이더라도 선행절에는 '-았-'을 결합하지 않는 경우

3) (5)와 같이 선행절과 후행절의 시제가 동일한 과거일 때 선행절에 '-았-'을 붙여도 되고 붙이지 않아도 무방한 경우

(3) 우리는 최선을 {*다하지만/ 다했지만} 적의 공격을 막을 수 없었다.

(4) 친구와 {다투어서/ *다투었어서} 마음이 무거웠다.

(5) 영수는 점심에 짜장면을 {먹고/ 먹었고} 영희는 짬뽕을 먹었다.

미래를 나타내는 선어말어미 '-겠-'이 결합되는 제약 현상도 '-았-'의 제약 현상과 마찬가지이다.

2. (6)-(7)의 '-자'와 '-자마자'도 시제 선어말어미 쓰임의 제약이 있다.

(6) 가. 공연이 {끝나자/ *끝났자} 관객들은 모두 기립 박수를 보냈다.

　　나. 장군이 명령을 {내리자/ *내리겠자} 병사들은 공격을 시작했다.

(7) 가. 입추가 {지나자마자/ *지났자마자} 아침, 저녁 날씨가 선선해졌어요

　　나. 신제품이 {나오자마자/ *나오겠자마자} 사람들은 줄을 지어 사려고 할 것이다.

확인 문제 2-1

(1)-(2)에 쓰인 '-(으)ㄹ수록'의 쓰임의 제약을 설명하시오.

(1) 그 사람은 만나면 {만날수록/ *만났을수록} 친근감이 느껴졌어요.

(2) 외국인들이 한국에 대해 알면 {알수록/ *알겠을수록} 한국에 많은 매력을 느낄 것이다.

확인 문제 2-2

(1)-(3)에 쓰인 '-게'의 선어말어미 쓰임의 제약을 '-도록'과 비교하여 보시오.

(1) 모두 먹을 수 {있도록/ 있게} 음식을 준비했다.

(2) 그는 몸살이 {나도록/ *나게} 운동을 했다.

(3) 나이가 들수록 가족이 {*소중하도록/ 소중하게} 여겨진다.

예제 3

다음 자료를 바탕으로 연결어미 쓰임의 제약을 설명하시오. 《3》

(1) 가. 형이 피아노를 치<u>면서</u> (형이) 노래를 부른다.

　　나. *형이 피아노를 치<u>면서</u> 동생이 노래를 부른다.

(2) 가. 버스가 도착하<u>자</u> 사람들이 뛰어갔어요.

　　나. *영수는 집을 나서<u>자</u> (영수는) 바로 학교로 갔어요.

연결어미에 따라 선행절의 주어와 후행절의 주어가 같아야만 하는 것도 있고, 달라야만 하는 것도 있고, 같아도 되고 달라도 되는 것도 있다.

개념

<주어 일치 제약>

　선행절의 주어와 후행절의 주어가 같아야 하는 것, 반드시 달라야 하는 것, 같아도 되고 달라도 되는 것으로 분류한다.

1. 동일 주어 제약: '-(으)면서', '-(으)려고', '-(으)러', '-느라고' '-고서' 등
2. 상이 주어 제약: '-자'
3. 주어 제약 없음: 대부분의 연결어미

적용

1. (1)의 '-(으)면서'는 동시 동작을 나타내는 연결어미인데, (1가)와 같이 선행절의 주어와 후행절의 주어가 같아야 한다는 동일 주어 제약이 있기 때문에 (1나)에서처럼 선행절의 주어와 후행절의 주어가 일치하지 않으면 비문이 된다.
2. (2)의 '-자'는 '동시'의 의미를 가지고 있는데, (2가)와 같이 선행절의 주어와 후행절의 주어가 달라야 한다는 상이 주어 제약이 있기 때문에 (2나)에서처럼 선행절의 주어와 후행절의 주어가 같으면 비문이 된다.

확장

1. '-(으)면서'는 주어가 사람이나 동물과 같은 유정 명사일 경우에는 동일 주어 제약 현상이 나타난다. 하지만 주어가 식물이나 무생물과 같은 무정 명사일 경우에는 (3)과 같이 선행절과 후행절의 주어가 다르게 나타날 수 있다. '-(으)며'가 '동시'의 의미를 나타낼 때에는 (4)에서처럼 '-(으)면서'로 대체할 수 있으나, '나열'의 의미를 나타낼 때에는 (5)에서처럼 '-(으)면서'로 대체할 수 없고, 이 경우에는 선행절과 후행절의 주어가 다르게 나타날 수 있다. 하지만 (6)에서 보듯이 '-(으)면서'가 나열의 의미로 쓰일 때도 있는데 이때는 선행절과 후행절의 주어가 일치해야 한다.

> (3) 폭풍이 불면서 폭우가 쏟아졌다.
> (4) 형이 피아노를 {치며/ 치면서} (형이) 노래를 불렀다.
> (5) 어머니는 {자상하시며/ *자상하시면서} 아버지는 인자하시다.
> (6) 어머니는 자상하시면서 온화하시다.

2. '동시'의 의미를 가지는 '-자'는 상이 주어 제약이 있으나, 이와 같은 의미로 쓰이는 '-자마자'는 그러한 제약이 없기 때문에 (7)과 같이 선행절의 주어와 후행절의 주어가 같아도 되고 (8)과 같이 주어가 서로 일치하지 않아도 무방하다.

> (7) 아이가 자리에 눕자마자 (아이가) 곯아떨어졌다.
> (8) 우리가 역에 도착하자마자 기차가 들어왔다.

주의

1. (9)에 쓰인 '-(으)면서'는 '어떤 동작이나 상태가 시작되면서부터'의 의미를 지니고 있는 다의어이기 때문에 주어가 유정 명사라도 동일 주어 제약이 적용되지 않는다. (10)의 경우도 마찬가지이다.

> (9) 아이가 유치원에 가면서 엄마가 복직하게 되었어요.
>
> (10) 물가가 많이 뛰면서 금리가 올라가게 되었어요.

2. (11)에 쓰인 '-자'는 '동시'와 함께 '나열'의 의미도 지니고 있기 때문에 '이다'의 어간에 결합하였지만, '-자마자'는 그러한 의미가 없고 '동시'의 의미로만 쓰이기 때문에 (12)와 같이 동사의 어간에만 결합한다.

> (11) 그는 {의사이자/ *의사이자마자} 시인이다.
>
> (12) 연극이 {끝나자/ 끝나자마자} 박수 갈채가 쏟아졌다.

확인 문제 3-1

연결어미 '-느라고'의 선행절과 후행절의 주어 일치 제약을 설명하시오.

확인 문제 3-2

(1)과 (2)에 쓰인 '-(으)려고'의 의미와 용법의 차이점을 설명하시오.

(1) 영수는 선생님이 되려고 열심히 공부하고 있다.

(2) 비가 오려고 (내가) 무릎이 쑤시나 보다.

예제 4

다음 자료에서 공통적으로 나타나는 연결어미 쓰임의 제약을 설명하시오. 《4》

(1) *영수는 피곤하느라고 숙제를 하지 못했다.
(2) *영희는 예쁘려고 미용실에 갔다.
(3) *오늘 날씨는 흐리고서 미세먼지 농도가 나쁘다.

연결어미에 따라 결합하는 용언의 종류에 제약을 받는 것이 있다.

개념

<결합 용언 종류의 제약>

　연결어미 '-느라고', '-(으)려고', '-(으)러', '-고서', '-자마자'는 동사의 어간에만 결합하고 형용사나 '이다'의 어간에는 결합하지 못한다.

적용

1. (1)에 쓰인 '-느라고'는 동사의 어간에만 결합하는데 형용사 '피곤하다'의 어간에 결합하였으므로 비문이다.

2. (2)에 쓰인 '-(으)려고'는 동사의 어간에만 결합하는데 형용사 '예쁘다'의 어간에 결합하였으므로 비문이다.

3. (3)에 쓰인 '-고서'는 동사의 어간에만 결합하는데 형용사 '흐리다'의 어간에 결합하였으므로 비문이다.

확장

1. (4)에 쓰인 '-느라고'는 '-기 때문에'의 의미보다는, '-기 위해서'의 의미로 쓰였다. 즉, 앞 절의 사태가 뒤 절의 사태의 목적을 나타내는 것이다. (5)에 쓰인 '-(으)려고'는 동사와만 결합하기 때문에 형용사 '건강하다'를 동사 '건강해지다'로 바꾸어서 사용해야 한다.

  (4) 그는 밀린 일을 <u>하느라고</u> 늦게까지 회사에 있었다.

  (5) *건강<u>하려고</u> 아침마다 산책을 한다.

2. '-느라고'와 '-(으)려고'는 (6)과 (7)에서처럼 선행절에 부정 표현의 제약이 있다. (7)에서 '못' 부정이 사용되지 못하는 이유는 '능력 부정'을 나타내는 '못'과 '의도'을 나타내는 '-(으)려고'의 의미 충돌 때문이다.

  (6) 그는 밀린 과제를 {못/ 안} {*하느라고/ 해서} 마음이 편하지 않다.

  (7) 그는 시험을 {*못/ 안} 보려고 한다.

주의

 선행절의 행위와 후행절의 행위가 시간 차이를 두지 않고 곧바로 나타날 때에는 (8가)와 같이 '-자마자'를 쓰는 것이 자연스럽고, 선행절의 행동이나 상태가 진행된 결과로 후행절이 나타날 때에는 (8나)와 같이 '-자'를 쓰는 것이 자연스럽다. 이는 (9가)와 (9나)를 비교해 보면 더 명확하게 드러난다.

  (8) 가. 정부가 부동산 대책을 발표하자마자 곧바로 비난이 쏟아졌다.

    나. 정부가 부동산 대책을 발표하자 비난이 쏟아졌다.

  (9) 가. *상한 달걀을 먹자마자 반나절쯤 지나 복통이 왔다.

    나. 상한 달걀을 먹자 반나절쯤 지나 복통이 왔다.

확인 문제 4-1

(1)-(2)의 자료를 바탕으로 '-(으)려고'와 '-고자'의 용언의 종류 제약을 설명하시오.

(1) *좋은 부모이<u>려고</u> 노력하였다.

(2) 좋은 부모이<u>고자</u> 노력하였다.

확인 문제 4-2

(1)-(2)의 자료를 바탕으로 '-고'와 '-고서'의 용언의 종류 제약을 설명하시오.

(1) 입장권을 {보여주고/ 보여주고서} 공연장에 입장하였다.

(2) 가을 하늘이 {맑고/ *맑고서} 푸르다.

예제 5

다음 자료를 바탕으로 연결어미 '-느라고'의 쓰임의 제약을 설명하시오. 《5》

(1) *늦잠을 자느라고 지각을 하자.

(2) *어제 친구를 만났느라고 과제를 못했어요.

(3) *내가 공부를 하느라고 형이 잠을 못 잤다.

(4) *오늘은 피곤하느라고 집에서 쉬고 있어요.

연결어미에 따라 제약 정도에 차이가 있다. 제약이 거의 없는 연결어미도 있고, 제약이 심한 연결어미도 있다. '-느라고', '-(으)려고', '-고자' 등은 쓰임의 제약이 많은 것들이다.

개념

<연결어미 쓰임의 제약 정보>

1. 후행절의 종결어미 제약

2. 선어말어미 결합 제약

3. 주어 일치 제약

4. 결합 용언의 종류 제약

적용

1. (1)은 후행절에 청유형 어미를 사용하였으므로 '-느라고'에 적용되는 종결어미 제약을 지키지 않아 비문법적인 문장이 되었는데 종결어미로 명령형 어미를 사용하여도 비문이 되는 것은 마찬가지이다.

2. (2)는 후행절의 시제가 과거이므로 선행절도 과거로 표현해야 하지만, '-느라고'는 시제를 나타내는 선어말어미 '-았-'이나 '-겠-'과 결합할 수 없으므로 비문이 된다.

3. (3)은 선행절의 주어 '내가'와 후행절의 주어 '형이'가 일치하지 않기 때문에 비문이다. '-느라고'는 동일 주어 제약이 있기 때문이다. 따라서 '-느라고'와 유사한 의미를 가지면서 주어 일치 제약이 적용되지 않는 '-아서' 등의 연결어미로 바꾸

어야 한다.

4. (4)의 '-느라고'는 동사와만 결합하고 형용사와는 결합할 수 없는 제약이 있는데, '-느라고'가 형용사 '피곤하다'의 어간에 결합되었으므로 비문이다. 용언의 종류 제약을 지키지 않았다. 따라서 '-느라고'를 이러한 제약이 없는 '-아서', '-(으)니까' '-(으)므로' 등으로 바꾸어야 한다.

확장

<부정문 제약>

'이유, 원인'을 나타내는 연결어미 중에 '-아서', '-(으)니까' '-(으)므로' 등은 (5)-(7)과 같이 부정문과도 잘 어울리지만, '-느라고'는 (8)과 같이 선행절에 부정문이 오지 못한다는 제약이 있다.

(5) 영수는 수영을 하지 못해서 바다를 싫어한다.
(6) 그는 약속을 잘 안 지키니까 친구들이 믿지 않아요.
(7) 예년보다 비가 충분히 안 오므로 가뭄 대책을 세워야겠어요.
(8) *영수는 장학금을 못 받느라고 기분이 나빠요.

주의

'-느라고'는 (9)와 같이 후행절의 내용이 대체로 부정적인 결과를 나타낸다. (10)과 같이 후행절이 긍정적인 내용일 경우에는 사용하지 않는다.

(9) 밀린 과제를 하느라고 잠을 못 잤어요.
(10) *밀린 과제를 하느라고 일찍 일어났어요.

확인 문제 5

연결어미 '-다가'와 '-어/아다가'의 차이점을 설명하시오.

(1) 영수는 과자를 만들다가 빵을 만들었어요.
(2) 영수는 집에서 과자를 만들어다가 학교에서 친구들에게 주었어요.

이어진문장 연습 문제

1. (1)-(7)에서 비문을 찾고 그 이유를 관찰하여, 연결 어미 쓰임의 제약을 설명하시오.

    (1) {더워서/ 더우니까} 창문 좀 열자.

    (2) {더워서/ 더우니까} 창문 좀 열어라.

    (3) 내일 비가 {*오거든/ 오면} 집에서 쉬겠어요.

    (4) 어제 너무 피곤했어서 숙제를 못했어요.

    (5) 내가 아침에 바쁘느라고 늦었어요.

    (6) 친구에게 생일 선물을 {*주러/ 주려고} 백화점에서 가방을 샀어요.

    (7) 내가 음악을 들으면서 동생이 책을 읽었어요.

2. 대등 접속문과 종속 접속문의 통사적 차이점을 설명하시오.

3. 의미와 기능이 유사한 다음의 연결어미들을 쓰임의 제약으로 변별해 보시오.

    1) '-(으)면서, -(으)며'

    2) '-게, -도록'

    3) '-아/어서, -(으)니까, -느라고'

    4) '-(으)면, -거든'

4. 다음의 연결어미들이 대등 접속과 종속 접속으로 쓰이는 예를 제시하시오.

    1) '-는데'

    2) '-고'

    3) '-지만'

5. 다음의 문장에서 밑줄 친 부분의 연결어미 '-자'는 '-자마자'로 바꿀 수 있지만 '-(으)러'는 '-(으)려고'로 바꿀 수 없는 이유를 (1)-(4)의 내용으로 설명하시오.

    "멧돼지가 무서운 내가 <u>사냥하러</u> 가자는 것을 동생이 형과는 달리 선뜻 <u>동의하자</u>

가족들은 겁이 나서 깊은 한숨을 내쉬었다."

(1) '-(으)러'와 '-(으)려고' 쓰임의 공통점

(2) '-(으)러'와 '-(으)려고' 쓰임의 차이점

(3) '-자'와 '-자마자' 쓰임의 공통점

(4) '-자'와 '-자마자' 쓰임의 차이점

6. 연결어미 '-(으)면서'와 '-(으)려고'는 주어가 유정 명사일 때 동일 주어 제약이 있는데, 다음의 문장에서는 선행절과 후행절의 주어가 다르게 나타나는 이유는?

(1) 세아가 시험에 합격하려고 세아 엄마가 그렇게 힘들었나 보다.

(2) 아이가 유치원에 입학하면서 휴직했던 그 아이 엄마가 복직하게 됐어요.

7. '-기에'의 두 가지 용법을 예를 들어 설명하시오.

(가) 기차가 지나가기에 손을 흔들었다.

(나) 날씨가 좋기에 우리는 공원으로 산책을 갔다.

(다) 그는 아직도 책상 조립하기에 몰두하고 있다.

(라) 오전 5시는 식당에 가기에 이른 시간이다.

---

8. 연결어미의 종결어미적 기능에 대해 설명하시오.

9. 다음 예문에 나타난 어미 '-(으)면서'의 쓰임의 차이점을 설명하시오. 각 예문의 문법적 제약이 있으면 설명하시오.

(1) 그는 항상 텔레비전을 보면서 식사한다.

(2) 그녀는 부드러우면서 의연하다.

(3) 유미는 나를 알면서 모르는 척했다.

(4) 그럼 내내 건강하고 기쁘게 지내기를 빌면서. 안녕.

(5) 날씨가 풀리면서 여기저기 물웅덩이가 생겨났다.

04. 문법 범주

❶ 문법 범주의 개념
❷ 문법 범주의 종류

❶ 문법 범주의 개념

문법 범주란 문법 형태소에 의해 표현된 문법 요소를 말한다. 문법 범주의 범위를 엄격하게 보는 관점과 조금 느슨하게 보는 관점이 있는데, 여기에서는 조금 느슨하게 보는 입장을 취해 '법'이라는 용어 대신에 '표현'이라는 용어를 쓰기로 한다.

❷ 문법 범주의 종류

개요

종결 표현	평서문, 감탄문, 의문문, 명령문, 청유문
부정 표현	안 부정문, 못 부정문, 말다 부정문
사동 표현	형태론적 사동, 통사론적 사동
피동 표현	형태론적 피동, 통사론적 피동
높임 표현	주체 높임, 상대 높임, 객체 높임
시간 표현	절대 시제와 상대 시제, 현재 시제, 과거 시제, 미래 시제, 동작상

1. 종결 표현

예제 1

다음 자료를 바탕으로 종결어미에 따른 문장의 종류를 설명하시오.

(1) 가. 영수가 운동하러 <u>갔다</u>.
　　나. 영수가 운동하러 <u>갔니</u>?
　　다. 영수야, 운동하러 <u>가라</u>.
　　라. 영수야, 운동하러 <u>가자</u>.
　　마. 영수가 운동하러 <u>갔구나</u>!

(2) 가. 영수가 집에 <u>갑니다</u>.
　　나. 영수가 집에 <u>가오</u>.
　　다. 영수가 집에 <u>가네</u>.
　　라. 영수가 집에 <u>간다</u>.
　　마. 영수가 집에 <u>가요</u>.
　　바. 영수가 집에 <u>가</u>.

종결 표현은 말하는 사람이 듣는 사람에게 자기의 생각이나 느낌을 종결어미를 통해 나타내는 것으로 종결어미의 형태에 따라 평서문, 의문문, 명령문, 청유문, 감탄문으로 분류할 수 있다.

개념

<종결어미의 기능>

1. 종결어미는 문장을 끝맺는 기능을 하며 종결어미에 따라 문장의 유형이 결정된다.
2. 어떤 종결어미가 쓰였느냐에 따라 상대 높임법이 달라지기도 한다.

적용

1. (1)은 종결어미에 따라 (1가)-(1마)와 같이 여러 문장의 유형으로 분류된다. (1가)는 '내용을 전달하는' 평서문, (1나)는 '대답을 요구'하는 의문문, (1다)는 '듣는 이

에게 행동을 요구하는' 명령문, (1라)는 '함께 하자고 제안하는' 청유문, (1마)는 '말하는 이의 느낌을 표현하는' 감탄문이다.

2. (2가)-(2바)는 평서문으로 어떤 종결어미가 쓰였느냐에 따라 상대 높임법이 달라지는 경우이다. (2가)는 하십시오체, (2나)는 하오체, (2다)는 하게체, (2라)는 해라체, (2마)는 해요체, (2바)는 해체이다.

확장

문장의 종결 형태와 문장의 기능, 화자의 의도가 일치하면 직접 화행(직접 발화 행위)이라고 하고, 문장 종결 형태와 문장의 기능이 일치하지 않으면 간접 화행(간접 발화 행위)이라 한다.

종결어미의 형태를 기준으로 볼 때 (3가)는 명령법, (3나)는 의문법이고 (3다)는 청유법, (3라)는 평서법으로 쓰인 문장이다. 그러나 화자가 어떤 의도를 가지고 문장을 발화했는지 즉 발화 상황을 고려한다면 모두 명령법으로 볼 수도 있다. (3가)는 발화 상황에 상관없이 명령법으로 해석되지만, 나머지 문장은 말하는 이가 듣는 이에게 창문을 열어주기를 바라는 의도를 가질 경우에만 명령법으로 성립한다.

(3) 가. 창문 좀 <u>열어라</u>.

나. 창문 좀 <u>열래</u>?

다. 창문 좀 <u>열자</u>.

라. 날씨가 <u>덥다</u>.

확인 문제 1

(1)-(2)의 문장의 의미 차이를 설명하시오.

(1) 공기가 안 좋다.

(2) (창문을 바라보며) 공기가 안 좋다.

1.1. 평서문

다음 자료를 바탕으로 평서형 종결어미의 쓰임에 대해 설명하시오.

(1) 가. 어제 뭐 했니?

　　나. 나는 어제 도서관에 갔었다.

(2) 나는 오늘 처음으로 마라톤을 완주했다. 오늘은 뜻깊은 날이다. …

(3) 손흥민, 프리미어리그 득점왕에 오르다.

(4) 오랜만에 자네를 만나서 즐거웠네.

(5) 나는 당신을 믿소.

　평서문은 말하는 이가 듣는 이에게 아무 것도 요구하지 않고 어떤 정보나 자신의 생각을 전달하는 문장이다. 상대 높임 등급에 따라 종결어미가 다르게 쓰인다.

개념

<상대 높임 등급에 따른 평서형 종결어미의 종류>

1. 하십시오체: -ㅂ니다/습니다, -는답니다, -나이다, -(으)오이다, -올시다…

2. 하오체: -오, -소, -구려, -는다오, -습디다…

3. 하게체: -네, -(으)이, -ㄹ세…

4. 해라체: -다, -느니라, -(으)ㄹ라……

5. 해요체: -아요/어요, -게요, -네요, -데요, -지요…

6. 해체: -아/어, -게, -네, -데, -지…

적용

1. 구체적으로 듣는 이가 존재하는 경우를 상관적 장면이라고 하고, 존재하지 않는 경우를 단독적 장면이라고 하는데, (1나)의 '-다'는 상관적 장면에서 질문에 대한 응답을 하는 평서형 어미의 기능을 한다.

2. (2)는 일기문의 일부인데, 평서형 종결어미 중 가장 대표적인 형태인 해라체의 '-다'가 결합한 것으로 확실성, 객관성을 드러낸다. 평서형 종결어미 '-다'는 선어

말어미 '-었-, -겠-' 등이 앞에 올 수 있다.

3. (3)은 신문 기사문의 제목 등의 단독적 장면에서 용언의 기본형이 서술어로 쓰인 것인데, 듣는 이를 낮추거나 높이는 뜻은 없고 현장감을 살리는 표현 효과가 있다.

4. (4)는 하게체 평서형 종결어미 '-네'가 사용된 문장이다. '-네'는 '-(으)이'나 '-(으)ㄹ세'보다 일반적으로 더 많이 쓰인다.

5. (5)는 하오체 평서형 종결어미 '-소'가 결합하여 평서문을 이루고 있다. '-소', '-오'는 앞에 오는 어간의 받침이 있고 없음에 따라 교체된다.

확장

(6)-(7)과 같이 '-더-, -니-, -리-' 뒤에서는 '-다'가 '-라'로 교체된다. 또한, (8)과 같이 '이다', '아니다'가 간접 인용의 형태로 나올 때 '-다고'는 '-라고'가 된다.

(6) 설악산의 단풍은 정말 <u>아름답더라</u>.

(7) 인생은 뿌린 대로 거두게 <u>되느니라</u>.

(8) 가. 그는 자기가 장학생<u>이라고</u> 소개했다.

나. 그는 자기가 장학생 <u>아니라고</u> 소개했다.

주의

하오체 평서형 종결어미인 '-오'와 '-소'는 앞에 오는 어간의 받침 유무에 따라 교체되지만 (9)와 같이 어간 말음에 'ㄹ'을 제외한 받침이 있는 용언인 경우에도 '-소' 대신 '-으오'가 결합되기도 한다.

(9) 나는 요즘 논어를 <u>읽으오</u>.

확인 문제 1

(1)-(2) 문장에서 원래 어미의 모습과 바뀐 부분을 찾아 설명하시오.

(1) 그 섬의 저녁노을은 정말 예쁘더라.

(2) 그 섬은 무인도가 아니라고 한다.

예제 2

다음의 자료를 바탕으로 평서형 종결어미의 제약을 설명하시오.

(1) 조심해라. 다칠라.

(2) 그 일은 제가 알아서 할게요.

(3) 내가 앞으로는 이 일에 충실하마.

(4) *그러다가 오지 않았을라.

(5) *내가 영수 대신 갔을게요.

(6) *내가 슬플게.

평서문 중에는 화자가 청자의 행동이 잘못될까 염려하면서 미리 경계하는 뜻을 가지는 경계 평서문과 화자가 청자에게 어떤 행위를 하기로 언약하는 의미를 가진 약속 평서문이 있다.

개념

<경계 평서형 종결어미>

1. -(으)ㄹ라 (해라체)

<약속 평서형 종결어미>

1. -(으)마
2. -(으)ㄹ게(요)

적용

1. (1)의 경계 평서형 종결어미 '-(으)ㄹ라'는 화자가 청자에게 일어날 행동에 대하여 걱정이나 안타까움 등의 주관적 정서를 담아 전달한다.

2. (2)의 약속 평서형 종결어미 '-(으)ㄹ게(요)'는 화자가 청자에게 어떤 행위를 언약하는 의미를 담아 전달하는 것으로 (2)와 같이 1인칭 주어와만 어울릴 수 있다.

3. (3)의 약속 평서형 종결어미 '-(으)마'는 화자가 청자에게 어떤 행위를 언약하는

의미를 담아 전달하는 것으로 (3)과 같이 1인칭 주어와만 어울릴 수 있다.

4. (4)와 같이 경계 평서형 종결어미는 과거 시제를 나타내는 선어말어미와 결합할 수 없다.

5. (5)와 같이 약속 평서형 종결어미는 미래의 행동에 대한 약속을 나타나기 때문에 과거를 나타내는 선어말어미와 결합할 수 없다.

6. (6)과 같이 약속 평서형 종결어미는 형용사와 결합할 수 없다.

확장

(7)과 같이 약속 평서형 종결어미는 미래나 의지를 나타내는 선어말어미 '-겠-'과의 결합이 불가능하지만 (8)과 같이 간접 인용절 '-겠다고'로 안길 때에는 가능하다. 약속 평서문은 간접 인용절로 안길 때 '-겠다고'로 바뀐다. 또, (9)와 같이 약속 평서문은 청자에게 불리한 행위를 나타내는 용언과 결합하는 것이 어색하다.

> (7) *나는 그만 <u>가겠으마</u>.
> (8) 나는 내가 이제 그만 <u>가겠다고</u> 했다.
> (9) *곧 내가 너를 <u>공격하마</u>.

확인 문제 2

다음 <보기>의 문장에서 알 수 있는 약속 평서형 종결어미의 특징에 대해 설명하시오.

(1) *내가 내일 연락하겠으마.

(2) 나는 내일 연락하겠다고 했다.

1.2. 감탄문

> **예제 1**
>
> 다음의 자료를 바탕으로 감탄문의 용법을 설명하시오.
>
> (1) 한국말을 아주 잘하시네요.
> (2) 음식 솜씨가 참 좋으시군요.
> (3) 옷이 색이 참 좋구려.
> (4) 학교가 참 크구먼.
> (5) 네가 벌써 대학생이 되었구나.

감탄문은 말하는 사람이 새로 알거나 느낀 것을 감탄하여 표현하는 것으로 '-구려, -구먼, -구나, -군요'와 같은 감탄형 종결어미가 문장 끝에 나타난다. 문장 뒤에 느낌표를 붙이지만, 약한 감탄을 나타낼 때에는 온점을 붙여도 된다.

개념

<감탄문의 특징>

1. 감탄문도 평서문처럼 말하는 이가 듣는 이에게 어떤 요구도 없다는 공통점이 있으나, 평서문과는 달리 질문에 대한 답변으로는 쓸 수 없다.
2. 감탄문의 문말 억양은 문장 끝 서술어 부분에서 높아졌다가 종결어미에 이르러 급격히 하강한다. (⌒)

<상대 높임 등급에 의한 감탄형 종결어미의 종류>

1. 하십시오체: 없음
2. 하오체: -구려
3. 하게체: -구먼
4. 해라체: -구나, -아라/ 어라
5. 해요체: -군요, -아요/ 어요, -지요
6. 해체: -군, -아/ 어, -지

적용

1. (1)-(2)와 같이 듣는 이를 어느 정도 높여서 말할 때에나, 가까운 사이가 아니어서 격식을 차릴 때에는 '-네요'나 '-군요'를 쓴다.

2. (3)-(5)와 같이 '-구려', '-구먼', '-구나'와 같은 '구' 계열의 감탄형 어미들은 처음 알게 된 사실을 영탄적으로 말할 때 사용한다. 이 어미들은 상대 높임의 등급에 맞게 사용한다.

확장

(6)과 같이 감탄형 종결어미 '-구나, -군, -구먼' 등은 동사 어간에 직접 결합하지 못하고 '-는-'과 함께 쓰인다. '-구려'가 동사의 어간에 직접 붙을 때에는 감탄의 의미를 나타내지 않고, (7)과 같이 상대에게 권하는 태도로 시키는 뜻을 나타낸다.

'이다'에 '-구나, -군, -구먼, -구려' 등이 결합하면 (8)과 같이 '-로-'가 수의적으로 나타날 수 있다.

> (6) 세월이 화살과 같이 빠르게 가는군요!
>
> (7) 더 늦으면 어두워질 테니 어서 가구려.
>
> (8) 벌써 졸업이{구나/ 로구나}!

주의

'-어라'는 (9)와 같이 형용사에 붙어 말하는 이 자신의 느낌을 독백처럼 표현한다. (10)과 같이 느낌의 주체가 말하는 이가 아니면 '-어라'를 쓸 수 없다.

> (9) 아이, 추워라!
>
> (10) *아이고, 영수가 추워라!

확인 문제 1

(1)의 간접 인용절을 직접 인용절로 바꾸어 보시오.

(1) 영수가 날씨가 너무 덥다고 말하였다.

1.3. 의문문

예제 1

다음 자료를 바탕으로 판정 의문문의 용법에 대해 설명하시오.

(1) 내일 등산 {가는가/ 가느냐/ 가냐}?

(2) 숙제가 {많은가/ 많으냐}?

(3) 그 영화 정말 재미있지요?

(4) 가. 너 어제 친구 안 만났니?

　　나. 네, 안 만났어요.

　　다. 아니요, 만났어요.

　의문문에는 판정 의문문과 설명 의문문 등이 있다. 판정 의문문은 긍정이나 부정의 대답을 요구하는 의문문으로 문말 억양이 올라간다.

개념

<판정 의문문의 성립>

1. 동사 어간 + -는가, -느냐, -냐

2. 형용사 어간 + -(으)ㄴ가, -(으)냐

<상대 높임 등급에 의한 의문형 종결어미의 종류>

1. 하십시오체: -ㅂ니까/습니까

2. 하오체: -(으)오/소

3. 하게체: -는가/(으)ㄴ가, -나

4. 해라체: -(으)니, -(으/느)냐

5. 해요체: -아요/어요, -나요, -(으)ㄴ가요, -(으)ㄹ까요, -지요

6. 해체: -아/어, -나, -(으)ㄴ가, -(으)ㄹ까, -지

적용

1. (1)과 같이 판정 의문문에서 서술어가 동사일 경우에는 어간에 의문형 어미 '-는 가'나 '-냐', '-느냐'를 붙인다.

2. (2)와 같이 판정 의문문에서 서술어가 형용사일 경우에는 어간에 의문형 어미 '-(으)ㄴ가'와 '-(으)냐'를 붙인다.

3. (3)은 말하는 이가 이미 알고 있는 사실을 듣는 이에게 확인하는 형식의 의문문이다.

4. (4가)와 같이 판정 의문문이 부정문일 때 명제에 대한 긍정과 부정이 아니라 질 문을 하는 사람에게 긍정하면 (4나)와 같이 '네/응'으로, 질문을 하는 사람에게 부정하면 (4다)와 같이 '아니(요)'로 대답한다.

주의

(5가)는 부정문이 아니라 긍정을 확인하는 의문문이다. 이 경우 '않니'가 없어도 의미가 달라지지 않는다. (6가)는 부정문 형식의 판정 의문문이다.

---

(5) 가. 오늘 본 영화 너무 슬펐<u>지 않니</u>? (↘)

　　나. 그래, 많이 슬펐는데, 너도 그랬어?

　　다. 아니, 나는 별로 슬프지 않았는데.

(6) 가. 오늘 본 영화 너무 슬프지 <u>않았니</u>? (↗)

　　나. 응, 슬프지 않았어.

　　다. 아니, 슬펐어.

확인 문제 1

의문형 어미 '-으냐, -냐, -느냐가 붙는 용언 어간의 환경을 설명하시오.

예제 2

다음의 자료를 바탕으로 설명 의문문의 용법에 대해 설명하시오.

(1) 너는 <u>무슨</u> 색을 좋아하니?

(2) 시간이 다 되었는데 <u>왜</u> 오지 않을까?

(3) 그 영화 <u>어땠어</u>?

(4) 가. 방학이 <u>언제</u>부터지?

      나. 다음 주부터야.

    설명 의문문은 '누구, 무엇, 언제, 왜'와 같은 의문사가 사용되어 그 물음말에 대한 대답을 요구하는 의문문이다.

개념

<설명 의문문의 의문사>

1. 의문 관형사: 어느, 무슨, 어떤, 몇

2. 의문 부사: 왜, 언제

3. 의문 형용사: 어떻게

4. 의문 대명사: 누구, 무엇(뭐), 언제, 어디

적용

1. (1)은 의문 관형사 '무슨'이 사용되어 설명 의문문을 이루고 있다.

2. (2)는 의문 부사 '왜'가 사용되어 설명 의문문을 이루고 있다.

3. (3)은 의문 형용사 '어땠어'가 사용되어 설명 의문문을 이루고 있다.

4. (4)는 의문 대명사 '언제'가 사용되어 설명 의문문을 이루고 있다.

확장

    '어디, 누구, 무엇(뭐), 언제' 등은 설명 의문문에 쓰이기도 하고, 판정 의문문에 쓰이기도 한다. (5)는 '어디'가 의문사가 가리키는 대상에 대한 설명을 요구하는 설명 의문문에 쓰인 것으로 문말 억양이 내려가는 반면 (6)은 '어디'가 '네/아니오'의 대답을 요구하는 판정 의문문에 쓰인 것으로 문말 억양이 올라간다. 이때, (6)의 '어디'는 의문 대명사가 아니라 부정칭 대명사이다.

> (5) 가. 너 어디 가니? (↘)
>
> 나. 도서관 가요.
>
> (6) 가. 너 어디 가니? (↗)
>
> 나. 네, 잠깐 어디 갔다 올 데가 있어요.

주의

(7)은 설명 의문문이고 (8)은 판정 의문문이다. 그런데 (7)-(8)에 쓰인 '언제'는 부사이고, (4)에 쓰인 '언제'는 대명사라는 차이점이 있다.

> (7) 가. 언제 영수를 만날 거니? (↘)
>
> 나. 내일 만날 거야.
>
> (8) 가. 언제 영수를 만날 거니? (↗)
>
> 나. 아니, 만날 계획 없어.

확인 문제 2

(1)과 (2)의 물음에 답하고 대답이 달라지는 이유를 설명하시오.

(1) 누가 왔어요? (↘)

(2) 누가 왔어요? (↗)

> **예제 3**
>
> 다음의 자료를 바탕으로 의문문의 용법에 대해 설명하시오.
>
> (1) 가. 버스 타고 갈까, 지하철 타고 갈까?
>
> 　　 나. 지하철 타자.
>
> (2) 가. 내 말 좀 믿어줘.
>
> 　　 나. 내가 네 말을 믿을 것 같아?
>
> 　　 다. 내가 네 말을 어떻게 믿겠니?
>
> (3) 가. 시험이 다음 주로 연기되었대.
>
> 　　 나. 시험이 {연기되었어/ 연기되었다고}?

　의문문은 일반적으로 설명 의문문과 판정 의문문으로 나누는데 이외에도 선택 의문문, 수사 의문문, 메아리 의문문이 있다.

개념

<설명, 판정 의문문 이외의 의문문의 종류>

1. 선택 의문문: 둘 이상의 선택항 중 하나를 골라서 대답하기를 요구하는 의문문이다.

2. 수사 의문문: 형태상으로는 의문문이나 의미상으로는 긍정 또는 부정의 의미를 표현한다. 의미상으로는 질문이 아니기 때문에 말 듣는 이의 대답을 요구하지 않는다.

3. 메아리 의문문: 상대방의 말에 대한 놀라움을 표시하거나 상대방의 말을 확인하기 위하여 그 말을 되풀이하여 묻는 의문문이다.

적용

1. (1가)는 (1나)와 같이 둘 이상의 선택항 중 하나를 골라서 대답하기를 요구하는 선택 의문문이다. 대답 내용을 말해야 하기 때문에 설명 의문문과 유사하고, 그 내용 범위의 한정성 때문에 판정 의문문과도 유사하다.

2. (2나)와 (2다)는 '믿지 않는다.'는 의미를 나타내는 수사 의문문이다.

3. (3나)는 (3가)의 내용에 대한 놀라움을 표시하거나 (3가)의 내용을 확인하기 위해 그 말을 되풀이하여 묻고 있는 메아리 의문문이다. 이는 판정 의문문과 유사하게 문말 억양을 올린다.

확장

선택 의문문의 대답은 '네/아니요'와 같은 대답이 아니라 선택항 중에 한 가지를 고르는 것이 일반적이다. 따라서 (4)와 같이 종결어미 '-지'가 사용되어 명제 내용에 대하여 말하는 이가 어느 정도 믿음이나 확신을 가지고 듣는 이에게 동의를 구하거나 확인을 요구하는 문장은 어느 한 가지에 대해서만 가능성을 가지고 질문하는 것이기 때문에 선택 의문문으로 쓰일 수 없다.

(4) 가. 콜라가 좋아, 사이다가 좋아?

나. *콜라가 좋지, 사이다가 좋지?

메아리 의문문의 경우 (5)와 같이 '-다고, -냐고, -라고, -자고'와 같은 간접 인용절의 형식이나 종결어미 '-아(요)/어(요)'를 취하는 것이 일반적이다.

(5) 가. 전화 좀 받아라.

나. 전화 {받아/ 받으라고}?

확인 문제 3

(1)-(2) 의문문의 종류와 의미에 대해 설명하시오.

(1) 공든 탑이 무너지랴?

(2) 아니 땐 굴뚝에 연기 나랴?

1.4. 명령문

예제 1

다음 자료를 바탕으로 명령형 어미의 쓰임에 대해 설명하시오.

(1) 쓰레기를 분리수거하십시오.

(2) 쓰레기를 분리수거하오.

(3) 쓰레기를 분리수거하게.

(4) 쓰레기를 분리수거해라.

(5) 쓰레기를 분리수거해.

　　명령문은 말하는 사람이 듣는 사람에게 어떤 행동을 하도록 요구하는 문장으로 '-(으)십시오, -(으)오, -게, -아라/어라'와 같은 명령형 종결어미가 문장 끝에 나타나고 억양은 급격한 하향조이다.

개념

<상대 높임 등급에 의한 명령형 종결어미의 종류>

1. 하십시오체: -(으)ㅂ시오, -(으)소서

2. 하오체: -(으)오, -소

3. 하게체: -게

4. 해라체: -아라/어라, -(으)렴

5. 해요체: -아요/어요, -지요

6. 해체: -아/아, -지

적용

1. (1)과 같이 하십시오체의 '-(으)ㅂ시오'는 단독으로 쓰이기보다 주체 높임 선어말어미인 '-시-'와 결합하여 '-(으)십시오'의 형태로 쓰인다.

2. (2)는 하오체 명령형 어미 '-(으)오'가 쓰여 명령문이 실현되었다. 이 경우 '-(으)시오'로 실현이 가능하다.

3. (3)은 하게체 명령형 어미 '-게'가 쓰여 명령문이 실현되었다. 하게체의 '-게'의 경우 선어말어미 '-(으)시-'와의 결합이 가능하다.

4. (4)는 해라체 명령형 어미 '-아라/어라'가 쓰여 명령문이 실현되었다.

5. (5)는 해체 명령형 어미 '-아/어'가 쓰여 명령문이 실현되었다. 해요체, 해체 종결형 어미는 문말 억양에 따라 어떤 문장 유형의 어미인지가 결정된다. (5)의 경우 급격한 하향조(↓)의 문말 억양을 가지면 명령문으로 해석된다.

확장

(6)은 불특정 다수를 대상으로 한 간접 명령의 하라체 종결어미 '-(으)라'가 붙은 형태인데, 신문 기사나 책의 제목, 시위 구호 등에 주로 쓰인다. 간접 명령인 하라체의 경우에는 간접 명령문의 주어를 직접 명령문과 달리 2인칭이 아니라 3인칭으로 볼 수 있다

(6) 인구 감소 대비책을 세우라.

주의

명령문에는 (7)-(9)와 같이 허락이나 권유의 의미를 가지는 것들이 있다.

(7) 더 놀다 가렴.
(8) 더 놀다 가려무나.
(9) 우리 집에 한번 오시구려.

확인 문제 1

(1)-(2)의 명령문의 대상은 누구인지 설명하시오.

(1) 빨리 우리 집에 와라.
(2) 보기에서 알맞은 답을 고르라.

예제 2

다음 자료를 바탕으로 명령문의 제약 현상에 대해 설명하시오.

(1) *영수가 이 음식을 먹어라.

(2) *영희야, 집에 가겠어라.

(3) *영희야, 예뻐라.

(4) 화재 시 대피 방법을 {알아라/ *알지 말아라/ *몰라라}.

(5) 네 잘못을 {깨달아라/ *깨닫지 말아라}.

명령문은 선어말어미 '-(으)시-' 이외에 과거 시제를 나타내는 선어말어미, 과거 회상을 나타내는 선어말어미, 미래를 나타내는 선어말어미는 나타날 수 없고 서술어 자리에 동사만 올 수 있다는 등의 여러 제약을 지닌다.

개념

<명령문의 제약 현상>

1. 2인칭만 주어가 될 수 있다는 제약이 있다.

2. 명령형 종결어미는 시제를 나타내는 선어말어미와 결합하지 않는다.

3. 명령형 종결어미는 동사 어간에 결합하고, 형용사에는 명령의 뜻으로는 결합하지 않는다.

4. '안' 부정법과 '못' 부정법 대신에 '말다' 부정법이 사용된다.

적용

1. 명령문에는 주어에 주로 2인칭이 온다는 제약이 있다. 그러나 (1)의 경우 3인칭 주어가 등장하였기 때문에 비문이 된다.

2. (2)의 명령문에는 시간과 관련된 선어말어미가 나타날 수 없다. 과거의 행위에 대해 명령이 불가능하며 어미 '-겠-', '-더-'도 마찬가지이다.

3. (3)의 명령문은 서술어 자리에 형용사가 오지 않는다.

4. (4)의 '알다, 모르다'와 같이 주체의 의지가 작용할 수 없는 단어에는 쓰이지 않는다.

5. (5): '깨닫다, 터득하다, 인식하다' 등과 같이 주체의 의지가 작용할 수 없는 용언
에는 쓰이지 않는다.

확장

(6)-(7)과 같이 형용사라도 명령형이 가능한 경우가 있는데, 이 경우에는 명령의
의미가 아니라, 기원이나 소망의 의미를 나타낸다.

> (6) 아프지 말고, <u>건강해라</u>.
> (7) 항상 <u>행복하세요</u>.

주의

명령형 종결어미는 아니지만 '-(으)ㄹ 것, -(으)ㅁ, -도록' 등에 의한 문장들도 명령
의 의미를 지닐 수 있다. (8)의 '-(으)ㅁ'의 경우 부정의 의미일 때 명령문으로 성립
이 가능하고, 긍정의 의미인 '할 수 있음'으로 쓰이면 허용의 의미를 가진다. 일부
연결어미들이 종결어미처럼 쓰이듯이 전성어미의 종결어미적 기능으로 해석할 수
있다. (9)의 '-(으)ㄹ 것'도 명사절을 이끄는 기능이 인정된다면 (8)과 같은 범주로
연관하여 해석할 수 있다.

> (8) 이곳에서 수영을 할 수 <u>없음</u>.
> (9) 이 연락을 받는 즉시 <u>회신할 것</u>.

확인 문제 2

(1)의 서술어가 동사임에도 비문이 되는 이유를 설명하시오.

(1) *발을 밟혀라.

1.5. 청유문

> **예제 1**
>
> 다음 자료를 바탕으로 청유문의 쓰임에 대해 설명하시오.
>
> (1) 식사하러 함께 가시지요.
> (2) 우리 함께 학교의 쓰레기를 줍자.
> (3) 같이 집에 가세.

청유문은 말하는 사람이 말을 듣는 사람에게 어떤 행동을 함께할 것을 요청하거나 제안하는 문장이다. '-(으)ㅂ시다, -세, -자' 등의 청유형 종결어미가 문장 끝에 나타난다.

개념

<청유형 종결어미>

1. 하십시오체: 없음.
2. 하오체: -(으)ㅂ시다
3. 하게체: -세
4. 해라체: -자
5. 해요체: -아요/어요
6. 해체: -아/어

적용

1. 하십시오체의 청유형 종결어미는 고유한 형태가 없는데 이는 청유문의 주어에 말하는 이도 포함되므로 하십시오체를 사용하면 화자 자신도 높이는 것이 되어 하십시오체가 사용되기 어렵기 때문이다. 이에 따라 윗사람에게 정중하게 청유의 의미로 말할 때는 (1)과 같이 '-(으)시지요'를 사용할 수 있다.
2. (2)는 해라체의 청유 표현이 쓰인 청유문이다.
3. (3)은 하게체의 청유 표현이 쓰인 청유문이다.

확장

청유형 종결어미는 (4)와 같이 시제를 나타내는 선어말어미와 결합하지 못하며, 부정 표현을 할 때에는 (5)와 같이 동사 어간에만 결합하여, '안' 부정법과 '못' 부정법 대신에 '말다' 부정법을 쓴다.

> (4) 가. *우리 같이 영화를 보러 가겠자.
> 　　나. *우리 같이 영화를 보러 갔자.
> (5) 가. *우리 싸우지 않자.
> 　　나. *우리 싸우지 못하자.
> 　　다. 우리 싸우지 말자.

주의

청유문은 어떤 행위를 함께 하기를 요청하는 것뿐만 아니라 말하는 이가 듣는 이의 협조를 구할 때에도 쓰이며 듣는 사람만의 행위를 수행할 것을 제안할 때에도 쓰인다. 이때, '-(으)ㅂ시다'는 (6)과 같이 말하는 이가 듣는 이의 협조를 구하는 의미를 나타낼 때에도 쓰이고, (7)과 같이 듣는 이만의 행위를 수행할 것을 제안할 때에도 쓰인다.

> (6) 좀 조용히 합시다.
> (7) 얘야, 약 먹자.

확인 문제 1

다음 <보기>의 두 청유문의 의미가 어떻게 다른지 설명하시오.

(1) 영화 보러 가자.

(2) 아가야, 약 먹자.

2. 부정 표현

> **예제 1**
>
> 다음 자료를 바탕으로 '안' 부정문의 의미와 유형에 대해 설명하시오.
>
> (1) 가. 나는 오늘 도서관에 안 갔다.
>
>   나. 나는 오늘 도서관에 가지 않았다.
>
> (2) 이번 겨울은 눈이 오지 않는다.
>
> (3) 시험이 어렵지 않다.

부정문을 만들때는 부정 부사 '안'이나 '못'을 사용하는 방법과 부정의 보조용언 구성 '-지 않다'나 '-지 못하다'를 사용하는 방법이 있다.

개념

<'안' 부정문의 의미>

1. '안' 부정문은 주체의 의지가 작용되지 않고, 사건이나 사실을 단순히 부정하는 '단순 부정'과 동작주인 주체의 의지가 작용되는 '의도 부정'의 의미를 나타냄.

2. 서술어가 동사인 경우

    1) 주어가 의지를 가질 때: 단순 부정과 의도 부정의 두 가지 해석이 가능

    2) 주어가 의지를 가질 수 없을 때: 단순 부정으로 해석

3. 서술어가 형용사인 경우: 주로 단순 부정을 나타냄.

<'안' 부정문의 유형>

1. 짧은 '안' 부정문: 부정 부사 '안' + 용언 (동사, 형용사)

2. 긴 '안' 부정문': 용언의 어간 + '-지 않다' (보조용언 구성)

적용

1. (1가)는 부정 부사 '안'과 동사 '가다'가 결합하여 짧은 '안' 부정문을 이룬 것이고, (1나)는 본용언 '가다'와 보조용언 구성 '-지 않다'가 결합하여 긴 '안' 부정문을 이룬 것이다. (1)은 문장의 서술어가 동사이고 주어인 동작주가 의지를 가지

고 있기 때문에 '도서관에 갈 의도가 없었다.'는 '의도 부정'과 '나의 의도와 무관하게 공휴일 등의 이유로 도서관에 가지 않았다.'는 '단순 부정' 두 가지로 해석할 수 있다.

2. (2)의 주어인 '눈'은 의지를 가질 수 없는 주어이기 때문에 단순히 주체의 속성이나 상태를 부정한다.

3. (3)은 서술어가 '어렵다'라는 형용사이기 때문에 주체의 속성이나 상태를 부정하는 '단순 부정'을 나타낸다.

확장

<'안' 부정문의 서술어로 쓸 수 없는 용언>

1. 동작주의 능력을 나타내는 서술어: 견디다, 참다, 버티다, 감내하다…
2. 동작주의 인지를 나타내는 서술어: 깨닫다, 알다, 인식하다, 터득하다…

   (4)-(6)과 같이 동작주인 주어의 능력 또는 인지를 나타내는 서술어는 '안' 부정문과 어울릴 수 없는데, 화자가 의도적으로 인지적 능력을 없어지게 할 수는 없기 때문이다. (4)는 동작주의 능력을 나타내는 서술어 '견디다'가 쓰였고, (5)-(6)은 동작주의 인지를 나타내는 서술어 '깨닫다', '인식하다'가 쓰였기 때문에 비문이 된다. 이러한 용언들은 짧은 부정문, 긴 부정문과 관계없이 '안' 부정문의 서술어로 쓰이지 않는다.

---

(4) 그는 더위를 {*안 견딘다/ *견디지 않는다}.

(5) 영수는 자신의 잘못을 {*안 깨닫는다/ *깨닫지 않는다}.

(6) 우리는 환경 문제의 심각성을 {*안 인식한다/ *인식하지 않는다}.

확인 문제 1

(1)-(3)을 바탕으로 '안' 부정문의 의미에 대해 설명하시오.

(1) 그는 시험 준비를 하지 않았다.

(2) 강물이 맑지 않다.

(3) 그는 요즘 바쁘지 않다.

예제 2

다음 자료를 바탕으로 짧은 '안' 부정문의 제약을 설명하시오.

(1) *그들은 끝내 잘못을 안 바로잡았다.

(2) *이번 달에는 물가가 안 치솟았다.

(3) *영수는 안 슬기롭다.

(4) *영수는 열심히 안 운동한다.

일반적으로 짧은 '안' 부정문과 긴 '안' 부정문은 의미의 차이가 없다. 하지만 용언의 종류에 따라 긴 '안' 부정문은 쓰이지만, 짧은 '안' 부정문이 쓰이지 못하는 경우가 있다.

개념

<짧은 '안' 부정문의 서술어 제약>

1. 합성어: 오가다, 힘쓰다, 앞서다, 굳세다, 손쉽다, 본받다…

2. 접두 파생어: 짓밟다, 얄밉다, 들볶다, 빗나가다, 설익다, 휘날리다, 치뜨다…

3. 접미 파생어: 선배답다, 명예롭다, 어른스럽다, 철썩거리다, 참되다, 기름지다 …

4. '명사 + 하다' 파생어: 연구하다, 공부하다, 노래하다, 요리하다, 토론하다…

적용

1. 합성어는 짧은 '안' 부정문의 서술어로 잘 쓰이지 않는다. (1)은 '바로잡다'라는 합성어가 쓰인 문장으로 짧은 '안' 부정문이 쓰일 수 없다.

2. 접두 파생어는 짧은 '안' 부정문의 서술어로 잘 쓰이지 않는다. (2)는 '치솟다'라는 접두 파생어가 쓰인 문장으로 짧은 '안' 부정문이 쓰일 수 없다.

3. 접미 파생어는 짧은 '안' 부정문의 서술어로 잘 쓰이지 않는다. (3)은 '슬기롭다'라는 접미 파생어가 쓰인 문장으로 짧은 '안' 부정문이 쓰일 수 없다.

4. '하다' 파생어는 짧은 '안' 부정문의 서술어로 잘 쓰이지 않는다. (4)의 '운동하다'와 같이 '명사 + 하다'의 구성으로 이루어진 파생어는 짧은 '안' 부정문이 쓰일 수 없다.

확장

<짧은 '안' 부정문에도 쓰이는 합성어와 파생어>

1. 연결어미에 의한 합성 동사: 내려오다, 돌아가다, 들어가다, 잡아먹다, 쳐다보다, 알아보다…

2. '-하다' 파생어: 연하다, 독하다, 상하다, 전하다…

3. 사동사 및 피동사: 보이다, 익히다, 잡히다, 들리다, 남기다, 깨우다…

　　일반적으로 합성어, 파생어는 짧은 '안' 부정문의 서술어로 잘 쓰이지 않지만, 일부 합성어와 파생어는 짧은 '안' 부정문에서도 쓰일 수 있다. (5)와 같은 연결어미에 의한 합성 동사나 (6)과 같은 '-하다' 파생어의 일부 동사 및 형용사, (7)과 같은 피동사 및 사동사는 그 제약이 해소된다.

> (5) 동생이 아직 집에 안 들어왔다.
> (6) 이 고기는 안 연하다.
> (7) 범인이 아직도 안 잡혔다.

주의

　　'거짓말하다'와 같은 파생어도 (8)과 같이 목적격 조사 '을/를'을 넣어 '거짓말을 하다'의 형태로 바꾸면 짧은 '안' 부정문을 쓸 수 있다.

> (8) 영수는 거짓말을 안 한다.

확인 문제 2

(1)-(3)의 자료를 바탕으로 짧은 '안' 부정문의 서술어 제약에 대해 설명하시오.

(1) *영수는 나이가 들었어도 안 어른스럽다.

(2) *그 일은 안 손쉬운 일이다.

(3) 여름철에는 안 익힌 음식은 조심해야 한다.

예제 3

다음 자료를 바탕으로 '못' 부정문의 의미와 유형에 대해 설명하시오.

(1) 가. 그는 감기에 걸려 노래를 못 불렀다.

(2) 가. 영수는 감기에 걸려 학교에 못 갔다.

나. 영수는 감기에 걸려 학교에 가지 못했다.

'못' 부정문은 '할 수 없다'는 의미로 쓰이기 때문에 '능력 부정'이라고 한다.

개념

<'못' 부정문의 의미>

'못' 부정문은 의지는 있지만, 능력이 부족하거나 외부의 원인 때문에 그 행위를 할 수 없는 것을 표현할 때 쓰임

<'못' 부정문의 유형>

1. 짧은 '못' 부정문: 부정 부사 '못' + 용언 (동사)
2. 긴 '못' 부정문: 용언의 어간 + '-지 못하다' (보조용언 구성)

적용

1. '못' 부정문은 어떤 행동을 할 의지는 있으나 능력의 부족, 외부 환경 등으로 인해 그 행위를 할 수 없음을 표현하는 부정문이다. 즉, (1)은 '그가 감기 때문에 노래를 할 수 없는 상황'을 나타내고 있다. '못' 부정문은 행위를 전제로 하기 때문에 원칙적으로 서술어가 동사일 경우에 쓰인다.

2. '못' 부정문은 용언 앞에 부정 부사 '못'이 오는 짧은 부정문의 형태로 쓰일 수도 있고, 용언의 어간에 보조용언 구성 '-지 못하다'가 결합한 긴 부정문의 형태로 쓰일 수도 있다. (2가)의 경우 '가다' 앞에 부정 부사 '못'이 와서 짧은 '못' 부정문을 이루고 있고, (2나)의 경우 본용언 '가다'와 보조용언 구성 '-지 못하다'가 결합하여 긴 '못' 부정문을 이루고 있다.

확장

　'못' 부정은 '할 수 없다'는 의미를 가지기 때문에 주어의 의지를 가지는 '성공하다, 발전하다, 얻다' 등의 용언과는 자연스럽게 어울려 쓰이지만, (3)과 같이 주어가 할 수만 있다면 피하고 싶은 '실패하다, 후회하다, 걱정하다, 망하다, 염려하다, 잃다' 등의 서술어와는 어울리지 못한다. 이러한 제약 현상은 '못' 부정의 기본적인 의미와 앞에서 제시한 용언의 의미 특성이 충돌하기 때문이라고 해석할 수 있다. 또 (4)-(5)의 '바라다'나 '-고 싶다'와 같이 화자의 심리적인 상태를 나타내는 표현에도 '못' 부정문이 쓰이기 어렵다.

> (3) 나는 내가 그런 말을 한 것을 후회하지 {*못했다/ 않았다}.
> (4) 나는 그 일의 대가는 바라지 {*못했다/ 않았다}.
> (5) 나는 남극 탐험을 하고 싶지 {*못하다/ 않다}

주의

　긴 '못' 부정문에 시간 표현의 선어말어미 '-었-, -겠-, -더-' 등의 선어말어미가 쓰일 경우 이들 어미는 (6가)에서 보듯이 본용언에 붙지 않고 (6나)와 같이 보조용언 '못하다'에 결합한다.

> (6) 가. *영수는 주말에 친구를 만났지 못하다.
> 　　나. 영수는 주말에 친구를 만나지 <u>못했다</u>.

확인 문제 3

(1)-(2) 문장의 의미 차이를 설명하시오.

(1) 그들은 산 정상에 오르지 않았다.

(2) 그들은 산 정상에 오르지 못했다.

> ### 예제 4
>
> 다음 자료를 바탕으로 '못' 부정문의 제약을 설명하시오.
>
> (1) *영수는 시험에 합격하려고 친구를 못 만났다.
> (2) *영수는 피곤하지 못하다.
> (3) *앞으로 다시는 늦지 못할게.

'못' 부정문도 의도나 목적을 나타내는 어미, 형용사 서술어, 약속을 나타내는 의미의 문장과는 함께 쓰일 수 없다는 제약이 있다.

개념

<'못' 부정문의 제약>

1. '못' 부정문은 의도나 목적을 나타내는 어미 '-(으)려고, -고자' 등과 쓰이지 못한다.
2. '못' 부정문은 서술어가 형용사일 때에는 쓰이지 못한다.
3. '못' 부정문은 약속을 나타내는 의미의 문장과는 어울리지 못한다.

적용

1. '못' 부정문은 (1)과 같이 의도를 나타내는 연결어미 '-(으)려고, -고자' 등과 함께 어울리지 못한다.
2. '못' 부정문은 (2)의 '피곤하다'와 같은 형용사와는 함께 쓰이지 못한다.
3. '못' 부정문은 (3)과 같이 의미상 약속을 나타내는 문장과는 함께 쓰이지 못한다. (3)의 경우 '앞으로 다시는 늦지 않겠다.'라는 약속을 이야기하고 있기 때문에 '못' 부정문과 어울릴 경우 비문이 된다.

확장

'못' 부정문은 형용사 구문에서는 쓰이지 못하지만, (4)-(5)와 같은 긴 부정문에서 '기대하는 기준에 이르지 못함'의 뜻을 나타내는 경우에는 그 제약이 해소된다. 또, '못' 부정문은 화자의 능력을 부정하는 의미에서 더 나아가 (6)의 완곡한 거절 또는 (7)의 강한 거부와 같은 화자의 심리적 태도를 나타내기도 한다.

> (4) 그는 자신의 경기가 만족스럽지 못했다.
>
> (5) 그는 마음이 그리 너그럽지 못하다.
>
> (6) 급한 일이 생겨서 오늘 회의는 참석하지 못합니다.
>
> (7) 이 제품은 도무지 못 믿겠습니다.

주의

1. '못' 부정문은 의지를 가진 주체의 능력을 부정하는 기능을 하지만, 의지를 가질 수 없는 주체가 주어로 오는 경우에도 사용될 수 있다. (8)에서는 '물고기'의 능력을 부정하는 것이 아니고, (9)에서도 '오로라'의 능력을 부정하는 것은 아니다. 이 경우 외부의 원인 때문에 그 행위를 할 수 없음을 부정 표현으로 나타내는 것으로 해석한다.

> (8) 오염된 바다에서는 물고기들이 잘 살지 못한다.
>
> (9) 지구 온난화 현상으로 오로라가 나타나지 못하게 되었다.

2. 긴 '못' 부정문은 (11)과 같이 감탄문에 쓰일 수 있으나, (10)과 같이 짧은 '못' 부정문은 쓰일 수 없다.

> (10) *오늘 날씨가 못 좋구나.
>
> (11) 오늘 날씨가 좋지 못하구나.

확인 문제 4

(1)-(2) 자료를 바탕으로 '못' 부정문의 제약 현상에 대해 설명하시오.

(1) 영수는 그리 건강하지 못하다.

(2) *앞으로는 우리의 약속을 어기지 못하마.

예제 5

다음 자료를 바탕으로 '말다' 부정문의 제약을 설명하시오.

(1) 수업 시간에 떠들지 마라.
(2) 오늘은 비가 오니까 등산을 가지 말자.
(3) *수지야, 착하지 마라.

부정문에는 '안' 부정문과 '못' 부정문 이외에도 보조 동사 '말다'와 결합하여 명령문과 청유문의 부정에 쓰이는 '말다' 부정문이 있다.

개념

<'말다' 부정문의 성립>

1. 동사의 어간 + '-지 말다(마/마라, 말자)'
2. '말다' 부정문은 '안' 부정문, '못' 부정문과는 달리 긴 부정문만 있다.

<'말다' 부정문의 제약>

1. '말다' 부정문은 명령문과 청유문의 부정에만 사용된다.
2. '말다' 부정문은 서술어가 형용사인 문장에서는 쓰이지 않는다.

적용

1. '말다' 부정문은 (1)과 같이 명령문의 부정에 사용된다. (1)의 경우 동사 '떠들다'에 '-지 말다'가 결합한 긴 부정문의 형태로 실현되었다.
2. '말다' 부정문은 (2)와 같이 청유문의 부정에 사용된다. (2)의 경우 동사 '가다'에 '-지 말다'가 결합한 긴 부정문의 형태로 실현되었다.
3. 형용사는 명령문이나 청유문의 서술어로 쓰일 수 없다. 따라서 명령문과 청유문에서만 실현되는 '말다' 부정문은 (3)의 '착하다'와 같은 형용사와 함께 쓰일 수 없다.

확장

(4)와 같이 형용사에도 '말다' 부정문이 쓰이는 경우가 있는데 이 경우에는 명령의 의미가 아니라 '기원'의 의미로 쓰인 것이다. 또한, (5)와 같이 화자의 희망이나 기원을 나타내는 용언 '바라다, 기대하다, 기원하다, 원하다, 희망하다' 등이 안은문장의 서술어가 되는 경우에는 안긴문장이 명령, 청유의 의미일 때에도 (6)과 같이 '말다'와 '않다'가 서로 교체되어 쓰일 수 있다. 이는 '떨어지지 않았으면 좋겠다.'의 뜻으로 쓰인 것인데, (6)의 표현이 더 자연스럽다.

(4) 내일 춥지만 마라.

(5) 나는 그가 시험에서 떨어지지 말기를 바란다.

(6) 나는 그가 시험에서 떨어지지 않기를 바란다.

확인 문제 5

(1)-(2)의 자료를 바탕으로 '말다' 부정문의 제약 현상에 대해 설명하시오.

(1) *너는 다음 주에 바쁘지 마라.

(2) 제발 어렵지만 마라.

예제 6

다음 자료를 바탕으로 부정문의 중의성을 설명하시오.

(1) 영수는 어제 옷을 사지 않았다.
(2) 가. 학생들이 다 안 모였다.
    나. 학생들이 다 모이지 않았다.

부정문은 그 뜻이 여러 가지로 해석될 때가 있는데, 이와 같은 현상을 중의성이라고 한다.

개념

<부정문의 중의성>

1. 부정의 범위로 인한 중의성: 부정하고자 하는 대상에 따라
2. 부사어로 인한 중의성: 수량을 나타내는 부사어가 포함되는 경우

적용

1. 부정문이 문장의 요소 중 어떤 것을 부정하는지에 따라 부정문의 의미가 달라진다. (1)은 부정의 범위에 의한 중의성을 보여주는 예문으로 다음과 같이 다양하게 해석될 수 있다. 이러한 부정의 중의성은 짧은 부정문보다 긴 부정문에서 더 두드러진다.
    → 해석 1. 어제 옷을 산 것은 영수가 아니다.
    → 해석 2. 영수가 어제 산 것은 옷이 아니다.
    → 해석 3. 영수가 옷을 산 것은 어제가 아니다.
    → 해석 4. 영수는 옷을 사지 않고 구경만 했다.
2. 부정문에 부사어가 포함되는 경우 그 부사어가 부정의 범위 안에 드느냐, 그렇지 않느냐에 따라 다음과 같이 전체 부정으로 해석하기도 하고, 부분 부정으로 해석하기도 한다. 이러한 부정의 중의성은 (2가)와 같은 짧은 부정문과 (2나)와 같은 긴 부정문에서 모두 나타난다.
    → 해석1. 학생들이 한 사람도 모이지 않았다. (전체 부정)

→ 해석2. 학생들 중 일부는 모였지만 일부는 아직 모이지 않았다. (부분 부정)

확장

<중의성의 해소>

　부정문의 중의성을 해소하기 위해 입말에서는 부정의 대상에 강세나 억양을 두어 발음함으로써 어느 정도 해결하고, 글말에서는 '하나도'와 보조사 '은/는'과 같은 표현을 사용한다. (2)의 중의성은 (3)과 같이 해소할 수 있다.

> (3) 가. 학생들이 하나도 모이지 않았다.
> 　　나. 학생들이 다 모이지는 않았다.

주의

(4)와 같은 문장은 다음과 같이 다양하게 해석된다.

> (4) 영수가 영희와 함께 영화관에 가지 않았다.

해석 1: 영수와 함께 영화관에 간 사람은 영희가 아니다.
해석 2: 영희와 함께 영화관에 간 사람은 영수가 아니다.
해석 3: 영수가 영희와 함께 간 곳은 영화관이 아니다.
해석 4: 영수와 영희는 영화관에 가지는 않고 예매만 했다.
해석 5: 영수가 혼자 영화관에 갔다.
해석 6: 영희가 혼자 영화관에 갔다.
해석 7: 영수와 영희가 둘이 각자 따로 영화관에 갔다.

확인 문제 6

다음 문장의 중의성과 그 해소방안을 설명하시오.
(1) 영수가 저녁에 택배로 수지에게 책을 보내지 않았다.

예제 7

다음 자료를 바탕으로 부정 의문문과 확인 의문문을 구별하시오.

(1) 가. 이번 시험은 어렵지 <u>않았니?</u>

　　 나. 지난주에 본 영화 재미있지 <u>않았니?</u>

(2) 가. 이번 시험은 어려<u>웠지</u> 않니?

　　 나. 지난주에 본 영화 재미<u>있었지</u> 않니?

　　부정의 형식으로 나타나지만 실제로는 부정 표현을 하는 것이 아니라, 어떤 사실에 대하여 확인하는 의미를 나타내는 부정문이 있다. 이와 같은 부정문을 확인 의문문이라고 하는데, 어떤 사실을 알고 그것을 확인하는 의문문이다. 반면에 부정 의문문은 부정의 형태를 띤 의문문이다. 부정 의문문과 확인 의문문은 긴 부정문에서 선어말어미의 결합 위치에서 차이를 보인다.

개념

<부정 의문문과 확인 의문문의 차이>

1. 부정 의문문: 시제 선어말어미가 보조용언에 결합한다.

　　　　　　　 문말 억양이 올라간다.

2. 확인 의문문: 시제 어미가 본용언이나 보조용언에 붙어 의문문의 형식을 취한다.

　　　　　　　 문말 억양이 내려간다.

적용

1. (1)은 시제 어미가 보조용언 '않다'에 결합한 부정 의문문이다. 선어말어미 '-었-'이 본용언에 붙지 않고, (1가)-(1나)와 같이 보조용언 '않다'에만 결합한다.

2. (2)는 시제 어미가 본용언 '먹다'에 결합한 확인 의문문이다. (2)는 부정문 아니라 긍정을 확인하는 의문문으로 보조용언인 '않니'가 빠져도 의미의 차이가 없다.

확장

　　(3가)와 같이 문말 억양을 올리면 부정 의문문이고, (3나)와 같이 문말 억양을 내리면 확인 의문문이다. 선어말어미가 붙는 위치도 부정 의문문인 (3가)와 확인 의문문인 (3나)는 차이가 있다. 확인 의문문일 때는 '-지 않-'을 '-잖-'으로 줄여 표현하기도 한다.

> (3) 가. 어제 한국 축구팀의 경기 좋지 <u>않았어</u>? (↗)
>
> 　　나. 어제 한국 축구팀의 경기 <u>좋았지</u> 않아? (↘)

주의

<부정 의문문의 대답>

　　한국어는 부정 의문문에 대한 대답이 영어와 다르다. (4가)에 대한 대답으로 영어에서는 'No'로 표현할 것을 한국어에서는 (4나)와 같이 '응'으로 표현하고, 'Yes'로 표현할 것을 (4나')와 같이 '아니'로 표현한다. 이를 한국어가 가지고 있는 '듣는이' 중심의 담화적 특성으로 설명하기도 한다.

> (4) 가. 외출 준비 아직 안 됐니?
>
> 　　나. 응, 아직 안 됐어.
>
> 　　나'. 아니, 다 됐어.

확인 문제 7

(1)~(2)가 확인 의문문인지 부정 의문문인지 설명하시오.

(1) 너 저녁 먹지 못했지? (↗)

(2) 너 저녁 못 먹었지 않니? (↘)

3. 사동 표현

예제 1

다음 자료를 바탕으로 사동의 개념과 유형을 설명하시오.

(1) 학생들이 책을 읽었다.
(2) 선생님이 학생들에게 책을 읽히셨다.
(3) 선생님이 학생들에게 책을 읽게 하셨다.
(4) 선생님이 학생들에게 발표시킨다.

　주어가 남에게 어떤 동작이나 행위를 하게 하는 것을 사동이라 하고, 주어가 제 힘으로 직접 동작이나 행위를 하는 것을 주동이라고 한다.

개념

<사동의 개념>

자신이 아닌 누군가로 하여금 어떤 동작이나 행위를 하게 하는 것

<사동문의 유형>

1. 형태론적 사동

　1) 용언 어근 + 사동 접미사 ('-이-, -히-, -리-, -기-, -우-, -구-, -추-')

　2) 동사성 체언 + 사동 접미사 ('-시키-')

2. 통사론적 사동

　용언 어간 + '-게 하다'

적용

1. (1)의 용언 '읽다'는 '학생'이 직접 책을 읽는 행위를 나타내므로 주동문을 이루고 있다.

2. (2)는 용언 '읽다'의 어근에 사동 접미사 '-히-'가 결합하여 사동문을 이루고 있다. 사동문에는 주동문에 없던, 행위를 시키는 사람이 나타나는데, 이때 사동을 만드는 주체인 '선생님'을 사동주라고 하고, 실질적인 동작을 하는 주동의 주체

인 '학생들'을 피사동주라고 한다.

3. (3)은 용언 '읽다'의 어간에 '-게 하다'가 결합하여 하나의 서술어로 기능하며 사동문을 이루고 있다.

4. (4)는 동사성 체언 '발표'에 '시키다'가 결합하여 하나의 서술어로 기능하며 사동문을 이루고 있다. '-하다'가 결합할 수 있는 동사성 체언에만 '-시키-'를 붙여 사동문을 만들 수 있고, '건강하다, 성실하다'와 같은 형용사의 경우에는 사동 표현을 만들 수 없다.

확장

(5)의 문장이 사동문을 만드는 과정을 거쳐 (6)-(7)과 같은 사동문이 형성되었으므로 (5)는 주동문이어야 한다. 그런데 (5)는 서술어가 형용사이기 때문에 동작이나 행위를 나타내지 못한다는 점에서 '제힘으로 스스로 어떤 일을 할 수 있는' 주동의 개념에 어긋난다. 하지만 주동문에서 사동문을 만드는 과정과 다르지 않고 (6)-(7)의 의미도 '어떻게 되게 하다'의 의미를 가지므로 이들을 주동과 사동의 범주에 포함한다.

(5) 강둑이 높다. (형용사 구문)
(6) 농부들이 강둑을 높였다. (형태론적 사동문)
(7) 농부들이 강둑을 높게 했다. (통사론적 사동문)

주의

(8)의 '보냈다'와 같이 문법 요소가 아닌 특정 동사를 통해 사동을 표현하는 경우는 사동문으로 보지 않는다.

(8) 아버지는 아들을 미국으로 보냈다.

확인 문제 1

접미사 '-시키-'가 붙어 형태론적 사동을 만들 수 있는 명사의 특성을 설명하시오.

예제 2

다음 자료를 바탕으로 형태론적 사동문을 설명하시오.

(1) 가. 길이 넓다.

　　나. 사람들이 길을 <u>넓혔다</u>.

(2) 가. 동생이 웃는다.

　　나. 형이 동생을 <u>웃긴다</u>.

(3) 가. 아이가 우유를 먹는다.

　　나. 어머니가 아이에게 우유를 <u>먹인다</u>.

사동은 주어가 남에게 어떤 동작을 하게 하는 것이다. 이때, 형용사, 자동사, 타동사의 어근에서 파생되어 이루어진 사동문을 '형태론적 사동문'이라고 한다.

개념

<형태론적 사동문>

어근 + 사동 접미사 '-이-, -히-, -리-, -기-, -우-, -구-, -추-'

1. 형용사 어근 + 사동 접미사: 높이다, 넓히다, 낮추다, 늦추다…

2. 자동사 어근 + 사동 접미사: 끓이다, 앉히다, 울리다, 웃기다, 깨우다…

3. 타동사 어근 + 사동 접미사: 먹이다, 읽히다, 알리다, 감기다, (짐을)지우다…

<형태론적 사동문의 구조>

사동주 {이/가} + 주동 주체 {을/를, 에게, 한테} + … + 사동사

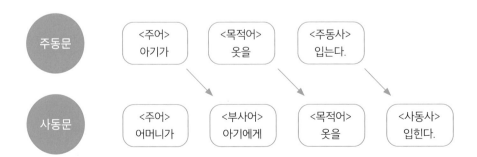

적용

1. (1)은 형용사 '넓다'에 사동 접미사 '-히-'가 결합하여 형태론적 사동문을 이루고 있다.

2. (2)는 자동사 '웃다'에 사동 접미사 '-기-'가 결합하여 형태론적 사동문을 이루고 있다.

3. (3)은 타동사 '먹다'에 사동 접미사 '-이-'가 결합하여 형태론적 사동문을 이루고 있다.

확장

'동사성 명사 + 시키다' 형태의 사동 서술어를 갖는 사동문도 있다. (4)는 동사성 명사 '교육'과 '시키다'가 결합한 사동 서술어를 갖춘 사동문이다. 이러한 형태의 사동문은 (5)와 같이 목적격 조사 '을/를' 이외에도 부사격 조사 '에게', '한테' 등이 결합할 수 있다.

> (4) 그는 일본의 눈을 피해 사람들을 교육시켰다.
> (5) 그는 일본의 눈을 피해 사람들{에게/ 한테} 한국어를 교육시켰다.

주의

(6)과 같이 구체적인 사물을 가리키는 명사와 '-하다'가 결합한 동사의 경우에는 '-시키-'를 사용하여 사동문을 만들 수 없다.

> (6) 가. 어머니가 {밥을/ 떡을} 하셨다.
> 　　 나. *아버지가 어머니에게 {밥을/ 떡을} 시키셨다.

> **확인 문제 2**
>
> (1)-(3)의 예문을 사동문으로 바꾸어 보시오.
>
> (1) 고드름이 녹다.
> (2) 아이들이 책을 읽다.
> (3) 아이가 옷을 입다.

예제 3

다음 자료를 바탕으로 통사론적 사동문을 설명하시오.

(1) 영희는 동생에게 우유를 마시게 하였다.
(2) 영희는 동생을 우유를 마시게 하였다.
(3) 영희는 동생이 우유를 마시게 하였다.

'통사론적 사동문'은 주어가 객체에게 주로 간접적인 행위를 하는 것을 나타내며, 본용언의 '-게' 꼴 활용형과 보조용언 '하다'가 결합한 형태로 쓰인다. 이런 사동문을 장형 사동문이라고도 하며, 파생 접미사에 의한 사동사가 사동문을 형성하는 것을 단형 사동문이라고도 한다.

개념

<통사론적 사동문>
용언의 어간 + '-게 하다'

<통사론적 사동문의 구조>
사동주 {이/가} + 피사동주 {이/가, 을/를, 에게, 한테} + … + 용언의 어간 + '-게 하다'

적용

1. (1)은 '-게 하다'가 결합한 통사론적 사동문이다. 주동 주체(피사동주)인 '동생'은 통사론적 사동문에서 부사어로 기능한다.

2. (2)는 '-게 하다'가 결합한 통사론적 사동문이다. 주동 주체(피사동주)인 '동생'은 통사론적 사동문에서 목적어로 기능한다.

3. (3)은 '-게 하다'가 결합한 통사론적 사동문이다. 형태론적 사동문과는 달리 통사적 사동문의 주동 주체(피사동주)는 조사 '이/가'를 취할 수 있다. 이렇게 주동의 주체가 주격 조사 '이/가'를 취할 수 있는 것은 해당 사동문이 겹문장이기 때문이다. 하지만 학교문법에서는 '본용언 + 보조용언' 구조인 '-게 하다' 구성을 하나의 서술어로 보고 있으므로 주의해야 한다.

확장

　‘-게 하다’ 구문의 사동주는 안은문장의 주어이며 주동 주체는 안긴문장의 주어가 된다. 또 사동의 서술은 안긴문장의 서술어 ‘-게’ 활용형과 안은문장의 서술어인 ‘하다’의 결합에 의해 실현된다. 형태론적 사동문과는 달리 (5)-(6) 문장의 피사동주인 ‘수지를’과 ‘수지에게’가 (4)에서 주격 조사가 붙은 형태인 ‘수지가’의 형태로도 나타나는 것을 이들 문장이 겹문장이라는 근거로 삼을 수 있다.

> (4) [어머니는_{주어} [수지가_{주어} 미용실에 가게_{서술어}]_{안긴문장} 했다_{서술어}]_{안은문장}.
> (5) 어머니는 수지를 미용실에 가게 했다.
> (6) 어머니는 수지에게 미용실에 가게 했다.

주의

1. ‘-게 하다’ 구문은 사동주와 주동 주체인 피사동주가 모두 주체 높임을 나타내는 형태소 ‘-(으)시-’와 어울릴 수 있다. (7)에서 ‘앉으시게’의 ‘-(으)시-’는 피사동주 ‘할머니’를 높인 것이고, ‘하셨다’의 ‘-(으)시-’는 사동주 ‘아버지’를 높인 것이다.

> (7) 아버지는 할머니가 편히 앉으시게 하셨다.

2. ‘-게 하다’ 사동문은 보조용언이 쓰일 수 있는 자리가 두 군데이다.

> (8) 가. 장군은 병사들에게 활을 쏘게 해 보았다.
> 　　나. 장군은 병사들에게 활을 쏘아 보게 하였다.

확인 문제 3

(1)-(2)의 예문을 통해 알 수 있는 통사론적 사동문의 특징을 설명하시오.

(1) 아버지는 어머니가 먼저 차에 타시게 하셨다.

(2) 영수는 아이들이 집에 가게 했다.

예제 4

다음 자료를 바탕으로 형태론적 사동문과 통사론적 사동문의 문법적 차이를 설명하시오.

(1) 어머니가 아이에게 옷을 혼자 입혔다.

(2) 어머니가 아이에게 옷을 혼자 입게 했다.

(3) 어머니는 아이에게 빵을 못 먹였다.

(4) 어머니는 아이에게 빵을 못 먹게 했다.

형태론적 사동문과 통사론적 사동문은 문법적인 측면뿐만 아니라 의미적인 측면에서도 차이를 지닌다.

개념

<형태론적 사동문과 통사론적 사동문의 차이>

1. 문법적 차이: 부사의 수식 범위

2. 의미적 차이: 직접 행위와 간접 행위

적용

1. (1)의 부사 '혼자'는 어머니의 행위를 수식한다.

2. (2)의 부사 '혼자'는 아이의 행위를 수식한다.

3. (3)의 부사 '못'은 어머니의 행위를 수식한다. 즉 아이에게 빵을 먹이는 어머니의 행위가 불가능했다는 뜻이다.

4. (4)의 부사 '못'은 아이의 행위를 수식한다. 즉 아이가 빵을 먹을 수 없도록 했다는 뜻이다.

확장

<직접 행위와 간접 행위>

사동문의 의미는 사동주가 직접 행위를 한 것인지, 간접적으로 한 것인지로 나

눌 수 있는데, 전자를 직접 사동이라고 하고 후자를 간접 사동이라고 한다. 직접 사동은 (5)와 같이 사동주 '어머니'가 피사동주 '아이'의 동작에 직접 관여하는 것이고, 간접 사동은 (6)과 같이 사동주 '어머니'가 피사동주 '아이'에게 어떤 행위를 하도록 시키기만 하는 것이다. 일반적으로 형태론적 사동문은 직접적인 행위뿐 아니라 간접적인 행위까지 나타낸다. 그러나 통사론적 사동문은 주어가 객체에게 간접 행위를 하는 것으로 해석된다. 즉, (5)의 경우 어머니가 직접 아이에게 약을 먹게 하는 '직접 행위'와 어머니가 아이에게 약을 먹도록 하는 '간접 행위' 모두 해석이 가능한 반면 (6)의 경우에는 '간접 행위'로만 해석할 수 있다.

> (5) 어머니가 아이에게 약을 먹였다.
> (6) 어머니가 아이에게 약을 먹게 했다.

주의

　(7)과 (8)은 의미가 동일하다. 즉 두 문장 모두 '선생님께서 영수에게 책을 읽도록 시켰다'는 뜻으로 모두 사동주 '선생님'의 간접 행위만을 나타낸다. 이러한 사실은 형태론적 사동문이 직접 사동을 나타내지 않고 간접 사동으로만 해석되는 경우도 있음을 의미한다. 또 (9)와 같이 통사론적 사동문이 직접 사동의 의미를 나타내는 경우도 있다.

> (7) 선생님께서 영수에게 책을 읽히셨다.
> (8) 선생님께서 영수에게 책을 읽게 하셨다.
> (9) 친구가 나를 놀라게 했다.

확인 문제 4

(1)과 (2)의 문법적 차이점을 설명하시오.

(1) 형은 동생을 차에 빨리 태웠다.

(2) 형은 동생을 차에 빨리 타게 했다.

예제 5

다음 자료를 바탕으로 사동문에 대응하는 주동문이 없는 현상을 설명하시오.

(1) 가. 의사가 환자를 응급실로 옮겼다.

　　나. *환자가 응급실로 옮았다.

(2) 가. 아이는 자기의 실수를 숨겼다.

　　나. *아이의 실수가 숨었다.

(3) 가. 나는 걱정으로 밤을 꼬박 밝혔다.

　　나. *밤이 밝다.

　　사동문은 그에 대응하는 주동문이 체계적으로 형성되는 것이 일반적이다. 하지만 사동문은 쓰이지만 주동문이 없거나, 반대로 주동문은 쓰이지만 사동문이 형성되지 않는 경우도 있다.

개념

<사동문과 주동문의 비대칭>

사동문 ⟺ 주동문

사동문(○) 주동문(×)

사동문(×) 주동문(○)

적용

1. (1가)의 '옮겼다'는 (1나) '옮다'의 사동사이므로 사동문으로 볼 수 있다. 하지만 (1나)가 비문인 것을 보면 이에 대응하는 주동문은 형성되지 않는다. '옮다'가 한 자리수 자동사이기 때문에 통사적 절차에 의하면 (1나)와 같은 주동문이 만들어 져야 하지만, (1나)가 비문인 것을 보면 주동문 형성에 제약이 생긴다고 보아야 한다.

2. (2가)의 '숨기다'도 (2나) '숨다'의 사동사이므로 사동 표현이지만 이에 대응하는 주동문 (2나)가 비문이므로 주동문이 없다고 보아야 한다. 이러한 이유는 '실수

를 숨기다'가 '비유적인 표현'이기 때문으로 해석된다.

3. (3가)의 '밝히다'도 사동사이므로 사동문으로 보아야 하는데, (3나)에서 보듯이 이에 대응하는 주동문은 없다. '밤을 밝히다'가 관용적 표현이기 때문에 나타나는 현상이라고 설명할 수밖에 없다.

확장

(1)-(3)에서 사동문은 있지만 그에 대응하는 주동문이 없는 경우를 살펴보았는데, 이와 반대로 (4)-(6)의 경우에는 주동문은 있지만 그에 대응하는 사동문이 형성되지 않는 경우이다. (4)와 같이 '새가 울고, 꽃이 피는' 것과 같은 '자연 발생적인 현상'의 경우 사동문이 형성되지 않는다. 또 (5)와 같이 '지진이 나고, 홍수가 나는' 것과 같이 '천재지변'에 해당하는 경우도 사동문 되기의 제약이 있다. (6가)의 주동문과 같이 인위적이지 않은 자연 현상인 것은 (6나)와 같이 사동문이 형성되지 않는다.

(4) 가. 새가 운다.

　　나. *누가 새를 {울린다/ 울게 한다}.

(5) 가. 지진이 나다.

　　나. *누가 지진을 나게 한다.

(6) 가. 나뭇가지가 굽었다.

　　나. *누가 나뭇가지를 굽혔다.

확인 문제 5

(1)-(2)에서 사동문과 주동문이 대응하지 않는 이유를 설명하시오.

(1) 가. 어머니가 옷에 풀을 먹인다.

　　나. *옷이 풀을 먹는다.

(2) 가. 강력한 태풍이 분다.

　　나. *누가 강력한 태풍을 불게 한다.

4. 피동 표현

> **예제 1**
>
> 다음 자료를 바탕으로 피동의 개념과 유형을 설명하시오.
>
> (1) 가. 사냥꾼이 호랑이를 잡았다.
>
> 　　나. 호랑이가 사냥꾼에게 잡혔다.
>
> (2) 드론이 농사에 사용되었다.
>
> (3) 우주선이 과학자에 의해 만들어졌다.

　능동은 주어가 자기 스스로의 힘으로 행위나 동작을 하는 것이고, 이에 대응하는 피동은 주어가 스스로 행동하지 않고 다른 주체에 의해서 행위나 동작을 당하게 됨을 나타내는 표현이다.

개념

<피동문의 유형>

1. 형태론적 피동문

　　1) 타동사 어근 + 피동 접미사 '-이-', '-히-', '-리-', '-기-'

　　2) 타동성 체언 + 접미사 '-되-'

2. 통사론적 피동문

　　용언 어간 + '-어지다'

적용

1. (1가)는 주어 '사냥꾼이'가 자신의 힘으로 '호랑이'를 잡는 행위를 한 것이므로 능동문이다. (1나)는 동사 '잡다'에 피동 접미사 '-히-'가 결합하여 피동문을 이루고 있다. 이때, 주어 '호랑이'는 어떤 행위의 주체가 아니라 외부로부터 가해자는 행위 즉, '잡는' 행위의 대상이 되고 있으며 이를 피동주라고 한다. 한편 행위의 주체인 '사냥꾼'은 능동주라고 한다.

2. (2)는 타동의 의미적 특성을 가지는 체언인 '사용'과 접미사 '-되-'가 결합하여 피동문을 이루고 있다.

3. (3)은 동사 '만들다'의 어간과 '-어지다'가 결합하여 피동문을 이루고 있다. 이때, '우주선'은 외부로부터 가해지는 작용의 대상이 되는 피동주이며, '과학자'는 만드는 행위를 직접 하는 능동주가 되는데, 능동주에 붙는 표지로 '-에 의해'가 쓰였다.

확장

두 문장의 의미는 같지만, 행동하는 대상을 중심으로 능동문으로 표현하면 (1가)와 같이 '사냥꾼이 호랑이를 잡은 사실'을 강조하게 되고, 표현 방식을 달리하여 행동을 당하는 대상을 중심으로 피동문으로 표현하면 (1나)와 같이 '호랑이가 사냥꾼에게 잡힌 사실'이 강조된다.

주의

(4)-(5)와 같이 피동의 의미를 갖는 특정 동사를 통해 표현하는 경우는 피동문으로 보지 않는다.

> (4) 우리는 적군에게 당했다.
> (5) 철수가 영수에게 맞았다.

확인 문제 1

다음의 설명을 참고하여 빈칸에 들어갈 올바른 피동 표현을 만들어 보시오.

피동 표현은 주체가 스스로 행위나 작용을 하는 것이 아니라 외부로부터 가해지는 행위나 작용의 대상이 되는 것을 나타낸 표현이다.

예를 들어, '_____'라는 문장은 주체가 스스로 한 행위가 아니라 누군가에 의해 '꺾는' 행위를 당하는 것을 나타내고 있으므로 피동문이라고 볼 수 있다.

예제 2

다음 자료를 바탕으로 형태론적 피동문을 설명하시오.

(1) 가. 벌레가 동생을 물었다.

 나. 동생이 벌레에게 물렸다.

(2) 폭설{에/로} 모든 통신이 끊겼다.

(3) 범인이 경찰에게 체포되었다.

피동 접미사 '-이-', '-히-', '-리-', '-기-'가 타동사 어근에 결합하여 만들어진 피동사를 포함하는 문장을 형태론적 피동문이라고 한다.

개념

<형태론적 피동문의 구조>

1. 타동사(능동사) 어근 + 피동 접미사 '-이-, -히-, -리-, -기-'

 행위의 대상을 피동주, 행위의 주체를 능동주라고 한다.

 피동주{이/가} + 능동주 {에게, 한테} + 피동사

2. 타동성 체언 + 접미사 '-되-'

 피동주{이/가} + 능동주 {에게, 한테} + '체언'되다

적용

1. (1가)는 주어가 스스로의 힘으로 동작을 하는 능동문이고, (1나)는 주어가 다른 주체에 의해 동작을 당하게 됨을 나타내는 피동문이다. (1가)의 동사인 '물다'에 피동 접미사 '-리-'가 결합하여 (1나)와 같은 피동문을 형성하고 있다. 이때, 능동문의 목적어는 피동문의 주어로 표현되고 능동문의 주어는 '에게', '한테'와 같은 조사와 결합하여 피동문의 부사어가 된다.

2. (2)는 타동사 '끊다'의 어근에 피동 접미사 '-기-'가 결합하여 피동문을 이루고 있다. 즉, 능동문의 목적어는 피동문의 주어로, 능동문의 주어는 피동문의 부사어로, 능동문의 서술어는 피동 접미사가 결합한 피동 서술어로 대응된다. (1나)의

부사격 조사의 형태 '에게'가 (2)에서 '에/(으)로'로 달라지는 것은 능동문의 주어인 '폭설'이 무정 명사이기 때문이다.

3. (3)은 타동의 의미 속성을 지닌 체언 '체포'에 접미사 '-되-'가 결합하여 피동 서술어를 형성한 피동문이다.

확장

타동의 의미 속성을 지닌 체언 '사용, 형성, 체포, 가결, 복구, 폭파, 징수' 등과 접미사 '-되-'가 결합한 것 역시 피동 서술어가 되어 형태론적 피동문을 이룬다. (4)-(5) 모두 타동의 의미 속성을 가지고 있는 체언인 '폭파'와 '형성'에 접미사 '-되-'가 결합하여 피동문을 이루고 있다.

> (4) 많은 건물들이 적군에게 폭파되었다.
> (5) 전우애가 부대원들에게 형성되었다.

주의

형태론적 피동문의 능동주는 (6)과 같이 복합 형태인 '에 의해'에 의해 부사어로 만들어지기도 한다. 능동문의 서술어가 '박다, 뚫다, 찢다, 끊다, 깎다, 닫다, 풀다' 등일 경우에는 '에게'를 쓰지 않고 '에 의해'를 쓴다.

> (6) 지하 터널이 건설 기술자들에 의해 뚫렸다.

확인 문제 2

(1)-(3)의 문장을 형태론적 피동문으로 바꾸어 표현하시오.

(1) 거센 바람이 문을 닫았다.

(2) 댐 건설이 강물의 흐름을 막았다.

(3) 영수는 범인을 체포하였다.

예제 3

다음 자료를 바탕으로 통사론적 피동문을 설명하시오.

(1) 가. 세종이 한글을 만들었다.
나. 한글이 세종에 의해 만들어졌다.
(2) 가. 친구가 나에 대한 오해를 풀었다.
나. 나에 대한 오해가 친구에 의해 풀어졌다.
(3) 가. 우리 과학자들이 우주의 비밀을 밝혔다.
나. 우주의 비밀이 우리 과학자들에 의해 밝혀졌다.

통사론적 피동은 타동사의 어간과 보조용언 '지다'가 보조적 연결어미 '-아/어'에 의해 결합한 형태로 쓰인다. '-어지다'에 의한 피동 형식은 결합하는 용언에 제약이 거의 없다. '-게 하다'에 의한 사동 형식이 거의 모든 용언에 붙을 수 있는 것과 마찬가지이다.

개념

<통사론적 피동문의 구조>
타동사 어간 + '-어지다'
피동주{이/가} + 능동주{에 의해} + 타동사 어간 + '-어지다'

적용

1. (1나)는 타동사 '만들다'의 어간에 '-어지다'가 결합하여 통사론적 피동문을 형성하고 있다. 이때, '-어지다'는 용언의 '-어' 활용형과 보조용언 '지다'가 결합하여 만들어진 구성이다.

2. (2나)는 타동사 '풀다'의 어간에 '-어지다'가 결합하여 통사론적 피동문을 형성하고 있다.

3. (3나)는 사동사 '밝히다'의 어간에 '-어지다'가 결합하여 통사론적 피동문을 형성하고 있다.

확장

(4가)는 타동사 '밝히다'의 어간에 '-어지다'가 결합한 통사론적 피동문이다. 통사론적 피동문에서 능동주를 실현하고자 할 때에는 (4가)와 같이 복합 형태 '에 의해'가 사용되고, 형태론적 피동문과는 달리 (4나)처럼 '에게', '한테'와의 결합은 제약된다.

(4) 가. 새로운 사실이 경찰에 의해 밝혀졌다.
　　나. *새로운 사실이 경찰{에게/한테} 밝혀졌다.

주의

1. '-어지다' 구성이 피동 서술어를 이룰 수 있는 것은 타동사 어간과 결합할 때로 한정된다. 즉, '-어지다'가 붙어서 모두 피동문이 되는 것은 아니다. (5)-(7)과 같이 '-어지다'가 형용사 및 자동사 어간과 결합할 수도 있지만 이 경우 능동주를 상정하는 것이 어렵기 때문에 피동으로 보지 않고 단순한 '상태의 변화'로 해석한다.

(5) 마을 입구의 길이 넓어졌다.
(6) 나는 운동을 시작한 후 건강해졌다.
(7) 내가 오늘은 편히 잘 쉬어진다.

2. (8가)와 (8나)는 의미 차이가 느껴진다. (8가)는 '저절로 그렇게 되는 것'을 뜻하고, (8나)는 '어떤 의도적인 힘이 작용되는 것'을 뜻한다.

(8) 가. 오늘은 책이 잘 읽힌다.
　　나. 오늘은 책이 잘 읽어진다.

확인 문제 3

다음의 문장이 어색한 이유에 대해 설명하시오.

(1) 나에 대한 오해가 영수에게 풀어졌다.

> ### 예제 4
>
> 다음 자료를 바탕으로 피동문에 대응하는 능동문이 없는 현상을 설명하시오.
>
> (1) 가. 날씨가 풀렸다.
>   나. *누가 날씨를 풀었다
> (2) 가. 영수가 감기에 걸렸다.
>   나. *누가 영수를 감기에 걸었다.
> (3) 가. 옷이 못에 걸렸다.
>   나. *못이 옷을 걸었다.

피동 접미사가 결합한 피동사 중에는 능동사의 기본 의미와는 다른 새로운 의미를 가진 파생어도 있다. 밑말인 능동사와 파생어인 피동사의 의미가 달라짐에 따라 능동문과 피동문이 일대일로 대응하지 않는 경우도 있다.

개념

\<능동문과 피동문의 대응\>

타동사 어근에 접미사가 붙어 만들어진 피동사는 새로운 단어인 만큼 능동문과 피동문이 일대일로 대응하지 않을 수 있다.

1. 피동문에 대응되는 능동문이 없는 경우가 있다.
2. 능동문에 대응되는 피동문이 없는 경우가 있다.

적용

1. (1가)는 피동문, (1나)는 능동문이다. 이때, (1나)는 (1가)에 대응하는 능동문이라고 보기 어렵다. (1가)의 날씨와 같은 것은 자연 발생적 현상으로 주체 스스로의 동작성을 표현하기 어렵다. 따라서 (1가)의 피동문에 대응되는 능동문을 설정하는 것이 어렵다.

2. (2가)는 피동문, (2나)는 능동문이다. 이때, (2나)는 (2가)에 대응하는 능동문이라고 보기 어렵다. (2가)의 경우 '영수' 자신의 의지나 의도와는 관계없이 일어나게

되는 상황을 표현하고 있기 때문에 (2가)에 대응되는 능동문을 설정하는 것이 어렵다.

3. (3가)는 피동문, (3나)는 능동문이다. 하지만, (3나)는 (3가)에 대응하는 능동문이라고 보기 어렵다. '못'은 의지를 가질 수 없는 무정물이기 때문에 (3나)와 같이 능동문의 주어가 될 수 없다.

확장

(4)-(5)와 같이 능동문에 대응되는 피동문을 상정하기 어려운 경우도 존재한다. 이는 (4가)-(5가)가 능동문이지만, 문장의 주체인 능동주의 의지에 따라 행위의 결과가 나타나는 것은 아니기 때문에 (4나)와 (5나)에서 보듯이 피동주와 능동주를 특정하기 어렵다. 하지만 (5다)와 같이 이중 피동의 형식으로는 피동문이 형성되기도 하는데 이러한 현상은 앞에서 언급했듯이 '-어지다'가 용언을 취하는 데 제약이 거의 없기 때문인 듯하다.

(4) 가. 영수가 칭찬을 들었다.

나. *칭찬이 영수한테 들렸다.

(5) 가. 우리는 지구 온난화의 부담을 안았다.

나. *지구 온난화의 부담이 우리에게 안겼다.

다. 지구 온난화의 부담이 우리에게 안겨졌다.

확인 문제 4

(1)을 자료로 피동과 능동의 대응 관계를 설명하시오.

(1) 가. 난민들은 고난의 상처를 잊었다.

나. *고난의 상처가 난민들에게 잊혔다.

5. 높임 표현

예제 1

다음 자료를 바탕으로 주체 높임에 대해 설명하시오.

(1) 어머니께서 시장에 <u>가셨다</u>.
(2) (교장 선생님이 선생님들에게 하는 말) 이 선생이 <u>가져오신</u> 자료를 보면…
(3) 할아버지께서 일찍 <u>주무신다</u>.

주체 높임은 문장의 주체가 되는 사람, 즉 주어를 높여 표현하는 방법으로 일반적으로 서술어에 선어말어미 '-(으)시-'가 붙어 실현된다.

개념

<주체 높임의 실현>

주체 높임은 서술의 주체에 해당하는 문장의 주어를 높이는 방법이다.

1. 주격 조사 '께서'
2. 높임의 선어말어미 '-(으)시-'
3. 특수한 어휘를 통한 실현

적용

1. (1)에서 주어인 '어머니'는 말하는 이보다 윗사람이기 때문에 선어말어미 '-(으)시-'와 주격 조사 '께서'를 사용하여 주체를 높이고 있다.

2. (2)에서 '이 선생'은 교장 선생님보다 윗사람이 아니기 때문에 주체 높임을 사용하지 않아도 되지만 회의라는 격식을 차려야 하는 환경 속에서 '이 선생'을 대우하기 위해 선어말어미 '-(으)시-'를 사용하여 주체 높임을 실현하였다.

3. 주체 높임은 주격 조사 '께서', 선어말어미 '-(으)시-'의 결합으로만 실현되는 것이 아니라 (3)과 같이 특수 어휘를 통해서도 실현된다. (3)의 경우 '자다'에 '-(으)시-'를 결합하지 않고 '주무시다'를 통해 주어인 '할아버지'를 높이고 있다.

확장

<직접 높임과 간접 높임>

   높여야 할 인물을 직접 높이는 것을 '직접 높임'이라고 하고, 주어와 긴밀한 관련이 있는 사람이나 사물, 높여야 할 대상의 신체 일부분 등을 높이는 것을 '간접 높임'이라고 한다. (4)의 경우 주격 조사 '께서'와 선어말어미 '-(으)시-'를 통해 문장의 주체인 '회장님'을 직접 높이고 있는 반면 (5)에서는 주어인 '선생님'과 관련된 대상인 '책'을 높임으로써 간접적으로 '선생님'을 높이고 있다.

> (4) 회장님께서 들어오십니다.
> (5) 선생님께서는 댁에 책이 많으시다.

주의

   직접 높임과 간접 높임은 표현 방법이 서로 다른 경우가 있다. (6가)의 경우 '아프다'가 직접 높임으로 쓰여 '편찮으시다'로 실현된 반면 (6나)의 경우 '아프다'가 간접 높임으로 쓰여 '아프시다'로 실현되었다. 또, (7가)와 같이 '있다'가 직접 높임으로 쓰여 '존재'의 의미일 때에는 '계시다'로 실현되는 반면 (7나)와 같이 '있다'가 간접 높임으로 쓰여 '소유'의 의미일 때에는 '있으시다'로 실현된다.

> (6) 가. 할머니께서는 편찮으시다.
>   나. 할머니께서는 무릎이 많이 아프시다.
> (7) 가. 할아버지께서는 집에 계신다.
>   나. 할아버께서는 돈이 많으시다.

확인 문제 1

(1)-(2)를 올바른 주체 높임 표현을 사용하여 고치시오.

(1) 할머니가 밥을 먹고 거실에 누웠다.

(2) 영수야, 선생님이 너 학교로 오라고 했어.

예제 2

다음의 자료를 바탕으로 삼자 간의 높임에 대해 설명하시오.

(1) 할아버지, 아버지는 아직 안 <u>들어왔습니다.</u>

(2) 할아버지, 아버지는 아직 안 <u>들어오셨습니다.</u>

(3) (자신의 손자에게) 영수야, 너희 아버지 <u>나가신다.</u>

주체가 높임의 대상임에도 주체를 높이지 않거나, 주체가 높일 필요가 없는 대상임에도 주체를 높이는 경우가 있다.

개념

<압존법: 더 낮춤법>

말하는 이의 입장에서 서술의 주체가 뚜렷한 높임의 대상이어도 주체를 높이지 않는 표현 방법이다.

<가존법: 더 높임법>

듣는 이를 배려하여 높일 필요가 없는 상황에서 주체를 특별히 높이는 표현 방법이다.

적용

1. (1)의 말하는 이의 입장에서 주어인 '아버지'는 높여야 할 대상이지만 듣는 이인 '할아버지'가 더 높은 대상이기 때문에 '-(으)시-'를 붙이지 않는 압존법을 실현하였다.

2. 문장의 주체보다 듣는 이가 더 높은 사람일 때에는 (1)과 같이 그 주체를 높이지 않지만 이제는 (2)와 같이 '-(으)시-'를 넣어 주체를 높이는 것도 허용하고 있다.

3. (3)의 말하는 이의 입장에서 주어인 '아버지'는 높일 필요가 없지만 아버지의 아들인 '영수'를 고려하여 주어인 '아버지'를 높이고 있다. 이때, 선어말어미 '-(으)시-'가 결합하여 가존법이 실현되었다.

확장

어떠한 사실을 객관적으로 기술할 때에는 (4가)와 같이 주체를 높이지 않아도 무방하지만 (4나)와 같이 주체를 높여 말하면 높임의 대상에 대한 존경심이나 친밀감을 드러낸다.

> (4) 가. 세종이 한글을 만들었다.
>
>   나. 세종대왕님께서 한글을 만드셨다.

주의

직장 환경에서는 압존법을 사용하지 않는 것이 일반적이다. 즉, (5나)와 같이 '박 차장'은 듣는 이인 사장보다 더 낮은 직급의 지위에 있는 사람이지만 말하는 이인 사원보다는 위의 직급이므로 존대 표현을 해야 한다.

> (5) 가. (사원이 사장에게) 사장님, *박 차장님 지금 거래처에 갔습니다.
>
>   나. (사원이 사장에게) 사장님, 박 차장님 지금 거래처에 가셨습니다.

확인 문제 2-1

(1)의 문장이 어색한 이유에 대해 설명하시오.

(1) (신입사원이 부장에게) 부장님, 김 과장님 외근 나갔습니다.

확인 문제 2-2

(1)-(2)의 문장을 보고, 압존법과 가존법을 실현하여 보시오.

(1) (손녀에게) 네 어머니가 어릴 때에는 운동을 정말 잘했단다.

(2) (손녀가 할머니에게) 할머니, 이모가 오셨어요.

예제 3

다음 자료를 바탕으로 상대 높임에 대해 설명하시오.

(1) 제가 직접 요리를 <u>만들었습니다</u>.

(2) 내가 손수 요리를 <u>만들었소</u>.

(3) 내가 손수 요리를 <u>만들었네</u>.

(4) 내가 손수 요리를 <u>만들었다</u>.

(5) 제가 직접 요리를 <u>만들었어요</u>.

(6) 내가 손수 요리를 <u>만들었어</u>.

상대 높임은 말하는 이가 듣는 이를 높이거나 안 높여 말하는 방법으로 여러 종결어미를 통해 실현된다.

개념

<상대 높임의 종류와 등급>

		평서문	의문문	명령문	청유문	감탄문
격식체	하십시오체	합니다	합니까?	하십시오	(하시지요)	-
	하오체	하오	하오?	하오	합시다	하는구려
	하게체	하네	하나?	하게	하세	하는구먼
	해라체	한다	하니?	해라	하자	하는구나
비격식체	해요체	해요	해요?	해요	해요	하는군요
	해체	해	해?	해	해	해, 하는군

적용

1. 격식체는 높임의 순서에 따라 하십시오체, 하오체, 하게체, 해라체로 나눌 수 있다. (1)은 하십시오체의 종결어미를 사용한 것으로 높임의 정도가 가장 높다.

2. (2)는 하오체의 종결어미를 사용한 것으로 자신보다 아랫사람 또는 동등한 이를 높여 대우해 주는 문체이다.

3. (3)은 하게체의 종결어미를 사용한 것으로 자신보다 아랫사람 또는 동등한 이를 어느 정도 대우해 주는 문체이다.

4. (4)는 해라체의 종결어미를 사용한 것으로 높임의 필요성이 없다고 판단될 때 사용하는 문체이다. 해라체의 경우 듣는 이를 높이지 않는다.

5. (5)의 경우 비격식체인 해요체의 종결어미를 사용한 것으로 친근한 사이에서 상대방을 높여야 할 경우에 사용된다.

6. (6)의 경우 비격식체인 해체의 종결어미를 사용한 것으로 친근한 사이에서 상대방을 높이지 않고 말할 경우에 사용된다.

> **확장**

격식체와 비격식체는 분리되어 사용되는 것이 아니다. (7)과 같이 동일한 대화 맥락 속에서 격식체와 비격식체가 함께 섞여 자연스럽게 사용되기도 한다.

> (7) 영수: 작가님, 3년 만에 뵙는 것 같습니다. 정말 오래간만입니다.
>
> 영희: 박 선생, 정말 오래간만이네. 계속 서 있지 말고 여기에 앉게.
>
> 영수: 이번에 새롭게 출간한 책이 잘 되고 있다는 소식은 들었어요. 그동안 잘 지내셨나요?
>
> 영희: 뭐 그리 대단한 일이라고. 그래도 정말 고맙군.

확인 문제 3

(1)-(5) 중에서 상대 높임법의 종류가 다른 한 가지를 고르고 차이점을 설명하시오.

(1) 내일 저녁에는 중요한 미팅이 있습니다.

(2) 어딜 그렇게 급하게 가십니까?

(3) 이번에는 꼭 저와의 약속을 지켜 주세요.

(4) 건강을 생각해서 운동을 하십시오.

(5) 후식은 어떤 것으로 하시겠습니까?

예제 4

다음 자료를 바탕으로 객체 높임에 대해 설명하시오.

(1) 가. 영수는 동생을 <u>데리고</u> 공원에 갔다.

　　나. 영수는 할머니를 <u>모시고</u> 공원에 갔다.

(2) 가. 영수는 동생<u>에게</u> 선물을 주었다.

　　나. 영수는 할머니<u>께</u> 선물을 <u>드렸다</u>.

(3) 가. *나는 아버지를 <u>보러</u> 고향에 내려갔다.

　　나. 나는 아버지를 <u>뵈러</u> 고향에 내려갔다.

문장의 객체 즉, 목적어나 부사어를 높이는 것을 객체 높임이라고 한다. 객체 높임의 방법에는 부사격 조사 '께'를 통한 문법적 높임과 '모시다, 뵙다'와 같은 몇몇 특수 어휘에 의한 어휘적 높임이 있다.

개념

<객체 높임의 실현>

객체 높임은 문장 안에서 목적어나 부사어가 지시하는 대상을 높이는 방법이다.

1. 문법적 높임: 부사격 조사 '께'를 통한 문법적 높임
2. 어휘적 높임: 모시다, 뵈다, 뵙다, 여쭙다, 드리다 등의 어휘로 높임

적용

1. (1가)의 목적어 '동생'은 높임의 대상이 아니므로 서술어로 '데리다'를 썼지만 (1나)의 목적어 '할머니'는 높임의 대상이므로 '모시다'로 바꿔 써야 한다.

2. (2가)의 부사어 '동생'은 높임의 대상이 아니므로 서술어로 '주다'를 썼지만 (2나)의 '할머니'는 높임의 대상이므로 '드리다'로 바꿔 써야 한다. 또 부사어인 '할머니'를 높이기 위해 부사격 조사 '에게'가 아닌 '께'를 사용하여 객체 높임을 실현하였다.

3. (3)의 객체인 목적어 '아버지'는 높임의 대상이므로 (3나)와 같이 서술어를 '보

다' 대신에 '뵈다'로 바꿔 써야 한다. (3가)는 객체 높임법에 어긋난 문장이다.

확장

(4가)의 부사어 '부모님'은 높여야 할 대상이므로 서술어를 높임말인 '여쭈다'로 바꿔 써야 한다. (4나)의 경우 복수 표준어 '여쭙다'의 활용형으로 쓰인 것이다. (4다)와 같이 자음 어미가 결합할 때에는 '여쭈-'나 '여쭙-' 꼴로 쓰인다.

> (4) 가. 부모님께 {여쭈어 보고/ *물어 보고} 결정하겠습니다.
>
> 나. 부모님께 {여쭈워 보고/ *물어 보고} 결정하겠습니다.
>
> 다. 선생님께 {여쭈지/여쭙지/ *묻지} 않아서 꾸중을 들었어요.

주의

일반 국어 화자들은 '주무시다'와 '계시다'에 나타나는 '시'를 선어말어미로 파악하는 경우가 있는데, 이들 단어는 한 단어로 굳어진 것들이며 어간은 '주무시-'와 '계시-'이다.

확인 문제 4

(1)-(3)에서 어색한 부분을 찾아 바르게 고치시오.

(1) 어머니께서 할머니를 데리고 병원에 가셨다.

(2) 이 책 좀 아버지에게 가져다 줘.

(3) 내일 보고 말씀드리겠습니다.

6. 시간 표현

예제 1

다음 자료를 바탕으로 절대 시제에 대해 설명하시오.

(1) 나는 어제 친구를 <u>만났다</u>.

(2) 나는 지금 친구와 영화를 <u>본다</u>.

(3) 나는 내일 친구를 <u>만날 것이다</u>.

시제란 어떤 사건이나 사실이 일어난 시간 선상의 위치를 언어적으로 표현하는 것으로 절대 시제와 상대 시제로 나뉜다.

개념

<절대 시제>

말하는 시점인 발화시를 기준으로 결정되는 시제

과거 시제, 현재 시제, 미래 시제로 나뉜다.

<상대 시제>

문장의 사건이 일어나는 시점인 사건시를 기준으로 상대적으로 결정되는 시제

적용

1. (1)은 발화시보다 사건시의 시점이 앞서는 과거 시제이다. (1)의 '어제'라는 시간 부사어와 선어말어미 '-았-'을 통해 과거 시제임을 알 수 있다.

2. (2)는 발화시와 사건시의 시점이 일치하는 현재 시제이다. (2)의 '지금'이라는 시간 부사어와 선어말어미 '-(으)ㄴ-'을 통해 현재 시제임을 알 수 있다

3. (3)은 발화시보다 사건시의 시점이 나중인 미래 시제이다. (3)의 '내일'이라는 시간 부사어와 '-(으)ㄹ 것이다'를 통해 미래 시제임을 알 수 있다.

확장

　절대 시제의 과거, 현재, 미래를 나타내는 문법적 요소들이 과거, 현재, 미래를 나타내지 않는 경우도 있다. 이러한 문제는 사건시를 기준으로 하는 상대 시제를 도입하여 해결할 수 있다. 즉, 사건시를 기준으로 하여 해당 사건이 일어난 시점이 현재, 그 이전이 과거, 사건시 이후가 미래가 되는 것이다. 따라서 (4)-(5)의 밑줄 친 부분은 사건시를 기준으로 하는 상대 시제의 관점에서 '현재'이기 때문에 현재 시제 선어말어미 '-는-'이 쓰인 것으로 볼 수 있다.

> (4) 영수는 서울로 <u>가는</u> 기차 안에서 영희를 만났다.
> (5) 내일은 우리가 <u>청소하는</u> 너를 도와주겠다.

주의

　(6)의 관형사형이 표시하는 시간은 발화시를 기준으로 삼아 현재가 되는데 이는 상대 시제의 일반적인 해석에서 벗어나는 것이다. 이렇게 상대 시제의 기준시는 일정하게 정해져 있는 것이 아니며 경우에 따라서는 문장에 표시되지 않기도 한다.

> (6) 지금 내가 <u>보고 있는</u> 그림은 미국에서 샀다.

확인 문제 1

(1)-(3)의 문장을 상대 시제로 해석해보시오.

(1) 그는 자기가 꼭 <u>돌아온다고</u> 말했다.

(2) 그는 자기가 꼭 <u>돌아온다고</u> 말한다.

(3) 그는 자기가 꼭 <u>돌아온다고</u> 말하겠지.

예제 2

다음의 자료를 바탕으로 현재 시제에 대해 설명하시오.

(1) 영수가 지금 밥을 <u>먹는다</u>.
(2) 내가 그녀를 <u>사랑하는</u> 것은 지금도 변함없다.
(3) 너무 <u>매운</u> 음식은 먹기 힘들다.

현재 시제란 어떤 사건이 일어난 시점이 말하는 시점과 일치하는 시제로 선어말어미와 관형사형 어미를 통해 실현된다.

개념

<현재 시제의 실현>

1. 선어말어미

   -는-/-ㄴ-: 동사 어간 + 현재 시제 선어말어미 '-는-/-ㄴ-'

2. 관형사형 어미

   1) -는: 동사 어간 + 관형사형 어미 '-는'
   2) -(으)ㄴ: 형용사 어간, '이다'의 어간 + 관형사형 어미 '-(으)ㄴ'

적용

1. (1)은 동사 '먹다'의 어간에 현재 시제 선어말어미 '-는-'이 결합하여 현재를 나타내고 있다.
2. (2)는 동사 '사랑하다'의 어간에 관형사형 어미 '-는'이 결합하여 현재를 나타내고 있다. 또한, 시간 부사어 '지금'을 통해 현재임을 표시하고 있다.
3. (3)은 형용사 '맵다'의 어간에 관형사형 어미 '-(으)ㄴ'이 결합하여 현재를 나타내고 있다.

확장

현재 시제를 표시하는 선어말어미는 (4)와 같이 동사의 해라체에는 나타나지만 (5)와 같은 하십시오체 또는 해요체에서는 나타나지 않는다. 또한, (6)과 같이 형용사와 서술격 조사에서는 언제나 선어말어미 없이 현재 시제가 표시된다. 이렇게 현재 시제 선어말어미는 제한된 분포를 보인다.

> (4) 영수가 학교에 간다.
> (5) 영수가 학교에 갑니다/ 가요.
> (6) 제주도는 정말 아름답다.

주의

어떤 사건이 일어난 시점이 말하는 시점과 일치하지 않음에도 불구하고 현재 시제가 쓰이는 경우가 있다. 이러한 현상은 보편적인 사실이나 미래에 예정된 일을 나타낼 때 사용된다. (7)은 보편적인 진리를, (8)은 예정된 미래를 나타내고 있는데 (8)은 이미 확정된 것으로 판단되었기 때문에 현재형이 쓰인 것이다.

> (7) 지구는 둥글다.
> (8) 나는 이번 방학에 배낭여행을 간다.

확인 문제 2

(1)-(2)의 문장을 통해 알 수 있는 현재 시제의 특징을 설명하시오.

(1) 저는 내일 학술 답사를 떠납니다.
(2) 지구는 태양 주위를 돈다.

예제 3

다음 자료를 바탕으로 과거 시제에 대해 설명하시오.

(1) 나는 어제 영화를 <u>보았다</u>.

(2) 예전에 그들은 서로를 <u>사랑했었다</u>.

(3) 영수는 어제 도서관에서 <u>공부하더라</u>.

(4) 내가 그녀를 처음 <u>만난</u> 것은 일 년 전이다.

(5) <u>성실하던</u> 영수는 결국 성공하였다.

과거 시제는 말하는 시점을 기준으로 볼 때 이미 일어난 동작이나 사건을 나타내는 시간 표현이다.

개념

<과거 시제의 실현>

1. 선어말어미

   1) -았-/-었-

   2) -았었-/-었었-

   3) -더-

2. 관형사형 어미

   1) -(으)ㄴ: 동사 어간 + 관형사형 어미 '-(으)ㄴ'

   2) -던: 용언 어간, '이다'의 어간 + 관형사형 어미 '-던'

적용

1. (1)은 동사 '보다'에 선어말어미 '-았-'이 결합하여 과거 시제를 이루고 있다. '-았-/-었-'은 동사, 형용사, '이다'의 과거 시제를 표현한다.

2. (2)는 동사 '사랑하다'에 선어말어미 '-었었-'이 결합하여 과거 시제를 이루고 있다. '-았었-/-었었-'은 먼 과거 또는 현재와는 단절된 상황을 표시하는 것으로 볼

수 있다. 즉, (2)는 '그들은 예전에 서로를 사랑했지만, 지금은 서로를 사랑하지 않는다.'와 같은 의미를 지닌다고 볼 수 있다.

3. (3)은 동사 '공부하다'에 선어말어미 '-더-'가 결합하여 과거 시제를 이루고 있다. '-더-'는 말하는 이가 과거에 실제 경험한 일을 생생하게 전달하는 의미로 쓰인다.

4. (4)는 동사 '만나다'에 관형사형 어미 '-(으)ㄴ'이 결합하여 과거 시제를 이루고 있다. 관형사형 어미 '-(으)ㄴ'은 동사와 어울려 과거를 표현한다.

5. (5)는 형용사 '성실하다'에 관형사형 어미 '-던'이 결합하여 과거 시제를 이루고 있다. 관형사형 어미 '-던'은 과거의 경험을 돌이켜 회상하는 의미로 동사, 형용사, '이다'에 두루 결합한다.

확장

1. 선어말어미 '-았었-/-었었-'은 현재와 '단절'된 의미를 지니고 있다고 알려져 있다. 그러나 (6)과 같은 예문들이 가능하다는 점에서 '-았었-/-었었-'의 의미를 '단절'로만 한정 짓기 어렵다. 또한, '-았었-/-었었-'의 '-었-'은 과거 사실을 재차 확인하는 '과거 확인'의 의미를 갖는 것으로 볼 수 있다. 이러한 관점에서 본다면 (7)의 예문은 현재 모습이 과거와 동일하든 동일하지 않든 간에 과거에 그러했음을 보다 강하게 표현하고 있는 것으로 볼 수 있다.

> (6) 영희는 10년 전부터 그 가수를 좋아했었고 지금도 좋아한다.
>
> (7) 그들은 몇 년 전부터 서울에서 살았었고 여전히 서울에 살고 있다.

2. 과거 시제 선어말어미 '-더-'는 일반적으로 (8가)와 같이 1인칭 주어와는 사용할 수 없다는 제약이 있다. 그러나 (8나)와 같이 화자의 내적 경험을 드러내는 용언이 사용될 경우에는 그 제약이 해소된다. 이때, (8다)는 서술어가 동사이므로 외부적으로 관찰 가능하므로 2, 3인칭 주어와만 어울릴 수 있다. 또, (9)와 같이 말하는 사람이 과거의 행동을 모르고 있다가 과거의 어느 시점에서 알게 되었음을 회상해서 표현할 때는 1인칭 주어도 쓸 수 있다.

(8) 가. *내가 노래를 잘 하더라.

　　나. 나는 그곳이 정말 춥더라.

　　다. 영수는 어제 정말 추워하더라.

(9) 휴대폰을 잊어버린 줄 알았는데 집에 두고 나갔더라.

주의

　'-았/었-'이 과거 시제를 드러낼 때에만 쓰이는 것은 아니다. '-았/었-'은 (10)-(11)과 같이 현재 또는 미래 시제를 나타내기도 한다. (10)은 청바지를 입고 있는 현재 상태를 (11)은 미래에 어떤 일이 실현될 것임을 드러내는 의미로 쓰였다.

(10)　나 오늘 새 청바지를 입었어.

(11)　너 어머니 오시면 이제 혼났다.

확인 문제 3

(1)-(4)의 문장의 차이에 대해 설명하시오.

(1) 나는 정말 슬프더라.

(2) 그 영화는 정말 슬프더라.

(3) 영수는 어제 정말 슬퍼하더라.

(4) *나는 정말 슬퍼하더라.

예제 4

다음 자료를 바탕으로 미래 시제에 대해 설명하시오.

(1) 잠시 후에 결혼식을 <u>시작하겠습니다</u>.
(2) 영수는 반드시 그 일을 <u>성공하리라</u>.
(3) 다음 주에 여행을 <u>갈 것이다</u>.

미래 시제란 말하는 시점 이후에 일어날 사건을 표시하는 시제를 말한다. 미래 시제는 선어말어미와 관형사형 어미를 통해 실현된다.

개념

<미래 시제의 실현>

1. 선어말어미
   1) -겠-: 용언 어간, '이다'의 어간 + 미래 시제 선어말어미 '-겠-'
   2) -(으)리-

2. 관형사형 어미
   '-(으)ㄹ'

적용

1. (1)은 동사 '시작하다'의 어간에 미래 시제 선어말어미 '-겠-'이 결합하여 미래 시제를 나타내고 있다.

2. (2)는 동사 '성공하다'의 어간에 미래 시제 선어말어미 '-(으)리'가 결합하여 미래 시제를 나타내고 있다. 선어말어미 '-(으)리-'는 '-(으)리다, -(으)리라, -(으)리까, -(으)리니' 등의 한정된 표현에서 사용되며 예스러운 의미를 지닌다.

3. (3)은 동사 '가다'에 관형사형 어미 '-(으)ㄹ'이 결합하여 미래 시제를 나타내고 있다. 또한, 시간 부사어 '다음 주' 역시 미래 시제를 표현한다.

확장

1. 미래 시제를 나타내는 '-겠-', '-(으)ㄹ'은 (4)-(6)과 같이 추측을 표현하기도 한다.
   이때, (4)는 과거 추측을, (5)는 현재 추측을, (6)은 미래 추측을 나타낸다.

> (4) 어제 대구는 정말 더웠겠다.
> (5) 그곳에는 지금 눈이 많이 오겠다.
> (6) 내일 비가 많이 내리겠다.

2. '-겠-'은 (7)과 같이 '가능성'의 의미를 나타내기도 하며 (8)과 같이 '-겠-'이 1인칭
   주어와 어울릴 때에는 화자의 의지를 나타내기도 한다. 이는 '-(으)'의 경우도 마
   찬가지이다.

> (7) 그 정도 일은 나도 하겠다.
> (8) 나는 꼭 시험에 합격하겠다.

확인 문제 4

(1)-(4)의 문장의 의미 차이에 대해 설명하시오.

(1) 하늘이 어두운 것을 보니 비가 오겠어요
(2) 그 정도는 나도 하겠다.
(3) 길이 미끄러워서 고생했겠다.
(4) 이번 공연은 꼭 보겠어.

예제 5

다음 자료를 바탕으로 동작상에 대해 설명하시오.

(1) 가. 바람이 세게 <u>불고 있다</u>.

　　 나. 감이 잘 <u>익어 간다</u>.

(2) 영수는 음악을 들으면서 책을 읽는다.

(3) 가. 수진이는 미국에 <u>가 있다</u>.

　　 나. 그들은 증거를 <u>없애 버렸다</u>.

(4) 나는 그 소식을 <u>듣고서</u> 비로소 안도했다.

　상(相)은 진행, 완료와 같이 동작이 이루어지는 모습이 일정한 형태로 표시되는 문법 범주이다. 시제가 어떤 시점에서 사건이 일어나는 것인가를 나타내는 것이라면, 동작상은 사건이 그 시점에서 계속되는지, 끝났는지를 나타내는 것이다. 한국어는 시제와 상이 분리되지 않고 섞여 나타나는 경우도 흔하다.

개념

<동작상>

1. 상이란 어떤 지점에서 어떤 지점까지 걸쳐 있는 시간을 표현.

2. 진행상: 어떤 사건이 계속 일어나고 있음을 표현.

　*실현: 보조용언 구성 '-고 있다', '-어 가다', 연결어미 '-(으)면서'

3. 완료상: 어떤 사건이 끝났음을 표현.

　*실현: 보조용언 구성 '-아/어 있다', '-아/어 버리다', 연결어미 '-고서'

적용

1. (1가)는 동사 '불다'에 보조용언 구성인 '-고 있다'가 결합하여 진행상을 표현하고, (1나)는 동사 '익다'에 보조용언 구성인 '-어 가다'가 결합하여 진행상을 나타내고 있다. (1가)는 바람이 세게 불고 있는 동작의 진행을 표시하며, (1나)는 감이 익는 행위의 진행을 나타낸다.

2. (2)는 동사 '듣다'에 연결어미 '-(으)면서'가 결합하여 진행상을 표현하고 있다. (2)는 주어인 '나'가 음악을 듣고 있는 동작의 진행을 표시한다.

3. (3가)는 동사 '가다'에 보조용언 구성 즉, 보조적 연결어미 '-아'와 보조용언 '있다'가 결합하여 완료상을 표현하고 있다. (3나)는 동사 '없애다'와 보조용언 '-어 버리다'가 결합하여 완료상을 나타내고 있다.

4. (4)는 동사 '듣다'에 연결어미 '-고서'가 결합하여 완료상을 표현하고 있다. (4)는 이미 소식을 들은 동작의 완결을 표시한다.

확장

상은 현재 시제에만 국한되지 않고 과거 및 미래 시제에도 쓰일 수 있다. 상은 시간 범주와는 별개의 문법 범주로서 특정 시간 범주에서 일어나는 동작의 구체적인 양상을 의미하기 때문이다. (5가)-(5다)는 각각 과거 진행상, 현재 진행상, 미래 진행상을 나타낸다.

(5) 가. 어제 영수는 등산을 하고 있었다.
　　나. 지금 영수는 등산을 하고 있다.
　　다. 내일 영수는 등산을 하고 있겠다.

확인 문제 5

다음 <보기>의 괄호 안에 진행상, 완료상을 나타내는 보조용언 구성 및 연결어미를 써 넣으시오.

(1) 짜장면을 다 먹(　　　　　). <완료상>

(2) 수업이 다 끝(　　　　　). <진행상>

(3) 시험에 합격하(　　　　　) 나는 축하 파티를 했다. <완료상>

(4) 영수는 밥을 먹(　　　　　) 텔레비전을 본다. <진행상>

문법 범주 연습 문제

1. 다음 평서형 종결어미의 제약현상에 대해 예문을 제시하고 설명하시오.

    1) -(으)마

    2) -(으)ㄹ게

2. 아래는 의문문의 하위 유형을 정리한 구조도이다. 빈칸에 들어갈 알맞은 말을 쓰시오.

의문문
↓

주로 의문사의 사용을 통해 실현되는가?	
↓ 예	↓ 아니요
설명 의문문	판정, 선택, 수사, 메아리 의문문

판정, 선택, 수사, 메아리 의문문							
↓	긍정, 부정의 대답을 요구하는가?	↓	놀라움이나 되묻는 의미를 담고 있는가?	↓	청자에게 대답을 요구하는가?	↓	청자에게 선택지를 제시하는가?
	①		②		③		④

3. 판정 의문문, 설명 의문문, 선택 의문문, 수사 의문문, 메아리 의문문의 예를 하나씩 만들어 보시오.

4. (1)-(4)에 대한 대답을 제시하고 판정 의문문에 해당하는 것을 고르시오.

    (1) 우리 이번 주말에 만나기로 했지 않니? (↘)

    (2) 우리 이번 주말에 만나기로 하지 않았니? (↗)

    (3) 어디 가니? (↘)

    (4) 어디 가니? (↗)

5. 명령문은 다음과 같은 제약 현상이 있다. 1)-4)에 해당하는 예문을 제시하시오.

    1) 인칭 제약

    2) 선어말어미 결합 제약

    3) 용언 어간의 종류 제약

    4) 부정 표현의 제약

6. 청유문은 다음과 같은 제약 현상이 있다. 1)-4)에 해당하는 예문을 제시하시오.

    1) 인칭 제약

    2) 선어말어미 결합 제약

    3) 용언 어간의 종류 제약

    4) 부정 표현의 제약

7. '안 부정문'이 단순 부정으로 쓰이는 경우와 의도 부정으로 쓰이는 경우에 해당하는 예문을 제시하시오.

8. '못 부정문'은 다음과 같은 제약 현상이 있다. 1)-3)에 해당하는 예문을 제시하시오.

    1) 의도나 목적을 나타내는 어미 '-(으)려고, -(으)러' 등과 쓰이지 못한다.

    2) 서술어가 형용사일 때는 쓰이지 못한다.

    3) 약속을 나타내는 의미의 문장과는 어울리지 못한다.

9. (1)-(2)의 자료를 바탕으로 형태론적 사동문과 통사론적 사동문은 부사의 수식 범위에 차이가 있음을 설명하시오.

    (1) 안내 요원들이 관객들을 무대 가까이 앉혔다.

    (2) 안내 요원들이 관객들을 무대 가까이 앉게 했다.

10. (1)과 (2)의 자료를 바탕으로 피사동주 '아이'가 주격 조사를 취하는 현상의 차이를 설명 하시오.

    (1) 어머니가 아이{에게/ 를/ *가} 우유를 먹였다.

    (2) 어머니가 아이{에게/ 를/ 가} 우유를 먹게 하였다.

11. 용언의 어간에 '-어지다'가 붙어 통사론적 피동문을 만들기도 하지만, 피동문으로 보기 어려운 경우도 있다. 두 가지 경우의 예문을 제시하고 피동으로 보기 어려운 경우의 조건을 설명하시오.

12. 피동문에서 능동주를 실현하고자 할 때에는 체언에 '-에게/ -한테', '에/ -(으)로', '-에 의해'가 결합하는데, 그 분포 조건을 설명하시오.

13. 다음의 단어들은 피동사와 사동사의 형태가 동일한 단어이다. 이 단어들이 각각 사동문과 피동문으로 쓰이는 예문을 제시하시오.

<보이다, 읽히다, 안기다, 날리다, 묻히다>

14. 피동문에 대응하는 능동문이 없는 경우와 능동문에 대응하는 피동문이 없는 예를 제시하시오.

15. (1가)와 (1나), (2가)와 (2나)에서 어법에 맞지 않는 표현을 골라 그 이유를 설명하시오.

   (1) 가. (사원이 사장에게) 사장님, 그 업무는 부장님이 담당했습니다.

        나. (사원이 사장에게) 사장님, 그 업무는 부장님이 담당하셨습니다.

   (2) 가. (할아버지가 손자에게) 영수야, 너희 아버지 어디 갔니?

        나. (할아버지가 손자에게) 영수야, 너희 아버지 어디 가셨니?

16. 상대 높임법을 실현할 때 청유형 어미와 명령형 어미가 높임 등급에 따라 어떻게 달라지는지 표로 보이시오.

17. 절대 시제와 상대 시제에 대해 예를 들어 설명하시오.

Ⅰ. 형태론
〈확인 문제〉 정답과 해설

01. 품사

1. 체언

1.1. 명사

확인문제   1-1

A와 B에 해당하는 단어를 명사로 볼 수 있는 이유는 첫째, 각각 주어를 만드는 조사 '이/가'와 목적어를 만드는 조사 '을/를'이 붙을 수 있기 때문이다. 둘째, 문장에서 '어떠한'의 기능을 하는 관형어 '모든'과 '그'의 꾸밈을 받을 수 있기 때문이다.

확인문제   1-2

위 명사는 의미상의 특성에 따라 다음과 같이 분류할 수 있다. '평화'와 '희망'은 구체적인 대상이 아닌 추상적 개념을 나타내는 추상 명사이고, '학생', '비둘기', '태극기'는 사람이나 사물의 이름을 나타내는 구체 명사이다.

확인문제   2-1

학교, 바다, 위인은 보통 명사이고, 한국대학교, 해운대, 신사임당은 고유 명사이다.

확인문제   2-2

보통 명사와 고유 명사는 복수를 나타내는 접미사 '-들'이나 수와 관련된 말, 지시를 나타내는 말과의 결합 여부에 따라 구분할 수 있다.
'문자들'에서와 같이 '문자'에는 접미사 '-들'이 결합할 수 있지만, '*한글들'과 같이 '한글'에는 접미사 '-들'이 결합할 수 없다.
또한 '두 문자', '모든 문자', '문자마다'와 같이 '문자'는

수와 관련된 말과 함께 쓰일 수 있지만, '*두 한글', '*모든 한글', '*한글마다'와 같이 '한글'은 수와 관련된 말과 함께 쓰일 수 없다.
'여러, 어느, 어떤'은 지시를 나타내는 말인데, '여러 문자', '어느 문자', '어떤 문자'와 같이 '문자'와는 자연스럽게 결합할 수 있지만 '*여러 한글', '*어느 한글', '*어떤 한글'에서와 같이 '한글'과는 결합할 수 없다. 따라서 '문자'는 보통 명사, '한글'은 고유 명사에 속한다.

확인문제   3-1

'*물 병만 주세요.'와 같이, (1)의 밑줄 친 '병'은 수량을 나타내는 '한'이라는 관형어 없이 홀로 쓰일 수 없기 때문에 의존 명사이다. 하지만 '누나는 보리차를 병에 옮겨 담았다'와 같이, (2)의 밑줄 친 '병'은 '목이 기다란'이라는 관형어 없이 홀로 쓰일 수 있으므로 자립 명사이다.

확인문제   3-2

'나름'은 관형어의 수식을 받아야만 문장에서 쓰일 수 있는 의존 명사다. 하지만 '나름' 앞에 관형어가 없기 때문에 (1)은 비문이 된다. 관형어 '제', '우리' 등이 '나름' 앞에 쓰이면 (1)은 적격문이 될 수 있다.

확인문제   4-1

'장난감'은 가산성 명사(셀 수 있는 명사)로 '-들'이 붙을 수 있다. 한편 질량 명사인 '공기', 고유 명사인 '세종대왕', 추상 명사인 '건강'과 '아침'은 불가산 명사(셀 수 없는 명사)로 접미사 '-들'이 붙을 수 없다.

확인문제   4-2

(1)의 목적어 '운동'과 (2)의 부사어 '여기'는 셀 수 없는 대상임에도 불구하고 '-들'이 붙어 쓰이고 있는데, 이때 '-들'은 '운동'이나 '여기'가 복수임을 나타내는 것이 아니다. (1)과 (2)는 명령문으로, 듣는이가 주어가 되며, 이러한 경우 주어는 흔히 생략되는 모습을 보인다. 이때 (1)과 (2)의 '-들'은 생략된 주어 '너희들'에 붙어 있던 것이 자리를 옮긴 것으로 해석되며, 주어가 복수임을 나타낸다.

확인 문제   5-1

(1) 에게, (2) 에, (3) 에게, (4) 에

확인 문제   5-2

명사에 '어떤 행동이 미치는 대상'을 나타내는 조사가 붙을 때 유정 명사에는 '에게'가 붙고 무정 명사에는 '에'가 붙는다. (1)의 '코로나 바이러스'는 활동성을 가지고 있지만 감정을 가지고 있다고 보기는 어렵기 때문에 '무정 명사'로 분류하는 것이 자연스럽다. 따라서 (1)에는 '에'가 쓰이는 것이 적합하다.

1.2. 대명사

확인 문제   1

대명사의 특성인 상황 의존성이 없기 때문이다.

확인 문제   2-1

대명사는 주격 조사와 목적격 조사 등이 결합할 수 있고, 상황 의존성과 지시성을 갖는다는 특성이 있다. '이쪽'과 '이놈'은 주격 조사와 목적격 조사 등이 결합할 수 있고 '이쪽'은 상황에 따라 방향이나 일인칭, 삼인칭을 가리키며, '이놈'은 상황에 따라 일인칭, 이인칭, 삼인칭을 가리킨다. 따라서 상황 의존성과 지시성을 가지고 있는 '이쪽'과 '이놈'은 대명사로 분류한다. 하지만 '이만큼'은 주격 조사와 목적격 조사 등이 결합하더라도 항상 '이만한 정도'의 뜻으로만 쓰이기 때문에 상황 의존성을 갖고 있다고 볼 수 없다는 점에서 명사로 분류한다. 또한 '이만큼'은 '이만한 정도로'라는 뜻을 나타내는 부사로도 쓰인다. '이대로'의 경우 '변함없이 이 모양으로'나 '이것과 똑같이'라는 뜻을 나타낸다는 점에서 지시성을 가지고 있다고 볼 수 있지만 주격 조사와 목적격 조사 등이 결합하기 어렵다는 점에서 부사로 분류한다.

확인 문제   2-2

(1)의 '선생님'은 일인칭인 '나'를, (2)의 '선생님'은 이인칭인 '당신'을 지칭한다는 점에서 지시성을 갖고 있지만 이때의 선생님은 '학생을 가르치는 사람'이라는 고정된 의미를 가지고 있기 때문에 상황 의존성을 가지고 있지 않다. 따라서 '선생님'은 대명사로 볼 수 없다.

확인 문제   3

같은 단어가 미지칭 대명사와 부정칭 대명사로 모두 쓰일 때는 문장의 억양 및 강세에 따라 용법이 나누어진다. 제시된 대답으로 미루어 보건대, (1)의 '언제'는 '밥을 먹는 날짜'를 특정하지 않는 부정칭 대명사이고, (2)의 '언제'는 '저녁을 먹을 시간'이 정해지지 않아 모르기 때문에 사용된 미지칭 대명사이다. '언제'가 부정칭으로 쓰일 때는 강세를 받지 않으나, 미지칭으로 쓰일 때는 강세를 받는다.

확인 문제   4

문장 안에서 주어로 쓰인 명사가 반복해서 나타날 때, 이를 피하기 위해 뒤에 오는 명사를 대신하여 쓰이는 대명사를 재귀 대명사라 한다. 단, 이때 주어는 3인칭이어야 한다는 제약이 있다. (1)의 '저희'는 앞에 나온 '동생'들을 대신 가리키고, (2)의 '제'는 '저 + 의'가 축약된 것으로 이때 '저'는 앞에 나온 '중'을 대신 가리키는 재귀 대명사이다.

1.3. 수사

확인 문제   1.

수사는 명사나 대명사에 비해 관형어의 수식을 받는 정도의 제약이 가장 크다.

확인 문제   2

(1)의 '여러'와 (2)의 '여럿'은 공통적으로 '수가 많다'라는 의미를 갖는다. 하지만 '여러'는 격조사가 결합할 수 없고, 뒤에 있는 체언 '사람'을 꾸며주는 수 관형사이다. 한편, '여럿'은 주격 조사 '이'가 결합하여 문장에서 주어로 쓰이는 등 체언의 문법적 특성을 보이고 있다. 표준국어대사전에서는 '여럿'을 명사로 분류하고 있지만 의미상 수사로 분류할 여지도 있다.

확인 문제   3-1, 3-2

(1)의 예들은 '수와 관련된 말'이고, 접미사 '-들'과 결합할 수 없으며, 극히 제한된 관형어의 수식을 받는다는 점에서 수사로 인정할 만하지만, 표준국어대사전에서는 (1)의 예들을 명사로 분류하고 있다. (2)의 '몇째'도 순서를 나타내는 서수사로 인정해야 할 것 같지

만, 국어사전에 '몇째'는 표제어로 올라 있지 않다.

2. 용언

2.1. 동사와 형용사

확인 문제   1

젊다-형용사, 늙다-동사, 쪼들리다-동사, 닮다-동사

확인 문제   2-1

자동사는 목적어를 가질 수 없는 동사이고, 타동사는 주어 이외에 목적어를 반드시 요구하는 동사이다. 제시된 동사들의 기본 문형을 살펴보면, '싸우다'는 '①이 (②와) 싸우다.'로 목적어를 요구하지 않는다. '배우다'는 '①이 ②를 배우다', '바꾸다'는 '①이 ②를 (③으로) 바꾸다.'로 목적어를 요구한다. 따라서 목적어를 요구하지 않는 '싸우다'는 자동사, 목적어를 요구하는 '배우다'와 '바꾸다'는 타동사이다.

확인 문제   2-2

'그치다'는 '비가 그쳤다'와 같이 자동사로도 쓰이고, '아이가 울음을 그쳤다'와 같이 타동사로도 쓰일 수 있는 동사이다. '울리다', '멈추다', '돌다', '움직이다', '다치다' 등도 이와 같이 자동사적 용법과 타동사적 용법으로 모두 쓰일 수 있는 동사이다. '살다'는 '그는 제주도에 산다'와 같이 자동사로 쓰이기도 하고 '그가 징역을 살았다.', '그는 100년을 살았다.'와 같이 타동사로 쓰이기도 한다.

2.2. 보조용언

확인 문제   1

(1)의 '끓여'와 '먹었다'는 '세아가 라면을 끓였다', '세아가 라면을 먹었다'와 같이 주어인 '세아가'와 각각 호응 관계를 가지며, 홀로 서술어 기능을 할 수 있기 때문에 모두 본용언이다.

(2)의 '들어'는 '형이 내 얘기를 들었다'와 같이 주어인 '형이'와 호응 관계를 가지며, 홀로 서술어 기능을 할 수 있기 때문에 본용언이다. 한편, '주었다'는 '*형이 내 얘기를 주었다'와 같이, 그 자체만으로는 주어인 '형이'와 어울려 쓰이지 못하고, 앞에 쓰인 용언인 '들어'와 함께 묶여서 주어와 호응한다. 따라서 '주었다'는 보조용언이다.

(3)의 '추운가'는 '날씨가 춥다'와 같이 주어인 '날씨가'와 호응 관계를 가지며, 홀로 서술어 기능을 할 수 있기 때문에 본용언이다. 한편, '보다'는 '*날씨가 보다'와 같이, 그 자체만으로 주어인 '날씨가'와 호응하지 못하고, 앞에 쓰인 용언인 '추운가'와 함께 묶여서 주어인 '날씨가'와 호응한다. 따라서 '보다'는 보조용언이다.

확인 문제   2-1, 2-2

형용사 '정답다'는 '정' + '-답-' + '-다'로 분석된다. 이때 '정답다'의 핵심적인 부분은 '정'이며, 활용할 때 변하지 않는 부분은 '정답-'이고, 활용할 때 어간에 붙는 부분은 '-다'이다. 따라서 '정답다'의 어근은 '정', 어간은 '정답-', 어미는 '-다'이다. '깨뜨리다'의 어근은 '깨-', 어간은 '깨뜨리-', 어미는 '-다'이다.

2.3. 용언의 활용

확인 문제   1

'이르다'가 활용할 때 '도착하다'의 뜻으로 쓰이면 어간 뒤 어미 '-어'가 '-러'로 교체되어 '이르러'가 되는데 이를 '러' 불규칙이라고 한다. 하지만 '이르다'가 '알려주다'나 '기준보다 빠르다'의 뜻으로 쓰이면 어간의 '르'가 모음으로 시작하는 어미 앞에서 'ㄹㄹ'로 교체되어 '일러'가 되는데 이를 '르' 불규칙이라 한다.

확인 문제   2-1, 2-2

'말미암다'는 특정한 어미 '-아', '-(으)니', '-은'과 결합하여 쓰이고, '즈음하다'는 특정한 어미 '-어(서)', '-ㄴ'과 결합하여 쓰인다. 이렇게 특정한 어미와만 결합하여 활용이 매우 제한되는 동사를 불완전 동사라고 부른다. '통틀다'는 '통틀어'의 형태로 주로 쓰이기 때문에 불완전 동사로 볼 수 있지만, 국어사전에는 '통틀면, 통틀고'의 활용 형식도 예문으로 제시 되어있다는 사실을 주지해야 한다. 따라서 '통틀다'를 불완전 동사로 분류하기는 어렵다.

2.4. 어미

확인 문제   1

어말어미는 크게 종결어미와 비종결어미로 구분되며, 비종결어미는 다시 연결어미와 전성어미로 나누어진다. 이때 연결어미는 앞의 문장을 뒤의 문장과 이어주거나 본용언과 보조용언을 연결해 주는 역할을 하며, 전성어미는 용언으로 하여금 명사, 관형사, 부사의 역할을 하도록 하여 안긴문장을 만드는 역할을 하는데, (1)의 '-기'는 '산길을 오래 달리다'에 결합하여 안긴문장이 명사의 역할을 하도록 하는 명사형 전성어미이고, (2)의 '-지'는 본용언 '오다'와 보조용언 '않다'를 연결하는 보조적 연결어미이다.

확인 문제   2

제시된 조건에 부합하면 동사, 그렇지 않으면 형용사로 분류한다.
이러한 기준을 적용해 보면, '읽다'와 '뛰다'는 현재 시제 평서형 어미 '-는/ㄴ다'와 결합하여 '읽는다, 뛴다'로 쓰일 수 있고, '읽자/ 읽어라, 뛰자/ 뛰어라'와 같이 청유형·명령형 어미와 결합할 수 있다. 따라서 '읽다'와 '뛰다'는 동사로 분류한다.
반면, '맵다'와 '예쁘다'는 '*맵는다, *예쁜다'와 같이 현재 시제 평서형 어미 '-는/ㄴ다'와 결합할 수 없고, '*맵자/ *매워라, *예쁘자/ *예뻐라'와 같이 청유형·명령형 어미와 결합할 수 없다. 따라서 '맵다'와 '예쁘다'는 형용사로 분류한다.

확인 문제   3

제시된 조건에 부합하면 동사, 그렇지 않으면 형용사로 분류한다.
이러한 기준을 적용해 보면, '읽다'와 '뛰다'는 현재 시제 관형사형 어미 '-는'과 결합하여 '읽는, 뛰는'과 같이 쓰일 수 있고, 의도나 목적의 의미를 가진 '-(으)려고'나 '-(으)러'와 결합하여 '읽으려고/ 읽으러, 뛰려고/ 뛰러' 등으로 쓰일 수 있다. 따라서 '읽다'와 '뛰다'는 동사로 분류한다.
반면, '맵다'와 '예쁘다'는 '*맵는, *예쁘는'과 같이 현재 시제 관형사형 어미 '-는'과 결합할 수 없고, '예쁜', '매운'과 같이 현재 시제 관형사형 어미 '-(으)ㄴ'과 결합한다. '*매우려고/ *매우러, *예쁘려고,*예쁘러'와 같이

의도나 목적의 의미를 가진 어미와 결합할 수 없다. 따라서 '맵다'와 '예쁘다'는 형용사로 분류한다

3. 수식언

3.1. 관형사

확인 문제   1

(1)의 '저'는 명사구 '두 사람'을 꾸며 주고, (2)의 '모든'은 명사 '사람'을 꾸며 준다.

확인 문제   2

관형사는 형태가 고정되어 변하지 않는 불변어이다. (1)의 '외딴'은 언제나 '외딴'의 형태로만 고정되어 쓰이므로 관형사이지만, (2)의 '이른'은 동사 '이르다'의 관형사형으로, 문장 내에서 일시적으로 관형사와 같은 기능을 하고 있다. '이르다'는 '이르고, 이르니, 일러, 이르게…' 등으로 활용을 하여 형태가 변하는 가변어이다.

확인 문제   3

관형사는 체언의 성질이나 상태를 나타내는 성상 관형사, 체언의 수나 양을 나타내는 수 관형사, 어떤 대상을 가리키는 지시 관형사로 나눌 수 있다. 이때 '맨, 몹쓸, 별별, 긴긴, 별의별'은 성상 관형사, '저런, 이, 아무, 이딴, 다른, 그런, 그따위'는 지시 관형사, '모든, 갖은, 온갖, 서너'는 수 관형사이다.
'단돈'의 경우 표준국어대사전에서는 '돈의 액수 앞에 붙어 아주 적은 돈임을 강조하여 이르는' 명사로, 연세 한국어사전에서는 [돈의 액수를 나타내는 단어 앞에 쓰이어] 많지 않은. 아주 적은 금액인'의 뜻을 갖는 관형사로 분류한다.

확인 문제   4

관형사는 겹쳐 쓰일 때 일반적으로 지시 관형사, 수 관형사, 성상 관형사의 순서로 결합된다. 따라서 (1)의 관형사는 '이 온갖 헌'의 순서로 써야 한다.

확인 문제   5

'강력, 순수, 여류'와 같은 단어는 조사와 결합할 수 없

기 때문에 명사로 분류하기 어렵다. 한편, 뒤에 오는 체언이 제한적이며, 위의 단어와 체언 사이에 다른 말이 개입할 수 없다는 점에서 관형사로 분류하기도 어렵다. 따라서 이와 같은 종류의 단어를 관형성 명사라 하여 일반적인 명사와 구분한다.

3.2. 부사

확인 문제   1

부사는 주로 용언을 꾸며 주지만 체언이나 관형사, 다른 부사를 꾸며 주기도 한다. (1)의 '살금살금'은 동사 '다가와서'를 꾸며 주고 (2)의 '오직'은 명사 '합격'을 꾸며 주며 (3)의 '너무'는 다른 부사인 '빨리'를 꾸며준다. (4)의 '굉장히'는 관형사 '오랜'을 꾸며 준다.

확인 문제   2

품사는 해당 단어가 문장에서 담당하는 일시적인 기능이 아니라 그 단어가 가지고 있는 본래의 성질을 기준으로 나눈다. (1)의 '꼼꼼히'는 '꼼꼼하다'의 어근 '꼼꼼'에 부사를 만드는 접미사 '-히'가 결합하여 만들어져 '꼼꼼히'의 형태로 고정되어 쓰이는 부사이다. 반면에 (2)의 '꼼꼼하게'는 '꼼꼼하다'의 어간 '꼼꼼하-'에 문장에서 일시적으로 부사와 같은 기능을 하게 하는 전성어미 '-게'가 결합한 용언의 부사형으로 품사는 형용사이다.

확인 문제   3

부사는 문장의 특정 성분을 꾸며 주는 성분부사와 문장 전체를 꾸며 주는 문장부사로 나눌 수 있다. 성분부사는 다시 상태나 정도를 나타내면서 뒤의 용언을 '어떻게'의 방식으로 수식하는 성상 부사, 장소나 시간 및 앞의 이야기에서 나온 내용을 지시하는 지시 부사, 용언을 부정하는 방식으로 수식하는 부정 부사, 사람이나 사물의 소리나 모양, 행동 등을 흉내내는 상징 부사로 나뉜다. 문장부사는 말하는 이의 다양한 심리적 태도를 나타내는 양태 부사와 단어나 문장을 이어주는 접속 부사로 나뉜다. 이에 따라 제시된 부사를 분류하면 '가장, 많이, 새로, 오래, 멀리'는 성상 부사, '오늘, 벌써, 방금'은 지시 부사, '아니'는 부정 부사, '분명히, 과연, 제발'은 양태 부사, '그래서, 도리어, 즉, 한편'은 접속 부사, '울긋불긋'은 상징 부사이다.

확인 문제   4

관형사는 모든 조사와 결합할 수 없지만 부사는 보조사와는 결합할 수 있다. 이에 따라 (1)의 '온갖'은 '*온갖은, *온갖도, *온갖만'이 성립할 수 없기 때문에 관형사로 분류한다. 반면 (2)의 '조금'은 '조금은, 조금이나마, 조금만'이 성립할 수 있기 때문에 부사로 분류한다.

확인 문제   5

부사는 다른 문장 성분과 어울려 쓰일 때 여러 문법적 제약이 있다. (1)의 '설마'는 의문형과 주로 어울리는데 '하물며, 어찌, 왜' 등도 같은 제약을 갖는다. (2)의 '아직'은 '어떤 일이나 상태가 완료되었음'을 의미하는 단어와 함께 쓰일 수 없다. (3)의 '아까' 역시 어울려 쓰일 수 있는 시제에 제약이 있는데, '아까, 벌써' 등은 미래형과 어울려 쓰일 수 없다.

4. 관계언

4.1. 조사

확인 문제   1

(1)의 '에게'는 '친구'에 결합하여 부사어를 만드는 격조사이고, (2)의 '조차'는 '너'에 결합하여 '이미 어떤 것이 포함되고 그 위에 더함'의 의미를 더하는 보조사이며, (3)의 '(이)나'는 '커피'와 '녹차'를 같은 자격으로 이어 주는 접속조사이다.

확인 문제   2-1

*나는 세아와 도서관(에서) 우연히 만났다.

〈보충〉 격조사 중 구조격 조사는 생략되더라도 격 관계를 파악하는 데 문제가 없는 경우 생략될 수 있지만 어휘적 기능도 수행하는 의미격 조사는 생략되면 의미를 파악하는 데 문제가 생기기 때문에 생략되기 어렵다.

확인 문제   2-2

보조사 '은/는'이 용언의 활용형에 결합하는 예로는 '그렇게 해서는 안 된다', '그 집이 물건이 싸지는 않다'와 같은 것을 들 수 있고, 보조사 '은/는'이 부사에 결합하는 예로는 '확실히는 장담할 수 없다', '그가 일을 빨리는 한다'와 같은 것을 들 수 있다.

확인 문제 3

위와 같은 문장을 화용론에서 말하는 정보 구조의 관점으로 살펴보면, '냉장고는'과 '한국산이 최고야'는 주제-설명의 구조이다. 첫 번째 명사구인 '냉장고는'은 '냉장고로 말하자면'의 의미로 해석되므로, 주제어로 보는 것이 타당하다. 이때 일반적으로 주제어는 구정보이고, 설명 부분은 신정보이다. 신정보는 조사 '이/가'로 나타내고 구정보는 조사 '은/는'으로 나타내는 것이 자연스러우므로 (1)이 (2)보다 더 자연스러운 문장으로 여겨지는 것이다.

확인 문제 4

'와'를 접속조사로 본다면, (1)은 겹문장이 되어 '나'가 '영수'와 '철수'를 각각 만났다는 의미가 된다. 즉 '나는 영수를 만났다'와 '나는 철수를 만났다'가 접속조사 '와'에 의해 이어진 문장이 된 것이다. '와'를 공동의 격을 나타내는 격조사로 본다면 (1)은 홑문장이 되어 '나'와 '영수'가 함께 '철수'를 만났다는 의미가 된다. 이렇게 '와/과'는 중의성을 가지는 경우가 생길 수 있다.

확인 문제 5

'에서'는 단체나 조직을 나타내는 무정 명사에 붙어 주격 조사로 쓰일 수 있지만, 서술어가 동사가 아니라면 쓰일 수 없다. (1)의 '있다'는 문장에서 상태를 나타내는 형용사이므로 (1)은 비문이 된다.

확인 문제 6

(1)의 '가'는 명사 '대개'에 결합한 주격 조사이다. 한편, (2)의 '나오지'는 용언의 활용형으로 목적어의 재료가 될 수 없으므로 이때 '를'은 목적어와는 관계없이, 앞말을 지정하여 강조하는 기능을 한다. 따라서 (2)의 '를'은 격조사의 보조사적 용법으로 처리한다. (3)의 '를'은 '도서관'이라는 명사와 '에'라는 부사격 조사가 결합하여 만들어진 부사어에 붙어 앞말을 지정하여 강조하는 기능을 하므로 역시 격조사의 보조사적 용법으로 처리한다.

확인 문제 7

(1) 보조사 + 격조사(구조격), 이제부터가 시작이다.
(2) 격조사(의미격) + 보조사, 지식은 책에서만 얻을 수 있는 것이 아니다.
(3) 격조사(의미격) + 격조사(구조격), 너의 상관으로서가 아니라, 친구로서 하는 말이다.
(4) 보조사 + 보조사, 너만은 나를 믿어야 한다.
(5) 격조사(의미격) + 격조사(의미격), 지호는 학교에서보다 밝아 보였다.

5. 독립언

5.1. 감탄사

확인 문제 1

(1)의 '흥'은 말하는 사람의 본능적인 감정 표현으로 상대방을 의식하지 않는 감정 감탄사이고, (2)의 '아무렴'은 말하는 사람의 생각을 드러내는 의지 감탄사이다. (3)의 '저'는 어떤 생각이나 말이 잘 떠오르지 않거나 말을 꺼내기 어색하거나 곤란하여 머뭇거릴 때 쓰는 말로 입버릇 감탄사이다.

확인 문제 2

(4)의 밑줄 친 말은 감탄사이고, (1)~(3)의 밑줄 친 말은 감탄사가 아니다. (1)의 '영수야'는 명사 '영수'에 호격 조사 '야'가 결합한 것으로, 뒤의 문장에 대해 독립성이 있으므로 독립어이기는 하지만 감탄사는 아니다. (2)의 '다행히'와 (3)의 '어찌'는 말하는 사람의 느낌이나 놀람, 부름이나 대답을 나타내는 단어가 아니며, 뒤의 문장 전체를 수식하는 문장부사이다. (4)의 '그래'는 긍정의 의미를 갖는 의지 감탄사이다.

확인 문제 3-1

(1)의 '어디'는 잘 모르는 곳을 나타내는 지시 대명사이고, (2)의 '어디'는 남의 주의를 끌 때 사용하는 감탄사이다. (1)의 '어디'는 '어디로'에서와 같이 조사가 결합할 수 있지만 (2)의 '어디'는 조사가 결합할 수 없다.

확인 문제 3-2

(1)의 밑줄 친 단어는 감탄사가 아니다. (1)의 밑줄 친

단어는 뒤에 오는 문장 전체를 꾸며 주는 문장부사이고, (2)의 밑줄 친 단어는 어떤 사실에 대하여 확인을 요구할 때 쓰는 감탄사이다.

6. 품사 통용

확인 문제   1

(1)의 '비교적'은 서술격 조사 '이다'가 결합한 것으로 보아 명사로 쓰인 것이고, (2)의 '비교적'은 조사와 결합할 수 없으며 뒤에 오는 명사 '연구'를 수식하는 것으로 보아 관형사이다. (3)의 '비교적'은 격조사와 결합할 수 없으며, 뒤에 오는 용언 '수월하게'를 수식하는 것으로 보아 부사이다.

확인 문제   2

(1)의 '저'는 말하는 이가 윗사람이나 그다지 가깝지 않은 사람을 상대하여 자기를 낮추어 가리키는 일인칭 대명사이고, (2)의 '저'는 말하는 이와 듣는 이로부터 멀리 있는 대상을 가리킬 때 쓰는 지시 관형사이며, (3)의 '저'는 어떤 생각이나 말이 잘 떠오르지 않거나 말을 꺼내기가 어색하거나 곤란하여 머뭇거릴 때 쓰는 입버릇 감탄사로 (1)-(3)의 '저'는 의미적 연관성이 보이지 않는 별개의 단어이다. 즉, 동음이의어로 품사 통용어가 아니다.

〈보충〉 품사 통용은 해당 단어가 다의어 관계일 때 논할 수 있다. 이때 다의어 판단 기준은 어원이 같은지와 의미적 관련성이 있는지이다. 하지만 (1)-(3)의 '저'는 어원뿐 아니라 의미적 관련성마저 없으므로 다의어가 아니라 동음이의어(소리만 같고 뜻은 다른 단어)에 해당한다.

확인 문제   3

(1)과 (2)의 '몇'은 품사 통용어로, (1)과 (2)의 '몇'은 모두 그리 많지 않은 얼마만큼의 수를 막연하게 이르는 말이다. 하지만 (1)의 '몇'은 뒤에 조사가 결합할 수 있는 것으로 보아 수사이고, (2)의 '몇'은 조사가 결합할 수 없고, 뒤에 오는 의존 명사 '살'을 꾸며주는 것으로 보아 수 관형사이다.

확인 문제   4-1, 4-2

(1)의 '밝다'는 '*방이 아주 밝는다'에서와 같이 현재를 나타내는 종결어미 '-는/ㄴ다'와 결합할 수 없으며, '아주 밝은 방'에서와 같이 현재 시제를 나타내는 관형사형 어미로 '-(으)ㄴ'이 결합하므로 형용사이다. 하지만 (2)의 '밝다'는 '날이 밝는다'에서와 같이 현재를 나타내는 종결어미 '-는/ㄴ다'와 결합할 수 있으며, '날이 밝는 대로 다시 수색할 거야.'와 같이 현재 시제를 나타내는 관형사형 어미로 '-는'이 결합하므로 동사이다. 이처럼 형용사와 동사를 변별할 때에는 현재를 나타내는 종결어미 '-는/ㄴ다'와 결합할 수 있는지, 현재 시제를 나타내는 관형사형 어미로 무엇이 결합하는지가 그 기준이 된다.

(3)은 형용사이고, (4)는 동사이다. 활용의 방식이 다르기도 하지만 형용사 '더하다'는 문장에서 '1이 2보다 더하다'의 격틀로 쓰이고, 동사 '더하다'는 '1이 더하다'의 격틀로 쓰인다.

확인 문제   5-1, 5-2

(1)의 '아니'는 뒤에 오는 용언 '듣겠어'를 수식하므로 부사이고, (2)의 '아니'는 문장의 다른 성분들과 아무런 관련이 없는 감탄사이다. 하지만 표준국어대사전에서는 부사 '아니'와 감탄사 '아니'가 별개의 표제어로 수록되어 있으므로 품사 통용어로 보기는 어렵다.

(3)의 '어디'는 조사가 결합할 수 있는 대명사이고 (4)의 '어디'는 조사가 결합할 수 없는 감탄사이다.

확인 문제   6

(1)의 '보다'는 서로 차이가 있는 것을 비교하는 경우, 비교의 대상이 되는 말에 붙어 '~에 비해서'라는 뜻을 나타내는 격조사이고, (2)의 '보다'는 '어떤 수준에 비하여 한층 더'라는 뜻을 나타내는 부사이다. 이때 (1)과 (2)의 '보다'가 의미적으로 유사성이 느껴진다는 점에서 품사 통용으로 볼 수도 있지만 〈표준국어대사전〉에서는 (1)과 (2)의 '보다'를 각각의 표제어로 올려 동음이의어로 처리하고 있다.

02. 형태소와 단어

❶ 형태소

1. 형태소의 개념

(1)의 '짓/ 밟/ 히/ 었/ 다'는 접두사 '짓-', 어근 '밟-', 피동 접미사 '-히-', 과거 시제 선어말어미 '-었-', 종결어미 '-다'로 분석된다.

(2)는 어근 '깨-', 강세 접미사 '-뜨리-', 주체 높임의 선어말어미 '-시-', 과거 시제 선어말어미 '-었-', 종결어미 '-다'로 분석된다.

2. 형태소의 분석 기준

'아이'는 '아빠, 친구, 누나' 등과 대치가 가능하고, '과자'는 '사과, 고기, 떡볶이' 등과 대치가 가능하며, 조사 '가'와 '를'은 '은/는, 도, 만' 등과 대치가 가능하다. 또한 '먹-'은 '흘리-, 사-' 등과, '-었-'은 '-겠-', '-는-' 등과 대치가 가능하다. '-다' 역시 '-네', '-군' 등과 대치가 가능하다. 따라서 '아이', '가', '과자', '를', '먹-', '-었-', '-다'는 계열 관계를 기준으로 형태소 분석을 할 수 있다.

또한 '아이'와 '가' 사이에는 '들'이 끼어들 수 있고, '과자'와 '를' 사이에는 '만'이 끼어들 수 있으며, '아이가'와 '과자를' 사이에는 '그'가 끼어들 수 있다. 또한 '먹-'과 '-었-' 사이에는 사동 접미사 '-이'가, '먹었-'과 '-다' 사이에는 '-겠-'이 끼어들 수 있다는 점에서 각각 통합 관계를 기준으로 형태소 분석을 할 수 있다. 따라서 (1)은 '아이/ 가/ 과자/ 를/ 먹-/ -었-/ -다'로 형태소 분석을 할 수 있다.

3. 형태소의 종류

(1)은 '그/ 들/ 의/ 싸우-/ -ㅁ/ 은/ 해/ 가/ 바꾸-/ -이/ -어도/ 끝/ 나-/ -ㄹ/ 줄/ 을/ 모르/ 았/ 다'와 같이 형태소 분석을 할 수 있다. 이때 자립 형태소는 '그', '해', '끝', '줄'이고, 의존 형태소는 '-들', '의', '싸

우-', '-ㅁ', '은', '가', '바꾸-', '-이-', '-어도', '나-', '-ㄹ', '을', '모르-', '-았-', '-다'이다.

(1)은 '그/ 들/ 의/ 싸우-/ -ㅁ/ 은/ 해/ 가/ 바꾸-/ -이/ -어도/ 끝/ 나-/ -ㄹ/ 줄/ 을/ 모르/ 았/ 다'와 같이 형태소 분석을 할 수 있다. 이때 '그', '싸우-', '해', '바꾸-', '끝', '나-', '줄', '모르-'는 실질적인 뜻을 가지므로 실질 형태소이다. 반면, '-들', '의', '-ㅁ', '은', '가', '-이-', '-어도', '-ㄹ', '을', '-았-', '-다'는 실질적인 뜻이 없는 형식 형태소이다.

(1)의 '징검다리'는 '징검'과 '다리'로 형태소 분석을 할 수 있다. 이때, '징검'은 '다리', '돌', '바늘' 등 결합할 수 있는 형태소가 극히 제한되는데 이러한 형태소를 특이 형태소라고 한다. 마찬가지로 (2)의 '이듬해'는 '이듬'과 '해'로 형태 분석을 할 수 있는데, 이때 '이듬' 역시 '해', '달' 등 결합할 수 있는 형태소가 극히 제한되는 특이 형태소이다. (3)의 '어금니'는 '어금'과 '니'로 형태소 분석을 할 수 있는데 이때 '어금'도 '니'와만 결합하므로 특이 형태소이다.

4. 형태소의 교체

'아이의 머리를 감기다'에서 '감기다'는 '기'가 된소리 '끼'로 발음되지 않고 [감기다]로 발음된다. 이와 같이 비음 뒤에서 된소리되기가 일어나지 않는 예가 있으므로 위와 같은 현상은 비자동적 교체이다.

'덥다'는 '-고, -네'와 같이 자음으로 시작하는 어미 앞에서는 '덥고, 덥네'와 같이 '덥-'의 형태로 활용하지만 '-으니, -어서'와 같이 모음으로 시작하는 어미 앞에서는 '더우니, 더워서'와 같이 '더우-'의 형태로 활용하는 불규칙적 교체를 보인다. 따라서 이를 'ㅂ불규칙 활용'이라고 부른다.

확인 문제   3

'낯은 '낯이 두껍다.'와 같이 모음 앞에서는 /낯/으로, '낯도 두껍다.'와 같이 자음 앞에서는 /낟/으로, '낯만 두껍다.'와 같이 비음 앞에서는 /난/으로 나타난다. 정리하자면 형태소 '낯은 /낯/, /낟/, /난/의 이형태를 갖는다.

확인 문제   4

명령형 어미는 일반적으로 '-아라/어라'의 형태로, '잡아라, 먹어라'와 같이 쓰인다. 하지만 선행 용언이 '오다'나 '오다'로 끝나는 용언일 때에는 명령형 어미로 '-너라'가 쓰인다. 이때 '-너라'는 형태론적 이형태이다.

확인 문제   5

기본 형태는 다른 이형태들이 나타나는 현상을 합리적으로 설명할 수 있어야 한다. '닭'이 /닥/으로 나타나는 현상은 '닭'에 자음군 단순화가 일어나는 것으로 설명할 수 있고, /당/으로 나타나는 현상은 '닭'에 자음군 단순화가 일어나 된 [닥]이 비음 앞에서 쓰일 때 받침 'ㄱ'이 'ㅇ'이 되는 비음화가 일어나는 것으로 설명할 수 있다. 그러나 /당/이 /닥/이 되거나 /당/이나 /닥/이 /닭/이 되는 것을 설명할 수 있는 한국어의 음운 현상은 찾을 수 없기 때문에 '닭'을 기본 형태로 정하는 것이 합리적이다.

❷ 단어

1. 단어의 개념

확인 문제   1

'어디 가니?'는 일정한 의미를 가진 언어 형식으로서 자립 형식이다. '어디 가니?'의 직접 성분 '어디'와 '가니'가 모두 자립 형식이므로 '어디 가니?'는 최소 자립 형식이 아니다. '어디'는 더 이상 분석할 수 없기 때문에 그 자체로 최소 자립 형식이 된다. '가니'는 '가-'와 '-니'로 분석할 수 있는데 둘 다 의존 형식이므로 '가니' 자체가 최소 자립 형식이 된다. 따라서 '어디 가니?'에서 최소 자립 형식은 '어디'와 '가니'이다.

2. 단어의 식별원리

확인 문제   1

'그림'은 '책, 노래, 영화' 등으로 교체할 수 있고 '좋네'는 '예쁘네, 멋지네, 아름답네' 등으로 교체할 수 있으므로 대치의 원리를 충족한다. 또한 '그림'과 '좋네' 사이에 '정말, 참, 아주' 등과 같은 요소를 끼워 넣을 수 있으므로 확대의 원리를 충족한다. 따라서 '그림'과 '좋네'는 단어의 자격을 갖는다.

3. 단어와 형태소의 차이

확인 문제   1

(1)은 '영수/ 는/ 등/ 불/ 을/ 켜/ 고/ 낚시/ 질/ 을/ 하/ 였/ 다'와 같이 13개의 형태소로 이루어져 있고, '영수/ 는/ 등불/ 을/ 켜고/ 낚시질/ 을/ 하였다'와 같이 8개의 단어로 이루어져 있다.

'등불'과 '낚시질'은 하나의 단어이지만 두 개의 형태소로 이루어져 있다. 단어와 형태소는 모두 의미를 가지고 있으나, 형태소는 의미를 가지고 있는 문법 단위 중에서도 '가장 작은(최소의)'라는 제약 조건이 있다. 반면, 단어는 하나의 형태소로 구성된 것도 있고, 둘 이상의 형태소가 결합하여 형성된 경우도 있다.

단어는 조사를 제외하면, 원칙적으로 홀로 자립적으로 쓰일 수 있는 문법 단위이다. 반면 형태소에는 홀로 자립적으로 쓰일 수 있는 자립 형태소도 있고, 반드시 다른 형태소가 붙어야만 쓰일 수 있는 의존 형태소도 있다. 예컨대 '켜고, 하였다' 등은 각각 하나의 단어이지만, '켜-', '-고', '하-', '-였-', '-다'와 같은 여러 개의 의존 형태소로 이루어져 있다.

03. 단어의 형성

❶ 단어의 구성 요소

확인 문제   1

(1)의 '덧니'는 어근 '이(니)'에 접사 '덧-'이 결합한 것이고, '덧붙이다'는 어근 '붙-'에 파생 접사 '덧-'과 '-이-' 그리고 굴절 접사 '-다'가 결합한 것이며, '지우개'는 어근 '지우-'에 파생 접사 '-개'가 결합한 것이다. (2)의 '만남'은 어근 '만나-'에 파생 접사 '-(으)ㅁ'이 결

합한 것이고 '만나시다'는 어근 '만나-'에 굴절 접사 '-시-'와 굴절 접사 '-다'가 결합한 것이며, '깨뜨리다'는 어근 '깨-'에 파생 접사 '-뜨리-', 굴절 접사 '-다'가 결합한 것이다.

확인 문제   2

어근은 단어의 직접구성요소를 분석해 보았을 때, 실질적 의미를 가지며 단어의 핵심을 이루는 형태소를 일컫는 말이다. '뒤섞이다'에서는 '뒤-', '섞-', '-이-', '-다'를 분석해 낼 수 있는데, 이 중 단어의 핵심을 이루는 요소는 '섞-'이다. 따라서 '섞-'이 어근이다.

한편, 어간은 용언이 활용할 때 변하지 않는 고정된 부분으로, 실질적 의미를 가지며, 뒤에 어미가 붙는다. '뒤섞이다'는 활용형이 '뒤섞이고, 뒤섞이니, 뒤섞이어서, 뒤섞이며…'와 같이 나타난다. 이때 실질적 의미를 가지며, 활용할 때 변하지 않는 부분은 바로 '뒤섞이-'이다. 어간 '뒤섞이-'는 뒤에 '-고, -니, -어서, -며'와 같은 어미가 붙는다.

'휘날리다'에서는 '휘-', '날-', '-리-', '-다'를 분석해 낼 수 있는데, 이 중 단어의 핵심을 이루는 요소는 '날-'이다. 따라서 '날-'이 어근이다. '휘날리다'는 '휘날리고, 휘날리니, 휘날리어서…'와 같이 활용하는데, 활용 시 변하지 않는 부분인 어간은 바로 '휘날리-'이다. '오르내리다'는 어근 '오르-'와 어근 '내리-'가 결합한 합성어로, '오르내리고, 오르내리면, 오르내리니까…'와 같이 활용한다. 이때 고정된 부분인 어간은 '오르내리-'이다.

확인 문제   3

꿈[1]은 어근 '꾸-'에 명사 파생 접미사 '-(으)ㅁ'이 결합하여 만들어진 명사로, 관형어 '그런'의 수식을 받고 있다. 한편 꿈[2]는 동사 어간 '꾸-'에 명사형 전성어미 '-(으)ㅁ'이 결합한 것으로, 부사 '자주'의 수식을 받고 있다.

❷ 단어의 유형

확인 문제   1

'먹다'는 어근 '먹-'에 굴절 접사 '-다'가 결합한 단일어이다. '슬기롭다'는 어근 '슬기'에 파생접사 '-롭-'이 결합한 파생어이고, '봄비'는 어근 '봄'과 '비'가 결합한 합성어이며, '덧신'은 어근 '신'에 파생 접사 '덧-'이 결합한 파생어이다. 그리고 '오가다'는 어근 '오-'에 어근 '가-'가 결합한 합성어이다. 따라서 '먹다'는 단일어이고, '슬기롭다', '봄비', '덧신' '오가다'는 복합어이다.

❸ 단어 형성법

1. 파생법

1.1. 접두 파생법

확인 문제   1

접두사 '짓-'과 부사 '마구'는 유사한 의미를 갖는다. 하지만 접두사 '짓-'은 '짓밟다, 짓이기다, 짓누르다'와 같이 결합하는 어근이 제한적이지만 부사 '마구'는 '마구 때리다', '마구 퍼붓다', '마구 쏟아지다', '마구 흐르다', '마구 사다', '마구 버리다' 등과 같이 그 분포에 제한성이 없다는 점에서 쓰임의 차이를 보인다. 또한 뒷말과 분리가 불가능한 접두사 '짓-'과 달리 부사 '마구'는 '마구 세게 때리다', '마구 세차게 퍼붓다'와 같이 다른 말이 끼어들어 뒷말과 분리될 수 있다. 따라서 접두사 '짓-'은 단어의 자격을 가지지 못하지만, 부사 '마구'는 단어의 자격을 가진다.

확인 문제   2

접두사 '짓-'이 용언과 결합하여 파생어를 형성한 예에는 '짓누르다, 짓밟다, 짓이기다…' 등이 있다. 이를 통해, 접두사 '짓-'은 '고생, 망신' 등 명사와 결합하여 파생어를 형성하기도 하지만, '누르다, 밟다, 이기다…' 등 동사와 결합하여 파생어를 형성하기도 한다는 것을 알 수 있다.

확인 문제   3

'알밤'과 '알몸'에 쓰인 접두사 '알-'은 '겉을 덮어 싼 것이나 딸린 것을 다 제거한'의 뜻을 더하며, '알거지'와 '알부자'에 쓰인 접두사 '알-'은 '진짜, 알짜'의 뜻을 더한다.

확인 문제   4

'쓸다(<뜰다)'와 같이 중세 국어 시기에 어두자음군을 첫

소리로 가지고 있었던 단어와 결합할 때는 '홉-'이, '감다'와 같이 그렇지 않은 경우에는 '휘-'가 결합한다. '수'와 '숫'은 '양', '염소', '쥐' 앞에는 '숫-'이 결합하고, 그 외에는 '수-'가 결합한다. 또한 '수-'의 경우 중세국어 시기에 ㅎ종성체언을 갖고 있었기 때문에 뒷말이 예사소리일 경우 '거센소리되기'가 일어나, '수캉아지, 수캐, 수컷, 수키와, 수탉, 수탕나귀, 수톨쩌귀, 수퇘지, 수평아리'와 같이 쓴다. 하지만 ㅎ종성이 사라진 이후에 형성된 단어의 경우, '수비둘기, 수공작' 등과 같이 '거센소리되기'가 일어나지 않은 형태로 쓴다.

1.2. 접미 파생법

확인 문제   **1-1**

(1)의 '-개'는 '그러한 행위를 하는 간단한 도구'의 뜻을 더하고, (2)의 '-개'는 '그러한 행위를 특성으로 지닌 사람'의 뜻을 더한다.

확인 문제   **1-2**

동일한 의미와 기능을 갖고 있으면서 환경에 따라 상보적 분포를 이루는 형태들을 이형태라고 한다. '-개'와 '-게'는 '그러한 행위를 하는 간단한 도구'라는 동일한 의미를 가지며, 동사의 어근에 결합하여 명사를 만드는 접미사로서 서로 상보적 분포를 보이므로 이형태라고 할 수 있다. 하지만 '-쟁이'와 '-장이'의 경우, '-쟁이'는 '그것이 나타내는 속성을 많이 가진 사람'이라는 뜻을 더하고 '-장이'는 '그것과 관련된 기술을 가진 사람'이라는 뜻을 더한다는 점에서 분명한 의미 차이를 가지므로 이형태로 볼 수 없다.

〈보충〉 '집게, 지게'의 '게-'는 '덮개, 지우개'의 '-개'와 동일한 의미와 기능을 갖는 이형태로, 어근의 형태에 따라 접미사가 결정된다.

확인 문제   **2**

'믿음¹'의 '-음'은 어근 '믿-'에 결합하여 명사를 만드는 파생 접미사이고 '믿음²'의 '-음'은 어간 '믿-'에 결합하여 용언이 문장에서 일시적으로 명사의 기능을 하게 하는 명사형 전성어미이다. 따라서 '믿음¹'은 관형어 '너에 대한'의 꾸밈을 받는 명사이고, '믿음²'는 부사어 '철석같이'의 꾸밈을 받는 동사의 명사형이다.

〈보충〉 돼지가 나오는 꿈¹을 자주 꿈²은 좋은 징조이다. 꿈¹은 관형어 '돼지가 나오는'의 수식을 받는 명사로, 이때 '-(으)ㅁ'은 명사 파생 접미사이다. 반면 꿈²는 부사 '자주'의 수식을 받는 동사 '꾸다'의 명사형으로, 이때 '-(으)ㅁ'은 명사형 전성어미이다.

확인 문제   **3**

'가결되다'의 '-되-'는 명사 '가결'에 결합하여 피동의 뜻을 더하고 동사를 만드는 접미사이고 '참되다'의 '-되-'는 명사 '참'에 결합하여 형용사를 만드는 파생 접미사이다.

확인 문제   **4**

접미사 '-지-'는 '그러한 성질이 있음', '그러한 모양임'의 뜻을 더하는 형용사 파생 접미사로, '멋지다, 값지다'와 같이 명사 뒤에 붙어 쓰인다. 보조 동사 '지다'는 '떨어지다', '따뜻해지다'와 같이 용언 뒤에서 '-어지다'의 구성으로 쓰여, '앞말이 뜻하는 대로 됨'을 나타내거나, '만들어지다'와 같이 '남의 힘에 의하여 앞말이 뜻하는 행동을 입음'을 나타낸다.

확인 문제   **5**

'나른'에 부사 파생 접미사 '-히'가 결합하면 파생 부사 '나른히'가 된다.

확인 문제   **6**

접미사는 앞말과 하나의 단어를 이루기 때문에 붙여 쓰지만, 의존 명사는 한글맞춤법 제42항에 따라 앞말과 띄어 쓴다. 따라서 (1)의 '간'과 (2)의 '차'는 모두 의존 명사이다. 또한 (1)의 '간'은 '서울 속초'와 같은 관형어의 꾸밈을 받고, (2)의 '차'는 '잠이 막 들려던'과 같은 관형어의 꾸밈을 받는다는 점에서도 의존 명사임을 알 수 있다.

확인 문제   **7**

'-어치'와 '-짜리'는 모두 명사나 명사구에 결합하는 접미사이다. (1)에서 '-어치'는 금액을 나타내는 명사구 '만 원'에 결합하여, '그 값에 해당하는 분량'의 뜻을 더한다. (2)에서 '-짜리'는 값을 나타내는 명사구 '백억 원'에 결합하여 '그만한 가치를 가진 것'의 뜻을 더

한다.

1.3. 접두사와 접미사의 차이

확인 문제   1

'풋내기'와 '맏이'는 접두사와 접미사의 결합으로 이루어진 복합어이다. 복합어 중 어근과 어근이 결합하여 형성된 단어를 합성어라고 하고, 어근과 접사가 결합하여 형성된 단어를 파생어라고 하는데, '풋내기'나 '맏이'와 같은 경우에는 의미적으로 더 비중이 있는 형태소에 어근의 자격을 부여하여 파생어로 볼 수 있다. '풋내기'에서는 '풋-'에, '맏이'에서는 '맏-'에 어근의 자격을 부여할 수 있다.

2. 합성법

2.1. 합성어의 유형

확인 문제   1

'떡값'은 어근 '떡'과 어근 '값'이 결합하여 형성된 합성어이지만, 각각의 어근이 지닌 본래의 의미를 잃어버리고, '설이나 추석 때 직장에서 직원에게 주는 특별 수당을 비유적으로 이르는 말' 등과 같은 새로운 의미를 나타낸다. 이와 같이 각각의 어근이 가진 본래의 의미를 잃어버리고, 새로운 의미를 나타내는 합성어를 융합 합성어라고 한다.

확인 문제   2

'작은'은 형용사의 관형사형이고 '형'은 명사이다. 꾸미는 말이 꾸밈 받는 말의 앞에 위치하는 것은 한국어의 일반적인 문장 구조에서 확인되는 단어 배열 방식이므로 '작은형'은 통사적 합성어이다.

확인 문제   3

'여기저기'는 대명사 '여기'와 '저기'가 결합하여 형성된 합성 명사이고, '이것저것'은 대명사 '이것'과 '저것'이 결합하여 형성된 합성 명사이며, '요리조리'는 부사 '요리'와 '조리'가 결합하여 형성된 합성 부사이다.

확인 문제   4

위 신조어를 선행 어근의 종류에 따라 분류해 보면, '반짝스타', '깜짝쇼'와 같이 선행 어근이 부사인 것, '누리집', '기러기아빠', '국민타자'와 같이 선행 어근이 명사인 것, '붉은악마'와 같이 선행 어근이 용언의 관형사형인 것으로 나눌 수 있다.

확인 문제   5

'약아빠지다'는 선행 어근이 형용사인 합성 형용사이고, '못쓰다'는 선행 어근이 부사인 합성 동사이며, '꼴좋다'는 선행 어근이 명사인 합성 형용사이다. '검붉다'는 선행 어근이 형용사인 합성 형용사이다.

확인 문제   6

'갈래갈래'는 명사 '갈래'가 중첩되어 이루어진 합성 부사이고, '고루고루'는 부사 '고루'가 중첩되어 이루어진 합성 부사이다. 한편, '온종일'은 관형사 '온'과 명사 '종일'로 이루어진 합성 부사인데 '온종일'은 명사로 쓰이기도 한다.

2.2. 합성어와 구의 차이

확인 문제   1

합성어는 한 단어로서 수식을 받아야 하며 동사 '뛰다'는 부사 '높이'와 어울려 쓰일 수 있지만 동사 '가다'는 부사 '높이'와 어울려 쓰이면 부자연스럽다. 이를 바탕으로 위 문장을 살펴보면 (1가) 문장은 비문이고 (1나) 문장은 비문이 아니다. 즉 (1가)의 '뛰어가다'는 '달음박질로 빨리 가다'의 의미를 갖고 있으므로 '높이'의 수식을 받을 수 없는 합성어이고 (1나)의 '뛰어(서) 갔다'는 '뛰다'와 '갔다'가 연결어미 '-어(서)'에 의해 연결된 이은말로 부사 '높이'의 수식이 '뛰어'에만 작용한다.

3. 직접구성성분

확인 문제   1

'코웃다'라는 단어는 존재하지 않으므로, '코웃음'은 '코'와 '웃음'으로 직접구성성분을 분석할 수 있다. 이때 분석된 두 요소는 모두 어근이므로, '코웃음'은 합성어이다. '놀이터'는 직접구성성분이 '놀이'와 '터'로 둘 다 어근이다. 따라서 '놀이터'는 합성어이다. '구두 닦다'라는 단어는 존재하지 않으므로, '구두닦이'는 '구두'와 '닦이(물건을 닦는 일. 또는 그 사람)'로 분석할 수 있는데, 이때 두 요소가 모두 어근이므로 합성어이다.

4. 다양한 단어 형성 방법

확인 문제　　　　　　　　　　　　　　1

'대체로'는 '대체 + 로', '되게'는 '되- + -게', '하지만'은 '하- + -지만', '글쎄다'는 '글쎄 + -다'로 분석된다. 이때 선행 요소는 모두 어근이지만, 후행 요소는 조사나 어미이기 때문에 단순히 합성이나 파생으로 분류하기 어렵다. 이런 경우, 통사 구성이 형태 구성인 단어로 어휘화한 것으로 볼 수 있다. 그런가 하면 '깜놀'은 '깜짝 놀라다'가 축약되어 형성된 단어이다. 또한 '휴게텔'은 '휴게 + -텔'로 분석되는데, 이는 국어 화자가 '호텔'이라는 하나의 형태소에서 분석해 낸 '-텔'이 명사 '휴게'와 결합한 것으로 볼 수 있다. 이러한 단어 형성법은 '혼성'이라고 부른다.

II. 통사론
〈확인 문제〉 정답과 해설

02. 문장의 성분

❶ 주성분

1. 주어

확인 문제 　　　　　　　　　　　　1.

명사: 관중이 선수를 향해 손을 흔들었다.
명사구: 3만 명의 관중들이 경기장에 들어왔다.
명사절: 오늘은 너와 야구장에 함께 가기가 어렵다.

확인 문제 　　　　　　　　　　　2-1.

(1)의 '우리 회사에서'는 주어다. '에서'는 단체 무정 명
사와 결합할 때 주격 조사로 쓰일 수 있다.
(2)의 '운동장에서'는 서술어 '뛰어논다'를 수식하는 부
사어다.
(3)의 '혼자서'는 주어다. 인수사 '혼자'에 조사 '서'가
결합하였다. 이때 '서'는 주격 조사로 본다.

확인 문제 　　　　　　　　　　　2-2.

(1)의 주어는 '너만은'이다.
(2)의 주어는 '영수도'다.
체언이나 체언 구실을 하는 말에 주격 조사가 결합하
는 것이 일반적인 주어의 형태지만 (1), (2)에서는 주
격 조사가 생략되고 보조사 '만', '은', '도'가 결합하여
주어를 이루고 있다.

확인 문제 　　　　　　　　　　　　3.

재귀 대명사 '자기'는 '시킴'의 뜻을 지닌 서술어와 함
께 쓰일 때는 중의성을 갖게 된다. (1)의 '먹였다'는 사
동사지만 '영수가 동생에게 간식을 직접 먹였다.'는 의
미로 해석된다. 따라서 '시킴'의 뜻을 갖지 않으므로

(1)의 '자기'는 '영수'로 파악할 수 있다. 반면에 (2)의
'먹게 했다'는 '영수가 동생에게 간식을 먹도록 했다.'
는 의미로 해석된다. 따라서 '시킴'의 뜻을 가지므로
(2)의 '자기'는 '영수'와 '동생'이 모두 될 수 있는 중의
성을 갖는다.

확인 문제 　　　　　　　　　　　4-1.

생략되는 경우: 농부들이 비(가) 오기를 기다린다.
생략되지 않는 경우: 이 시계는 오빠가 나에게 생일
선물로 사준 것이다.

확인 문제 　　　　　　　　　　　4-2.

격조사가 생략되더라도 격 관계가 분명한 경우 격조
사를 생략할 수 있다. 그러나 (1)의 경우 격조사가 생
략되어 서술어 '때렸어요'와 호응하는 주어를 파악할
수 없기 때문에 비문이 된다.

확인 문제 　　　　　　　　　　　4-3.

판단 의문문('예/아니오'를 대답으로 요구하는 의문
문)에 대해 부정의 대답을 할 때, 주격 조사를 생략할
수 없다. 다만 부정의 대답을 하더라도 질문에 쓰인
서술어와 다른 서술어를 사용하는 경우 주격 조사를
생략할 수 있다.

2. 목적어

확인 문제 　　　　　　　　　　　　1.

체언 구실을 하는 명사절 '내가 어떻게 해야 할지'에
목적격 조사 '를'이 결합하여 목적어가 되었다.

확인 문제 　　　　　　　　　　　　2.

'피시방에를'은 체언에 부사격 조사가 결합한 꼴에 다
시 조사 '를'이 결합한 형태이다. '를'이 결합하였어도
'피시방에를'이 서술어의 동작 대상이 되는 목적어의
기능을 수행하고 있다고 볼 수 없다. 이러한 경우에는
조사 '를'을 목적격 조사로 보기 어렵다.

확인 문제   3.

목적어는 후행 목적어가 선행 목적어와 전체의 부분, 시간, 종류, 수 등의 관계에 있을 때 겹쳐 쓸 수 있다. (1)의 목적어 '영수'와 '등'은 전체와 부분의 관계이고, '두 대'는 다른 목적어들과 수량 관계이다. (2)의 목적어 '생선'과 '큰 것'은 개체의 종류 관계이고, '두 마리'는 다른 목적어들과 수량 관계이다.

3. 서술어

확인 문제   1.

(1)의 서술어는 '지나서였다'로 용언의 어간 '지나-'에 연결어미 '-(아)서'가 결합한 '지나서'에 서술격 조사 '이다'가 결합하였다. (2)의 서술어는 '초등학교 때부터이다.'로 체언 '초등학교'의 수식을 받는 명사 '때'에 보조사 '부터'와 '이다'가 결합하였다.

확인 문제   2-1.

(1)의 서술어 '주다'는 '1이 2에게 3을 주다.'의 격틀을 가지는 세 자리 서술어로, 부사어를 필수적으로 요구한다. 따라서 필수 성분인 부사어가 빠진 (1)은 비문이 된다. "산타 할아버지가 철수에게 선물을 주셨다."로 고치면 적격문이 된다.

확인 문제   2-2.

〈그치다〉
한 자리 서술어: 비가 그쳤다.
두 자리 서술어: 아기가 울음을 그쳤다.

확인 문제   3.

서술어로 쓰인 용언은 주어나 목적어 등에 특정한 말을 요구하는 성질인 선택 제한을 갖기 때문이다.
(1)의 '입다': '옷'의 종류 만을 목적어로 사용할 수 있다.
(2)의 '끼다': '안경', '장갑' 등의 명사를 목적어로 사용할 수 있다.
(3)의 '쓰다': '복면', '모자' 등 머리에 끼울 수 있는 것만을 목적어로 사용할 수 있다.
(4)의 '신다': '양말', '신발' 등을 목적어로 사용할 수 있다.

확인 문제   4.

(1)의 '먹다'는 주어인 '내가'와 호응하지 않지만 (2)의 '먹다'는 생략된 주어와 호응한다. 또한 다른 말 '-서'가 끼어들 경우 (1)은 '*태워서 먹었다'로 분리될 수 없지만 (2)는 '태워서 먹으면'으로 분리될 수 있다. 이를 근거로 (1)의 '먹다'는 보조용언, (2)의 '먹다'는 본용언으로 판별할 수 있다.

4. 보어

확인 문제   1.

(1)의 '고향이'는 체언에 조사 '이'가 결합하였고 심리형용사 '그립다'가 주어 '나는' 과 더불어 필수적으로 요구하는 성분이다. 따라서 보어로 볼 가능성이 있다. (2)의 '자기 차가'는 체언 역할을 하는 명사구에 조사 '가'가 결합하였고 형용사 '있다'가 주어 '영수는'과 더불어 필수적으로 요구하는 성분이다. 따라서 보어로 볼 가능성이 있다.

확인 문제   2.

(1)의 '문제가'는 체언에 조사 '가'가 결합하였고, 서술어 '있다'가 요구하는 필수적인 성분이자 의미적으로 서술의 대상이 된다. 또한 '문제가'를 관계관형절의 표제 명사로 했을 때 '*경제가 있는 문제'가 되어 관계관형절의 꾸밈을 받는 명사가 될 수 없다. 따라서 (1)의 '문제가'는 보어다.

확인 문제   3.

(1)의 '마음이'는 보어다. (1)의 '놓이다'는 '놓다'에 피동 접미사 '-이-'가 결합한 심리 자동사로 두 자리 서술어다. 따라서 1인칭 주어 이외에 필수 성분을 요구한다.
(2)의 '호기심이'는 보어다. (2)의 '당기다'는 심리 자동사로 두 자리 서술어다. 따라서 1인칭 주어 이외에 필수 성분을 요구한다.

확인 문제   4.

(1)의 '속이', (2)의 '머리가'는 모두 보어다. (1)의 '울렁거리다', (2)의 '지끈거리다'는 감각 자동사로 두 자리 서술어다. 따라서 1인칭 주어 이외에 필수 성분을 요

구한다.

확인 문제   5-1.

(1)-(4)의 밑줄 친 성분 중 보어로 볼 수 있는 것은 (1), (2), (4)이다.
(1), (2)의 '나가다', '들다'와 같은 서술어는 수나 양을 나타내는 체언, 수량사를 요구한다. 이때, '1톤이', '500만 원이'와 같은 문장 성분은 서술어가 주어 이외에 필수적으로 요구하는 문장 성분이며 생략이 어렵다는 점에서 보어로 볼 수 있다.
(3), (4)의 동사 '맞다'는 서술어의 자릿수가 다르다. (3)의 '맞다'는 한 자리 서술어인 반면, (4)의 '맞다'는 두 자리 서술어이다. 따라서 (3)의 '네 말이'는 주어이며, (4)의 '범인이'는 서술어가 주어 이외에 필수적으로 요구하는 문장 성분이므로 '보어'로 볼 수 있다.

확인 문제   5-2.

(1)은 서술절을 안은문장으로 '이가'와 '충치가'는 서술절의 주어로 본다. 서술절 '충치가 열 개가 넘는다.'에서 서술어 '넘다'는 수나 양을 나타내는 체언, 수량사를 요구한다. 따라서 '열 개가'는 서술어가 요구하는 필수 성분이며 생략이 어렵다는 점에서 보어로 본다.
(2)의 '있다'가 '근거가 있다'와 같이 이유나 가능성 따위로 성립된 상태라는 의미일 때는 두 자리 서술어다. 따라서 '아이의 투정은'을 주어, '이유가'를 보어로 본다.

❷ 부속 성분

1. 관형어

확인 문제   1-1.

(1)의 '겨우', (2)의 '오직'의 품사는 부사다. 이렇게 특정한 부사들이 체언을 꾸미는 기능을 하여 관형어처럼 쓰이기도 하지만 이러한 경우 관형어가 아닌 부사어의 관형어적 쓰임으로 보는 것이 일반적이다.

확인 문제   1-2.

(1)의 경우 '그'가 '속담'을 '그 속담'이 '속'을 '그 속담 속의'가 '교훈'을 꾸며주고 있다.

확인 문제   2-1.

'제' 혹은 '저희' 등의 관형어가 생략되었다. '나름'이 의존 명사이므로 이를 꾸며주는 관형어가 필수적으로 요구되기 때문이다.

확인 문제   2-2.

(1)의 '그의 성실함'은 명사절로, 이때 '그의'는 명사절의 의미상의 주어가 된다. (2)의 '우리의 해야 할'은 관형사절로, 이때 '우리의'가 관형절의 의미상의 주어가 된다. 이렇게 관형격 조사 '의'가 쓰였음에도 주어처럼 해석되는 이유는 중세 국어 시기의 속격 조사(오늘날의 관형격 조사)의 주어적 기능이 오늘날까지 이어졌기 때문이다.

확인 문제   3.

관형사는 다른 형태소에 의존하지 않고 홀로 자립하여 쓰일 수 있다. 단어의 자격을 갖는 '자립'의 개념은 다른 형태소의 결합없이도 문장에 나타날 수 있다는 것으로 이해해야 한다. 홀로 문장이 성립되지 못한다는 이유로 관형사를 단어로 보지 않는다면 의존 명사 역시 단어의 자격을 가질 수 없다.

2. 부사어

확인 문제   1.

(1)의 '선명하게': 용언의 어간 '선명하-'에 부사형 어미 '-게'가 결합하여 부사어의 기능을 한다.
(2)의 '다': 부사 '다'가 그대로 부사어의 기능을 한다.
(3)의 '일곱 시에': 명사구 '일곱 시'에 부사격 조사 '-에'가 결합하여 부사어의 기능을 한다.
(4)의 '앉은 채': 용언의 관형사형 '앉은'과 부사성 의존 명사 '채'에 부사격 조사 '로'가 결합하여 부사어의 기능을 한다.

확인 문제   2.

(1)의 서술어 '못하다'와 (2)의 서술어 '낫다'는 주어 이외에 비교 대상이 되는 성분을 필수적으로 요구하며, (3)의 서술어 '부르다'는 주어와 목적어 이외에 인용의 대상이 되는 말을 필수적으로 요구한다. (1)-(3)의 밑줄 친 성분의 조사의 형태가 일정하지 않기 때문에 보

어로 볼 수는 없다. 따라서 필수적 부사어로 보는 것이 타당하다.

확인문제 3.

(1)의 밑줄 친 '과연'은 '과연 그가 그 일을 해낼 수 있을까?', '그가 그 일을 과연 해낼 수 있을까?', '그가 그 일을 해낼 수 있을까, 과연?'과 같이 문장 안에서 자리 옮김이 자유로우므로 문장 부사어이다.

❸ 독립 성분

1.독립어

확인문제 1.

위 대화문에서 독립어는 '그래'와 '어디'이다. '그래'는 긍정하는 뜻으로 대답할 때 쓰는 감탄사이고, '어디'는 남의 주의를 끌 때 쓰는 감탄사이다.
한편, '설마'는 문장부사, '그런데'는 접속 부사로 문장에서 부사어로 쓰이고 있다.

확인문제 2.

문장에서 독립어와 일치하는 말은 생략되거나 대명사로 바뀌게 된다. (1)에서는 독립어와 일치하는 목적어 '과장님을'이 생략되었고, (2)에서는 주어 '영수가'가 생략되었다.

❹ 기본 문형

확인문제 1.

(1) 주어 + 서술어
(2) 주어 + 보어 + 서술어
(3) 주어 + 부사어 + 목적어 + 서술어
(4) 주어 + 목적어 + 서술어
(5) 주어 + 부사어 + 서술어
(6) 주어 + 목적어 + 부사어 + 서술어

03. 문장의 짜임새

❶ 안은문장

1. 명사절

확인문제 1.

(1)의 명사절은 '(우리가) 문법 공부에 전념하기'에 부사격 조사 '로'가 결합하여 부사어로 쓰이고 있다.
(2)의 명사절은 '그가 내 옆에 있음'에 부사격 조사 '에'가 결합되어 부사어로 쓰이고 있다. 안은문장의 주어 '나는'이 생략되어 있다.
(3)의 명사절은 '(나는) 암기 과목 공부하기'다.
(3)의 안은문장의 서술어 '싫다'는 심리 형용사로 보어를 필수적으로 요구하는 두 자리 서술어다. 따라서 명사절 '(나는) 암기 과목 공부하기'에 보격 조사 '가'가 붙어 보어로 쓰이고 있다.

확인문제 2-1.

(1)의 '-(으)ㄴ지'는 연결어미로 '친구가 기분이 좋다'는 선행절과 '친구가 하루종일 싱글벙글한다'는 후행절을 연결하고 있다.
(2)의 '-(으)ㄴ지'는 의문형 종결어미로 '(네가) 무엇을 먹고 싶다'는 문장에 결합하여 명사절로 쓰이게 한다. 목적격 조사가 생략되었으나 (2)의 밑줄 친 부분은 문장에서 목적어로 쓰이고 있다.
(3)의 '-지'는 종결어미처럼 쓰였다.

확인문제 2-2.

의문형 종결어미가 결합하여 명사절이 되는 의문 명사절과 달리 (1)의 '지'는 시간의 경과를 나타내는 의존 명사로 관형어 '택시를 기다린'의 꾸밈을 받는다.

확인문제 3.

(1) 보어/ 부사어
(1)의 '(내가) 공부하기'는 보격 조사 '가'와 결합하여 심리 형용사 '싫다'가 필수 성분으로 요구하는 보어로 쓰이고 있다. (1)의 '(내가) 로봇 만들기'는 조사 '에'와 결합하여 서술어 '관심이 많다'를 꾸며주는 부사어로 쓰이고 있다.

(2) 목적어/ 보어

(1)의 '(내가) 공부하기'는 목적격 조사 '를'과 결합하여 목적어로 쓰이고 있다. (2)의 '(내가) 로봇 만들기'는 생략된 보격 조사 '가'와 결합하여 심리 형용사 '좋다'가 필수 성분으로 요구하는 보어로 쓰였다.

확인 문제   4-1.

- '긴 것 명사절' 구성: 그가 범인이었다는 것은 거짓으로 드러났다.
- '짧은 것 명사절' 구성: 나는 너와 밥을 먹은 것이 즐거웠다.

확인 문제   4-2.

'것'을 특정한 명사로 교체가 가능하면 관형사절, 불가능하면 명사절로 분류한다.
- 명사절 상당 구성의 '-는 것': 교사가 되는 것은 많은 노력을 요구한다.
- '관형사절 + 의존 명사': 공부는 아침에 하는 것이 효과적이다.

확인 문제   5.

(1) 비가 개고 무지개가 떴다.
(2) 영수는 게을러서 지각을 자주 한다.
(3) 영수는 노력해서 장학금을 받았다.

2. 관형사절

확인 문제   1.

(1) 영수가 색깔이 빨간 차를 샀어요.
(2) 그는 뛰어난 학자를 많이 배출한 집안에서 태어났어요.
(3) 통일은 우리가 오랫동안 바라던 소원이다.
(4) 나는 아름다운 단풍을 보고 싶다.

확인 문제   2.

(1): 동사의 어간 '살-'에 과거의 미완을 나타내는 관형형 어미 '-던'이 결합한 관형사절 '내가 살던'은 과거의 미완을 나타낸다.
(2): 동사의 어간 '낡-'에 과거 시제 선어말어미 '-았-', 과거의 시제를 나타내는 관형사형 어미 '-던'이 결합한 관형사절 '낡았던'은 과거의 의미를 나타낸다.
(3): 형용사의 어간 '좋-'에 과거의 시제를 나타내는 관형사형 어미 '-던'이 결합한 관형사절 '좋던'은 과거의 의미를 나타낸다.
(4): 형용사의 어간 '행복하-'에 추측을 나타내는 관형사형 어미 '-(으)ㄹ'이 결합한 관형사절 '행복할'은 추측의 의미를 나타낸다.
(5): 동사의 어간 '이사하-'에 미래의 시제를 나타내는 관형사형 어미 '-(으)ㄹ'이 결합한 관형사형 '우리가 이사할'은 미래의 의미를 나타낸다.

확인 문제   3.

(1)은 관계 관형사절이다. '우리가 점심을 먹은'이라는 관형사절의 수식을 받는 명사구 '산 정상'이 관형사절의 한 성분이 된다. 안긴문장 '우리가 산 정상에서 점심을 먹었다.'와 안은문장 '산 정상은 해발 2000 미터였다.'의 동일 성분인 '산 정상'이 안긴문장에서 생략되었다.

(2)는 관계 관형사절이다. '친구가 요즘 빠져 있다는'이라는 관형사절의 수식을 받는 명사 '게임'이 관형사절의 한 성분이 된다. 안긴문장 '친구가 요즘 게임에 빠져있다.'와 안은문장 '게임은 정말 재미있더라.'의 동일 성분인 '게임'이 안긴문장에서 생략되었다.

(3)은 동격 관형사절이다. 관형사절 '우리는 서로 신무기를 개발하지 말자는'의 수식을 받는 명사 '제안'이 관형사절의 한 성분이 아니기 때문이다. 이 경우 관형사절은 그 자체로 생략된 성분이 없는 완전한 문장이 된다.

확인 문제   4

(1) 그는 국가대표가 되겠다는 목적으로 훈련에 몰입했다.
(2) 그가 나에게 호감을 갖고 있다는 느낌을 받았다.

확인 문제   5.

(1)의 관형사절은 '태풍이 오는'이다.
이때의 관형사절이 수식하는 단어 '바람'은 안긴문장의 성분이 될 수 없기에 관계 관형사절이 아니다. 또한 '바람'이 앞에 오는 관형사절 '태풍이 오는'의 내용을 지시하는 것도 아니기에 동격 관형사절이라고 하기도 어렵다. 이 경우 이 문장은 연계 관형사절이다.

(2)의 관형사절은 '아침마다 밥을 먹는'이다.
이때의 관형사절이 수식하는 단어 '대신'은 안긴문장의 성분이 될 수 없기에 관계 관형사절이 아니다. 또한 '대신'이 앞에 오는 관형사절 '아침마다 밥을 먹는'의 내용을 지시하는 것도 아니기에 동격 관형사절이라고 하기도 어렵다. 이 경우 이 문장은 연계 관형사절이다.

(3)의 관형사절은 '태풍이 지나간'이다.
이때의 관형사절이 수식하는 단어 '흔적'은 안긴문장의 한 성분이 아니기에 관계 관형사절로 볼 수 없다. 다만 '흔적'이 앞에 오는 관형사절 '태풍이 지나간'의 내용을 지시하는 것이기에 동격 관형사절이다.

(4)의 관형사절은 '홍수로 둑이 무너지는'이다. 이때의 관형사절이 수식하는 단어 '사건'은 안긴문장의 한 성분이 아니기에 관계 관형사절로 볼 수 없다. 다만 '사건'이 앞에 오는 관형사절 '홍수로 둑이 무너지는'의 내용을 지시하는 것이기에 동격 관형사절이다.

확인 문제   6.

(1)은 관형사절로 볼 수 있고, (2)는 볼 수 없다. 그 이유는 다음과 같다.
첫째, (1)의 '깊은'의 주어는 '호수'로 상정할 수 있지만 (2)의 '깊은'의 주어는 찾을 수 없다.
둘째, (1)의 '깊은'은 부정 표현을 활용하여 '깊지 않은'으로 교체할 수 있지만 (2)의 '깊은'은 교체가 불가능하다.
셋째, (1)의 '깊은'은 반의어 '얕은'으로 교체할 수 있지만 (2)의 '깊은'은 교체가 불가능하다.
마지막으로 (1)의 '깊은'은 표제 명사로 '연못, 강, 바다, 구덩이' 등으로 자유롭게 교체가 가능하지만 (2)의 '깊은'의 표제 명사로 교체가 가능한 단어는 '탄식' 등으로 극히 제한적이다.

3. 부사절

확인 문제   1.

(1)-(2)의 '-듯이'는 뒤 절의 내용이 앞 절의 내용과 거의 같음을 나타내는 연결어미이다. (3)의 '듯이'는 (1)-(2)의 '-듯이'와 달리 앞에 꾸며주는 말이 반드시 있어야 하며 앞말과 띄어 써야 하는 제약이 있다는 점에서

의존 명사임을 알 수 있다.

확인 문제   2.

(1)의 '깨끗하게'는 용언 '깨끗하다'에 부사형 전성어미 '-게'가 결합하여 부사어로 기능하고 있다. 이 경우 '*영토분쟁이 깨끗하다.'가 비문이기에 (1)의 '깨끗하게'는 부사절의 자격을 가질 수 없다.
(2)의 '깊게'는 용언 '깊다'에 부사형 전성어미 '-게'가 결합하여 부사어로 기능하고 있다. 이 경우 (2)의 '깊게'의 주어로 '땅이'를 설정할 수 있으므로 부사절의 자격을 가질 수 있다.

확인 문제   3.

(1)의 밑줄 친 부분은 종속절로 볼 수 없다. '여기다'는 세 자리 서술어이기 때문이다.
(2)의 밑줄 친 부분은 종속절로 볼 수 없다. '영수는 시험을 치밀하다.'는 비문이기 때문이다. '영수가 치밀하다.'라는 문장이 성립하기에 부사절로 볼 수 있다.
(3)의 밑줄 친 부분은 종속절로 볼 수 없다. '굴다'는 두 자리 서술어이기 때문이다.

4. 인용절

확인 문제   1-1.

(1) 영수는 선생님이 되겠다고 결심했다.
(2) 영수는 날씨가 참 좋다고 외쳤다.
(3) 소대장은 모두 엎드리라고 명령하였다.
(4) 선생님께서 누가 당번이냐고 물어보셨다.

확인 문제   1-2.

(1) 선생님은 문법은 언어과학이라고 말씀하신다.
(2) 선생님은 문법은 외우는 것이 아니라고 강조하신다.

확인 문제   2.

(1): 안긴문장의 주어를 '나'로 교체한 뒤 부사어로 바꾸고 안긴문장의 서술어에 간접 인용절의 '-(으)라고'를 붙여야 한다. '어제는 선생님이 화가 많이 나셔서 나에게 수업 끝나고 남으라고 하셨어.'로 바꾸어 쓸 수 있다.

(2): 안긴문장의 서술어 '주십시오'를 상대 높임법을 적용하지 않은 '다오'로 교체한다. 또 '하고' 대신 간접 인용의 '-(으)라고'를 붙인다. '그는 우리에게 문 좀 닫아 달라고 부탁했다.'로 바꾸어 쓸 수 있다.

(3): 안긴문장의 목적어 '너를'과 안은문장의 부사어 '영수에게'가 가리키는 대상이 같으므로 '너를'을 '그를'로 바꾸고 조사 '라고' 대신 '-다고'를 붙인다. 따라서 '나는 영수에게 영희가 그를 좋아한다고 말했다.'로 바꾸어 쓸 수 있다.

확인 문제   3.

(1): 관료들은 자신의 책임이 없다고 말하면 좋지 않아.
(2): 정부가 고물가 대책을 식료품 부가세를 폐지하겠다고 발표할까?
(3): 그들은 서로 반갑다고 악수했다.

5. 서술절

확인문제   1

(1) : 몸집이 크다.
(2) : 차가 막힌다.
(3) : 전체 문장 안에 서술절이 두 개 안겨 있다. 수출품이 반도체가 많다./ 반도체가 많다.

확인문제   2

(1) : 전체와 부분
(2) : 소유와 피소유
(3) : 부류와 구성원

확인문제   3

〈명사절〉
'나는 너의 말이 끝나기를 기다렸다.'에서 '나는'은 명사절 안으로 자리옮김할 수 없다. '*너의 말이 나는 끝나기를 기다렸다.'
〈관형절〉
'나는 겉이 바삭바삭한 빵이 좋다.'에서 '나는'은 관형절 안으로 자리옮김할 수 없다. '*겉이 나는 바삭바삭한 빵이 좋다.'
〈부사절〉
'우리는 날이 새도록 토론을 했다.'에서 '우리는'을 부사절 안으로 자리옮김할 수 없다. '*날이 우리는 새도록 토론을 했다.'

확인문제   4

(1), (5)는 서술절을 가지고 있고, (2), (3), (4)는 서술절을 가지고 있지 않다. 서술절은 온전한 문장이어야 하는데 (2)의 '열 개가', (3)의 '뱀이', (4)의 '사랑이'는 서술어가 주어 이외에 요구하는 필수성분으로 보아어다. 그러므로 서술절이 성립하지 않는다. (1)의 서술절은 '벤츠가 비싸다', (5)의 서술절은 '수염이 났다'이다.

❷ 이어진문장

1. 연결어미의 의미 범주

확인문제   1-1.

(1)의 연결어미 '-(으)면서'는 선행절 '그는 부자이다.'와 후행절 '그는 남을 도와주지는 않는다.'를 서로 대조됨을 드러내는 '대립'의 의미 관계로 이어준다.
(2)의 연결어미 '-(으)면서'는 선행절 '그는 음악을 듣는다.'와 후행절 '그는 책을 읽는다.'를 상황이 동시에 일어나고 있음을 드러내는 '동시'의 의미 관계로 이어준다.

확인문제   1-2.

(1)의 연결어미 '-(으)며'는 선행절 '이것은 감이다.'와 후행절 '저것은 사과다.'를 동등한 위치에서 나열해 주는 '나열'의 의미 관계로 이어준다.
(2)의 '-(으)며'는 선행절 '학생들이 손뼉 치다.'와 후행절 '학생들이 노래하다'를 상황이 동시에 일어나고 있음을 보여주는 '동시'의 의미 관계로 이어준다.

확인 문제   2.

(1)의 연결어미 '-든지'는 '여럿 중에서 어느것을 선택해도 상관이 없음'의 경우이다. 이 경우 '어떤, 어느, 어디, 누가' 등과 함께 쓰며, (1)에서는 '몇'과 함께 쓰였다. '몇 시에' 대신 '언제'를 넣으면 '언제 전화하든지 상관없어요.'라는 문장이 성립된다.
(2)의 연결어미 '-든지'는 두 가지 일 중 하나를 선택하는 '선택'의 의미 관계로 이어준다. 만약 (1)의 '-든

지'에서의 경우와 같이 '언제'라는 단어를 문장에 넣어 보면, '*언제 전화를 하든지 언제 문자를 보내든지 마음대로 하세요.'로 비문이 된다.

(1)의 '-고'는 '-고 싶다'에서 본용언과 보조용언을 연결하는 어미로 사용되었다. 이때의 '-고'는 동사의 어간 뒤에만 쓴다는 특징이 있다. 학교문법에서는 이 구성을 하나의 서술어로 처리한다. 이외에도 '-고 있다', '-고 말다', '-고 나다'의 '-고' 또한 본용언과 보조용언을 연결하는 어미로 사용된다.

(2)의 '고'는 '이것저것 가리지 않고 상관없음'을 나타내는 조사로 '-든지'와 교체할 수 있다.

(1)의 연결어미 '-는데'는 선행절 '아침을 먹었다.'와 후행절 '배가 고프다.'를 서로 대조됨을 드러내는 '대립'의 의미 관계로 이어준다. 이 경우 '-는데'는 '-지만', '-(으)나'의 뜻이다.

(2)의 연결어미 '-는데'는 선행절 '모처럼 게임을 하고 있다.'와 후행절 '엄마가 부르셨다.'를 '배경'이나 '상황'의 의미 관계로 이어준다.

(3)의 연결어미 '-는데'는 선행절 '그 길은 위험하다.'와 후행절 '다른 길로 가다.'를 행동의 '이유', '근거'의 의미 관계로 이어준다. 이 경우 '-는데'의 후행절은 위 문장과 같이 청유문, 혹은 명령문이 온다.

(1)의 '-는데도'는 하나의 연결어미로 볼 수 없다. 이 경우 선행절과 후행절을 대립의 의미 관계로 연결하는 연결어미 '-는데'와 보조사 '도'의 결합으로 보아야 한다. '잠을 많이 잤는데도 졸려요.'와 같이 '-는데'와 '도'가 분리 가능하다.

2. 대등 접속과 종속 접속의 문법적 차이

(1)의 선행절 '형은 부지런하다.'가 후행절 '동생은 게으르다.' 사이로 자리를 옮기면 '*동생은 {형은 부지런하고} 게으르다.'가 되어 비문이 된다. 따라서 (1)은 대

등 접속문이다.

(2)의 선행절 '군인들이 비를 맞다.'가 후행절 '산길을 행진하였다.' 사이로 자리를 옮기면 '산길을 {군인들이 비를 맞고} 행진하였다.'가 되어 적격문이 된다. 또한 선행절과 후행절의 동일 성분인 주어 '군인들이'가 선행절과 후행절 모두에서 생략될 수 있다. 즉 역행 생략이 가능하다. 따라서 (2)는 종속 접속문이다.

(3)의 선행절 '영수는 노래도 잘한다.'가 후행절 '영수는 피아노도 잘친다.' 사이로 자리를 옮기면 '*피아노도 {영수는 노래도 잘하고} 잘 친다.'가 되어 비문이 된다. 또한 선행절과 후행절의 동일 성분인 주어 '영수는'이 후행절에서만 생략이 가능하다. 따라서 (3)은 대등 접속문이다.

(4)의 선행절 '영수는 밥을 먹다.'가 후행절 '영수는 학교에 갔다.' 사이로 자리를 옮기면 '학교에 {영수는 밥을 먹고} 갔다.'가 되어 적격문이 된다. 또한 선행절과 후행절의 동일 성분인 주어 '영수는'이 선행절과 후행절 모두에서 생략될 수 있다. 즉 역행 생략이 가능하다. 따라서 (4)는 종속 접속문이다.

(1)의 선행절 '나는 잠이 안 오다.'가 후행절 '너는 잠을 잘 자는구나.' 사이로 자리를 옮기면 '*너는 {나는 잠이 안 오는데} 잠을 잘 자는구나.'가 되어 비문이 된다. 따라서 (1)은 대립의 의미를 나타내는 대등 접속문이다.

(2)의 선행절 '내가 잠이 오다.'가 후행절 '내가 공부를 하려니 힘들구나.' 사이로 자리를 옮기면 '내가 {잠이 오는데} 공부를 하려니 힘들구나.'가 되어 적격문이 된다. 또한 선행절과 후행절의 동일 성분인 주어 '내가'가 선행절과 후행절 모두에서 생략될 수 있다. 즉 역행 생략이 가능하다. 따라서 (2)는 선행절이 후행절의 '원인'을 나타내는 종속 접속문이다.

(3)의 선행절 '너는 노래를 잘한다.'가 후행절 '너는 춤은 못 추는구나.' 사이로 자리를 옮기면 '*춤은 {너는 노래를 잘 하는데} 못 추는구나.'가 되어 비문이 된다. 또한 선행절과 후행절의 동일 성분인 주어 '너는'이 후행절에서만 생략이 가능하다. 따라서 (3)은 대립의 의미를 나타내는 대등 접속문이다.

(4)의 선행절 '내가 피곤하다.'가 후행절 '내가 너희 집에 가야 하니?' 사이로 자리를 옮기면 '너희 집에 {내가 피곤한데} 가야 하니?'가 되어 적격문이 된다. 또한 선행절과 후행절의 동일 성분인 주어 '내가'가 선행절

과 후행절 모두에서 생략될 수 있다. 즉 역행 생략이 가능하다. (4)는 선행절이 후행절의 '배경'을 나타내는 종속 접속문이다.

3. 연결어미 쓰임의 제약

확인 문제 1-1.

종결어미 제약이다. 명령형, 청유형 문장으로 쓰일 수 없다.

확인 문제 1-2.

연결어미 '-(으)러'와 '-(으)려고'는 모두 '의도'의 의미 관계로 이어준다. 그러나 특정한 종결어미와만 어울려 쓰이는 종결어미 쓰임의 제약에서 차이를 보인다. '-(으)려고'는 청유형 어미나 명령형 어미와 어울려 쓰일 수 없지만 '-(으)러'는 종결어미 쓰임의 제약을 갖지 않고 모든 종결어미와 어울려 쓰일 수 있다.

확인 문제 1-3.

(1)의 '-지만', (4)의 '-어도'는 종결어미 쓰임의 제약이 없으나, (2)의 '-는데'와 (3)의 '-(으)나'는 평서형 어미와는 자연스럽게 어울려 쓰이지만 청유형과 명령형과 함께 쓰면 어색하다.

확인 문제 2-1.

'-(으)ㄹ수록'의 경우 과거 시제 선어말어미 '-았-/-었-', 미래 시제 선어말어미 '-겠-'과 함께 쓰일 수 없다는 선어말어미 쓰임의 제약이 있다.

확인 문제 2-2.

(1)-(3)에 쓰인 '-게'의 선어말어미 쓰임의 제약을 '-도록'과 비교하여 보시오.

(1) 모두 먹을 수 {있도록/ 있게} 음식을 준비했다.
(2) 그는 몸살이 {나도록/ *나게} 운동을 했다.
(3) 나이가 들수록 가족이 {*소중하도록/ 소중하게} 여겨진다.

선어말어미 '-게'와 '-도록'은 다음과 같은 제약이 있다.

어미	-게	-도록
의미	목적, 결과, 이유, 조건 등을 나타냄	행위의 목적을 나타냄
		동작의 정도나 한계를 나타냄
형태	형용사의 어간에 붙어 동사를 수식하는 부사형으로 만들어 줌	주로 동사와 결합

(1)의 '모두 먹을 수 있다'는 음식을 준비한 행위의 목적을 나타내므로 '-도록'과 '-게' 둘 다 쓸 수 있다.
(2)의 '몸살이 나다'는 '운동을 하는' 목적이 아니고 '운동을 하는' 동작의 정도나 한계를 나타내므로 '-게'는 쓸 수 없다.
(3)의 '소중하다'의 품사는 형용사인데 '-도록'은 주로 동사와 결합한다는 제약이 있다. 여기서 '게'는 형용사 '소중하다'를 부사형으로 만들어 준 어미로 쓰였다.

확인 문제 3-1.

연결어미 '-느라고'는 선행절의 주어와 후행절의 주어가 반드시 같아야 한다는 동일 주어 제약이 있다.

확인 문제 3-2.

'-(으)려고'가 (1)과 같이 '의도'의 의미로 쓰일 때는 선행절의 주어와 후행절의 주어가 반드시 같아야 한다는 동일 주어 제약을 갖는다. 그러나 (2)와 같이 '곧 일어날 움직임이나 상태의 변화'의 의미로 쓰일 때는 주어 일치 제약을 갖지 않는다.

확인 문제 4-1.

'-(으)려고'와 '-(으)고자'는 모두 '의도'나 '목적'의 의미를 나타낸다. 그러나 '-고자'와 달리 '-려고'는 '이다'에는 결합할 수 없다는 용언의 종류의 제약을 갖는다.

확인 문제 4-2.

'-고'와 달리 '-고서'는 동사의 어간에만 결합할 수 있다는 용언의 종류 제약을 갖는다.

확인 문제 5.

첫째, 시제 선어말어미 결합 제약이다. '-다가'와 '-어다가'는 모두 미래 시제 선어말어미 '-겠-'과 함께 쓰일 수 없다. 다만 '-다가'는 '-어다가'와 달리 과거 시제 선어말어미 '-었-'과는 결합할 수 있다.

둘째, 동일 장소 제약이다. '-다가'는 해당 제약을 갖지 않는다. 그러나 '-어다가'의 경우 앞서 어떤 행위를 하고 난 뒤에 그 행위의 대상을 가지고 뒤의 행위를 함을 나타낸다. 따라서 앞 절의 행위와 뒤 절의 행위가 일어난 장소가 다를 때 사용한다. '도서관에서 책을 빌려다가 집에서 읽자.'와 같이 사용된다.

셋째, 용언의 종류 제약이다. '-다가'의 경우 동사, 형용사, '체언 + 이다' 등 다양한 서술어와 함께 쓰이나, '-어다가'의 선행절과 후행절에는 타동사 서술어만 쓰인다는 제약을 갖는다.

04. 문법 범주

❷ 문법 범주의 종류

1. 종결 표현

확인 문제 1.

(1)의 문장은 평서법으로 구성된 문장으로 공기가 좋지 않음을 나타내고 있다. 반면, (2)의 문장은 화자가 청자에게 창문을 닫아 달라는 의도로 구성된 문장이기 때문에 발화 상황을 고려한다면 명령법의 문장으로 볼 수 있다.

1.1. 평서문

확인 문제 1.

(1)의 경우 선어말어미 '-더-' 뒤에서 '-다'가 '-라'로 교체된 것이고, (2)의 경우 '이다'가 간접 인용의 형태로 바뀌며 '-다고'가 '-라고'로 바뀐 것이다.

확인 문제 2.

약속의 종결어미는 과거분 아니라 미래나 의지를 나타내는 '-겠-'과 결합이 불가능하다. 따라서 (1)의 문장은 비문이 된다. 그러나 (2)와 같이 간접 인용절로 안길 때 '-겠다고'로 바뀌어 실현될 수 있다.

1.2. 감탄문

확인 문제 1.

영수가 "아이고, 날씨가 너무 덥구나!"라고 말하였다.

1.3. 의문문

확인 문제 1.

동사: -느냐

형용사: -으냐/ 냐

확인 문제 2.

(1)은 문말 억양이 내려가고 있으며, 질문에 대한 답으로 '누가'가 가리키는 대상에 대한 설명을 요구하고 있기 때문에 설명 의문문으로 볼 수 있다. 반면, (2)는 문말 억양이 올라가 있으며 질문에 대한 답이 아니라 '네/아니요'라는 대답만을 요구하고 있기 때문에 판정 의문문이라고 볼 수 있다.

확인 문제 3.

(1)은 형태로 보면 의문문이지만 의미로는 '굳은 탑은 쉽게 무너질 수가 없다.'는 강한 부정을 나타낸다. 또한, (2)의 경우 형태로는 의문문이지만 '원인이 없으면 결과가 없음'을 나타내는 강한 부정의 의미를 드러낸다.

1.4. 명령문

확인 문제 1.

(1)의 경우 해라체의 명령형으로 화자보다 지위가 낮은 청자에게 명령을 하고 있다고 볼 수 있다. (2)의 경우 하라체의 명령형으로 청자를 직접 대면하지 않는 발화 상황에서 사용된 것으로 시험을 치는 학생들에게 일종의 간접 명령을 하고 있는 것으로 볼 수 있다. (2)의 경우 명령문의 대상은 2인칭이 아니라 3인칭으로 보아야 한다.

확인 문제 2.

명령문의 경우 말 듣는 이가 명제 내용을 자발적으로

이행할 것을 전제하는데, 말 듣는 이가 자발적으로 행위를 하는 것이 아니라 다른 힘에 의해 행위를 입게 되는 의미를 가지게 되기 때문에 비문이 된다.

1.5. 청유문

확인문제 1.

청유문은 지시나 권고, 강요 이외에도 듣는 이의 협조를 요청하기 위해서 쓰인다. (1)의 경우에는 말하는 이와 듣는 이가 어떤 행위를 함께 하기를 요청하는 의미로 쓰인 것이고, (2)의 경우에는 듣는 이만이 행위를 수행할 것을 제안하는 의미로 쓰였다.

2. 부정 표현

확인문제 1.

(1)에 쓰인 '안' 부정문은 서술어가 동사이고, 주어인 '그'가 의지를 가질 수 있기 때문에 상태를 부정하는 단순 부정과 의도 부정의 의미를 모두 지닌다고 볼 수 있다. (2)의 경우에는 주어인 '강물이'가 의지를 가질 수 없기 때문에 단순 부정의 의미를 지닌다고 볼 수 있다. (3)의 경우 문장의 서술어가 형용사이기 때문에 단순 부정의 의미를 지닌다고 볼 수 있다. 즉, '안 부정문'은 단순 혹은 의지 부정의 의미를 드러낸다.

확인문제 2.

(1)의 '어른스럽다'는 파생어로 짧은 '안' 부정문에 쓰이지 않는다. (2)의 '손쉽다'와 같이 일부 합성어는 짧은 '안' 부정문에 쓸 수 없는 제약이 있다. (3)의 '익히다'와 같은 사동사는 짧은 '안' 부정문을 쓸 수 있다.

확인문제 3.

(1)은 단순 부정의 의미로 '산 정상에 오를 의도가 없었다.'의 의미이며, (2)는 능력 부정으로 '산 정상에 오를 능력이 안 된다.'는 의미이다.

확인문제 4.

'못' 부정문은 원칙적으로 동사와만 어울려 쓸 수 있는데, (1)과 같이 '기대에 미치지 않다'는 의미로 쓰일 때에는 그 제약이 해소된다. (2)와 같이 약속을 나타낼 때에는 '못' 부정문을 쓸 수 없다.

확인문제 5.

(1)의 '말다' 부정에는 형용사를 사용할 수 없는데, 형용사인 '바쁘다'를 서술어로 썼으므로 비문이다. (2)의 서술어도 형용사 '어렵다'를 썼으므로 비문이어야 하지만 이 경우에는 명령의 의미가 아니라 '기원'의 의미로 쓰였기 때문에 적격문이다.

확인문제 6.

해석 1: 저녁에 택배로 수지에게 책을 보낸 사람은 영수가 아니다.
해석 2: 영수가 저녁에 수지에게 책을 보낸 수단은 택배가 아니다.
해석 3: 영수가 수지에게 택배로 책을 보낸 시간대는 저녁이 아니다.
해석 4: 영수에게 저녁에 택배로 책을 받은 사람은 수지가 아니다.
해석 5: 영수가 저녁에 택배로 수지에게 보낸 것은 책이 아니다.
해석 6: 영수가 저녁에 택배로 수지에게 책을 보낸 것은 아니다.(받았다)

(1)이 가지고 있는 중의성을 해소하려면, 입말에서는 부정의 대상에 강세나 억양을 두어 발음하는 방안이 있다. 한편 글말에서는 부정의 대상에 보조사 '은/는'을 붙이면 된다.

확인문제 7.

(1)은 부정 의문문이고, (2)는 대답을 요구하지 않는 확인 의문문이다. 이 경우에는 '않니'가 없어도 관계없다. 또 '먹었지 않니'를 '먹었잖니'로 줄일 수 있다.

3. 사동 표현

확인문제 1.

'-하다'가 붙을 수 있는 동사성 명사는 '-시키다'를 결합하여 사동 표현을 할 수 있으나, '-하다'가 붙어 형용사 파생어를 형성하는 명사는 '-시키다'가 붙지 않는다.

확인 문제 2.

1. 햇살이 고드름을 녹였다.
2. 선생님이 아이들에게 책을 읽혔다.
3. 어머니가 아이에게 옷을 입혔다.

확인 문제 3.

통사론적 사동문은 '-게 하다'에 의해 이루어지는 사동문이다. (1)의 예문을 통해 '-게 하다-' 구문은 사동주와 주동 주체가 모두 주체 높임을 나타내는 형태소인 '-(으)시-'와 결합할 수 있다는 특징을 알 수 있다. 또, (2)의 예문을 통해 통사론적 사동문의 주동 주체는 주격 조사 '이/가'를 취할 수 있음을 알 수 있다. 이는 통사론적 사동문의 구문들이 복문임을 보여주는 것이다.

확인 문제 4.

부사 '빨리'는 (1)에서는 형의 행위를 꾸미고, (2)에서는 동생의 행위를 꾸민다.

확인 문제 5.

(1)의 '먹다'와 '먹이다'는 밑말과 파생어의 관계이므로 이론적으로는 주동과 사동으로 대응 관계가 성립되어야 하지만 밑말과 파생어의 기본 의미가 다르다는 점을 고려한다면 주동문이 형성되지 않는 것을 설명할 수 있다. (2) 자연 현상이나 천재지변 같은 경우에는 주동문만 있고 이에 대응하는 사동문은 나타나지 않는다.

4. 피동 표현

확인 문제 1.

동사 '꺾다'에 피동 접미사 '-이-'를 결합하여 피동문을 만들 수 있다. 예를 들어, 바람에 나뭇가지가 꺾였다.'와 같은 피동 표현을 만들 수 있다.

확인 문제 2.

(1)은 피동 접미사 '-히-'를 사용하여 '거센 바람에 문이 닫혔다'와 같이 바꿀 수 있다. (2)는 피동 접미사 '-히-'를 사용하여 '댐 건설로 강물의 흐름이 막혔다'와

같이 바꿀 수 있다. 마지막으로 (3)은 접미사 '-되-'를 사용하여 '범인이 영수에게 체포되었다'와 같이 바꿀 수 있다.

확인 문제 3.

타동사의 어근과 '-어지다'의 구성으로 이루어진 통사론적 피동문에서 능동주를 실현하고자 할 때에는 '-에 의해'만 쓰일 수 있다는 제약이 있다. 따라서 '나에 대한 오해가 영수에 의해 풀어졌다.'와 같이 수정하여야 한다.

확인 문제 4.

(1가)는 문장의 주체인 능동주의 의지에 따라 행위의 결과가 나타나는 것이 아니기 때문에 (1나)와 같이 피동주와 능동주가 형성되지 않는다.

5. 높임 표현

확인 문제 1.

(1)은 '할머니께서 밥을 잡수시고 거실에 누우셨다.'로 고쳐야 한다. 서술의 주체인 '할머니'는 말하는 이보다 나이가 더 많은 윗사람이기 때문에 주격 조사 '께서'와 선어말어미 '-시-'를 사용하여 주체 높임을 실현하여야 한다. (2)는 '영수야, 선생님께서 너 학교로 오라고 하셨어.'로 고쳐야 한다.

확인 문제 2-1.

가정 내에서는 압존법을 적용할 수도 있고 적용하지 않을 수도 있지만 (1)과 같이 직장 내에서는 압존법을 적용하지 않는 것으로 표준 언어 예절이 바뀌었다.

확인 문제 2-2.

(1)의 경우 '어머니'를 높일 필요가 없지만 '손녀'를 고려하여 가존법을 실현할 수 있다. 따라서 '네 어머니가 어릴 때에는 운동을 정말 잘하셨단다.'와 같이 실현할 수 있다. (2)의 경우 '이모'는 손녀보다 윗사람이기에 높여야 하지만 '할머니'를 고려하여 높이지 않는 압존법을 실현할 수 있다. 따라서 '할머니, 이모가 왔어요.'와 같이 실현할 수 있다.

(1), (2), (4), (5) 모두 하십시오체의 종결어미가 쓰였다. 반면, (3)의 경우 비격식체 해요체의 종결어미가 쓰였다. 따라서 (1)-(5)의 예문 중에서 상대 높임법의 종류가 다른 한 가지는 (3)이다.

(1)의 경우 목적어인 '할머니'를 높이는 어휘적 높임을 실현하여 '데리다'가 아닌 '어머니께서 할머니를 모시고 병원에 가셨다.'로 수정하여야 한다. (2)의 경우 부사어인 '아버지'를 높이기 위해 부사격 조사 '께'를 사용하고 '주다'를 '드리다'로 바꾸어 '이 책 좀 아버지께 가져다 드려.'로 수정해야 한다. (3)은 '보다'의 높임을 실현하여 '내일 뵙고 말씀드리겠습니다.'로 고쳐야 한다.

6. 시간 표현

〈보기〉의 예문을 절대 시제로 보면 (1)은 과거, (2)는 현재, (3)은 미래를 나타낸다. 그러나 사건시를 기준으로 상대 시제의 관점에서 볼 경우 모두 현재로 해석된다.

예문 (1)을 통해서는 예정된 미래를 나타낼 때에도 현재 시제를 사용할 수 있음을 알 수 있다. 또한, 예문 (2)를 통해서는 보편적인 사실을 드러낼 때에 현재 시제를 사용할 수 있음을 알 수 있다.

과거 시제 선어말어미 '-더-'는 1인칭 주어와는 어울릴 때 어색해지는 제약이 있다. 그러나 화자의 내적 경험을 드러내며 화자의 직접 지각이 가능할 때에는 (1)과 같이 그 제약이 해소된다. 따라서 3인칭 주어가 쓰인 (2)분만 아니라 (1) 역시 올바른 문장이 된다. 그러나 '슬퍼하다'와 같이 외부적으로 관찰 가능한 현상에 대해서는 (3)과 같이 3인칭 주어와 어울릴 때에는 적격문이 되지만 (4)와 같이 1인칭 주어와 어울릴 때에는 어색하다.

(1)-(4) 모두 선어말어미 '-겠-'이 사용되었지만 의미의 차이를 보인다. (1)의 경우 앞으로 일어날 사건을 표시하는 미래 추측의 의미라면 (2)의 경우에는 가능성의 의미를 표시한다. 또한, (3)의 경우에는 과거 추측의 의미를 드러내며 (4)는 말하는 이의 의지를 나타낸다. 이렇듯 '-겠-'은 특정 시간에 구애 받지 않는다.

(1) 먹어 버렸다, (2) 끝나 간다, (3) 합격하고서, (4) 먹으면서
진행상, 완료상은 보조적 연결어미와 보조용언의 결합 및 연결어미에 의해 표현된다.

Ⅰ. 형태론
〈연습 문제〉 정답과 해설

체언 연습 문제

1.

명사, 대명사, 수사의 공통점은 격조사가 붙어 주로 주어나 목적어 등으로 쓰이며, 문장에서 쓰일 때 형태의 변화가 없고, 관형어의 꾸밈을 받는다는 점이다. 하지만 명사는 다양한 형식으로 나타나는 관형어의 꾸밈을 받지만 대명사나 수사는 관형어의 꾸밈을 받는 것에 명사보다 제약이 있다는 차이점이 있다. 대명사는 관형사의 꾸밈을 받지 못하며, 수사 역시 특별한 경우가 아니라면 관형사의 수식을 받을 수 없다. 또한 의미적으로 명사는 사람이나 사물의 이름을 나타내고, 대명사는 명사를 대신하여 쓰이며, 수사는 사물의 수량이나 순서를 나타낸다는 점에서 차이가 있다.

2.

1) '해'와 '달'은 하나밖에 없지만 이와 같은 것이 또 나타난다고 하더라도 같은 이름으로 불릴 것이기 때문이다.
2) 같은 이름을 가졌다고 해서 모든 '영수'가 같은 성질을 가진 것은 아니기 때문이다. 다시 말하자면 동명이인인 사람들에게 붙여진 '영수'라는 이름은 일종의 동음이의어(우연히 소리만 같을 뿐 뜻은 전혀 다른 단어)인 셈이다. 곧 수많은 '영수'는 이름이 우연히 같을 뿐 각각 고유한 성질을 가진 특정한 사람을 다른 사람과 구별하기 위하여 사용하는 이름이기 때문에 고유 명사이다.
3) (예) 우리 학교는 미래의 에디슨들을 양성하는 데 주력하고 있다.

3-1.

〈검증1〉 복수의 대상을 전제하는 단어와 함께 쓰일 수 있는가? (있으면 보통 명사)

오리*에서 나온 것과 롯*에서 나온 것 중에 <u>어떤</u> <u>초코파이</u>가 더 맛있니?

〈검증2〉 수와 관련된 말과 함께 쓸 수 있는가? (있으면 보통 명사)
이 <u>두</u> <u>초코파이</u>는 맛이 너무 비슷해서 우열을 가릴 수 없다.

〈검증3〉 지시를 나타내는 말과 함께 쓰일 수 있는가? (있으면 보통 명사)
<u>이</u> <u>초코파이</u>는 오리*에서 나온 것이고, <u>저</u> <u>초코파이</u>는 롯*에서 나온 것이다.

'초코파이'는 애초에 특정 회사의 상품 이름으로 고유 명사라고 할 수 있었다. 하지만 이제는 다른 회사에서도 같은 이름의 제품을 생산하게 되면서 보통명사화하였다고 볼 수 있다.

3-2.

〈검증1〉 복수의 대상을 전제하는 단어와 함께 쓰일 수 있는가? (있으면 보통 명사)
<u>어떤</u> <u>바바리</u>가 나한테 더 잘 어울리니?
<u>어느</u> <u>호치키스</u>가 네 것이니?

〈검증2〉 수와 관련된 말과 함께 쓸 수 있는가? (있으면 보통 명사)
이 <u>두</u> <u>바바리</u>를 모두 사고 싶어요.
<u>호치키스</u>마다 이름을 써 두었어요.

〈검증3〉 지시를 나타내는 말과 함께 쓰일 수 있는가? (있으면 보통 명사)
<u>이</u> <u>바바리</u>가 너한테 잘 어울린다.
<u>그</u> <u>호치키스</u>는 내 것이다.

'바바리'는 영국 버버리 회사의 제품 이름에서 유래하였으나, 주로 봄과 가을에 입는 코트를 이르는 말로 사용되고 있고, '호치키스'는 원래 '스테이플러'를 발명한 사람의 이름을 딴 상표명이었는데, 흔히 스테이플러를 달리 이르는 말로 사용되고 있다. 따라서 이들은 기원적으로는 고유 명사이지만 지금은 보통 명사처럼 사용되고 있다고 볼 수 있다.

4.

'파괴'나 '제공'은 의미상으로는 명사로 보기 곤란하지만, 관형어의 수식을 받고 격조사와 결합할 수 있으며 문장에서 주어나 목적어 자리에 올 수 있다는 점 때문에 명사로 분류한다. '파괴'나 '제공'은 '무엇이 무엇이다, 무엇이 어찌한다, 무엇이 무엇을 어떠한다'의 틀에서 나타나는 '무엇'의 자리를 채우기에 부족함이 없다는 것이다. 결국 품사는 의미적인 특성보다 문법적 특성을 중시하여 결정된다는 점을 알 수 있다.

5.

'진리'나 '정의'는 추상적 개념을 지시하는 말이지만, 단어의 형태가 바뀌지 않고, 격조사가 붙어 문장에서 주로 주어나 목적어 등으로 쓰이며, 관형어의 꾸밈을 받을 수 있는 등 그 문법적 성질이 명사와 같기 때문에 명사로 분류한다. 이러한 종류의 명사에는 자유, 민주주의, 사랑, 우정 등이 더 있다.

6-1.

'저'라는 관형어의 꾸밈을 받을 수 있고, '를'이라는 격조사가 붙어 문장에서 목적어 역할을 하고 있기 때문이다.

6-2.

A는 '복수'의 뜻을 더하는 접미사인 '들'과 결합할 수 있는 것으로 보아 셀 수 있는 명사(가산성 명사)임을 추측할 수 있고, '에게'라는 조사와 결합한 것으로 보아, 사람이나 동물 등 감정이 있는 대상을 가리키는 유정 명사임을 추측할 수 있다. '에'와 '에게'는 문법적 변이 형태로, A와 같은 유정 명사 다음에는 '에게'가 선택되고, '꽃에 물을 주자'와 같이 무정 명사 다음에는 '에'가 선택되기 때문이다.

7.

'-(으)ㄴ': 외식을 해 본 지가 꽤 오래 되었다.
'-는': 그는 면접을 보는 족족 합격하였다.
'-(으)ㄹ': 네가 나를 잊었을 리가 없다.

8.

〈주어성〉 학교를 졸업한 지가 벌써 삼 년이 넘었다.
〈목적어성〉 나는 운전을 할 줄(을) 안다.
〈부사성〉 옷을 입은 채로 물에 들어갔다.
〈서술성〉 모두들 구경만 할 뿐이다.

9.

명사의 가장 큰 특징은 관형어의 꾸밈을 받을 수 있고 격조사가 붙을 수 있다는 점인데, '원시, 최신, 간이, 순수' 등은 격조사가 거의 붙을 수 없고, 관형어의 꾸밈을 받을 수 없다는 점에서 명사와 문법적 특성이 다르다.

10-1.

(1)의 '우리'는 화자와 청자를 모두 포함해서 일컫는 표현이지만 (2)의 '우리'는 청자를 배제하고 화자는 포함하는 표현이다. (3)의 '우리'는 상황에 따라 화자만 포함하기도 하고 화자와 청자를 모두 포함하기도 하는 표현이다.

10-2.

'우리'는 청자를 포함해서 일컫기도 하고, 청자를 배제하고 화자만을 포함해서 일컫기도 하지만 '저희'는 상대방에 대해 자신을 낮추는 말이므로 청자를 포함하는 데는 쓰일 수 없다.
(예) *저희 모두 거리두기에 힘써 코로나 바이러스를 물리칩시다.

10-3.

(1)의 '저희' 대신 쓸 수 있는 표현은 앞에 나온 '동네 아이들'을 대신 가리킬 수 있는 재귀 대명사인데, '당신'은 높임의 대상을 다시 가리킬 때 쓸 수 있는 재귀 대명사인데 '동네 아이들'은 높임의 대상이 아니기 때문에 사용하기에 적합하지 않다. 따라서 (1)에 쓰인 '저희'의 용법과 같은 것은 '자기'이다.

11.

1) 조사 '에'와만 결합하는 제약이 있는 명사 (잠결, 성공리)

– 어제 내가 잠결에 실수를 한 것 같다.
– 공연은 성공리에 막을 내렸다.

2) 조사 '의'와만 결합하는 제약이 있는 명사 (만반, 소기)
　　– 오늘 행사를 위해 만반의 준비를 하였다.
　　– 소기의 목적을 달성하기 위해 열심히 노력하였다.

12-1.

'너'라는 대명사는 상황에 따라 모든 사람에 대하여 두루 쓸 수 있고, '여기'와 같은 대명사도 어떤 특수한 처소에만 한정되어 쓰이는 것이 아니라 상황에 따라 모든 처소를 대신 가리킬 수 있다. 하지만 '충무공'은 발화 상황과 무관하게 항상 '이순신'만을 지칭한다. 즉, '충무공'은 상황 의존성을 가지지 않기 때문에 대명사로 보지 않는 것이다.

12-2.

대명사는 사물의 이름을 단순하게 대신하는 특성뿐 아니라 동일한 대명사로 서로 다른 대상을 가리킬 수도 있고, 동일한 대상이 서로 다른 대명사로 표현될 수도 있는 상황 의존성을 가진다. 하지만 '것'은 상황이 바뀌어도 '것' 이외의 다른 표현으로 대용되지 않는다. 따라서 대명사라고 볼 수 없다.

13.

(1)의 '몇'은 수를 나타내는 말로 형태가 변하지 않고, '너희들'이라는 관형어의 꾸밈을 받을 수 있으며 '의'라는 조사와 결합할 수 있으므로 '수사'이다. (2)의 '몇' 역시 수를 나타내는 말로 형태가 변하지 않고 '이다'라는 조사와 결합할 수 있으므로 '수사'이다. (3)의 '여럿'은 표준국어대사전에는 '많은 수의 사람과 물건'을 가리키는 '명사'로 등재되어 있지만, 의미적으로 수를 나타내며 관형어의 꾸밈을 받는 데 제약이 많은 등 '수사'와 유사한 특성을 보인다.

14-1.

부사는 다른 품사에 비해 어순 교체가 상대적으로 자유로운 특성을 가지고 있는데 (1)과 (2)의 '하나'는 아래와 같이 어순을 교체하여도 의미상의 차이가 느껴지지 않는다.

(1)′ 그는 하나 하는 일 없이 놀고 지낸다.
(2)′ 그런 건 하나 겁 안 난다.

또한 (1)과 (2)의 '하나'를 수사로 볼 경우 '하나'와 결합한 격조사가 생략된 형태로 보아야 하는데, 이때 아래의 예와 같이 생략되었을 것으로 추정되는 격조사를 복원하는 것이 불가능하다

(1)″ *그는 하는 일 하나가 없이 놀고 지낸다.
(2)″ *그런 건 겁 하나가 안 난다.

14-2.

(3)에 쓰인 '하나'는 형태 변화를 하지 않고, 조사와 결합할 수 있으며, '오직 그것뿐'의 뜻을 나타내는 말로, 수를 나타내는 말은 아니기 때문에 명사이다.

15.

(1) '마리'와 같은 고유어 의존 명사 앞에는 대체로 '한, 두, 세, 네, 다섯…'과 같은 고유어 수 관형사가 쓰이는 경향이 있고, (2) '층(層)'과 같은 한자어 의존 명사 앞에는 대체로 '일(一), 이(二), 삼(三), 사(四), 오(五)…'와 같은 한자어 수 관형사가 쓰이는 경향이 있다. (하지만, '개(個/ 箇/ 介)'와 같이 한자어 의존 명사임에도 앞에 '한, 두, 세, 네, 다섯…'과 같은 고유어 수 관형사가 쓰이는 경우가 있으므로, '고유어 수 관형사-고유어 의존 명사, 한자어 수 관형사-한자어 의존 명사'를 너무 절대적인 기준으로 생각하는 것은 곤란하다.)

16.

(1)의 '자기'는 3인칭 주어인 '그'의 반복을 피하기 위해 쓰인 재귀 대명사이다. (2)의 '자신' 역시 앞에 나온 '나'를 다시 가리키고 있으므로 재귀 대명사와 유사한 기능을 하고 있다. 하지만 '나'는 3인칭이 아니라 1인칭 주어이며, '자신'을 생략해도 의미상 큰 문제가 없기 때문에 '자신'을 재귀 대명사로 보기는 어렵다. (3)의 '자신'은 앞에 나온 3인칭 주어인 '그'를 다시 가리키고 있으며, 생략할 경우 문장이 어색해지므로 재귀 대명사와 유사한 기능을 하고 있다고 볼 수 있다. (4)의 '스스로' 역시 앞에 나온 3인칭 주어인 '그'를 다시 가리키고 있으므로 재귀 대명사와 유사한 역할을 하고 있다고 볼 수 있지만 표준국어대사전에서는 '스스로'를 명사로 등재하고 있다. (5)의 '스스로'는 생략이

가능하기 때문에 앞에 있는 '우리'를 다시 가리킨다고 볼 수 없다. 따라서 (4)와 달리 재귀 대명사로 보기 어렵고 명사로 보는 것이 타당하다.

용언 연습 문제

1.

'기쁨, 성실, 낡다, 예뻐지다'는 의미를 기준으로 보면 형용사와 유사한 면이 있으나, 그 문법적 성질에 차이가 있어 각각 다른 품사로 분류한다.

'기쁨'과 '성실'은 형태가 변하지 않고, 관형어의 수식을 받을 수 있으며, 격조사와 결합하여 문장에서 주어나 목적어 등의 역할을 한다. '기쁨'과 '성실'은 이렇게 그 문법적 성질이 명사와 동일하기 때문에 형용사로 분류하지 않는다.

'낡다, 예뻐지다'는 현재 시제 문장에서 평서형 종결어미 '-는/ㄴ다'와 결합하고, 현재 시제 관형사형 어미 '-는'과 결합하며, 진행형 '-고 있다'와 결합할 수 있는 등 동사의 활용 방식을 보이기 때문에 형용사로 분류하지 않는다.

2.

'젊다(나이가 적고 혈기가 왕성하다)'는 어떤 성질, 상태를 정태적으로 표시하기 때문에 형용사로 분류하지만, '늙다(나이가 많아지다)'는 주체의 움직임을 과정적, 동태적으로 표시하기 때문에 동사로 분류한다. '젊다'가 정태적(움직이지 않고 가만히 있는 상태의 것)이고 '늙다'가 과정적·동태적(움직이거나 변하는 것)이라는 점은 동작의 진행을 표시하는 '-고 있다'와의 결합 가능성을 통해 검증해 볼 수 있는데, '젊다'에는 '-고 있다'가 결합할 수 없지만, '늙다'는 '-고 있다'와 결합할 수 있음을 확인할 수 있다. (*젊고 있다/ 늙고 있다)

3.

'밝다'가 형용사로 쓰일 때는 '불빛 따위가 환하다, 빛깔의 느낌이 환하고 산뜻하다, 감각이나 지각의 능력이 뛰어나다' 등 주어의 성질이나 상태를 나타내는 의미로 사용되고, 동사로 쓰일 때는 '밤이 지나고 환해지며 새날이 오다'라는 과정을 나타내는 의미로 사용된다. '밝다'가 형용사로 쓰일 때는 현재를 나타내는 평서형 종결어미 '-는/ㄴ다'나 진행형 '-고 있다'와는 결합할 수 없고, 현재 시제 관형사형 어미로 '-(으)ㄴ'이 결합한다. 반면 동사로 쓰일 때는 현재를 나타내는 평서형 종결어미 '-는/ㄴ다'나 진행형 '-고 있다'와 결합할 수 있고, 현재 시제 관형사형 어미로 '-는'이 결합한다.

〈형용사 '밝다'〉
세아는 아주 밝다(*밝는다)
세아는 아주 밝은 아이이다.(*밝는)
세아는 요즘 *밝고 있다.

〈동사 '밝다'〉
날이 밝는다.
여름은 날이 일찍 밝는 계절이다.
어느새 날이 밝고 있었다.

4.

용언은 주어의 행위, 상태나 성질 등을 서술하는 문장 성분, 즉 서술어로 쓰이며, 문장에서 쓰일 때 어미가 결합하여(활용) 형태가 변하는 특성을 가지고 있다.

5.

〈형용사〉 그 떡볶이는 매우 맵다(맛있다, 빨갛다, 비싸다…)
〈동사〉 세현이는 공을 잘 던진다(찬다, 친다, 잡는다…)

'맵다, 맛있다, 빨갛다, 비싸다' 등의 형용사는 정도 부사 '매우'의 수식을 받고, '던지다, 차다, 치다, 잡다' 등의 동사는 성상 부사 '잘'의 수식을 받는다. 이렇게 동사와 형용사를 수식하는 부사의 종류가 다른 이유는 형용사는 상태를 나타내기 때문에 정도성이 있지만 동사는 그렇지 않기 때문이다.

6.

'모자라다'는 '일은 많은데 손이 모자란다'와 같이 '-는/ㄴ다'와 결합하고, '그 친구는 순진한 것인지 모자라는 것인지 알 수 없다'와 같이 현재 시제 관형사형 어미 '-는'과 결합하는 것으로 보아 동사의 특성을 지니고 있다.
한편 '모자라다'는 동작의 진행을 나타내는 '-고 있다'와 결합할 수 없다는 점에서 형용사의 특성을 보여준다. 또한 흔히 동사와 결합하는 명령형 어미 '-어라'나 청유형 어미 '-자'와의 결합도 어려운 특성을 보이는데, 물론 동사 중에서도 자동사류는 명령형·청유형 어미와 결합할 수 없기 때문에 이것만으로 '모자라다'를 형용사라고 판단하기는 어렵다.

이렇게 '모자라다'는 동사적인 특성과 형용사적인 특성을 둘 다 가지고 있는데, 표준국어대사전에서는 이를 〈동사〉로 분류하고 있다.

7.

성질: 뜨겁다, 달다, 착하다, 성실하다, 곱다
상태: 바쁘다, 좋다, 기쁘다, 피곤하다

8.

(1)의 단어들에 관형사형 어미 '-ㄴ'이 붙은 '이러한, 그러한, 저러한, 어떠한, 아무러한'은 품사가 형용사이고, (2)의 단어들에 어미 '-ㄴ'이 붙은 '이런, 그런, 저런, 어떤, 아무런'은 품사가 관형사이다.

9.

'그러면 우리 이리하자(이러자)', '그러면 너는 이리하여라(이래라).'처럼 청유·명령형 어미와 결합이 가능하고, '이리하는(이러는) 것이 좋겠다'와 같이 현재 시제 관형사형 어미 '-는'과도 결합이 가능하므로 (1)과 (2)는 모두 동사이다.

10.

활용할 때 어간의 형태가 바뀌는 불규칙 용언에는 'ㅅ' 불규칙 용언, 'ㄷ' 불규칙 용언, 'ㅂ' 불규칙 용언, '르' 불규칙 용언, '우' 불규칙 용언이 있다.
'벗다'는 규칙 활용을 보이는 용언으로, 모음으로 시작하는 어미가 와도 '벗- + -어→벗어'와 같이 어간의 형태가 바뀌지 않는다. 반면, 'ㅅ' 불규칙 용언인 '짓다'와 같은 용언은 모음으로 시작하는 어미 앞에서 '짓- + -어→지어'와 같이 어간의 'ㅅ'이 탈락하는 모습을 보인다.
'얻다'는 규칙 활용을 보이는 용언으로, 모음으로 시작하는 어미가 와도 '얻- + -어→얻어'와 같이 어간의 형태가 바뀌지 않는다. 반면, 'ㄷ' 불규칙 용언인 '걷다(步)'는 모음으로 시작하는 어미 앞에서 '걷- + -어→걸어'와 같이, 어간의 'ㄷ'이 'ㄹ'로 바뀌는 모습을 보인다.
'잡다'는 규칙 활용을 보이는 용언으로, 모음으로 시작하는 어미가 와도 '잡- + -아→잡아'와 같이 어간의 형태가 변하지 않는다. 반면 'ㅂ' 불규칙 용언인 '돕다'는 모음으로 시작하는 어미 앞에서 '돕- + -아→도와'

와 같이 어간의 'ㅂ'이 '오/우'로 바뀌는 모습을 보인다. '따르다'는 규칙 활용을 보이는 용언으로 모음으로 시작하는 어미가 오면 '따르- + -아→따라'로 어간의 '으'가 탈락하는 모습을 보인다. 반면 '르' 불규칙 용언인 '흐르다'는 어간의 '르'가 모음으로 시작하는 어미 앞에서 '흐르- + -어→흘러'와 같이 'ㄹㄹ'로 바뀌는 모습을 보인다.

'주다'는 규칙 활용을 보이는 용언으로 모음으로 시작하는 어미가 와도 '주- + -어서→주어서'와 같이 어간의 형태가 바뀌지 않는다. 반면 '푸다'는 '우' 불규칙 용언으로, 모음으로 시작하는 어미 앞에서 '푸- + -어서→퍼서'와 같이 어간의 '우'가 탈락하는 모습을 보인다.

11.

활용할 때 어미의 형태가 바뀌는 불규칙 용언에는 '여' 불규칙 용언, '러' 불규칙 용언, '오' 불규칙 용언이 있다.

첫째, '하-' 뒤에 오는 어미 '-아/-어'가 '-여'로 바뀌는 '여' 불규칙 용언이 있다. 일반적으로는 어미 '-아/-어'가 용언 어간과 결합할 때, '가- + -아→가'와 같이 그 형태를 유지하는 규칙 활용을 하는데, '하다'와 '-하다'가 붙은 모든 용언들은 어미 '-아/-어'와 결합하는 활용을 할 때, '노력하- + -아→노력하여'와 같이 어미 '-아/-어'가 '여'로 바뀌는 불규칙 활용을 보인다.

둘째, 어간이 '르'로 끝나는 일부 용언에서, 어미 '-어'가 '-러'로 바뀌는 '러' 불규칙 용언이 있다. 일반적으로는 어간이 '르'로 끝나는 용언에 어미 '-어'가 결합할 때, '치르- + -어→치러'와 같이 어미 '-어'의 형태가 유지되는 규칙 활용을 하는 데 반해, '이르다(至), 푸르다'와 같은 용언들은 '이르- + -어→이르러, 푸르- + -어→푸르러'와 같이 어미 '-어'가 '러'로 바뀌는 불규칙 활용을 보인다.

셋째, 명령형 어미 '-어라/-아라'가 '-오'로 바뀌는 '오' 불규칙 용언이 있다. 일반적으로는 용언의 어간과 명령형 어미 '-어라/-아라'가 결합할 때, '잡- + -아라→잡아라'처럼 명령형 어미 '-아라'의 형태가 유지되는 규칙 활용을 하는 데 반해, 용언 '달다(말하는 이가 듣는 이에게 어떤 것을 주도록 요구하다)'는 '달- + -아라→다오'와 같이 어미 '-아라'가 '-오'로 형태가 변하는 불규칙 활용을 보인다.

12.

활용할 때 어간과 어미의 형태가 모두 바뀌는 불규칙 용언에는 'ㅎ' 불규칙 용언이 있다. 일반적으로 '좋다'와 같이 'ㅎ'으로 끝나는 어간에 어미 '-어/-아'가 결합하면 '좋아서'와 같이 어간이나 어미의 형태가 변하지 않는 데 반해, '하얗다, 빨갛다'와 같은 용언들은 '하얘서, 빨개서'처럼 어간의 일부인 'ㅎ'이 없어지고 어미의 형태도 변하는 불규칙 활용을 한다.

13.

'크다'와 '따르다'는 자음으로 시작하는 어미와 결합할 때는 '크- + -고→크고', '따르- + -면→ 따르면'과 같이 어간의 형태가 그대로 유지되는 모습을 보인다. 반면, 모음으로 시작하는 어미와 결합할 때는 '크- + -어서→커서', '따르- + -아라→따라라'와 같이 어간 말 모음 '으'가 탈락하는 모습을 보인다. 이렇게 모음으로 시작하는 어미 앞에서 용언의 어간 말 모음 '으'가 탈락하는 현상은 똑같은 음운론적 조건을 갖춘 다른 모든 용언들에서도 일어나는 활용 방식이기 때문에 규칙 활용으로 본다.

14.

'돌다, 만들다, 살다, 알다'는 'ㄴ, ㅂ, ㅅ'으로 시작되는 어미와 어미 '-오'를 제외한 나머지 어미 앞에서는 '돌- + -고→ 돌고, 돌- + -면→ 돌면, 돌- + -지만→돌지만, 돌- + -아서→돌아서'와 같이 어간의 형태가 그대로 유지되는 모습을 보인다. 반면 'ㄴ, ㅂ, ㅅ'으로 시작되는 어미나 어미 '-오' 앞에서는 '돌- + -는→도는, 돌- + -니까→돕니까, 돌- + -시오→도시오, 돌- + -오→도오'와 같이 용언의 어간 말음 'ㄹ'이 탈락하는 현상을 보인다. 하지만 이러한 'ㄹ' 탈락은 어간 말음으로 'ㄹ'을 가지는 모든 용언이 'ㄴ, ㅂ, ㅅ'으로 시작되는 어미나 어미 '-오'와 결합하는 음운 환경에서 예외 없이 일어나는 현상이기 때문에 규칙 활용이라고 한다.

15.

	-는다	-느냐	-자	-어라	-려/-려	품사판별
있다	○	○	○	○	○	동사
없다	×	×	×	×	×	형용사
계시다	○	○	○	○	○	동사

16.

(1) 본용언 (동사)
'있으면'은 드러난 주어가 없어서 주어와의 호응을 검증하기는 어렵지만, 보조적 연결어미가 선행되지 않았기 때문에 본용언이다.
'나 앞으로 일주일은 더 여기 있는다./ 너 앞으로 일주일만 더 여기 있어라.'에서와 같이 현재 시제를 나타내는 종결어미 '-는다'와 결합할 수 있고, 명령형 어미 '-어라'와 결합할 수 있는 것으로 보아 동사이다.

(2) 본용언 (형용사)
'있다'는 주어 '책이'와 호응하고 있고, 보조적 연결어미가 선행되지 않았기 때문에 본용언이다.
현재 시제를 나타내는 종결어미 '-는다'와 결합할 수 없고, 청유형 어미 '-자'나 명령형 어미 '-어라'와 결합할 수 없는 것으로 보아 형용사이다.

(3) 보조용언 (동사)
'있다'는 보조용언이다. '*마당에 꽃이 피어서 있다'는 비문이기 때문이다.

17.

(1) 보조 형용사: 보조용언 '싶다'는 결합하는 본용언의 품사와 상관없이 항상 보조 형용사로 쓰인다.
(2) 보조 형용사: 보조용언 '않다'는 본용언의 품사에 따라 그 품사를 달리하는데 본용언 '어렵다'가 형용사이므로 이때 '않다'는 보조 형용사이다.
(3) 보조 동사: 보조용언 '않다'는 본용언의 품사에 따라 그 품사를 달리하는데 본용언 '오다'가 동사이므로 이때 '않았다'는 보조 동사이다.
(4) 보조 동사: 보조용언 '말다'는 동사만을 본용언으로 취하며, 항상 보조 동사로 쓰인다.

18.

(1) 보조 동사: '주었다'가 주어인 '나'와 호응하지 않으며, '*나는 아이에게 책을 읽어서 주었다'는 비문이 되기 때문이다.
(2) 본동사: '주었다'가 주어인 '나'와 호응하며, '나는 친구에게 빌린 책을 읽고서 주었다'가 성립하기 때문이다.

수식언 연습 문제

1.

'헌'과 '낡은'은 가방이라는 명사를 꾸며준다는 점에서 공통점이 있다. 하지만 '헌'은 불변어로서 문장에서 사용될 때 형태가 변하지 않는다는 특성을 가지고 있다. 그래서 문장에서 늘 '헌'의 꼴로만 고정되어 사용된다. 반면 '낡은'은 가변어로서 문장에서 사용될 때 '낡아서, 낡으니까, 낡지만, 낡았니, 낡으면' 등으로 형태가 다양하게 변하는 모습을 보인다. 이중 '낡은'은 동사인 '낡다'가 꼴을 바꾸어 잠시 관형사형이 된 것이다. 하지만 품사를 판단할 때는 잠시 바뀐 꼴의 기능에 초점을 맞추는 것이 아니라, 그 단어의 본질적인 특성이 무엇인지를 판단해야 한다. 따라서 '헌'은 관형사이고, '낡은'은 동사이다.

2.

첫째, 관형사는 조사와 결합할 수 없다. 둘째, 관형사는 하나의 형태로 고정되어 쓰인다. 셋째, 관형사는 체언(주로 명사)을 꾸미는 기능을 한다.

> 1) 〈관형사〉 배 일곱 상자를 샀다.
> 〈수사〉 일곱에 하나를 더하면 여덟이다.

수사는 조사와 결합할 수 있지만 관형사는 조사와 결합할 수 없다는 특성을 가지고 있다. 따라서 수사는 결합하는 조사의 종류에 따라 문장 내에서 여러 기능(주어, 서술어, 목적어, 관형어, 부사어, 독립어)을 할 수 있지만, 관형사는 한 가지 기능(관형어:체언 수식 기능)만 할 수 있다.

> 2) 〈관형사〉 오늘은 다른 날보다 일찍 나왔다.
> 너 오늘은 좀 다른 사람 같다.
> 〈형용사〉 이 옷은 주문한 것과 다른 옷이다.
> 이 옷은 주문한 것과 다르게 보인다.
> 이 옷은 내가 주문한 것과 다르다.

형용사는 활용(문장에서 사용될 때 형태가 변함)을 하지만 관형사는 형태가 늘 고정되어 사용된다. 위에서 관형사 '다른'은 영어로 other(특정한 것을 제외한 나머지 것)의 의미를 가지고 있고, 형용사 '다른'은 different(같지 않다)의 의미를 가지고 있는데, '다른'이 different의 의미로 사용될 때는 '다른, 다르게, 다르다' 등으로 그 형태가 변하는 모습을 보이지만, other의 의미로 사용될 때에는 문장에서 늘 '다른'의 꼴로만 쓰이는 것을 알 수 있다. 따라서 관형사는 형용사와 달리 형태가 늘 고정되어 사용된다는 특성을 가지고 있음을 알 수 있다.

> 3) 〈관형사〉 나는 매 순간 행복하다.
> 〈부사〉 나는 아주 행복하다.

부사는 주로 용언을 꾸미지만 관형사는 체언(주로 명사)를 꾸미는 기능을 한다.

3.

관형사에는 조사가 결합할 수 없으며, 체언(주로 명사)을 꾸며주는 관형어 기능만 하지만 명사는 다양한 격조사가 결합할 수 있으며, 체언(주로 명사)을 꾸미는 기능뿐 아니라 주어, 목적어, 서술어, 부사어, 독립어 등 다양한 기능을 할 수 있다. 따라서 둘은 품사가 다른 것이다.

4.

고유 명사는 그 자체로서 특정한 대상을 가리키므로 관형사의 수식을 받기 어렵다.

(예) 보통 명사: 나 어제 그 곳에 갔었어.
고유 명사: 나 어제 그 *제주도에 갔었어.

※ 다만, 고유 명사라고 하더라도 같은 이름을 가진 대상이 여럿일 때에는 관형사와 함께 쓰이기도 한다.

(예) 고유 명사: 제주도에서 만났다는 그 수진이를 말하는 거니?

5.

아래의 예와 같이 관형사는 겹쳐 쓰일 때 지시 관형사, 수 관형사, 성상 관형사의 순서로 배열되는 경향이 있다.
(예) 이 두 새 책은 선물로 받은 것이다.

6.

한자어 관형사에는 만(滿), 순(純), 전(全), 모(某) 등이 있으며, 아래와 같이 쓰인다.

(예) 너는 만 나이가 어떻게 되니?

이것은 순 살코기로 만든 것이다.

축구로 전 국민이 하나가 되었다.

모 기업의 총수도 이 일에 연루되어 있다고 한다.

7.

부사는 형태가 변하지 않고, 문장에서 주로 용언을 꾸미는 기능을 하지만 다른 부사, 관형사, 문장 전체를 꾸미기도 하며, 보조사와 결합할 수 있다.

8.

'간단히'와 '간단하게'는 '말해'와 같은 용언을 꾸민다는 점에서 공통점이 있다. 하지만 '간단히'는 '간단하다'의 어근 '간단'에 부사를 만드는 접미사 '히'가 결합하여 완전히 새로운 단어가 만들어진 경우로, 문장에서 사용될 때 그 형태가 항상 '간단히'로 고정되어 나타난다. 하지만 '간단하게'는 어간 '간단하-'에 '-게, -고, -ㄴ, -다' 등의 어미가 붙어 문장에서 '간단하게, 간단하고, 간단한, 간단하다' 등의 다양한 꼴로 사용된다. 정리하자면 '간단히'는 부사이고 '간단하게'는 형용사인데 이렇게 두 단어의 품사가 다른 이유는 문장에서 사용될 때 형태가 변하는지 변하지 않는지에 따른 것이기 때문이다.

9.

'잘해야 본전이다'에서 '잘해야'는 부사이고, '일이 잘돼야 할 텐데'의 '잘돼야'는 동사이다.

10.

부사는 주로 용언을 꾸미지만, 아래와 같이 명사, 관형사, 부사 등 다른 품사를 꾸미는 경우도 있다.

〈명사 수식〉 학교 바로 앞에 떡볶이 집이 있다.

〈관형사 수식〉 너는 나와 꽤 오랜 시간을 함께 했다.

〈부사 수식〉 시간이 아주 빨리 지나갔다.

11.

'저리 잘 못 먹으면 쓰러질 텐데.'에서와 같이 부사가 겹쳐 나타날 때는 대체로 '지시 부사 + 성상 부사 + 부정 부사'의 결합 순서를 보인다.

12.

'하물며'와 '어찌' 등의 부사는 의문형과 주로 어울려 쓰인다.

13.

(부사)확실히 그는 마음이 따뜻한 사람이다.

→ 그가 마음이 따뜻한 사람임은 확실하다.(형용사)

14.

> ㉠이 비행기는 ㉡멀리도 난다.

㉠은 관형사이고, ㉡은 부사이다. 예문에서 알 수 있듯 ㉠은 '비행기'를 꾸며주고, ㉡은 '난다'를 꾸며준다. 따라서 관형사와 부사는 뒤에 나오는 다른 단어를 꾸며준다는 공통점이 있다는 것을 알 수 있다. 또한 ㉠과 ㉡ 같은 단어들은 문장에서 쓰일 때 항상 '이'와 '멀리'의 꼴로 형태가 고정되어 있다는 공통점도 있다. 반면 차이점은 ㉠과 같은 관형사는 '비행기'와 같은 체언(주로 명사)을 꾸미지만 ㉡과 같은 부사는 '난다'와 같이 주로 용언을 꾸민다는 것이다. 또한 ㉠과 같은 관형사는 '*이도, *이는, *이만'과 같이 조사와 결합할 수 없지만, ㉡과 같은 부사는 '멀리도, 멀리는, 멀리만'과 같이 조사와 결합할 수 있다는 차이점이 있다.

관계언(조사) 연습 문제

1.

조사와 어미는 둘 다 앞 말에 의존적이라는 공통점이 있다. 하지만 어미는 의존 형태소인 어간에 붙어 쓰이기 때문에 분리성이 없는 반면, 조사는 명사, 대명사, 수사, 부사 등 자립 형태소에 붙어 쓰이기 때문에 분리성이 있다. 조사가 앞말과 분리성이 있다는 것은 체언과 조사 사이에 다른 조사가 끼어 들어갈 수도 있다는 점을 통해 검증할 수 있다.

2.

격조사, 보조사, 접속조사는 기능 면에서 격조사는 격을 나타내며, 보조사는 뜻을 더해주고, 접속조사는 명사구를 이어준다는 차이점이 있다. 그리고 분포에 있어서 격조사, 보조사, 접속조사는 체언에 결합한다는 공통점이 있다. 하지만 보조사는 부사나 용언의 활용형에도 결합한다는 점에서 차이가 있다.

3.

구조격 조사는 체언에 붙어 그것이 붙은 말과 다른 말과의 관계를 표시하는 문법적 기능을 한다. 의미격 조사는 구조격 조사가 하는 문법적 기능과 더불어 구체적인 의미를 나타내는 기능을 추가로 한다. 또한 의미격 조사는 구조격 조사에 비해 형태가 다양하며 의미 또한 다의적이라는 점에서 차이가 있다.

4.

구조격 조사는 특히 구어에서 생략될 수 있다. 하지만 의미격 조사나 보조사는 특별한 의미 기능을 나타내므로 쉽게 생략되지 않는다. 생략되면 의미를 파악하기가 어렵게 되기 때문이다.

5.

'방이 깨끗하지가 않다'의 '가'나, '왜 시원하게 울지를 못하니?'에서의 '를'은 주격이나 목적격 조사로 쓰였다고 보기 어렵다. 격조사는 체언과 결합하는 특성을 가지고 있는데 앞의 두 예에서는 연결어미 '-지'와 결합하여 앞말을 강조하는 기능을 하고 있다.

6.

조사 '와/과'는 '공동'을 나타내는 격조사로 쓰일 때도 있고, 접속조사로 쓰일 때도 있다. 위 예문을 '영희가 결혼을 했는데 남편이 영수이다'라는 의미로 해석하게 되면, 이때 '와'는 '공동'을 나타내는 격조사로 쓰인 것이다. 한편 '영수도 기혼이고, 영희도 기혼이다'라는 의미로 해석하게 되면, 이때 '와'는 접속조사로 쓰인 것이다.

7.

(1)-(3)의 밑줄 친 조사는 합성조사로서 국어사전에 표제어로 올라 있는 반면, (4)는 표제어로 올라 있지 않다. (1)은 격조사(의미격)와 보조사가 결합하여 만들어진 격조사이고, (2)는 격조사(의미격)와 보조사가 결합하여 만들어진 격조사이며, (3)은 격조사(의미격)와 격조사(의미격)가 결합하여 만들어진 격조사이다. 반면, (4)는 격조사(의미격)와 보조사가 겹쳐 쓰인 것으로 볼 수 있다.

8.

격조사 중에서 구조격 조사들끼리는 겹쳐 쓰이지 않는다. 왜냐하면 구조격 조사는 체언에 격을 부여하여 해당 체언으로 하여금 문장에서 특정 문장 성분이 되도록 하는 기능이 있는데, 이때 하나의 체언이 동시에 여러 문장 성분으로 쓰일 수는 없기 때문이다. 하지만 '에게로'와 같이 의미격 조사들끼리 겹쳐 쓰거나, '에서의'와 같이 의미격 조사와 구조격 조사를 겹쳐 쓸 수는 있다.

9.

사과 한 개만도 살 수 있나요?
너만은 나를 이해해 주었으면 하였다.

10.

격조사와 보조사가 겹쳐 쓰일 때, 격조사가 구조격일 경우에는 '보조사 + 격조사'의 순서로, 격조사가 의미격 조사일 경우에는 '격조사 + 보조사'의 순서로 결합한다. 다만 의미격 조사와 보조사가 '보조사 + 격조사'의 순서로 결합하기도 하는데 이는 조사에 따라 차이가 있다.

11.

〈표준국어대사전〉은 (1)은 (체언이나 부사어, 연결어미 따위의 뒤에 붙어) 청자에게 존대의 뜻을 나타내는 보조사, (2)는 (주로 해할 자리에 쓰이는 종결어미나 일부 하게할 자리에 쓰이는 종결어미 뒤에 붙어) 청자에게 존대의 뜻을 나타내는 보조사, (3)은 ('이다', '아니다'의 어간 뒤에 붙어) 어떤 사물이나 사실 따위를 열거할 때 쓰이는 연결어미로 처리하고 있다. (4)는 〈표준국어대사전〉에서 (체언이나 부사어, 연결어미 따위의 뒤에 붙어) 청자에게 존대의 뜻을 나타내는 보조사로 처리하고 있다.

12.

이야기에서 처음 등장하는 내용일 때에는 '이/가'를 쓰며, 앞에서 이야기한 내용을 다시 언급할 때에는 '은/는'을 쓴다. 하지만 위 문장에서는 이야기에서 처음 등장하는 내용에 '은/는'을 썼고, 앞에서 이야기한 내용을 다시 언급할 때에는 '이/가'를 썼기 때문에 잘못된 문장이 되었다.

13.

(1)에 쓰인 조사는 단순히 지적하거나, 여럿 가운데 선택 지정된 말에 붙어 쓰이어, 그것을 (특별히 선택하여) 지적함의 뜻을 나타냄. '다름 아닌 ~'의 뜻을 나타낸다.
(2)에 쓰인 조사는 일부 부사와 함께 쓰이어 앞의 말을 강조함을 나타낸다.
(3)에 쓰인 조사는 '-는 것이'의 꼴로 쓰이어 당위적인 사실을 끌어내어 뒤에 오는 말의 근거로 삼는 데에 쓰인다.
(4)에 쓰인 조사는 인용되는 말의 출처를 나타낸다.

품사 통용 연습 문제

1.

〈있다〉
내가 여기에 와 있는 것을 부모님은 모르신다.
나는 거기에 가 있은 적이 없다.

〈없다〉
나는 여기에 없는 것으로 해줘.
네가 나를 필요로 할 때 내가 네 곁에 없은 적 있어?

'있다'와 '없다' 모두 현재 시제를 나타낼 때 관형사형 어미 '-는'과 결합한다. '-은'과 결합한 경우는 과거 시제를 나타낼 때이다. 따라서 이때 '있다'와 '없다'는 모두 동사의 활용 방식을 보이고 있다.

2.

(1)
(1가)의 '둥근'은 '둥글다'에 현재 시제를 나타내는 관형사형 어미 '-(으)ㄴ'이 결합하였으므로 형용사로 쓰였고, (1나)의 '둥그는'은 '둥글다'에 현재 시제를 나타내는 관형사형 어미 '-는'이 결합하였으므로 동사로 쓰인 것이다. 그리고 두 단어는 의미적인 유사성이 상당하므로 다의어 관계이다. 따라서 품사 통용어로 볼 수 있다.

(2)
(2가)의 '붉는'은 '붉다'에 현재 시제를 나타내는 관형사형 어미 '-는'이 결합하였으므로 동사로 쓰였고, (2나)의 '붉은'은 '붉다'에 현재 시제를 나타내는 관형사형 어미 '-은'이 결합하였으므로 형용사로 쓰인 것이다. 그리고 두 단어는 의미적인 유사성이 상당하므로 다의어 관계이다. 따라서 품사 통용어로 볼 수 있다.

(3)
(3가)의 '감사하는'은 '감사하다'에 현재 시제를 나타내는 관형사형 어미 '-는'이 결합하였으므로 동사로 쓰였고, (3나)의 '감사한'은 '감사하다'에 현재 시제를 나타내는 관형사형 어미 '-(으)ㄴ'이 결합하였으므로 형용사로 쓰인 것이다. 그리고 두 단어는 의미적인

유사성이 상당하므로 다의어 관계이다. 따라서 품사 통용어로 볼 수 있다.

3.

(1)의 '번성한'은 '번성하다'에 현재 시제를 나타내는 관형사형 어미로 '-(으)ㄴ'이 결합하였으므로 형용사이고, (2)의 '번성해'는 '번성하다'에 동작의 완료를 나타내는 '-어 있다'가 결합하였으므로 동사이다.

4.

(1) -느냐/ -는구나
(2) 동사/ 형용사
(3) -자마자
(4) 동사/ 형용사
(5) 동사/ 형용사

5.

어미 뒤에 쓰인 '만큼'은 의존 명사이므로 앞말과 띄어 써야 하고, 체언 뒤에 쓰인 '만큼'은 조사이므로 앞말과 붙여 써야 한다. 밑줄 친 부분의 띄어쓰기가 잘못된 것은 (4)이다. (4)의 '만큼'은 '얼마'라는 체언 다음에 왔기 때문에 조사이다. 따라서 붙여 써야 한다.

6.

(1가)에서 밑줄 친 부분은 (일부 명사 뒤에 쓰여) '관계'의 뜻을 나타내는 의존 명사이기 때문에 앞말과 띄어 써야 한다. (2다)에서 밑줄 친 부분은 (주로 한자어 수 뒤에 쓰여) '번', '차례'의 뜻을 나타내는 의존 명사이므로 앞말과 띄어 써야 한다.

7.

(1) 그는 자꾸 딴 곳만 바라보았다. - 관형사
문장에서 쓰일 때 형태가 변하지 않고, '곳'이라는 명사를 꾸며주는 역할을 하며, 조사가 붙을 수 없기 때문에 관형사라고 판단하였다.

(2) 내 딴에는 최선을 다했다. - 명사
문장에서 쓰일 때 형태가 변하지 않고, 조사가 붙을 수 있으며, 관형어('나의'의 줄임말인 '내')의 꾸밈을 받을 수 있기 때문에 명사라고 판단하였다.

8.

'올'은 명사 '올해'의 준말이다.

9.

> 내가 너를 ㉠아무 이유 없이 좋아한다는 사실은 ㉡아무도 모를 거야.

㉠과 ㉡의 형태는 동일하지만 ㉠은 관형사이고, ㉡은 대명사이다. ㉠과 같은 관형사는 '이유'와 같은 체언(주로 명사)을 수식하고, 조사가 결합할 수 없다. 반면에 ㉡과 같은 대명사는 조사와 결합할 수 있고, '모를'과 같은 서술어가 나타내는 동작이나 상태의 주체가 되는 말로 사용될 수 있다.

10.

> 이도 ㉠저도 다 아니라고 하면 ㉡저 사람이 얼마나 난감하겠니?

㉠과 ㉡의 형태는 동일하지만 ㉠은 대명사이고, ㉡은 관형사이다. ㉠은 조사와 결합할 수 있고, 문장에서 '아니다'의 보어로 기능하고 있지만 ㉡은 조사와 결합할 수 없으며 뒤에 나오는 '사람'이라는 체언을 꾸며주는 기능을 하고 있기 때문이다.

11.

〈관형사〉 문법을 좋아하는 다섯 학생이 모였어요.
위 문장은 '다섯'이 관형사로 쓰인 경우로, 조사와 결합할 수 없고, 뒤에 오는 체언 '학생'을 꾸미는 기능을 한다.
〈수사〉 문법을 좋아하는 학생 다섯이 모였어요.
위 문장은 '다섯'이 수사로 쓰인 경우로, '이'라는 조사와 결합하여 '모였어요'의 주어 기능을 한다.

12.

〈관형사〉 수학여행 ㉠첫째 날에는 해인사에 들렀습니다.
〈수사〉 공부가 ㉡첫째는 아니다.
㉠은 '첫째'가 관형사로 쓰인 경우로, 조사와 결합하지

않고 뒤에 오는 '날'이라는 체언을 꾸며주는 기능을 한다. 반면 ⓒ은 '첫째'가 수사로 쓰인 경우로, '는'이라는 조사와 결합한 모습을 보이고, 문장에서 보어로서 기능하고 있다.

13.

〈관형사〉 ⓐ맨 처음 그를 만난 곳은 도서관이었다.
〈부사〉 너는 ⓒ맨 놀고만 있다.

ⓐ의 '맨'은 체언인 '처음'을 꾸며주는 관형사이고, ⓒ의 '맨'은 용언인 '놀고'를 꾸며주는 부사이다. 이때 ⓐ의 '맨'은 '더 할 수 없을 정도나 경지에 있음을 나타내는 말'인데 반해 ⓒ의 '맨'은 '다른 것은 섞이지 아니하고 온통'의 의미를 가지고 있다.

14.

〈명사〉 ⓐ비교적인 관점에서 볼 때 한글은 한자보다 발전된 형태의 문자이다.
〈관형사〉 김 교수는 한국어와 일본어에 대한 ⓒ비교적 연구를 주로 한다.
〈부사〉 이 문제는 ⓒ비교적 쉬운 편이다.

ⓐ은 명사로 쓰인 예로 문장에서 조사와 결합하여 쓰일 수 있다. ⓒ은 관형사로 쓰인 예로 조사와 결합할 수 없으며, 뒤에 오는 '연구'라는 체언을 꾸미고 있다. ⓒ은 부사로 쓰인 예로 '쉬운'이라는 용언을 꾸미고 있다.

15.

〈관형사〉 난 ⓐ저런 책이 좋아.
〈감탄사〉 ⓒ저런, 너무 안 됐다.
ⓐ은 '저런'이 관형사로 쓰인 경우로, '책'이라는 체언을 꾸며주고 있지만 ⓒ의 '저런'은 감탄사로 쓰인 경우로, 문장의 다른 요소들과 관계를 맺지 않고 독립적으로 사용된다. ⓐ은 '상태, 모양, 성질 따위가 저러한'의 의미를 나타내지만, ⓒ은 '뜻밖에 놀라운 일이나 딱한 일을 보거나 들었을 때 하는 말'의 의미를 나타낸다.

16.

〈관형사〉 오늘은 ⓐ다른 날보다 일찍 나왔다.
〈형용사〉 이 옷은 주문한 것과 ⓒ다른 옷이다.

※ 이 옷은 주문한 것과 다르게 보인다
관형사는 문장에서 형태가 늘 고정되어 사용되지만 형용사는 문장에서 사용될 때 다양한 형태로 나타날 수 있다. ⓐ은 '다른'이 관형사로 쓰인 예로 other(당장 문제 되거나 해당되는 것 이외의)의 의미를 나타내며, 형태가 늘 '다른'의 꼴로 고정되어 사용된다. 반면 ⓒ은 형용사로 쓰인 예로, different(비교가 되는 두 대상이 서로 같지 아니하다)의 의미를 가지고 있으며, 문장에서 '다르다, 다르게, 다르며, 다르면, 달라서' 등 여러 가지 형태로 나타날 수 있다.

형태소 연습 문제

1.

그래/ 그/ 영화/ 는/ 우리/ 둘/ 에게/ 매우/ 크/ -ㄴ/
감동/ 을/ 주-/ -었-/ -지
1) 명사, 대명사, 수사, 관형사, 부사, 감탄사
2) 동사, 형용사
3) 조사

2.

1) 명사, 대명사, 수사, 관형사, 부사, 감탄사
2) 의존 명사
3) 동사와 형용사의 어간
4) 조사, 접사
말과 말 사이의 형식적 관계를 문법적 관계라 한다.

3.

공통점: 의존 형태소
차이점: 조사는 자립 형태소에 붙지만, 어미는 의존
형태소에 붙는다.
이러한 차이가 조사는 단어로 인정하고 어미는 단어
로 보지 않는 가장 큰 이유이다.

4.

계열 관계와 통합 관계는 보다 큰 문법 단위를 보다
작은 문법 단위로 분석할 때 사용하는 기준이 된다.
이 중 계열 관계는 해당 말의 자리에 해당 말을 대신
해서 들어올 수 있는 다른 말이 있는가를 살펴보는 것이
다. (1)의 문장을 계열 관계로 분석해 보면, 일단 '딸
기가'와 '달콤하다'로 나눌 수 있는데, 그 이유는 '딸기
가' 대신에 '사과가', '자두가' 등이 대신 들어 올 수 있
고, '달콤하다' 대신에 '새콤하다' 등의 말이 대신 들어
올 수 있기 때문이다. 이렇게 분석되어 나온 '딸기가'
는 계열 관계를 통해 다시 '딸기'와 '가'로 분석되는데,
이는 '딸기' 대신 들어올 수 있는 동일 계열의 말로 '사
과, 앵두' 등이 있고, '가' 대신에 들어올 수 있는 말로
'는'이 있기 때문이다.
한편 통합 관계는 해당 말과 다른 말 사이에 또 다른
말이 더 통합될 수 있는가를 살펴보는 것이다. 예를
들어 '딸기가' 앞에는 '빨간, 이, 그, 저' 등이, '딸기가'

와 '달콤하다' 사이에는 '더, 매우' 등이 더 통합될 수
있기 때문에 '딸기가'와 '달콤하다'가 분석되는 것이다.
이렇게 분석해낸 '달콤하다'는 통합 관계를 통해 '달콤'
과 '하다'로 다시 분석할 수 있는데, 이 둘의 사이에는
'새큼'이라는 말이 통합되어 '달콤새큼하다'라는 단어
를 만들 수 있기 때문이다.

5.

'-롭-'은 앞말에 '그러함' 또는 '그럴 만함'의 뜻을 더하
고 형용사를 만드는 접미사이다. '까다롭다'나 '번거롭
다'에서 '까다'나 '번거'와 같은 극히 제한된 단어와만
결합하는 특성을 보이기는 하지만 '까다'나 '번거'의 자
리에 '명예', '신비' 등이 들어갈 수 있는 것을 보면 '까
다'나 '번거' 역시 형태소로서의 자격을 가짐을 알 수
있다. 이와 같은 형태소를 유일 형태소(특이 형태소)
라고 부른다.

6.

'새롭다'는 '새'와 '-롭'으로, '괴롭다'는 '괴'와 '-롭'으로
그 형태를 분석할 수 있다. 이때 '새'는 공시적으로 관
형사이고, '-롭'은 접미사이기 때문에 '새'와 '-롭'이 결
합할 수 없을 것 같지만 '새'가 옛말에서는 명사로서의
쓰임이 있었다. '괴' 역시 공시적으로는 그 의미를 파
악하기 어렵지만, 통시적으로 명사인 고(苦)에서 왔기
때문에 그 형태를 분석할 수 있다.

7.

분포와 기능은 접두사와 유사하지만 동·식물명을 나
타내는 경우는 접두사로 보지 않기 때문에 접두사의
자격을 부여하지 않는다.

8.

1) 있다.
2) 앞말이 자음으로 끝나는지, 모음으로 끝나는지가
변이 조건이 된다. 앞말이 ㄹ을 제외한 자음으로 끝나
면 '-으면서'가 선택되고, 앞말이 ㄹ이나 모음으로 끝
나면 '-면서'가 선택된다.
3) '-으면서'를 대표 형태로 잡고, 앞말이 ㄹ이나 모음
으로 끝나면 '으'가 탈락되는 것으로 설명하는 것이 합
리적이다.

9.

실제 언어 환경에서 /짓/이 나타나지는 않지만, 대표 형태를 {짓-}으로 잡아야 /진, 지, 진/ 등 나머지 이 형태의 도출을 자연스럽게 설명할 수 있기 때문이다. {짓-}을 대표 형태로 정하면, 음절의 끝소리 규칙에 따라 비음을 제외한 자음 앞에서는 /짇/으로 나타나고, 비음화 규칙에 따라 비음 앞에서는 /진/으로 나타나며, 'ㅅ' 불규칙 활용에 따라 모음 앞에서는 /지/로 나타남을 설명할 수 있다. 이렇게 실제 언어 환경에서 나타나지는 않지만 설명의 수월성을 위하여 재구성해 낸 대표 형태를 이론적 대표 형태 또는 가상적 대표 형태라고 부른다.

10.

'그곳에는 '나무' 커녕 풀도 없었다.'라는 문장에서 '커녕' 자리에 '는커녕'이 들어가도 자연스럽기 때문에 배타적 분포를 이루지 않는다. 따라서 '커녕'과 '-(으)ㄴ커녕'은 변이 형태가 아니다. 변이 형태가 아니라는 것은 동일한 형태소가 아니라, 별개의 개별적인 형태소라는 것을 의미한다.

11.

'그가 그녀에게 그렇게 말했다는 거지?'라는 문장에서 '에게' 자리에 '한테, 보고, 더러'가 들어가도 자연스럽기 때문에 '에게, 한테, 보고, 더러'는 상보적 분포를 보인다고 볼 수 없다. 따라서 이들은 변이 형태가 아닌 서로 다른 별개의 형태소이다.

단어 연습 문제

1.

전통 문법에서 단어는 '단일한 의미를 나타내는 음성의 결합체'를 의미했다. 하지만 '애인', '학교' 등은 단어이지만, 위의 정의에 부합하지 않는다는 것이 문제이다.

2.

1. 조사
→ 자립 형식이 아니지만, 단어로 분류함.
2. 합성어
→ 등(자립 형식) + 불(자립 형식)
→ 최소 자립 형식이 아니지만 단어로 봄.

3.

첫째로, '단어'의 정의에 분리성과 휴지라는 개념을 추가하는 것이다. '등불'을 가지고 예를 들어보자면, '분리성'이라는 말은 '등'과 '불' 사이에 다른 요소를 끼워넣어 '등'과 '불'을 분리할 수 있는지를 살펴보는 것이다. 하지만 '등'과 '불' 사이에는 다른 요소를 끼워 넣을 수 없으므로 '등불'은 하나의 단어로 본다. 휴지라는 것은 소리 내어 읽을 때 두는 '쉼'을 말하는 것인데 '등불'을 읽을 때에는 '등'과 '불' 사이에 휴지를 두지 않으므로 '등불'은 최소 자립 형식은 아니지만 단어로 본다. 둘째로, '분리하여 자립적으로 쓸 수 있는 말이나 이에 준하는 말의 뒤에 붙어서 문법적 기능을 나타내는 말'이라는 정의를 추가하는 것이다. 어미를 어간에서 분리했을 때 어간은 자립성이 없지만, 조사 앞에 쓰이는 요소들은 자립성이 있다. 따라서 위와 같은 정의를 추가하였을 때, 조사는 '자립형식'은 아니지만 어미와 달리 단어로 인정해 줄 수 있다.

4.

개별 단어를 일컬을 때는 '단어'라는 용어, 단어의 집합을 일컬을 때는 '어휘'라는 용어를 보다 빈번하게 사용한다.

5.

단어와 형태소는 의미를 가지고 있는 단위라는 점에

서 공통점이 있다. 하지만 형태소는 의미를 가지고 있는 가장 작은 단위이고, 단어는 하나의 형태소로 이루어진 것도 있고, 여러 개의 형태소로 이루어진 것도 있다는 점에서 차이가 있다. 또한 형태소는 반드시 자립 형식일 필요는 없지만, 단어는 '최소 자립 형식'이어야 한다는 제약 조건이 있다.

6-1.

〈확대의 원리〉'나는 빵을 먹어 보았다'에서 본용언 '먹어'와 보조용언 '보았다' 사이에 '는'이나 '도'와 같은 조사를 자유롭게 끼워 넣을 수 있으므로 보조용언은 단어의 자격이 있다.

〈대치의 원리〉'나는 빵을 먹어 보았다'라는 문장에서 보조용언 '보았다'는 '나는 빵을 먹어 두었다'와 같이 또 다른 보조용언 '두었다'로 대치되므로, 보조용언은 단어의 자격이 있다.

6-2.

1) 접두사
〈확대의 원리〉'풋사과'에서 접두사인 '풋'과 어근 '사과' 사이에는 어떤 요소도 끼어들 수 없기 때문에 '풋'과 같은 접두사는 단어의 자격이 없다.
〈대치의 원리〉'풋사과'에서 접두사인 '풋'은 '햇-', '늦-' 등 제한된 요소와만 대치 가능하므로 단어의 자격이 없다.

2) 접미사
〈확대의 원리〉'낚시질'에서 어근인 '낚시'와 접미사 '질' 사이에는 어떤 요소도 끼어들 수 없기 때문에 '-질'과 같은 접미사는 단어의 자격이 없다.
〈대치의 원리〉'낚시질'에서 접미사인 '-질'은 '-하다', '-꾼' 등 제한된 요소와만 대치 가능하므로 단어의 자격이 없다.

7.

(1)의 조사들은 옛말에서 '븥-' + '-어', '좇-' + '-오', '돌-' + '-오', '좇-' + '-아'로 분석되지만, 현대국어에서는 형태소 분석을 하지 않는다. 이렇게 실질 형태소인 용언의 어간이 어휘적인 뜻을 잃고, 형식 형태소로 바뀌는 것을 '문법화'라고 한다.

8.

(1)의 단어들은 역사적으로 '꼴 + -악서니', '끝 + -으머리', '막 + 애', '잎 + -아리', '짚 + -으라기', '박 + -아지'로 형태소 분석이 된다. 하지만 '-악서니, -으머리, -애, -아리, -으라기, -아지'가 공시적으로는 이미 단어 형성의 기능을 잃어버렸기 때문에 더 이상 접미사로 보기 어렵다. 따라서 '꼴, 끝, 막, 잎, 짚, 박' 등의 원형을 밝혀 적지 않는 것이다.

파생법 연습 문제

1.

파생 수사의 예로는 접두사 '제(第)-'가 수사 '일', '삼' 등과 결합하여 만들어진 '제일, 제삼' 등이 있으며, 파생부사로는 접두사 '외-'와 부사 '따로'가 결합하여 만들어진 '외따로' 접두사 '연(連)-'이 부사 '거푸'와 결합하여 만들어진 '연거푸' 등이 있다. 이때 접두사 '연(連)-'은 동사 '닿다', '잇다' 등과 결합하여 '연닿다, 연잇다' 등 파생 동사를 만들기도 한다.

2.

들이갈기다: 접두사 '들이-'와 동사 '갈기다'가 결합하여 만들어진 파생어
들이꽂다: 접두사 '들이-'와 동사 '꽂다'가 결합하여 만들어진 파생어
한 말들이: 명사구 '한 말'에 접미사 '-들이'가 붙은 형태
1리터들이: 명사구 '1리터'에 접미사 '-들이'가 붙은 형태

3.

의미가 완전히 같지는 아니하므로 이형태로 보기 어렵다. (사전을 검색하면 두 접두사가 서로 연관 단어로 나오지 않음)

4.

'설-'은 '충분하지 못하게'의 뜻을 더하는 접두사이고 '살-'은 '온전하지 못함'의 뜻을 더하는 접두사이다. '설-'은 주로 동사와 결합하며, '살-'은 주로 명사와 결합하는 듯하다. (사전을 검색하면 두 접두사가 서로 연관 단어로 나옴) 의미는 거의 동일하나 결합하는 품사가 다르므로 이형태로 보기 어려울 듯하다.

5.

'부-'는 'ㄷ', 'ㅈ'으로 시작하는 명사 앞에 붙어 '아님', '아니함', '어긋남'의 뜻을 더하며, '불-'은 'ㄷ', 'ㅈ'을 제외한 자음으로 시작하는 명사 앞에 붙어 동일한 의미를 나타내는 접두사이다. 따라서 상보적 분포를 이루는 이형태인 두 접두사는 동일한 접두사로 보아야 한다.

6.

'비생산적, 비민주적'은 명사 '생산, 민주'에 접미사 '-적'이 일차적으로 결합하여 '생산적, 합리적'을 만들고, 거기에 이차적으로 접두사 '비'가 결합하여 만들어진 단어이다.
반면 '무계획적, 무차별적'은 명사 '계획, 차별'에 접두사 '무-'가 일차적으로 결합하여 '무계획, 무차별'을 만들고, 거기에 이차적으로 접미사 '-적'이 결합하여 만들어진 단어이다.

7.

'-토록'은 '(일부 체언 뒤에 붙어) 앞말이 나타내는 정도나 수량에 다 차기까지'라는 뜻을 나타내는 보조사이다. '평생토록'이나 '종일토록', '그토록'은 체언, 관형사에 '-토록'이 붙어 새로운 단어를 형성하였기 때문에 국어사전에 올라 있지만 '성공토록'이나 '발전토록'은 '-토록'이 '하도록'의 준말로 결합한 경우이기 때문에 국어사전에 올라 있지 않다. (영원토록, 고심토록, 고생토록, 취침토록, 공급토록, 원망토록, 장만토록, 행동토록)

8.

'-코'는 '(일부 한자 어근이나 명사 뒤에 붙어) 부사를 만드는 접미사이다. 이를 보조사로 볼 수 없는 이유는 '기어코'의 '기어'나 '잠자코'의 '잠자' 등 조사가 결합하기 어려운 단위에도 결합하여 단어를 만들어내는 특성을 보이기 때문이다.

9.

'-맞다'는 '(사람의 성격을 나타내는 일부 명사 또는 어근 뒤에 붙어) 그것을 지니고 있음'의 뜻을 더하고 형용사를 만드는 접미사이다. 따라서 '궁상맞다, 방정맞다, 능글맞다'는 명사인 '궁상, 방정', 어근인 '능글'에 각각 접미사 '-맞다'가 결합하여 만들어진 파생어들이다.

10.

'-쩍다'는 '(몇몇 명사 뒤에 붙어) 그런 것을 느끼게 하는 데가 있음'의 뜻을 더하고 형용사를 만드는 접미사이다. 따라서 '수상쩍다, 의심쩍다, 미심쩍다'는 명사 '수상, 의심, 미심'에 각각 접미사 '-쩍다'가 결합하여

만들어진 파생어들이다.

11.

'기다랗다, 굵다랗다, 가느다랗다, 깊다랗다'는 어근 '길-, 굵-, 가늘-, 깊-'에 접미사 '-다랗-'이 결합한 형태이고, '짤따랗다, 널따랗다'는 어근 '짧-, 넓-'에 접미사 '-따랗-'이 결합한 형태이다. 동일한 접미사가 형태를 달리하는 이유는 한글 맞춤법 규정 21항에서 겹받침의 끝소리가 드러나지 않을 때는 소리대로 적도록 하고 있기 때문이다.

12.

(1)은 동사 '얼다'에 명사형 어미 '-(으)ㅁ'이 결합한 것이다. (2)는 동사 '얼다'에 명사화 접미사 '-(으)ㅁ'이 결합하여 '얼음'이라는 새로운 단어를 파생한 것이다.

13.

(1)은 '싸움'이 줄어든 형태이기 때문에 별도로 형태소 분석을 하기 어렵다. (2)는 동사 '싸우다'에 명사화 접미사 '-(으)ㅁ'이 붙어 '싸움'이라는 파생어를 형성한 것이다. (3)은 동사 '싸우다'에 명사형 어미 '-(으)ㅁ'이 결합한 것이다.

합성법 연습 문제

1.

(1)의 '헌'은 '간판이'의 술어이므로 '책방'과 결합하여 하나의 의미적 단위를 이루는 것으로 볼 수 없다. 따라서 이를 합성어나 이은말로 볼 수 없다. (2)와 같이 '헌'과 '책방'을 붙여 쓰면 합성어로 보아야 한다. 합성 명사는 부사 '매우'의 수식을 받을 수 없기 때문에 비문이 되었다.(그런데 '우리 동네에는 매우 헌 책방이 있다'는 적격문인 것 같다. 그러면 이때 '헌 책방'은 이은말 구성으로 보아야 할 것 같다.) (3)의 '헌책방'은 '큰'이라는 관형어의 수식을 받고 있으므로 하나의 합성어로 보아야 한다.

2.

'들것'은 붙여 써야 할 때도 있고 띄어 써야 할 때도 있다. '환자를 옮기려면 더 큰 들것이 필요하다.'에서 '들것'은 관형어의 수식을 받을 수 있는 합성어이다. 이때는 '들'과 '것'을 붙여 쓴다. 반면 '다른 한 손에는 들 것이 없다.'와 같이 '들'을 부사어가 수식할 수 있는 경우에는 '들'과 '것'을 띄어 쓴다. 이때 '들'과 '것'은 이은말로 쓰인 것이기 때문이다.
'해당하는 것이 아닌 다른 것'을 의미하는 '딴것'의 경우, '주민등록증이 아닌 딴것으로도 본인 확인이 가능한가요?' 에서와 같이 합성어로서 항상 붙여 쓰며, 관형어의 수식을 받을 수 있다.
'쓸 것'은 이은말로, '일기에 쓸 것이 없다.'와 같이 항상 띄어 쓴다. 이때 '쓸'은 부사어의 수식을 받을 수 있다.

3.

'장국밥'은 명사인 '장'과 명사인 '국'이 먼저 결합한 합성명사 '장국'에 명사 '밥'이 다시 결합한 합성어이다. 이와 같이 명사가 명사를 수식하는 구조는 일반적인 우리말 통사 구조로 볼 수 있으므로 통사적 합성어이다. 반면, '따로국밥'은 명사 '국'과 명사 '밥'이 먼저 결합한 합성명사 '국밥'에 부사 '따로'가 결합한 형태로 부사가 명사를 수식하는 것은 일반적인 우리말 통사 구조로 보기 어렵기 때문에 비통사적 합성어이다.

4.

'재미있다, 힘쓰다'는 '재미가 있다, 힘을 쓰다'와 같이 다른 말이 끼어들어 분리되어 쓰일 때도 있지만, '손쉽다'는 '손이 쉽다'와 같이 분리되지 않는다.

5.

'잘해야'는 통사적 구성에 의해 형성된 복합어이고, '잘돼야'는 '잘되다'라는 용언의 활용형이다. '아울러'는 통사적 구성에 의해 형성된 복합어이고, '서둘러'는 '서두르다'라는 용언의 활용형이다. '되도록'은 통사적 구성에 의해 형성된 복합어이고, '죽도록'은 '죽다'라는 용언의 활용형이다.

6.

'살아생전, 하고많다, 하고하다, 한다하는, 턱없다'는 단어 사이에 다른 말이 끼어 들어 분리되지 못하므로 합성어로 볼 수 있다. 반면, '흥미없다'는 '흥미가 없다', '늘 푸른'은 '늘 그렇게 푸른' 등으로 다른 말이 끼어 들어 분리가 가능하므로 이은말 구조이다. 따라서 띄어 써야 한다.

7.

(1)에서 '대체로'는 명사 '대체'에 조사 '로'가 결합한 복합어이고, '멋대로'와 '뜻대로'는 명사 '멋'과 '뜻'에 각각 조사 '대로'가 결합한 복합어이다.

(2)에서 '글쎄요'는 감탄사 '글쎄'에 조사 '요'가 결합한 복합어이고, '여봐요'는 감탄사 '여(주로 자기보다 나이가 어리거나 지위가 낮은 누군가를 부르거나 주의를 집중시킬 때 하는 말'에 동사 '보-'의 활용형인 '봐-'가 결합한 합성어 '여봐'에 조사 '요'가 결합한 복합어이다. '여보세요'는 '여봐요'를 조금 높여 이르는 말이다.

8.

(1)의 '이렇게'는 '이러하게'가 줄어든 말로, 조어 구조를 설명하기 어렵다. '그렇고'는 형용사 '그렇다'에 어미 '-고'가 결합한 구조로 형용사 '그렇다'의 활용형이다. 따라서 (1)은 어떤 단어의 활용형일 뿐 그대로 단어로 굳어진 형태는 아니다.

(2)와 (3), (4)는 모두 복합어인데, (2)의 조사 '보고,

치고, 하고'는 동사 '보다, 치다, 하다'에 어미 '-고'가 결합된 활용형이 굳어진 형태이므로 합성어나 파생어로 분류하기 어렵다.

(3)의 '걸핏하면, 툭하면'은 부사 '걸핏, 툭'과 동사 '하다'의 활용형인 '하면'이 결합한 합성어이다. 반면 '까딱하면'은 부사 '까딱'과 동사 '하다'가 결합한 '까딱하다'에 어미 '-면'이 결합한 활용형이 굳어진 형태이므로 합성어나 파생어로 분류하기 어렵다. 또한 '하지만'은 동사 '하다'에 어미 '-지만('-지마는'의 준말)'이 결합한 활용형이 굳어진 형태로, 이 역시 합성어나 파생어로 분류하기 어렵다.

(4)의 '뜬소문'은 동사 '뜨다'에 관형사형 어미 '-(으)ㄴ'이 결합한 형태에 명사 '소문'이 결합한 합성어이다. '어린이'는 형용사 '어리다'에 관형사형 어미 '-(으)ㄴ'이 결합한 형태에 의존 명사 '이'가 결합한 합성어이다. '작은형'은 형용사 '작다'에 관형사형 어미 '-(으)ㄴ'이 결합한 형태에 명사 '형'이 결합한 합성어이다.

9.

(1)의 '알아보다, 쳐다보다'는 사전에 등재되어 있으므로 합성어이고, '들어보다, 먹어보다'는 사전에 등재되어 있지 않으므로 본용언-보조용언 구조이다. '-어보다' 보조용언은 앞말과 띄어 쓰는 것을 원칙으로 하고 붙여 쓰는 것도 허용한다.

(2)의 '느려지다, 나빠지다, 밝아지다'는 사전에 등재되어 있으므로 합성어이고, '빨라지다, 좋아지다, 어두워지다'는 사전에 등재되어 있지 않으므로 본용언-보조용언 구성이다. 다만, 동사나 형용사 뒤에서 '-어지다'의 구성으로 쓰이는 보조용언은 붙여 쓰는 것이 원칙이다.

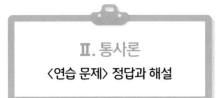

Ⅱ. 통사론
〈연습 문제〉 정답과 해설

문장의 성분 연습 문제

1.

(1)~(5)의 주어는 '사냥꾼'이고 서술어는 '잡았다'이다. 한국어에서 주어는 주로 (1)과 같이 문장의 맨 앞에 위치한다. 하지만 한국어에는 주어를 표시하는 주격 조사가 있기 때문에 (2)~(5)와 같이 주어가 원래의 위치를 벗어날 수도 있다. 한편, (1)이나 (2)와 같이 서술어는 주로 문장의 맨 끝에 놓인다. 그러나 (3)~(5)와 같이 강조의 의미를 나타내기 위한 특별한 상황에서는 서술어가 원래의 위치를 벗어나기도 한다.

2.

(1)의 서술어 '그립다'는 사람의 심리를 나타내는 용언이다. 문장에서는 말하는 이(1인칭)의 심리만을 현재 시제 평서문으로 표현할 수 있다. 따라서 (1)의 생략된 주어가 1인칭 '나'임을 알 수 있다. (2)는 명령문으로 듣는 이(2인칭)를 전제로 하는 문장이다. 따라서 (2)의 생략된 주어가 2인칭 '너'임을 알 수 있다. 이와 같이 한국어는 주어가 무엇인지 파악하는 데 어려움이 없을 때, 주어를 생략할 수 있다는 특징을 갖는다.

3.

(1)~(4)의 문장은 주어가 무엇인지 상정하기 어렵다.

4.

(1)은 용언의 연결형에 조사 '가'가 결합한 형태로, 주격 조사의 보조사적 용법으로 보아야 한다. (2) 역시 용언의 연결형에 조사 '가'가 결합한 형태이나, 뒤에 오는 서술어가 '아니다'이기 때문에, 이때 쓰인 '가'는 보격 조사로 보아야 한다. (3)은 체언에 부사격 조사가 결합한 형태에 다시 조사 '가'가 결합하였는데, 이

역시 뒤에 서술어로 '아니다'가 오기 때문에 보격 조사로 보아야 한다.

5.

(1)에는 '1이 돌다' 꼴로 쓰이는 한 자리 서술어로 사용되었다. (2)에는 '1이 2를 돌다' 꼴로 쓰이는 두 자리 서술어로 사용되었다. (3)과 (4)에는 '1이 돌다' 꼴로 사용되는 한 자리 서술어로 사용되었다. (5)에는 '1이 2로 돌다' 꼴로 쓰이는 두 자리 서술어로 사용되었다. (6)에는 '1에(에서) 2가 돌다' 꼴로 쓰이는 두 자리 서술어로 사용되었다.

6.

(1)에는 '1이 2와 알다' 꼴로 쓰이는 두 자리 서술어로 사용되었다. (2)에는 '1이 2에 대하여 알다' 꼴로 쓰이는 두 자리 서술어로 사용되었다. (3)에는 '1이 2를 알다' 꼴로 쓰이는 두 자리 서술어로 사용되었다. (4)와 (5)에는 '1이 2를 3으로(-고) 알다' 꼴로 쓰이는 세 자리 서술어로 사용되었다.
타동사는 (3)~(5)와 같이 목적어를 필수적으로 요구하는 동사의 유형이며, (1)과 (2)는 목적어를 필수적으로 요구하지 않는 동사의 유형인 자동사이다.

7.

1) 용언은 주어나 목적어 등을 어떠한 특별한 말로 제한하여 선택하는데, 이를 '선택 제약'이라고 한다. (1)의 서술어 '먹다'는 유정성을 가진 주어와 어울려 쓰여야 하고, (2)의 '다물다'는 '입'과 어울려 쓰여야 하며, (3)의 서술어 '감다'는 '눈'과 어울려 쓰여야 한다. 그리고 (4)의 '건물이다'는 유정 명사가 주어로 올 수 없는데, 이를 어겨 비문법적인 문장이 된 것이다.

2) (5)에 쓰인 '같다'는 주어와 함께 부사어를 필수적으로 요구하는 두 자리 서술어인데, 제시된 단어들 역시 '짓궂게 굴다, 귀찮게 여기다, 똑똑하게 생기다, 만나게 되다, 환상에 불과하다, 소문에 의하다'와 같이 주어 외에도 필수적 부사어를 요구하는 통사적 특성을 보인다.

8.

1) (1)에는 '1이 보이다' 꼴로 쓰이는 한 자리 서술어가 사용되었다. 이때 '보이다'는 피동사이다. (2)는 해석에 따라 '1이 보이다' 꼴로 쓰이는 한 자리 서술어가 될 수도 있고, '1이 ~게 보이다' 꼴로 쓰이는 두 자리 서술어가 될 수도 있다. 두 경우 모두 '보이다'는 피동사이다. (3)은 '1이 2에게 3을 보이다' 꼴로 쓰이는 세 자리 서술어로, 이때 '보이다'는 사동사이다.

2) (2)는 '아이가 똑똑히 잘 보인다'와 '아이가 영특하게 보인다'라는 두 가지 의미로 해석할 수 있다. 전자의 경우 '보이다'는 '눈으로 대상의 존재나 형태적 특징을 알게 되다'라는 의미를 가지는 한 자리 서술어로, 필수 성분으로 주어만을 요구한다. 반면 후자의 경우 '보이다'는 '대상이 평가되다'라는 의미를 가지는 두 자리 서술어로, 주어와 부사어를 필수 성분으로 요구한다.

3) (1)의 서술어 '보이다'는 피동사이고, (3)의 서술어는 사동사이다. 이때 (1)의 서술어는 주어만을 요구하지만, (3)의 서술어는 주어 외에도 부사어와 목적어를 필수적으로 요구한다.

4) 속이 보인다.
   끝이 보인다.
   눈치가 보인다.

5) (4)의 '보다'는 보조용언으로, 본용언에 기대어 쓰인다. 보조용언인 '보다'는 생략하여도 문장이 성립하지만, 본용언 '만나다'를 생략하면 문장이 성립하지 않는다.

9.

(1), (2)는 학교문법과 학문문법에서 모두 보어로 인정하고 있다. (3), (4)는 학교문법에서는 서술절의 주어로 다루고 있지만, 학문문법에서는 (3)을 보어에 포함시키기도 한다.
학교문법에서 (5)~(12)는 보격 조사의 형태가 일정하지 않아서 보어로 보지 않고 필수적 부사어로 본다. 반면, 학문문법에서는 (5)~(12)의 밑줄 친 문장 성분이 필수성을 지닌다는 점에서 모두 보어라고 보는 견해도 있다.

10.

(1) (1가)의 '바뀌다'는 한 자리 서술어이므로 밑줄 친 문장 성분이 필수적이지 않고, (1나)의 '바뀌다'는 두 자리 서술어이므로 밑줄 친 문장 성분이 필수적이다.

11.

(1)의 밑줄 친 문장 성분은 서술어 '되다' 앞에 위치하는 체언에, 조사 '이'가 결합하여 만들어졌으므로 보어이다. (2)의 밑줄 친 문장 성분은 체언에 부사격 조사 '으로'가 결합하였으므로 부사어이다. (3)의 밑줄 친 문장 성분은 체언에 주격 조사 '가'가 결합하여 만들어진 서술절의 주어이다. (4)의 밑줄 친 문장 성분은 관형어에 의존 명사가 결합하여 만들어진 부사어이다. (5)의 밑줄 친 문장 성분은 호응하는 서술어를 찾을 수 없으므로 주어로 볼 수 없다. (6)의 밑줄 친 문장 성분은 체언이 뒤에 나오는 체언을 수식하는 관형어이다. 관형격 조사 '의'가 생략된 형태로 보기도 한다. (7)의 밑줄 친 문장 성분은 관형어의 수식을 받는 의존 명사에 목적격 조사 '을'이 결합하여 만들어진 목적어이다. (8가)에서 밑줄 친 문장 성분은 관형어의 수식을 받는 체언에 부사격 조사 '에'가 결합하여 만들어진 부사어로, (8나)와 같이 어순을 바꿀 수 있다. (9가)에서 밑줄 친 문장 성분은 관형어의 수식을 받는 체언에 목적격 조사 '을'이 결합하여 만들어진 목적어로, (9나)와 같이 어순을 바꾸면 비문이 된다.
(10)의 밑줄 친 문장 성분은 형태적으로 볼 때 명사절에 목적격 조사 '를'이 결합하였지만 뒤에 나오는 서술어나 서술절의 '대상'으로 보기 어려우므로 문장 성분을 밝혀 말하기에는 어려움이 있다. (11)의 밑줄 친 문장 성분은 체언에 목적격 조사 '을'이 결합하여 만들어진 목적어이다. (12)의 ㄱ에서 밑줄 친 문장 성분은 체언에 부사격 조사 '에'가 결합하여 만들어진 부사어이다. 이때 격조사를 목적격 조사 '을'로 교체하면 비문이 된다. (13)의 밑줄 친 문장 성분은 체언에 부사격 조사가 결합하여 만들어진 부사어이다. 이때 격조사를 목적격 조사로 교체하여도 문장은 성립되는데, 이 경우 밑줄 친 문장 성분은 목적어가 된다.

12.

〈예문〉 그가 <u>범인이</u> 맞다

1) 조사 '이/가'가 붙는다.
　– 범인이

2) 서술어가 요구하는 필수적인 성분이다.
　– 이때 '맞다'는 두 자리 서술어로 주어(그가) 외에도 '범인이'를 필수적으로 요구한다.

3) 의미적인 기능은 서술의 대상이다.
　– 이때 '범인이'는 의미적으로 서술어 '맞다'의 대상이다.

4) 관계 관형절의 표제 명사가 될 수 없다.
　– *그가 맞은 <u>범인</u>

5) 보격 조사 '이/가'는 생략이 가능하다.
　그가 <u>범인Ø</u> 맞다.

13.

첫째, '–과, –에, –(으)로, –에게' 등은 수의적 부사어를 만드는 데에도 두루 쓰이는 데, (5)~(8)의 밑줄 친 성분을 보어로 볼 경우, 동일한 형태의 조사가 부사격과 보격의 기능을 모두 담당한다고 보아야 하는 문제점이 생긴다.
둘째, (1)~(8)까지 밑줄 친 문장 성분은 격조사의 형태도 일정하지 않을 뿐더러, 필수성을 지닌다는 점을 제외하면, 별다른 공통적 속성을 찾아보기 어렵다. 따라서 그들을 모두 동일한 문장 성분으로 인정하기 어렵다.

14.

'설마'는 아래와 같이 자리옮김이 자유롭기 때문에 문장부사이다.

설마 너까지 나를 의심하는 것은 아니겠지?
너까지 설마 나를 의심하는 것은 아니겠지?
너까지 나를 의심하는 것은 설마 아니겠지?
너까지 나를 의심하는 것은 아니겠지, 설마?

15.

위 문장에 쓰인 '무섭다'는 '1이 2가 무섭다'와 같이 쓰이는 두 자리 서술어이다. '무섭다'가 다른 용법으로 쓰인 경우로, '코로나는 무서운 병이다'를 들 수 있는데, 이때 '무섭다'는 '1이 무섭다'와 같이 쓰이는 한 자리 서술어이다.

16.

'내가 화내는 것은 너를 겁먹게 하려함이 아니다.'에서 밑줄 친 명사절은 보어의 재료가 된다.

17.

(1)의 밑줄 친 성분은 필수 성분이고, (2)의 밑줄 친 성분은 수의 성분이다. 따라서 (1)의 '만들었다'는 세 자리 서술어이고 (2)의 '만들었다'는 두 자리 서술어이다. (1)의 밑줄 친 문장 성분은 '그는 아들을 축구 선수를 만들었다'와 같이 목적어로 바꿀 수 있다. 하지만 '*그는 축구 선수로 아들을 만들었다'와 같이 어순을 바꿀 수는 없다. 또 (1)의 밑줄 친 문장 성분은 표제 명사 되기 제약이 있어, '*그가 아들을 만든 축구 선수' 꼴로 나타낼 수 없다.

(2)의 밑줄 친 문장 성분은 '*영수는 참나무를 의자를 만들었다.'와 같이 목적어로 바꿀 수 없다. 하지만 '영수는 의자를 참나무로 만들었다'와 같이 어순을 바꿀 수는 있다. 또 (2)의 밑줄 친 문장 성분은 표제어되기 제약이 없어, '영수가 의자를 만든 참나무' 꼴로 나타낼 수 있다.

안은문장 연습 문제

1.

(1) 명사절
가. 남준이는 남준이가 성공하기를 원했다.
나. 남준이는 그가 성공하기를 원했다. (대명사화)
다. 남준이는 자기가 성공하기를 원했다. (재귀화)
라. 남준이는 ∅ 성공하기를 원했다. (무형 대용화)

(2) 관형사절
가. 영수는 수지를 영수가 운동을 할 때 만났다.
나. 영수는 수지를 그가 운동을 할 때 만났다. (대명사화)
다. 영수는 수지를 자기가 운동을 할 때 만났다. (재귀화)
라. 영수는 수지를 ∅ 운동을 할 때 만났다. (무형 대용화)

(3) 부사절
가. 해은이는 해은이가 매우 빠르게 달려갔다.
나. 해은이는 그녀가 매우 빠르게 달려갔다. (대명사화)
다. 해은이는 자기가 매우 빠르게 달려갔다. (재귀화)
라. 해은이는 ∅ 매우 빠르게 달려갔다. (무형 대용화)

예문 (1)-(3)은 모두 안은문장에서 일어나는 대용화 현상으로 안긴문장에서는 대명사화, 재귀화, 무형 대용화가 모두 가능하다. (1)-(3) 모두 안은문장 구성에서 안긴문장과 안은문장의 성분이 동일한 경우 그 동일한 성분이 생략되거나 다른 말로 바뀌고 있는데 언제나 안긴절의 성분이 생략되거나 바뀐다.

2-1.

위의 예문에서 볼 수 있듯이 종속적으로 이어진 문장에서도 대명사화, 재귀화, 무형 대용화 이 세 가지의 대용화 현상이 일어난다. 또한, 안은문장뿐 아니라 종속절에서도 뒤의 요소가 대용되는 순행 대용과 앞의 요소가 대용되는 역행 대용이 모두 일어난다. 즉, 대등절과 달리 종속절은 위치 이동의 제약이 없을 뿐 아니라 대명사화, 재귀화, 무형 대용화를 적용하였을 때 세 가지 대용화가 가능하다는 점에서 종속절은 대등절이 아닌 안은문장과 유사한 점을 보인다고 볼 수 있다.

2-2.

(가) 영수는 착하고 영수는 부지런하다.
(나) 영수는 착하고 그는 부지런하다.
(다) 영수는 착하고 자기는 부지런하다. (X)
(라) 영수는 착하고 ∅ 부지런하다.
(마) 착하고 영수는 부지런하다. (X)

대등하게 이어진 문장의 대용화 현상을 살펴보면 대용화는 종속절과 마찬가지로 가능하지만 재귀화와 역행 대용이 불가능하다는 것을 알 수 있다. 이는 세 가지의 대용화 현상이 모두 가능한 안은문장, 종속절과 차이를 보인다. 이때, 종속절은 이어진 문장에 속해있음에도 불구하고 안긴문장 중 부사절로 본다. 이는 종속절과 부사절이 비슷한 성격을 공유하고 있기 때문이다. 종속절과 안긴문장 모두 대명사화, 재귀화, 무형 대용화와 같은 세 가지 대용화가 모두 가능하다는 점, 대등절과 달리 순행 대용 및 역행 대용이 일어난다는 점에서 종속절은 대등절과 다르고 안은문장과 같다고 볼 수 있다. 즉, 종속적으로 이어진 문장 전체를 부사절을 안은문장으로 볼 수 있는 것이다. 또한, 종속절은 자리 이동이 자유롭다는 점에서 부사절과 그 성질이 비슷하다고 볼 수 있으며 이 점에서 '-아/어서', '-도록'과 같은 종속절 연결어미를 부사형 어미로 볼 가능성이 있다. 이렇게 대등절과 종속절의 통사적인 차이는 존재하지만 종속절과 부사절의 통사적인 차이는 그리 많지 않고, 오히려 문법적인 공통점을 공유하고 있다는 점에서 종속절을 부사절로 볼 가능성이 충분하며 이 관점으로 볼 경우 이어진 문장은 대등절만 남게 되고 종속절과 부사절은 결국 동일한 범주에 속하게 된다.

3-1.

명사절	가. 그 사람이 범인임이 밝혀졌다. 나. *그 사람은 범인임이 밝혀졌다.
관형절	가. 그곳에는 내가 어제 영수를 만난 사실을 아는 사람이 없었다. 나. *그곳에는 나는 어제 영수를 만난 사실을 아는 사람이 없었다.
부사절	가. 그는 다리가 붓도록 계속 걸었다. 나. *그는 다리는 붓도록 계속 걸었다.

안긴절 주어의 조사 '은/는' 결합 제약을 살펴보면 위와 같이 명사절, 관형사절, 부사절에서는 주제를 표시하는 조사 '은/는'이 결합하지 못하고 있음을 알 수 있다.

3–2.

대등절	가. 수지가 부산을 가고 영수가 서울을 갔다. 나. 수지는 부산을 가고 영수가 서울을 갔다.
종속절	가. 봄이 오면 꽃이 핀다. 나. *봄은 오면 꽃이 핀다.

위의 예문에서도 알 수 있듯이 대등적으로 이어진 문장에서는 주제를 표시하는 보조사 '은/는'과 결합하여 주제어가 될 수 있지만 종속적으로 이어진 문장에서는 불가능하다. 즉, 대등절에서는 주제어 되기 제약이 성립하지 않지만 종속절에서는 주제어 되기 제약이 성립한다.

3–3.

일반적으로 종속적으로 이어진 문장에서는 주제어 제약 현상이 존재하지만 그렇지 않은 경우도 존재한다. 예를 들어, '수지가 노력만 하면 성적이 잘 나올 것이다.'라는 문장은 조건을 나타내는 연결어미 '–(으)면'으로 이어진 종속절이다. 그러나 이 예문의 경우 '수지는 노력만 하면 성적이 잘 나올 것이다.'와 같은 조사 '은/는'을 결합할 수 있다. 이러한 점에서 주제 제약 현상이 완벽하지 않음을 알 수 있다. 뿐만 아니라, '설령 비가 올지라도 나는 서울에 갈 것이다.'와 같은 종속절 역시 '설령 비는 올지라도 나는 서울에 갈 것이다.'와 같이 바꿀 수 있다는 점은 주제어 제약이 절대적인 현상이 아니라는 것을 보여준다. 이러한 점에서 종속절이 안은문장 중 부사절과 유사한 통사 현상을 지닌 것으로 보기 위한 것에서 비롯한 문제라고 볼 수 있다.

4.

안긴문장 전체가 서술어의 기능을 하는 것을 서술절이라고 하는데 서술절을 안은문장은 주어가 두 개 있는 것처럼 보인다. 이때, 서술절을 안은문장의 첫 번째 명사구와 두 번째 명사구는 특정한 의미 관계를 지닌다.

전체-부분 관계	(1) 윤기가 눈이 크다.
부류-구성원 관계	(2) 과일은 사과가 최고이다.
유형-개체 관계	(3) 달은 보름달이 아름답다.
소유-피소유 관계	(4) 철수는 딸이 대학교에 다닌다.

(1)의 경우 첫 번째 명사구인 '윤기'와 두 번째 명사구인 '눈'은 전체-부분의 관계로 대소 관계가 성립한다. (2)의 경우 첫 번째 명사구인 '과일'과 두 번째 명사구인 '사과'가 부류-구성원의 관계를 지니고 있다. 즉, '과일'이 전체 부류, '사과'가 그 하위 구성원을 의미하는 것으로 볼 수 있다. (3)의 경우 첫 번째 명사구인 '달'과 두 번째 명사구인 '보름달'이 유형-개체의 관계를 지니고 있다. 즉, 첫 번째 명사구인 '달'이 유형, 두 번째 명사구인 '보름달'이 개체를 의미한다. 마지막 (4)의 경우 첫 번째 명사구인 '철수'와 두 번째 명사구인 '딸'이 소유-피소유의 관계를 지니고 있다. 즉, 첫 번째 명사구인 '철수'가 소유, 두 번째 명사구인 '딸'이 피소유를 의미한다. 서술절의 관점에서 위의 예문들은 첫 번째 명사구가 전체 문장의 주어가 되고, 두 번째 명사구 + 서술어가 전체 문장의 서술어가 된다. 의미 관계의 측면에서 첫 번째 명사구와 두 번째 명사구가 포함관계에 있다.

5.

학교문법에서는 명사형 전성어미 '–(으)ㅁ'과 '–기'가 붙어 명사의 자리에 쓰일 수 있는 절을 명사절로 보고 있다. 또, 명사형 어미 이외에 관형사형 어미와 의존 명사 '것'이 결합된 절을 명사절로 보기도 하지만 명사형 어미가 붙은 명사절과 동일한 지위로 보고 있지는 않다. 이는 관형사형 어미 + 의존 명사 '것'의 구성을 인정할 경우 다른 의존 명사가 결합한 것 역시 명사절로 보아야 하는 문제가 생기기 때문이다.

학문문법은 학교문법의 관점보다는 좀 더 확장적으로 명사절의 범위를 바라보고 있다. 학문문법에서는 관형사형 어미와 의존 명사 '것'이 결합한 '것' 명사절 상당 구성을 명사절로 보고 있다. '것' 명사절 상당 구성에는 용언의 종결형에 '–는 것'이 붙은 긴 '것' 명사절과 용언의 관형사형에 '것'이 붙은 짧은 '것' 명사절이 있다. 이때, '귤은 제주도에서 나는 것이 맛있다.'와 같이 구체적인 명사로 바꿀 수 있는 경우에는 관형사절로 보고, '지구가 둥글다는 것은 사실이다.'와 같이 구체적인 명사로 바꾸기 어려운 경우에는 명사절로 본다. 뿐만 아니라, 종결어미 '-(으)냐/느냐, -(으)ㄴ지/는지/-(으)ㄹ지, -(으)ㄴ가/는가'와 같은 의문의 종결어미가 결합하여 의문 명사절을 이루기도 한다. 이렇게 명사형이 아닌 어미가 명사절의 기능을 하는 경우에도 학문문법에서는 명사절로 인정하고 있다. 예를 들어, '나는 왜 그가 떠났는지를 모르겠다.'와 같은 예문에서는 '-(으)ㄹ지'가 결합한 의문절에 목적격 조사 '를'이 결합하여 명사절의 자격으로 안겨 있다. 이처럼 학문문법에서는 학교문법보다 명사절의 범위를 좀 더 넓게 보고 있으며 명사절의 범위에 대해서는 학자들마다 각각 견해가 다르다.

6-1.

'고'를 간접 인용을 나타내는 인용격 조사로 볼 경우 다른 안은문장들은 절 표지가 어미인 것과 다르게 조사가 인용절을 나타내는 표지로 사용되고 있다는 문제가 발생한다. 이러한 문제를 해결하기 위해서는 '고'를 격조사로 분류하거나 '고'가 종결어미 뒤에 결합하는 것이 간접 인용절의 특징이라고 설정하는 방법이 있을 수 있으나 적절하다고 보기는 어렵다. 이렇게 현재 학교문법에서는 '고'를 간접 인용을 나타내는 조사로 보고 있기는 하지만 인용절은 다른 안긴문장과 다른 성질을 지니고 있다는 점에서 문법적 통일성을 찾기 어렵다는 문제가 발생한다.

6-2.

'-다고, -냐고, -자고, -라고'는 간접 인용절에 결합하는 어미로 부사형 어미로도 볼 수 있다. '-다고, -냐고, -자고, -라고'를 부사형 어미로 볼 수 있는 근거는 간접 인용절은 부사어 '이렇게, 그렇게, 저렇게'로 대응되기 때문이다. 또한, 간접 인용문에 초점을 맞춘 질문에는 '어떻게'가 쓰일 수 있는데 이는 간접 인용절이 부사어의 성격을 지니고 있음을 보여준다. 마지막으로 간접 인용절이 와야 하는 자리에 다른 부사절이 올 수 있다. 즉, 간접 인용절은 뒤에 오는 안은절 동사의 의미에 따라 '-게, -도록, -(으)려고' 등이 이끄는 부사절로 바꾸어 표현할 수 있다. 이렇게 간접 인용절이 안은문장의 서술어를 수식하는 역할을 한다는 점

에서 간접 인용절에 결합하는 어미는 결국 부사형 어미로 볼 수 있을 것이다.

6-3.

학교문법 차원에서 간접 인용절은 말하는 사람의 표현으로 바꾸어 간접 인용하는 것으로 조사 '고'가 결합한 것을 간접 인용절로 본다. 그리고 아래와 같이 문장의 종류에 따라 '고' 앞의 어미 형태가 달라지는 것으로 보기도 한다.

평서문, 감탄문 (-다고)	그는 달이 아름답다고 말했다.
청유문 (-자고)	영수는 나에게 밖으로 나가자고 이야기했다.
명령문 (-라고)	그는 우리에게 집에 가라고 말했다.
의문문 (-냐고)	영수는 나에게 도서관이 어디에 있냐고 물었다.

학문문법의 관점에서는 간접 인용절이 문장에서 수행하는 기능을 고려하여 부사절의 하위 유형으로 보아 부사형 어미 '-다고, -냐고, -자고, -라고'가 인용 부사절을 이루는 것으로 본다. 즉, 인용절을 부사절의 범위에 포함시키는 것이다.

7.

학교문법에서는 '없이'의 '-이'를 부사 파생 접미사로 보는데, '없이'가 부사라면 '아무런 반성도'와 '없이'는 주술 관계가 성립하지 않는다. 밑줄 친 부분은 분명히 주술 관계가 성립하므로 절로 보아야 한다. '-이'는 부사절을 만드는 부사형 어미로 볼 수 있다.

8.

(1) 가. '아물다'는 한 자리 서술어이다. 또한, '감쪽같이'가 사전에 부사로 등재되어 있기 때문에 홑문장으로 볼 수 있다.

　　나. '말없이'는 사전에 부사로 등재되어 있다. 따라서 (1나)는 주어 + 부사어 + 서술어 구조의 홑문장으로 볼 수 있다.

　　다. '여지없이'는 사전에 부사로 등재되어 있다. 따

라서 예문 (다) 역시 홑문장으로 볼 수 있다.

(2) 가. '없이'는 사전에 부사로 등재되어 있다. 그러나 (2가)의 경우에는 '소리도 없다'라는 문장에 '-이'가 결합한 부사절이 안겨 있는 문장으로 볼 수 있다.

　　나. '드높이'는 사전에 부사로 등재되어 있다. (2나) 역시 (2가)와 마찬가지로 '사기도 드높다'라는 문장에 '-이'가 결합한 부사절이 안겨 있는 문장으로 볼 수 있다.

(3) 가. '기암괴석이 날카롭다'라는 문장에 '-이'가 결합하여 '기암괴석이 자태를 뽐내고 있다'라는 문장 안에 안겨 있는 것으로 볼 수 있다.

　　나. '날카로이'는 사전에 부사로 등재되어 있다. (3나) 예문의 서술어 '보이다'는 '보다'의 피동사로 부사어를 필수적으로 요구하는 두 자리 서술어이다. 그러나 '신경이 날카롭다'라는 주술 관계가 성립하는 것으로 볼 때 안은문장 '그는 꼬인다' 안에 '신경이 날카롭다'라는 부사절이 안겨있는 문장으로 보는 것이 적합하다.

이어진문장 연습 문제

1.

(1)과 (2)의 '더워서'에서 '-어서'는 뒤 절에 평서문이 와야 하는데 (1)에서는 청유문이, (2)에서는 명령문이 왔기 때문에 비문이 되었다. (3)의 '오거든'에서 '-거든'은 후행절이 명령문이나 청유문이 되어야 하는데 평서문이 와서 비문이 되었다. (4)의 '피곤했어서'에서 '-어서'는 시제 선어말어미와 결합할 수 없는데, 과거를 나타내는 시제 선어말어미와 결합하였으므로 비문이 되었다. (5)의 '바쁘느라고'에서 '-느라고'는 결합하는 서술어가 반드시 동사이어야 하는데, 형용사 '바쁘다'가 와서 비문이 되었다. (6)은 '주러'와 같이 앞 절에 '-러'가 오면 뒤 절의 서술어는 '가다, 오다, 돌아다니다' 등 이동 동사가 와야 하는데, '샀어요'는 이동 동사가 아니기 때문에 비문이 되었다. (7)의 '들으면서'에서 '-(으)면서'는 앞 절의 주어와 뒤 절의 주어가 반드시 일치해야 하는데, 앞 절의 주어와 뒤 절의 주어가 '내가'와 '동생이'로 일치하지 않기 때문에 비문이 되었다.

2.

대등 접속문과 종속 접속문의 통사적 차이점은 크게 다섯 가지가 있다.

첫째, 선행절의 자리옮김 가능 여부이다. 종속 접속문은 선행절을 후행절 속으로 이동시키는 것이 가능하지만, 대등 접속문은 불가능하다.

〈종속〉 냇물이 깊어서 아이가 건널 수 없었다.
→ 아이가 [냇물이 깊어서] 건널 수 없었다.
〈대등〉 산이 높고 물이 맑다.
→ *물이 [산이 높고] 맑다.

둘째, 대용화 현상에 있어서 차이를 보인다. 종속 접속문은 뒤 절의 요소를 앞 절에서 재귀 대명사로 나타내는 것이 가능하지만, 대등 접속문은 불가능하다.

〈종속〉 자기 동생이 열심히 공부해서 세아는 기분이 좋았다.
〈대등〉 *자기 동생은 열심히 공부했고, 세아는 놀기만 했다.

셋째, 역행 생략의 가능 여부이다. 역행 생략이란 앞 절과 뒤 절의 주어가 같을 때, 앞 절의 주어를 생략하는 것을 말하는데, 종속 접속문은 역행 생략이 가능하지만, 대등 접속문은 불가능하다.

〈종속〉 세현이는 밥을 먹고 세현이는 학교에 갔다. → 밥을 먹고 세현이는 학교에 갔다.
〈대등〉 세현이는 성실하고 세현이는 착하다. → *성실하고 세현이는 착하다.

넷째, 선행절과 후행절의 위치 교체 가능 여부이다. 선행절과 후행절의 순서를 바꾸었을 때, 대등 접속문은 의미 변화가 없지만, 종속 접속문에는 의미 변화가 생긴다.

〈대등〉 산이 높고 물이 맑다. → 물이 맑고 산이 높다.
〈종속〉 냇물이 깊어서 아이가 건널 수 없었다. → *아이가 건널 수 없어서 냇물이 깊었다.

다섯째, 주제어 되기 제약 여부이다. 대등 접속문은 선행절의 주어가 대조를 나타내는 보조사 '은/는'과 결합하여 주제어가 될 수 있지만, 종속 접속문에서는 불가능하다.

〈대등〉 예술은 길고 인생은 짧다.
〈종속〉 *너는 와서 나는 좋다.

3.

1)에서 '-(으)면서'는 주어가 무정 명사일 경우를 제외하면, 동일 주어 제약이 있다. 선행절의 주어와 후행절의 주어가 동일해야 한다는 것이다.
〈-(으)면서〉
세아가 노래를 들으면서 (세아가) 공부를 한다. - 주어가 유정명사(동일 주어 제약)
*세아가 노래를 들으면서 세현이가 공부를 한다. -주어가 유정명사(동일 주어 제약을 어겨 비문이 됨)
바람이 불면서 비가 온다. - 주어가 무정 명사(동일 주어 제약 해소)

반면, '-(으)며'는 '동시 진행'의 의미일 때는 동일 주어 제약을 가지지만, '나열'의 의미로 쓰일 때에는 동일 주어 제약이 해소된다.

〈-(으)며〉
세아는 노래를 들으며 공부를 한다. - 동시 진행의 의미(동일 주어 제약)
*세아는 노래를 들으며 세현이가 공부를 한다. - 동시 진행의 의미(동일 주어 제약을 어겨 비문이 됨)
바람이 불며 비가 온다. - 나열의 의미(동일 주어 제약 해소)

2)의 '-아/어서, -(으)니까, -느라고'는 모두 '이유·원인'의 의미를 나타내는 선어말어미이다. 하지만 '옷을 갈아입었으니까 괜찮아.' 에서와 같이 '-(으)니까'는 '-았/-었' 등의 시제 선어말어미와 결합할 수 있지만, '-아/어서, -느라고'는 '*옷을 갈아입었어서 괜찮아.', '*옷을 갈아 입었느라고 늦었어.'와 같이 시제 선어말어미와 결합하여 쓰이지 않는다는 점에서 차이를 보인다.

또 '비가 많이 [와서/ 오니까] 강물이 넘쳤다'에서와 같이 '-아/어서/-(으)니까'는 주어에 대한 제약이 없으나, '*비가 많이 오느라고 강물이 넘쳤다'에서와 같이 '-느라고'는 앞 문장과 뒤 문장의 주어가 같아야 하고, 반드시 사람이나 동물이 주어로 와야 한다는 점에서 차이를 보인다.

또한 '세현이는 돈이 [많아서/ 많으니까] 좋겠다'에서와 같이 '-아/어서, -(으)니까'는 동사, 형용사, '이다'와 모두 함께 어울려 쓰일 수 있는데 반해, '*세현이는 돈이 많느라고 좋겠다.'에서와 같이 '-느라고'는 형용사나 '이다'와 어울려 쓰일 수 없다는 차이점이 있다.

마지막으로 '세현이도 왔으니까 이제 출발[하자/ 해라].'와 같이 '-(으)니까'는 명령문이나 청유문과도 어울려 쓰이지만 '*세현이도 와서 이제 출발[하자/ 해라].'와 같이 '-아/어서'나 '-느라고'는 뒤 절에 명령문이나 청유문이 올 수 없다는 차이점이 있다.

4)의 '-(으)면'은 종결어미에 제약이 없지만, '-거든'은 명령형, 청유형과만 어울릴 수 있다.

〈평서형〉 나는 비가 오면 집에 들어간다.
*나는 비가 오거든 집에 들어간다.
〈의문형〉 세현아, 비가 오면 집에 들어가니?
*세현아, 비가 오거든 집에 들어가니?

〈감탄형〉 비가 오면 다리가 쑤시는구나!
*비가 오거든 다리가 쑤시는구나!
〈명령형〉 세현아, 비가 오면 집에 들어가라.
세현아, 비가 오거든 집에 들어가라.
〈청유형〉 세현아, 비가 오면 집에 들어가자.
세현아, 비가 오거든 집에 들어가자.

4.

1) '-는데'가 '세아는 국어는 잘하는데 수학은 못한다.'에서와 같이 대조의 의미를 나타낼 때에는 대등 접속으로 쓰인 것이다. 그런가 하면 '전염병이 돌기 시작하는데, 전염병을 막을 수 있는 약이 없어서 걱정이다.'에서와 같이 배경이나 상황의 의미를 나타낼 때에는 종속 접속으로 쓰인 것이다.

2) '-고'가 '나는 춤도 추고, 노래도 부른다.'와 같이 나열의 의미를 나타낼 때에는 대등 접속으로 쓰인 것이다. 그런가 하면 '세현이의 수술은 잘 끝났고, 가족들도 그제야 한숨을 돌렸다.'에서와 같이 시간적 선후 관계를 나타낼 때는 종속 접속으로 쓰인 것이다.

3) '-지만'이 '동생은 착하지만, 언니는 욕심이 많다'와 같이 대조의 의미를 나타낼 때는 대등 접속으로 쓰인 것이다. 그런가 하면, '모두가 성공적인 삶을 살 수는 없지만 최소한의 노력은 꼭 필요하다.'와 같이 양보(~에도 불구하고)의 의미를 가지고 있으면 종속 접속으로 쓰인 것이다.

5.

반면, '-(으)러'와 '-(으)려고'는 둘 다 '목적'의 의미를 가지며, 후행절로 평서문, 의문문, 감탄문을 취할 수 있다는 공통점을 가지고 있다. 그래서 두 연결어미를 바꾸어 사용했을 때 문제가 없는 경우도 있다. 하지만 '-(으)러'는 청유문이나 명령문과도 잘 어울리는 한편, '-(으)려고'는 청유문이나 명령문과는 어울리지 못하는 제약을 보이기 때문에, 위의 문장과 같이 '-(으)러'의 후행절로 청유문이 온 경우에는 '-(으)려고'로 바꿀 수 없다.
'-자'와 '-자마자'는 앞의 행동이나 상황이 끝난 후 뒤의 행동이나 상황이 일어날 때 사용되는 어미로, '동시'의 의미를 가진다. '-자'와 '-자마자'의 공통점은 평서문, 감탄문과 잘 어울려 쓰인다는 것이다. 하지만 '-

자마자'가 명령문, 청유문, 의문문과도 모두 잘 어울려 쓰이는 반면, '-자'는 명령문, 청유문, 의문문과는 함께 어울려 쓰이지 않는다는 차이점이 있다. 또한 '-자'는 선행절과 후행절의 주어가 달라야 한다는 제약이 있지만, '-자마자'는 선행절과 후행절의 주어 일치 여부에 영향을 받지 않는다.
위의 문장에서는 후행절로 평서문이 사용되었고, 선행절과 후행절의 주어가 다른 경우이기 때문에 '-자'를 '-자마자'로 바꾸는 것에 문제가 없다.

6.

'세아가 선물을 사려고, (세아가) 백화점에 갔다.'와 같이 '-(으)려고'가 의도, 목적의 의미를 지닐 때에는 동일 주어 제약이 있다. 하지만 (1)에 쓰인 '-(으)려고'와 같이 '징조'를 나타내는 의미로 쓰일 때에는 동일 주어 제약이 해소된다. '반가운 손님이 찾아오려고 까치가 그렇게 울었나 보다.'와 같은 문장 역시 같은 맥락으로 이해할 수 있다.
또한 '세현이는 텔레비전을 보면서 밥을 먹었다.'와 같이 '-(으)면서'가 동시성의 의미를 나타낼 때는 동일 주어 제약이 있다. 반면 (2)에 쓰인 '-(으)면서' 동시성의 의미보다는 '계기'를 나타내는 것에 가깝다. 즉, 선행절과 후행절의 사건이 동시에 일어나는 것이 아니라, 선행절의 사건이 일어난 후 바로 뒤이어 후행절의 사건이 일어나는 것이기 때문에 동일 주어 제약이 해소된 것으로 볼 수 있다.

7.

(가)와 (나)는 '-기에'가 원인이나 근거를 나타내는 종속적 연결어미로 쓰인 경우이다. 또한 (가)와 (나)는 '(나는) 손을 [기차가 지나가기에] 흔들었다.', '우리는 [날씨가 좋기에] 공원으로 산책을 갔다.'와 같이 앞 절을 뒤 절 안으로 이동하여 나타낼 수 있다. 따라서 (가)와 (나)를 부사절을 안은문장으로도 볼 수 있다.

(다), (라)의 '-기에'는 원인이나 근거를 나타내는 의미가 아니다. 따라서 (다)는 '(그가) 책상을 조립하다.'라는 문장에 명사형 전성어미 '-기'가 결합하여 만들어진 명사절이 부사격 조사 '에'와 결합한 형태로, '그는 아직도 몰두하고 있다.'라는 문장 속에 안겨 있는 구조로 보아야 한다. 또한 (라) 역시 '(내가) 식당에 가

다.'라는 문장이, '오전 5시는 이른 시간이다.'라는 문장 속에 명사절로 안겨 있는 구조로 볼 수 있고. 이때 '-기'는 명사형 전성어미, '에'는 부사격 조사로 보아야 한다.

8.

연결어미 중에는 아래와 같이 문장과 문장을 연결하는 기능에 더하여, 문장을 끝맺는 종결어미처럼 쓰이기도 하는 것들이 있다.

⟨-(으)려고⟩ 나는 집에 가려고 가방을 챙겼다. -연결
벌써 집에 가려고? -종결

⟨-도록⟩ 아이들이 횡단보도를 건널 때 주의를 기울일 수 있도록 재차 교육하였다. - 연결
횡단보도를 건널 때에는 주의를 기울이도록. - 종결

⟨-거든⟩ 너 오늘 할머님을 뵙거든 김치 잘 먹었다고 인사 꼭 드려라. -연결
나 오늘 할머니를 뵈러 가거든. -종결

이처럼 연결어미가 종결어미처럼 쓰이기 위해서는 도치나 생략이 일어나야 하므로 주로 구어적 쓰임에서 연결어미들이 종결어미화하는 경향이 있다.

9.

(1)과 (2)의 '-(으)면서'는 두 가지 이상의 움직임이나 사태 따위가 동시에 겸하여 있음을 나타내는 연결어미이다. 이때 '-(으)면서'는 주어가 무정 명사일 경우를 제외하면, 동일 주어 제약이 있다. 선행절의 주어와 후행절의 주어가 동일해야 한다는 것이다. (3)의 '(으)-면서'는 두 가지 이상의 움직임이나 사태가 서로 맞서는 관계에 있음을 나타내는 연결어미이다. 이때 '-(으)면서'는 명령형이나 청유형과 함께 쓰일 수 없다. (4)는 연결어미 '-(으)면서'가 종결어미처럼 기능하고 있는 경우이다. 이와 같이 연결어미가 종결어미처럼 쓰이기 위해서는 도치나 생략이 일어나야 하므로 주로 구어적 쓰임에서 사용되는 경향이 있다. (5)의 '-(으)면서'는 계기적인 의미를 갖고 있다. 이때 '-(으)면서'는 시제를 나타내는 선어말어미와 함께 쓰일 수 없고, 명령형이나 청유형과 함께 쓰일 수 없다.

문법 범주 연습 문제

1.

1) 첫째, 약속 평서형 종결어미 '-(으)마'는 화자가 청자에게 어떤 행위를 언약하는 의미를 담아 전달하는 것으로 1인칭 주어와만 어울릴 수 있다.
그 일은 내가 하마.
*그 일은 네가 하마.
*그 일은 그가 하마.
둘째, 미래나 의지를 나타내는 선어말어미 '-겠-'과의 결합이 불가능하다.
*그 일은 내가 하겠으마.
셋째, 청자에게 불리한 행위를 나타내는 용언과 결합하는 것이 어색하다.
*내 너를 가만 두지 않으마.

2) 첫째, 약속 평서형 종결어미 '-(으)ㄹ게'는 화자가 청자에게 어떤 행위를 언약하는 의미를 담아 전달하는 것으로 1인칭 주어와만 어울릴 수 있다.
그 일은 내가 할게.
*그 일은 그가 할게.
*그 일은 네가 할게.
둘째, 약속 평서형 종결어미 '-(으)ㄹ게'는 미래의 행위를 나타내기 때문에 과거를 나타내는 선어말어미와 결합할 수 없다.
*그 일은 내가 하였을게.
셋째, 약속 평서형 종결어미는 형용사와 결합할 때 제약이 있다.
*내가 빠를게.

2.

① 판정 의문문
판정 의문문은 청자에게 화자의 질문에 대해 '네/ 아니요'와 같은 긍정 혹은 부정의 형태로 대답하기를 요구하는 의문문이다.
② 메아리 의문문
메아리 의문문은 상대방의 말에 놀라움을 표시거나 되묻는 의미를 가진 의문문이다.
③ 수사 의문문
수사 의문문은 강한 긍정 혹은 부정 단언을 나타내는 의문문으로 의문문의 형태로 이루어져 있긴 하지만,

청자에게 대답을 요구하지 않는다.
④ 선택 의문문
선택 의문문은 청자에게 화자가 제공한 둘 이상의 선택항 중 하나를 골라 대답하기를 요구하는 의문문이다.

3.

판정 의문문은 긍정이나 부정의 대답을 요구하는 의문문으로 '너는 축구를 좋아하니?'와 같은 것이 있고, 설명 의문문은 물음말에 대한 대답을 요구하는 의문문으로 '지금 몇 시야?'와 같은 것이 있다. 선택 의문문은 둘 이상의 선택항 중 하나를 골라서 대답하기를 요구하는 의문문으로 '노래를 할래, 춤을 출래?'와 같은 것이 있고, 수사 의문문은 형태상으로는 의문문이지만 의미상으로는 질문이 아니기 때문에 말 듣는 이의 대답을 요구하지 않는 의문문으로 '이렇게 예뻐도 되는 거야?' 등이 있다. 마지막으로 메아리 의문문은 상대방의 말을 확인하거나 그 말에 대한 놀라움을 표시하기 위하여 상대의 말을 되풀이하여 묻는 의문문으로 '그가 돌아왔어.'라는 상대방의 말에 대한 반응으로 되묻는 '그가 돌아왔다고?' 등을 그 예로 들 수 있다.

4.

(1) "죄송합니다. 깜빡 잊었어요." 수사 의문문
(2) "아니요. 다음 주말이에요" 판정 의문문
(3) "화장실 좀 다녀오려고요" 설명 의문문
(4) "네, 휴가 가요." 판정 의문문

5.

1) 명령문은 주어가 2인칭이 되는 제약이 있다.
　네가 하여라.
　*우리가 하여라.
　*그가 하여라.
2) 명령형 종결어미는 시제를 나타내는 선어말어미와 결합하지 않는다.
　네가 하여라.
　*네가 하겠어라.
　*네가 하였어라.
3) 명령형 종결어미는 동사 어간에 결합하고, 형용사에는 명령의 뜻으로는 결합하지 않는 다.
　네가 하여라.
　*네가 좋아라.

4) '안' 부정법과 '못' 부정법 대신에 '말다' 부정법이 사용된다.
　*네가 안 하여라.
　*네가 못 하여라
　네가 하지 말아라.

6.

1) 청유문은 주어가 1인칭이 되는 제약이 있다
　이것은 우리가 하자.
　이것은 *그들이 하자.
　이것은 *너희가 하자.
2) 청유형 종결어미는 시제를 나타내는 선어말어미와 결합하지 않는다.
　*이것은 우리가 하겠자.
　*이것은 우리가 하였자.
3) 청유형 종결어미는 동사 어간에만 결합할 수 있다.
　이것은 우리가 먹자.
　*이것은 우리가 빠르자.
4) '안' 부정법과 '못' 부정법 대신에 '말다' 부정법이 사용된다.
　*이것은 우리가 안 하자.
　*이것은 우리가 못 하자.
　이것은 우리가 하지 말자.

7.

'오늘은 안 잘 거야.'는 '안 부정문'이 의도 부정으로 쓰인 예이고, '오늘은 잠이 안 온다.'는 '안 부정문'이 단순 부정으로 쓰인 예이다. '오늘은 안 잘 거야'에서 생략된 주어 '나'는 의지를 가질 수 있는데 반해, '오늘은 잠이 안 온다'의 주어 '잠'은 의지를 가질 수 없기 때문이다.

8.

1) *건강을 유지하려고 그런 음식은 못 먹는다.
2) *나는 슬프지 못했다.
3) *앞으로 그런 음식은 못 먹으마.

9.

형태론적 사동문 (1)의 '가까이'는 '안내 요원들'의 행위 '앉혔다'를 수식하고, 통사론적 사동문 (2)의 '가까이'는 '관객들'의 행위 '앉게'를 수식한다.

10.

(1)과 같은 형태론적 사동문은 홑문장이지만 (2)와 같은 통사론적 사동문은 구조가 겹문장이라는 근거로 볼 수 있는 예이다. 하지만 학교문법에서는 본용언 '먹게–'와 보조용언 '하였다'가 결합한 '먹게 하였다'를 전체 문장의 서술어로 본다.

11.

첫째, '어지다'가 형용사 및 자동사 어간과 결합했을 때 능동주를 상정하는 것이 어렵기 때문에 피동으로 보지 않고 단순한 '상태의 변화'로 해석한다. '방이 밝아졌다'와 같은 예를 들 수 있다.
둘째, '매듭이 저절로 풀어졌다.'와 같이 남의 동작을 받는 것이 아닌 경우 피동으로 보기 어렵다.

12.

'개구리가 뱀에게(/한테) 먹혔다.'에서와 같이 '에게/한테'는 유정명사와 결합하고, '바람에 꽃잎이 흩날렸다.', '화재로 문화재가 훼손되었다.'에서와 같이 '에/(으)로'는 무정명사와 결합한다. 능동문의 서술어가 '박다, 뚫다, 찢다, 끊다, 깎다, 닫다' 등 일 경우에는 체언에 '에/의해'가 결합한다.

13.

	사동문	피동문
보이다	동생이 시계를 내게 보였다.	구름 사이로 해가 보였다.
읽히다	형이 동생에게 그 책을 읽혔다.	그 책이 많이 읽혔다.
안기다	엄마가 아이에게 선물을 안겼다.	아이가 엄마에게 안겼다.
날리다	아이가 종이비행기를 날린다.	먼지가 바람에 날린다.
묻히다	아이가 옷에 흙을 잔뜩 묻혔다.	그는 이 땅에 묻혔다.

14.

피동문에 대응하는 능동문이 없는 예로 '명절 연휴에는 차가 많이 밀린다.'(*명절 연휴에는 ?이 차를 많이 민다)를 들 수 있고, 능동문에 대응하는 피동문이 없는 예로 '나는 잡초를 열심히 뽑았다.'(*잡초가 나한테 열심히 뽑혔다.)를 들 수 있다.

15.

직장 환경에서는 압존법을 사용하지 않는 것이 일반적이므로 (1가)는 어법에 맞지 않는 표현이다.

(2나)는 말하는 이인 '할아버지'의 입장에서 주어인 '아버지'는 높일 필요가 없지만 아버지의 아들인 '영수'를 고려하여 주어인 '아버지'를 높이는 가존법을 적용한 경우이다.

16.

가다		청유문	명령문
격식체	하십시오체	가시지요	가십시오
	하오체	갑시다	가오
	하게체	가세	가게
	해라체	가자	가라
비격식체	해요체	가요	가요
	해체(반말)	가	가

17.

시제란 어떤 사건이나 사실이 일어난 시간 선상의 위치를 언어적으로 표현하는 것이다. 시제는 다시 절대 시제와 상대 시제로 나눌 수 있다.
절대 시제는 말하는 시점인 발화시를 기준으로 결정되는 시제로, 과거 시제, 현재 시제, 미래 시제로 나누어진다.
이때 과거 시제는 문장의 어떤 사건이 말하는 시점인 발화시보다 먼저 일어난 경우를 일컫는다. 예를 들어, '나는 사과를 먹었다.'는 내가 사과를 먹은 사건이 해당 문장을 말하는(발화) 시점보다 먼저 일어났기 때문에 과거 시제이다. (과거 시제: 사건→발화)

현재 시제는 어떤 사건이 말하는 시점인 발화시에 일어나고 있는 경우를 일컫는다. 예를 들어 '나는 지금 사과를 먹는다.'는 내가 사과를 먹는 사건이 말하고 있는 시점과 동시에 일어나고 있기 때문에 현재 시제이다. (현재 시제: 발화시=사건시)

미래 시제는 문장의 어떤 사건이 발화시보다 나중에 일어나는 경우를 일컫는다. 예를 들어 '나는 사과를 먹을 것이다.'는 내가 사과를 먹는 사건이 해당 문장을 말하고 있는 시점 이후에 일어날 것이기 때문에 미래 시제이다. (미래 시제: 발화 →사건)

이와 달리 상대 시제는 문장의 사건이 일어난 시점인 사건시를 기준으로 상대적으로 결정되는 시제이다. 예를 들어, '나는 달리는 차를 멈춰 세웠다.'라는 문장의 절대 시제는 '과거'이다. 내가 달리는 차를 멈춰 세운 사건은 해당 문장을 말하는 시점 이전에 일어났기 때문이다. (과거 시제: 사건→발화) 하지만 위 문장에서 밑줄 친 '달리는'에는 앞말이 이야기하는 시점에서 볼 때 사건이나 행위가 현재 일어남을 나타내는 어미 '는'이 사용되었다. 이것은 발화시를 기준으로 시제를 결정하는 절대 시제의 관점에서는 설명하기 어려운 현상이다. 차가 달리고 있었던 사건 역시 차를 멈춰 세운 사건과 마찬가지로 발화시 이전에 일어난 것이기 때문이다.

하지만 이때 사건시를 기준으로 시제를 결정하는 상대 시제의 개념을 도입하면, 차가 달리고 있었던 것은 내가 차를 멈춰 세우는 사건과 동시에 일어난 일이기 때문에 현재를 나타내는 문법요소인 '–는'이 사용되었음을 설명할 수 있다. 따라서 문장의 밑줄 그은 말의 절대 시제는 〈과거〉이지만 상대 시제는 〈현재〉가 된다.

〚 참고 문헌 〛

교육인적자원부(2002ㄱ), 고등학교 문법, 서울대 국어교육 연구소.

교육인적자원부(2002ㄴ), 고등학교 문법 교사용 지도서, 서울대 국어교육 연구소.

구본관 외(2015), 한국어 문법 총론Ⅰ, 집문당.

국립국어원(1999), 표준국어대사전, 두산동아.

국립국어원(2005), 외국인을 위한 한국어 문법, 국립국어원.

김석득(1992), 우리말 형태론, 탑출판사.

김홍범 외(2013), 개념있는 국어문법, 지학사.

남기심 외(2019), 표준 국어문법론, 한국문화사.

연세대 언어정보개발연구원(1998), 연세한국어사전, 두산동아.

유현경 외(2018), 한국어 표준 문법, 집문당.

최현배(1937), 우리말본, 정음사.

한송화(2000), 현대 국어 자동사 연구, 한국문화사.

허웅(1983), 국어학, 샘문화사.

허웅(1992), 20세기 우리말의 형태론, 샘문화사.

〚 찾아보기 〛

ㄱ

가변어   20, 49, 467, 496

가산성 명사   28

가존법   444

간접 높임   443

간접 명령문   405

간접 인용절   341, 342

감각 자동사   273, 274

감각 형용사   273, 274

감정 감탄사   113, 114, 115

감탄문   396, 397

감탄사   113, 114, 115, 116,

감탄형 어미   396, 397

강세   36, 200, 421

객관 형용사   354

객체   428, 431, 448

객체 높임법   448, 449,

'것' 명사절   308, 309, 316

격조사   96, 97, 98, 99

격식체   446, 447

겹문장   103, 256, 271, 309, 320, 321, 360, 428, 429

겹침   78, 243, 256

경계 평서문   394

경험주   274

계열 관계   142, 143, 144, 145, 148,

고유 명사   24, 25

고유 명사의 보통 명사화   46, 490

고유어   44, 125, 183, 200

고유어 수사   44

공동격 조사   102, 103

과거 시제   450, 454, 455, 456

과거 확인   455

관계 관형사절   325, 326

관계언   95

관형격 조사   279, 280, 281

관형사   72, 73, 74, 75, 76

관형사절   320, 321, 322, 323

관형사형   74

관형사형 어미   280, 281, 316, 322

관형어   280, 281

교체   152, 153, 154

구   239

구성 요소   175

구조격 조사   98, 108, 109

굴절 접사   175, 176, 177

규칙 동사   58, 59

규칙적 교체   139, 152, 153

규칙활용   58, 59

'-기' 명사절   308, 309, 313

기본 문형   298, 299

긴 것 명사절   308, 309, 316, 317

긴 관형사절   327, 328

긴 '못' 부정문   414, 415

긴 '안' 부정문   410

ㄴ

높임 표현   389, 442

능동주   434, 435, 436, 437

능력 부정   381, 414

ㄷ

'ㄷ' 불규칙 동사   59, 152

단독적 장면   392, 393

단순 부사   85

단순 부정   410, 411

단어   148

단어 구성 요소   175, 176, 216

단어의 구조   232, 233

단어 형성 방법 234
단위성 의존 명사 29
단일어 182, 183
대등 합성어 216, 217
대등적 연결어미 62, 63
대등 접속문 368, 369
대명사 32, 33, 34, 35
대용화 현상 356, 512
대치 166
대표 형태 158
덩어리 표현 318, 319, 329
독립 성분 293, 294
독립성 113, 114, 116, 117
독립어 293, 294, 296
독립언 113, 114
동격 관형사절 325, 326
동사 50, 51
동작상 459

ㅁ

'말다' 부정문 418, 419
메아리 의문문 402, 403
명령문 404, 405, 406, 407
명령형 어미 404, 405
명사 22, 23
명사 파생 접사 194, 195, 196
명사구 239
명사절 308, 309, 310, 311, 312
명사형 62, 198, 199
명사형 어미 62, 308, 309, 310, 313, 314
목적격 조사 106, 252, 253, 254, 255
목적어 252, 253
'못' 부정문 414, 415, 416, 417
무정 명사 21, 23, 30
문법 단위 140
문법 형태소 139, 146, 147

문법화 170, 504
문장 238, 239
문장부사 71, 86, 87
문장 부사어 279, 290, 291
문장의 종류 390, 391
문장의 유형 390
미래 시제 457, 457
미지칭 대명사 21, 35, 36, 37

ㅂ

반복 합성어 219, 227
발화시 450, 451, 520, 521
보격 조사 266, 268, 269
보어 266, 267, 268, 269
보어의 특성 303
보조 동사 268, 269
보조용언 54, 55, 264, 265
보조 형용사 69, 495
보조사 96, 97
보조적 연결어미 62, 63
보통 명사 24, 25
복합어 182
본용언 54, 55, 264, 265
부사 82, 83
부사격 조사 98, 99, 105
부사성 의존 명사 27
부사어 286, 287
부사절 334, 335, 336
부사형 84
부사형 어미 62, 334, 335
부속 성분 279, 280
부정 부사 71, 86
부정 표현 410
부정문 410, 411, 414, 415, 418, 419
부정칭 대명사 36, 37
분리성 164, 165, 166

분포　104, 186, 192, 202, 204, 205, 206, 207, 208

불규칙 동사　59

불규칙 활용　58, 59

불규칙적 교체　139, 152, 153

불변어　20, 22, 118

불완전 동사　60, 61

비격식체　446, 447

비자동적 교체　150, 151

비종결어미　62

비통사적 합성어　218, 219

ㅅ

사건시　450, 451

사동　424, 425

사동 접미사　201, 424, 426, 427

사동 표현　424, 425, 432

사동문　424, 425

사동사　426, 428

사동주　424, 429, 430, 431

삼인칭 대명사　34

상　459, 460

상관적 장면　392

상대 높임　446, 447

상대 시제　450, 451

상보적 분포　154, 155, 192

상징 부사　71, 86, 91

서수사　21, 44

서술성 명사　23

서술어　258, 259

서술절　348, 349

선어말어미　62, 63

선택 의문문　402, 403

선택 제한　243, 262, 263

설명 의문문　400, 401

성분부사　71, 86, 87

성분 부사어　279, 290, 291

성상 관형사　71, 76

성상 부사　71, 86

성상 형용사　68

속격 조사　479

수 관형사　71, 76

수사　40, 41, 42, 43, 44, 45

수사 의문문　402, 403

수식언　71

시간 부사어　450, 452, 457

실질 형태소　146, 147

심리 자동사　270, 271

심리 형용사　270, 271, 272

ㅇ

'안' 부정문　410, 411, 412, 413

안은문장　307, 352, 353

압존법　444, 445

약속 평서문　394, 395

양수사　21, 44, 45

양태 부사　71, 86

어간　56, 57

어근　56, 57

어말어미　62

어미　56, 57, 62, 63

어절　239

어휘 형태소　146

어휘적 높임　448

언어 형식　164, 165

연결어미　62, 360, 361, 362

연계 관형사절　329, 330

영 접미법　234, 345

완료상　459, 460

용언　49, 50, 51

용언의 기본형　393

유일 형태소　148, 149, 187

유정 명사　21, 23

융합 합성어   216, 217
'-(으)ㅁ' 명사절   313, 314, 315
음운론적 이형태   139, 156, 157
의도 부정   410, 411
의문 명사절   311, 312
의문문   398, 399
의문형 어미   398, 399
의미격 조사   95, 98, 99
의존 명사   26, 27
의존 형태소   144, 145
의지 감탄사   113, 114, 115
이어진 문장   360
이중 피동   441
이형태   154, 155, 156, 157
인용 부사절   346
인용 표현   341, 342, 343
인용격 조사   341, 342, 343
인용절   341, 342, 343
인칭 대명사   21, 33, 34, 35
입버릇 감탄사   113, 114

ㅈ
자동사   52, 53
자동적 교체   150
자립 명사   26, 27
자립 형식   164, 165
자립 형태소   144, 145
자립성   26
자릿수   260, 261
자·모음 바꾸기   183
자음군 단순화   150
재귀 대명사   38, 39
전성어미   62, 63
절   239
절대 시제   450
접두 파생법   186

접두사   185, 186, 187
접미 파생법   194
접미사   176, 177, 180
접사   176, 177
접속 부사   71, 86, 87
정도 부사   67, 68
조사   96, 97
조사의 중첩   108, 109
조사 생략   250
종결어미   62
종결 표현   390
종속 합성어   216, 217
종속적 연결어미   62, 63
종속 접속   368, 369
주격 조사   104, 105, 246, 247
주관 형용사   354
주동   424
주성분   243
주어   244, 245
주제어 되기 제약   356, 357, 513, 516
주제어   469, 513, 516
주체 높임   442, 443
중의성   103, 248, 285, 420, 421
지시 관형사   71, 76
지시 대명사   21, 33, 34
지시 부사   71, 86,
지시 형용사   68
직접 구성 성분   232, 233
직접구성요소   164
직접 인용   341, 342, 343
진행상   459, 460
질량 명사   28, 29
짧은 것 명사절   316
짧은 동격 관형사절   327, 328
짧은 부정문   410, 414
짧은 '안' 부정문   412, 413

ㅊ

청유문   408, 409

청유형 어미   408, 409

체언   21

최소 자립 형식   164, 165

ㅌ

타동사   52, 53

통사론적 사동   428, 429, 430, 431

통사론적 피동문   438, 439

통사적 합성어   218, 219

통합 관계   142, 143

특이 형태소   419

ㅍ

파생 부사   85, 204, 205

파생 접두사   176, 177

파생 접미사   176, 177, 180

파생 접사   175, 176, 177, 180, 181

파생 형용사   202, 203

파생어   182, 183

판정 의문문   398, 399

평서문   392, 393

평서형 어미   392, 393

표제 명사   268, 329, 330, 332, 333

품사   20

품사 분류의 기준   20

품사 통용   120

품사의 분류   20

피동   434, 435

피동 접미사   434, 436

피동 표현   434, 435

피동문   434, 435

피동사   426

피동주   436

피사동주   425, 428

필수적 부사어   279, 288, 289

ㅎ

하게체   446

하라체   446

하십시오체   446

하오체   446

합성 관형사   220, 221

합성 동사   220, 224, 225

합성 명사   220, 222, 223

합성 부사   85, 220, 221, 226, 227

합성 조사   499

합성 형용사   220, 224, 225

합성어   216, 217

합성어와 구의 구별   228

해라체   446

해요체   446

해체   446

형식 형태소   146, 147

형용사   50, 51

형태론적 사동문   426, 427

형태론적 피동문   436, 437

형태소   139, 140, 141

호격 조사   117, 294

호응   54, 245, 264, 265

홑문장   264

확인 의문문   422, 423

활용형   61, 74, 75

휴지   164, 165

저자소개 **김홍범**

연세대 국어국문학과와 같은 대학원
졸업(문학박사)

한남대학교 국어교육과 교수

한국문법교육학회 고문

재단법인 외솔회 부회장

전) 한국문법교육학회 회장

전) 한말연구학회 회장

주요 업적

한국어 표준 문법 (공저, 2018)

개념있는 국어문법 (공저, 2013)

외국인을 위한 한국어 학습 사전 (공저, 2004)

창의성 계발을 위한 문법교육 연구 (2009)

한국어 상징어 사전의 편찬방안 (1998)

소크라테스의 문답법을 활용한 문법교수법 (2016)

블렌디드러닝을 활용한 아카데미식 문법토론
교수법 (공저, 2009)

한국어 **문법의 정석**

초판1쇄 인쇄 2023년 10월 23일
초판1쇄 발행 2023년 11월 3일

지은이　　김홍범
펴낸이　　이대현
편집　　　이태곤 권분옥 임애정 강윤경
디자인　　안혜진 최선주 이경진
마케팅　　박태훈

펴낸곳　　도서출판 역락
출판등록　1999년 4월 19일 제303-2002-000014호
주소　　　서울시 서초구 동광로 46길 6-6 문창빌딩 2층 (우06589)
전화　　　02-3409-2060
팩스　　　02-3409-2059
홈페이지　www.youkrackbooks.com
이메일　　youkrack@hanmail.net

ISBN 979-11-6742-617-8 93700

*정가는 뒤표지에 있습니다.
*잘못된 책은 바꿔 드립니다.